高职高专网络技术专业岗位能力构建系列教程

IT产品销售与服务

卓志宏 陈剑 主编
廖海生 苏虎 潘德龙 副主编

清华大学出版社
北京

内容简介

本书以IT业基层工作岗位的设备销售员、售后服务技术员岗位能力需求为导向，通过5个项目来进行任务驱动教学过程，编排教学内容。

本书内容包括销售人员应具备的基本素质、产品销售技巧、IT产品推介与销售技巧、IT设备的装配与售后服务、市场营销策略。本书在注重培养读者专业技术的同时，也十分注重IT设备销售员、技术员的职业素质养成，还为销售员、技术员发展成为项目主管或经理提供了参考。

本书可以作为高职高专计算机及相关专业的基础课教材，也可以作为IT技术培训中心的教学用书，还可以作为IT技术爱好者的参考资料

图书在版编目(CIP)数据

IT产品销售与服务/卓志宏，陈剑主编．—北京：清华大学出版社，2012.8(2023.8重印)
(高职高专网络技术专业岗位能力构建系列教程)
ISBN 978-7-302-29045-2

Ⅰ．①I… Ⅱ．①卓… ②陈… Ⅲ．①IT产业－工业产品－市场营销学－高等职业教育－教材 ②IT产业－工业产品－销售管理－商业服务－高等职业教育－教材 Ⅳ．①F764

中国版本图书馆CIP数据核字(2012)第126805号

责任编辑：刘 青
封面设计：傅瑞学
责任校对：袁 芳
责任印制：曹婉颖

出版发行：清华大学出版社
网　　址：http://www.tup.com.cn，http://www.wqbook.com
地　　址：北京清华大学学研大厦A座　　**邮　　编**：100084
社 总 机：010-83470000　　**邮　　购**：010-62786544
投稿与读者服务：010-62776969，c-service@tup.tsinghua.edu.cn
质量反馈：010-62772015，zhiliang@tup.tsinghua.edu.cn
课件下载：http://www.tup.com.cn，010-62795764
印 装 者：三河市少明印务有限公司
经　　销：全国新华书店
开　　本：185mm×260mm　　**印　　张**：18.25　　**字　　数**：437千字
版　　次：2012年8月第1版　　**印　　次**：2023年8月第13次印刷
定　　价：49.00元

产品编号：039189-03

高职高专网络技术专业岗位能力构建系列教程

编写委员会

出版说明

信息技术是当今世界社会经济发展的重要驱动力，网络技术对信息社会发展的重要性更是不言而喻。随着互联网技术的普及和推广，人们日常学习和工作越来越依赖于网络。目前，各行各业都处在全面网络化和信息化建设进程中，对网络技能型人才的需求也与日俱增，计算机网络行业已成为技术人才稀缺的行业之一。为了培养适应现代信息技术发展的网络技能型人才，高职高专院校网络技术及相关专业的课程建设与改革就显得尤为重要。

近年来，众多高职高专院校对人才培养模式、专业建设、课程建设、师资建设、实训基地建设等进行了大量的改革与探索，以适应社会对高技能人才的培养要求。在网络专业建设中，从网络工程、网络管理岗位需求出发进行课程规划和建设，是网络技能型人才培养的必由之路。基于此，我们组织高校教育教学专家、专业负责人、骨干教师、企业管理人员和工程技术人员对相应的职业岗位进行调研、剖析，并成立教材编写委员会，对课程体系进行重新规划，编写本系列教程。

本系列教程的编写委员会成员由从事高职高专教育的专家，高职院校主管教学的院长、系主任、教研室主任等组成，主要编撰者都是院校网络专业负责人或相应企业的资深工程师。

本系列教程采用项目导向、任务驱动的教学方法，以培养学生的岗位能力为着眼点，面向岗位设计教学项目，融教、学、做于一体，力争做到学得会、用得上。在讲授专业技能和知识的同时，也注重学生职业素养、科学思维方式与创新能力的培养，并体现新技术、新工艺、新标准。本系列教程对应的岗位能力包括计算机及网络设备营销能力、计算机设备的组装与维护能力、网页设计能力、综合布线设计与施工能力、网络工程实施能力、网站策划与开发能力、网络安全管理能力及网络系统集成能力等。

为了满足教师教学的需要，我们免费提供教学课件、习题解答、素材库等，以及其他辅助的教学资料。

后续，我们会密切关注网络技术和教学的发展趋势，以及社会就业岗位的新需求和变化，及时对系列教程进行完善和补充，吸纳新模式以及适用的课程教材。同时，非常欢迎专家、教师对本系列教程提出宝贵意见，也非常欢迎专家、教师积极参与我们的教材建设，群策群力，为我国高等职业教育提供优秀的、有鲜明特色的教材。

高职高专网络技术专业岗位能力构建系列教程编写委员会

清华大学出版社

2011年4月

前言

IT设备销售与服务是基于岗位能力构建模块化教程中基础岗位能力培养课程，是为将计算机类专业学生培养成IT业基础岗位的IT设备销售员、售后服务技术员而开设的课程。本书的编写思想不仅是为读者培养IT设备销售和售后服务所需的专业技能，还十分注重读者职业素质的养成，并且为销售员、技术员发展成为项目主管或经理提供了参考。

本书以IT业基层工作岗位的设备销售员、售后服务技术员能力需求为导向，通过5个项目来进行任务驱动教学，其中也不乏案例教学、基于工作过程的教学模式。

项目一和项目二为读者养成较好的职业素养而设置；项目三是培养读者对常用IT设备的作用、功能、特点等的认知，并积累一定的知识储备，通过实训、实践，使其具备一定的硬件认知能力，熟练使用及推销技巧，也是本书较为重要的部分；项目四是培养读者具有较好的设备装配、维护与常见故障的排除能力，本项目也是基于工作过程而编写的；项目五是读者具备销售员和售后服务技术员的职业能力后，培养具有一定IT产品销售行业管理岗位能力的知识补充，为读者有较好的可持续发展打好基础。

本课程可作为高职高专计算机应用技术、计算机网络技术、办公自动化、电子商务等专业的基础课开设，也可作为其他专业的公共选修课开设。建议本课程开设90课时，"教学做"一体课堂72课时，实训、实践及过程考核18课时。

本书由阳江职业技术学院卓志宏、广东科学技术职业学院陈剑任主编，罗定职业技术学院廖海生、广东白云学院苏虎、阳江职业技术学院潘德龙任副主编，参与编写的还有阳江职业技术学院陈活、周霞，东莞南博职业技术学院邓超等。本书的顺利出版，要感谢阳江职业技术学院的领导、老师给予的大力支持和帮助。

由于时间仓促，加之编者水平有限，书中难免存在疏漏或不当之处，请读者批评指正，并提出宝贵意见或建议。

卓志宏

2012年6月

Contents

目

录

项目一 销售人员应具备的基本素质

岗位目标：销售员

知识目标：

(1) 了解IT产品销售行业的工作岗位设置；

(2) 熟悉销售人员应有的关键素质。

能力目标：

能较好地与跟顾客进行沟通、交流。

素养目标：

(1) 自觉遵守公司制度；

(2) 较强的专业知识；

(3) 有自信心；

(4) 勤奋、积极、主动的态度；

(5) 良好的团队合作精神；

(6) 明确任务目标；

(7) 普通话及地方语言流利，具有良好的沟通能力。

1.1 销售人员职业要求

知识目标：

(1) 了解销售员岗位的工作内容；

(2) 了解销售人员应有的基本素质；

(3) 熟悉销售员的工作要求。

能力目标：

能较好地与跟顾客进行沟通、交流。

1.1.1 销售人员职业定义

此处的销售人员是指从事计算机信息产品（包括计算机硬件、软件，计算机网络设备及其服务）的营销活动或相关工作的人员。

1.1.2 销售人员基本要求

1. 职业道德

(1) 遵纪守法,敬业爱岗,尊崇公德。

(2) 实事求是,工作认真,精研业务,尽职尽责。

2. 基础知识

(1) IT 产品知识。

(2) IT 产品营销知识。

(3) IT 产品服务。

(4) IT 产品安全技术知识。

(5) IT 产品常用英语词汇。

(6) 相关的法律、法规常识。

1.1.3 销售人员工作要求

销售人员工作要求如表 1-1 所示。

表 1-1 销售人员工作要求

职业功能	工作内容	技能要求	专业知识要求
计算机信息产品专业技术	计算机信息产品外围设备相关知识应用	1. 能够熟练介绍计算机外围设备的特点和性能 2. 能够熟练推销计算机外围设备	熟悉 UPS 不间断电源、扫描仪、数码相机、光盘刻录机、摄像头、数码摄像机等计算机外设
	计算机操作系统相关知识应用	1. 能够了解 UNIX 操作系统的特点和应用 2. 能够了解 Linux 操作系统的特点和应用 3. 能够了解 Windows 操作系统的特点和应用	1. UNIX 操作系统 2. Linux 操作系统 3. Windows 操作系统
计算机信息产品相关服务	计算机网络系统相关知识应用	1. 能够了解计算机网络相关知识 2. 能够了解数据通信 3. 能够了解计算机局域网相关知识	1. 计算机网络概述和体系结构 2. 数据通信的基本概念和基本方式 3. 计算机局域网的体系结构及相关标准
	计算机网络系统硬件相关服务应用	1. 能够了解计算机网络系统的硬件组成和常用的网络互联设备 2. 能够熟悉计算机网络系统相关服务	1. 计算机网络系统的硬件组成 2. 常用的网络互联设备 3. 计算机网络系统相关服务
计算机信息产品市场营销	市场营销战略规划	1. 能够掌握编制计划的步骤 2. 能够根据销售目标确定多种销售方案 3. 能够协助制定并落实销售策略	1. 业务战略规划 2. 市场营销规划 3. 销售计划的制订 4. 确定销售方案的方法
	目标市场营销	1. 能够了解目标市场的选择技巧 2. 能够了解企业及产品的市场定位原则	1. 目标市场选择 2. 市场定位 3. 市场定位传播

续表

职业功能	工作内容	技能要求	专业知识要求
计算机信息产品市场营销	价格决策	1. 能够了解产品定价的因素和原则 2. 能够了解产品定价的策略运用	1. 影响价格决策的因素 2. 确定定价目标 3. 设计定价方法 4. 研究定价的策略技巧
	营销渠道管理	1. 能够了解市场渠道与分销特点 2. 能够掌握渠道设计与管理的模式	1. 营销渠道特征 2. 设计营销渠道
	谈判艺术应用	1. 能够掌握商务谈判的原则和技巧 2. 能够控制和回避商务风险	1. 谈判技术 2. 商务风险的预测与控制
	促销方式应用	1. 能够掌握促销方法 2. 能够运用媒介促进销售	1. 促销方法 2. 促销筹备
相关基础知识	计算机信息产品有关术语及其缩写		
	计算机信息产品相关法律、法规中的有关条款		

1.2 销售人员应具备的基本素质

知识目标：

(1) 了解销售员岗位的工作内容；

(2) 了解销售人员应有的基本素质；

(3) 熟悉不同产品销售员具体的工作要求。

能力目标：

(1) 能较好地跟顾客进行沟通、交流；

(2) 学会利用时间管理以及科学的工作方法管理销售工作；

(3) 能养成注意自身形象的好习惯；

(4) 培养较好的口头表达能力、沟通能力。

销售人员是一个庞大的社会群体，在就业人口中占有相当大的比重，特别是在IT企业中，甚至达到企业员工总数的60%以上。他们的职业素养、专业技能决定着整个企业的经营业绩，也影响着企业的对外形象。优秀的销售员不是天生的，而是训练出来的。积极的心态、敏锐的洞察力、富有可信度的外在形象、精湛的专业知识和多领域的基础知识构成了一个优秀的销售员必备的基本素质条件。

1.2.1 积极的心态

心态上的积极就是勇敢面对问题，就算是遇到挫折，也相信有好的一面，同时努力地去发掘。所以有积极心态的人跟有消极心态的人看东西都不一样，如杯里有半杯水，积极的心态看到杯里还有半杯水，消极的心态就看到只剩下半杯水了。

积极的心态可以衍生出自信、勤奋、努力、敬业、认真这些成功所必需的元素。

通常所说的信心就是自信，对自我能力的充分肯定。正确培养自信心的方法是深入剖析自己，认识自己的长处与短处，在不断地肯定和发展优秀的一面的同时，从自身弱点出发，不断完善自己、鼓励自己，克服自卑心理，相信自己能够胜任销售工作，相信自己能够与客户沟通，相信自己能够战胜困难。

自信包括以下 3 个方面。

(1) 对自己的态度。

① 自信：对自我有信心，对行业及公司有信心，对所销售的产品有信心。

② 积极：工作主动，苦中作乐，展望未来。

③ 慎独：独处时也要时时修炼，保持自己的形象，真正成功的人始终表里如一、内外如一。

④ 谦虚：持有学习的态度不会被失败所打倒；相反，从错误中吸取教训也是学习的一部分，必须承认自己容易犯错误，只有承认这一点，才能学到更多。

⑤ 耐心：耐心是气质的体现，是心理成熟的标志。

⑥ 情绪：优秀销售员要善于控制自己的情绪。

(2) 对企业的态度是信心和忠诚，相信企业能提供好产品，提供实现自身价值的机会，使自己的一切活动完全纳入企业行为中。

(3) 对产品或服务的态度，相信自己所推销的产品是最优秀的，自己是在用该产品向消费者提供最好的服务，让消费者感觉自己的产品"物超所值"，增加附加值。

案例：反败为胜

威廉是一名刚刚加入戴尔公司的年轻的销售代表，没有大客户销售经验。他第一次拜访客户的时候，发现了一个采购服务器的大订单，但是发招标书的截止时间已经过了 3 天，客户拒绝发给他招标书。该项目软件开发商代理戴尔竞争对手的产品，拒绝与戴尔的销售代表合作。一切都不顺利，所有的门似乎都被封死了。如果这时他放弃，其实没有人会责怪他。但威廉没有放弃，又回到客户的办公室，希望能够将招标书给他。客户告诉他必须得到处长的同意，而处长正在省内另外一个城市开会。威廉立即拨通处长的电话，处长正在开会，让威廉晚一点儿打来。威廉不再有任何犹豫，当即果断地赶往处长所在的城市，到达时已经是中午了，处长正在午休，没有谁会愿意在午休时间让销售人员到房间里来"强行"推销。威廉不断道歉，他也知道这样不好，但是他特意从北京飞过来，而且戴尔采用直销方式，对客户的项目应该有所帮助。精诚所至，客户逐渐原谅了他，松口同意发标书给他。虽然已拿到标书，但意味着戴尔顶多是有了一个机会，而且 3 天以后就是开标的时间。第二天威廉的上司与工程师飞往这个城市，他们决定"死马当活马医"，输了也没关系，下次招标时至少可以混个脸熟。于是他们把投标书做得很完美，即使死，也要死得漂亮。在仅剩的两个晚上一个白天，他们分头行动，终于将 3 本漂漂亮亮的投标书交给了客户。为了赢得这个订单，他们开出了可以承受的最低价格。开标当天，他们一直等到晚上，终于客户宣布：戴尔中标。后来和客户熟悉以后，处长告诉这位上司，他觉得威廉很敬业，所以就给了他一份标书；之所以选择戴尔，客户总工程师说，在所有的招标书中，戴尔的标书非常抢眼，印刷得很精致，就像一本精装书，而其他公司的投标书只有几页纸，这个初始印象告诉他这家公司值得信赖，再考虑到价格的优势，于是拍板选中了戴尔。在这个项目中，戴尔反败为胜的第一个原因是销售人员积极的心态。

与客户接触的效果取决于销售人员的销售技巧，积极心态决定了销售人员与客户在一起的时间，一个成天与客户泡在一起的销售"庸才"的成绩一定超过很少与客户在一起的销售"天才"。很多优秀的销售人员都有一个共同的特点,就是天天与客户在一起。

1.2.2 高效的工作效率

1. 设定一个合适可行的激励目标

对于一个销售人员来说,制定一个合适可行的目标是非常有必要的。如果没有目标,就会变得消极、无精打采、烦躁不安。没有明确的目标,人们会失去工作重点或轻易放弃。

有效目标有以下特性。

(1) 具体。概念性的愿望是不能成为目标的,所以一个有效的目标,首先必须具体,最好有一个量化的指标,例如,"我期望能够在10年内买套房"就比"我期望在10年内成为一个富翁"要清晰得多。

(2) 可行。本季度销售额要达到100万元,这是一个非常具体的目标。但是,如果是销售新手,最好把目标定低一点,因为该产品本公司的销售高手一个季度才销售100万元,完成任务的难度非常大。如果连续几次目标都没达到,对自信心会有打击。

(3) 需要超越。可行并不意味着销售人员的目标就可以降低。目标必须超越自身最大的能力,但必须是可行的。如果不可行,就不会有达到目标的信心。

(4) 目标是可以衡量的。衡量的标准多种多样,很多人容易将目标定为每天收入多少,这样明显会急于求成,反而让自己受到挫折。特别对销售来说,其目的是找潜在客户,因此,销售人员的任务应该是每天、每周必须时时地寻找潜在客户。产出是投入之后的必然结果。只要把工作做好了,结果自然会满意。

(5) 过程中可以检查。3个月销售额达到100万元是最终目标,那每个月的目标是多少?第一个月30万元,第二个月33万元,第三个月37万元。过程中需要有一个可以检查的目标,有了这些小目标,大目标才能真正实现。如果小目标没有完成怎么办?超出了又该如何处理?有了这些检查点,就可以评价每一个进程是否合理。

2. 科学的工作方法

(1) 站在6"W"2"H"的角度去思考

6"W"中的第一个是"What"。"What"是指要达成什么目标?一定要数量化,例如,每星期慢跑3次,每次20分钟,有了数量化的目标,才能知道目标达成了多少,哪些地方还要加把劲。

第二个是"When"。"When"是指要什么时候完成目标。例如,3个月后心脏每分钟跳动的次数要降到70～80次。

第三个是"Where"。"Where"是指达成目标要利用的各个场所地点。

第四个是"Who"。"Who"是指促成目标实现的有关人物。

第五个是"Why"。"Why"是指能够更明确地确定为什么要这样做,确定这样做的理由是正确的。

第六个是"Which"。"Which"是指能够在思考上保持更多的弹性,能有不同的选择方案。

另外,2"H"中的第一个是"How",是指选择、选用什么方法进行,如何去做;第二个是"How much",是指要花多少预算、费用、时间等。

(2) 敏锐的洞察力

客户为了从交易过程获得尽可能多的利益,往往掩盖自己的某些真实需求。这就需要销售人员具有敏锐的观察能力,并把这些潜在的需求变为及时的实在服务。具备敏锐观察能力的实质就在于善于想客户之所想,将自己置身于客户的环境中,在客户开口言明之前,就及时、妥善地提供服务。

销售人员如何进行观察呢?

① 善于观察客户身份、外貌。这时销售人员可以根据客人的年龄、性别提供相应的服务。

② 善于观察客户语言,从中捕捉客户的服务需求。销售人员从与客户的交际谈话、客户之间的谈话或客户的自言自语中,辨别出客户的心理状态、喜好、兴趣及不满意的地方。

③ 善于观察客户心理状态。客户的心理非常微妙地体现在客户的言行举止中,销售人员在观察那些有声语言的同时,还要注意通过客户的行为、动作、仪态等无声的语言来揣度客户细微的心理。

1.2.3 科学地管理时间

时间是宝贵的资源,是无法开源、节流和储蓄的。作为销售人员必须明白,从事营销工作只讲功劳不讲苦劳,更不讲疲劳。而销售的功劳是用数字来说话的,来不得半点儿虚假。对所有人来讲,最短缺的资源就是时间。因此,提高工作效率的最关键点就是科学地管理时间。

(1) 做好时间管理,需要做好以下工作。

① 安排时间,做好日、周、月计划。

② 利用时间。在等客户、塞车等的时候阅读和思考。

③ 从容不迫。做事不可急躁,力求做成、做好。

④ 界定自己的主要工作范围,并将大部分时间集中在此范围内工作。

⑤ 做一项工作前先探讨一下这项工作是否可以授权别人去做。

⑥ 对每项工作分轻重缓急处理优先次序。

⑦ 安排精神最佳的时候处理最优先的工作。

⑧ 调整自己对同事及客户分配的时间。

⑨ 致力于工作经验的累积,逐渐减少完成工作所需的时间,追求最高效率。

(2) 有效利用时间的实例。

① 和人会面时,事先约定会面的时间。

② 与拥有实质权力的人交谈。

③ 说出对方真正想要的东西。

④ 据实拟订访问行程,不要在交通上浪费时间。

⑤ 商谈结束后不要再喋喋不休说个没完,赶快离开。

⑥ 休息时间不要太长。

⑦ 与工作不相关的人不要访问。

⑧ 充分利用在公车、火车、飞机上的时间。

1.2.4 富有可信度的外在形象

专业的销售人员的基础首先是将自己销售出去。在与各行各业的顾客打交道的过程中，销售人员给客户的第一印象是很重要的，第一印象将会影响客户对销售员乃至整个企业的看法。

下面将从销售人员的仪表仪容和谈吐举止两个方面对销售人员的形象进行讲解。

1. 仪表仪容

下面将分别对男、女销售人员的仪表仪容进行论述。

(1) 男销售人员

① 头发。头发最能表现出一个人的精神状态，专业的销售人员的头发需要精心地梳理和处理。不可太长，也不可过短；发型不要太新潮，也不要太老式；头油和香水要少用或不用；胡子要刮净，鬓角要剪齐。

② 衬衣领带。衬衣要及时更换，注意袖口及领口是否有污垢，衬衫最上面的那粒扣子应当不系，但里面不要穿高领衣服。

③ 西装。西装给人一种庄重的感觉，西装的第一粒纽扣需要扣住；上衣口袋不要插着笔，两侧口袋最好不要放东西，特别是容易鼓起来的东西，如香烟和打火机等，记住西装需要及时熨平整。

④ 衬衫、领带和西服需要协调，领带的质地以真丝为最佳，同时要注意图案和色彩的搭配，如打条纹领带或格子领带时，就不应该穿条纹西装，领带的颜色也不要过亮或过暗；领带的长度是以其下端不超过皮带扣的位置为标准。

(2) 女销售人员

发型也以中庸为原则，例如，不要梳理过高的发髻或其他怪异形状的发型；头饰、耳饰、项链不可华丽，珠光宝气也会使人觉得俗不可耐；眉毛、睫毛的描画，胭脂、口红、香水的使用，都以淡雅清香为宜，切不可浓妆艳抹、香气袭人，这样会适得其反。

女性着装选择范围非常大，没有固定的模式，最重要的是切合时间、地点、身份、大方、得体就好，不要过于花哨。首饰的佩戴也要掌握分寸，不宜佩戴过多、过于华丽，容易引起他人的反感。首饰的佩戴应精致和谐，增添服装的美感和仪容的风采，而且随季节、场合、着装、外貌的不同要有所变化。

(3) 男、女销售人员都应该注意的环节

① 不要戴墨镜或变色镜。只有让客户看得见销售人员的眼睛，才能使其相信你的言行。

② 嘴巴。牙齿要干净，口中不可有异味。

③ 手部。指甲要修剪整齐，双手保持清洁。

④ 鞋袜。鞋袜须搭配协调，两者都不要太华丽，鞋子的泥土要及时清理，否则进入会客场所时给人的感觉不好，同时会降低客户对你的好感。

2. 文明有礼的举止谈吐

销售人员除了注意仪容和服饰外，还应形成良好的举止谈吐。文明有礼的举止谈吐可以赢得客户的尊重和信任。举止谈吐虽然没有统一的模式，各人有各人的习惯和标准，但总的要求是做到文明有礼。

对于销售人员来说，和客户交谈时应注意以下一些共同遵守的准则。

(1) 接待客户时应该始终保持微笑。

(2) 接待客户应主动打招呼，做到友好、真诚，给客户留下良好的第一印象。

(3) 与客户交谈时应全神贯注、用心倾听。

(4) 保持良好的仪态和精神面貌。

(5) 坐姿应端正，不得跷二郎腿。

(6) 站立时应做到：身体不东倒西歪，不得驼背、耸肩、插兜等，双手不得叉腰、交叉胸前。

(7) 与客户的谈话，眼睛看对方眼睛或嘴巴的“三角区”标准注视时间是交谈时间的30%～60%。

(8) 握手时表情应自然、面带微笑，眼睛注视对方。和新客户握手应轻握，但不可绵软无力；和老客户应握重些，表明礼貌、热情。

(9) 注意称呼客户，来访客人称呼为“先生”、“小姐”、“女士”或“您”等。

(10) 如果知道姓氏，第一称呼其姓氏“王先生”、“李小姐”，知道其职位的，要带上其职位。称呼客户应根据销售场合的不同而有所区别。如果是在办公室谈生意，称呼要显得严肃正式一些。

(11) 使用文明用语：“早安！午安！晚安”、“有什么我可以为您服务”、“对不起，请您稍等一下”、“对不起，让您久等了”、“谢谢您！麻烦你亲自前来”、“很抱歉”、“劳驾您、请坐”、“请稍坐、请用茶”、“谢谢您！请慢走”、“不客气”、“再见”。

(12) 通常情况下应讲普通话，接待客户时应使用相互都懂的语言。

1.2.5 多领域的基础知识

销售人员要与各行各业、各种层次的人接触，因此对各种人喜欢谈什么要清楚，进而才能有与对方共同的话题，谈起来才能投机。但这种知识面是广、博而不一定深、精。因为彼此没有时间、机会去做太深入的了解和研究。很多销售人员都有一种习惯，在每天出门前、候车时，拿一份日报或足球、体育等报纸杂志阅读，主要是为适应各类人群的共同话题。

由于现代企业的多元化发展趋势，市场中已经出现了许多大型跨行业的复合型企业。在这些企业中，有些是合并多个行业的企业而形成的复合型企业，也有一些是以拓展以前完全没有关系的事业来实现经营多元化，最终形成企业在不同行业间展开竞争的局面。因此，这种新的企业发展状况对销售人员提出了更高的要求，必须具备多元化的知识和技能。

就销售产品而言，不论销售的是什么产品，其原理是相同的，不能说自己是为了销售电脑而进公司，故只需要具备销售电脑的知识、技术就可以了。由于职位转变经常会导致所负责的产品发生变化，因此，销售人员必须考虑扩大基于基础专业领域的知识范围。

综上所述，新的市场环境对销售人员素质提出了更高的要求，即未来的销售人员不仅是专才，还必须是通才，为此企业需要对销售人员进行不断的培训。有关销售的知识，如产品或服务的专业知识不可缺少，能充分了解企业重大变化所带来影响的应变能力也越来越重要。销售人员必须能积极适应变化的市场环境，具备向其挑战的意志，而这些能力只有在不断的实践中才能产生。

思　考　题

1. 销售人员应具备的基础知识有哪些？
2. 简述销售人员的工作要求。
3. 销售人员应具备的基本素质有哪些？
4. 销售人员在礼仪训练中主要注意哪些？

项目二 产品销售技巧

岗位目标：销售员

知识目标：

(1) 知道优秀销售员的职责与训练方法；

(2) 熟悉产品销售流程。

能力目标：

(1) 能分辨不同类型的客户；

(2) 能根据顾客的行为正确判断顾客的意图；

(3) 培养销售员初步技巧。

素养目标：

(1) 自觉遵守公司制度；

(2) 较强的专业知识；

(3) 有自信心；

(4) 勤奋、积极、主动的态度；

(5) 良好的团队合作精神；

(6) 明确任务目标；

(7) 普通话及地方语言好，具有良好的沟通能力。

销售就是一种发现及满足顾客需要的过程。如果要有效进行这个过程，首先必须辨认顾客有使用你的产品或服务的需要。而需求是指达成或改进某样东西的愿望，因为有需求才有购买的动机。而要达成这样的交易，必须熟悉成功销售的步骤，并将每一步骤的技巧运用到推销公司产品及服务中去；通过学习面对面的沟通技巧以及学习如何处理客户异议并帮助客户达成双赢的购买决定。

2.1 掌握丰富的产品知识

知识目标：

了解产品知识。

能力目标：

能针对不同需求的客户描述产品性能、价格、日常维护等。

作为一名销售人员，首先要从各个方面对自己的产品有一个深刻的了解和清楚的认识。

对产品的全面了解，可以加深客户对产品的认识和了解，从而提高对产品的信任度。销售人员可以从以下几个方面对产品进行全面的了解。

(1) 了解产品的基本特征。应该知道自己所销售的产品的技术性能，只有这样，才能在销售过程中清晰地向客户介绍产品，才不会失去可能的客户。

(2) 熟知产品的使用方法。客户对产品都有亲身体验的欲望，销售人员如果能对产品使用方法灵活掌握，不仅可以引起客户的兴趣，而且会使客户买得更放心。

(3) 熟知产品的耐用程度和保养措施。在一般情况下，客户购买一件价格较高的产品，都不希望它短期内报废，因此，客户对产品的保养和保修问题就格外关心，销售人员对此要做到心中有数。

(4) 熟知产品与众不同之处。针对市面上一类产品有几十种甚至上百种品牌，这就要求销售人员不仅要了解自己的产品，同时要了解竞争对手的产品，知道彼此之间的优缺点在哪里，这样向客户推荐时，销售人员才能顺利地说服客户。

(5) 对企业要有大致的了解。产品来自企业，对客户来说，销售人员就是企业的代表，企业的形象常常就是影响客户购买决策的关键因素。

(6) 对生产过程略知一二。销售人员的职责是销售产品，为了更好地、更有效地说服客户，应当对生产过程有所了解。这样，当客户对产品提出异议时，就可以用自己对生产过程的了解去说服对方，促成成交。

(7) 热爱并使用销售的产品。当销售人员对自己的产品和服务有100%的信心和热忱，就可以打动客户的心，离销售成交也就不远了。

2.2　挖掘潜在客户

知识目标：

了解什么是潜在客户。

能力目标：

能尽自己所能发展潜在客户。

寻找客户是销售的第一步，在确定市场区域后，就得找到潜在客户在哪里，如果不知道潜在客户在哪里，销售人员向谁去销售产品？销售人员可以从如下一些渠道来寻找客户。

1. 从认识的人中挖掘

每个人都有基本的人际关系，这样一张网络将有助于你的销售业绩，应善加运用。可以从以下几个方面进行搜索，如亲戚、同事、同学、邻居、同乡会等，在周围，亲戚、朋友中可能就有很多人需要我们的产品。作为销售员，你的任务就是跟他们沟通，让他们知道你的产品、了解你的产品，并跟他们进行进一步的交流，使这些潜在的消费者成为购买者和使用者。

2. 阅读报纸

寻找潜在客户最有效的途径可能是每天阅读各种各样的报纸和杂志，在每天阅读报纸的时候，要注意对有一定商业价值的叙述要做记号，勾画出有用的信息。要知道，销售最注重的是日积月累。没有哪个销售人员敢保证，他能在一天或一个月之内找到客户。

3. 展开商业联系

商业联系的第一种方式是某些公司举办的研讨会、电子展、信息产品展等。不妨到场取得名单、搜集名片等。第二种方式是协会、俱乐部等行业组织。这些组织带给其背后庞大的潜在客户群体。行业中训练有素的销售人员，熟悉消费者的特性，只要他们不是竞争对手，他们一般都会和你结交，即使是竞争对手，也可以成为朋友，和他们搞好关系，将会收获很多经验，同时，又多了一个非常得力的商业伙伴。

4. "扫街"

"扫街"是通过对所有的有可能成为潜在客户的对象进行联系的一种方法。通过"扫街"，就有可能接触到更多的潜在客户，同时可以了解更多关于市场的信息，有些可能是非常有价值的信息。在电梯里，在公共汽车上，在餐厅里，都可以试着主动和身边的人交谈，并且将这种行为养成一种习惯。毫无目的地"扫街"会得到意想不到的收获。例如，认识了一个几乎没有可能认识的人，得到一个潜在的客户，并被推荐给别的潜在客户等。

5. 利用企业已有的资源

一方面，原有的客户可能会有持续需要产品的欲望。检查一下过去客户的名单，不但能获得将来的生意，而且还将获得他们推荐的生意。另一方面，客户向客户推荐往往比销售人员向客户推荐效果要好得多。销售人员必须培养与客户的良好关系并提供实质的利益，这样客户愿意推荐的可能性才会增加。但是很多销售人员并非主动地去找客户作为自己的推荐人，而是守株待兔。

6. 利用互联网

利用互联网寻找准客户也是销售拓展方法之一。互联网上很多分类项目，如社交网站、论坛、微博等，可以让销售人员在很短的时间内找到目标客户，也可以将产品直接在互联网上展示或通过电子邮件开展销售。

2.3 拜访客户

知识目标：

了解拜访客户的基本要求。

能力目标：

能有效地拜访客户。

2.3.1 预约前的准备工作

销售人员在和潜在客户打交道时，需要做一些细致的准备。

(1) 潜在客户的姓名、职位和职称。

(2) 想好打电话给潜在客户的理由。

(3) 准备好要说的内容。

(4) 想好潜在客户可能会提出的问题。

(5) 想好如何应付客户的拒绝。

(6) 潜在客户有哪些语言上的忌讳。

2.3.2 电话预约的技巧

在潜在客户接上电话时，在简短、有礼貌地介绍自己后，应在最短的时间内，引起潜在客户的兴趣。

在进行电话约见时，注意说话的语气，客气用语要简单明了，不要让客户有受压迫的感觉，且在介绍自己公司时，为了取信于客户，销售人员最好对自己工作的性质稍作解释。

销售人员在打电话时要注意说话语气不要太快，因为说话语气过快很容易让客户觉得是在强迫销售。要多问问题，尽量让客户说话，这样才能知道客户的想法。一般来说，在电话中只要简明扼要地说明产品特色就可以了，争取确定拜访的日期和时间。

这里介绍一下比较常见的说话的程序和一些注意事项。

销售人员："您好，陈先生，我姓李，叫李强，是××公司打电话来的，现在方便同您谈一分钟吗?"

记住以下要点。

(1) 对人的称呼，如先生、经理、董事长等头衔一定要明确地叫出来。

(2) 说明自己的姓，再说明名字，以便加深印象，如姓李，叫李强。这是尊重自己、肯定自己的方法。

(3) 强调自己的公司。通常客户比较认同公司，会多一些信心。

(4) 礼貌上向对方要求批准会谈的时间。强调只是一分钟，并不会占他太多的时间。

(5) 如果对方的回答是"不"的情况下，只好收线，拨下一个电话。如果对方太忙的话，可以这样说："那么，好吧。我晚些再给您电话，下午3点还是5点呢?"

当对方听了电话，表示继续下去时，跟着应如何对答呢?

对答如下："陈先生，我们公司是做××生意的。我打电话给你，因为我知道您对于我公司的产品有兴趣，我希望拜访您，向您介绍我公司的服务，以及我们产品的独特性，为您在这方面提供更多的选择……陈先生，我知道您很忙，您是早上比较有空还是下午呢?"

当对方答应见面时，记住将时间和地点写下来，记在日记本上，同时继续说："陈先生，首先多谢您给了我一个机会，您可不可以将我的名字和电话写下来，如果有任何情况发生，希望您尽快通知我，大家可以再约时间……"

记住最后再重复一遍时间和地点，如"再一次多谢您，陈先生，盼望下周一下午3点和您见面，再见"。

以下是化解客户在电话中的异议和对抗的一些技巧。

(1) 当对方很直接地告诉你"我们不需要"的时候，你可以这样回答："当然，陈先生，您是唯一有资格评判我们产品对您是否有价值的人。下周一下午四五点钟，我在您公司附近办事，顺便上去拜访一下您，好吗?"

(2) 太忙了。"陈先生，我知道您很忙，就因为这样我才先与您约定时间，不过，我只是同您谈15分钟，下周二，下午3点还是5点好呢?"

(3) 我已经用过你们的服务了。"我们公司又有新的产品了，也许您现在没兴趣新购产品，但通过我的介绍，你肯定会有所收获，什么时候方便大家见见面呢？明天还是后天呢?"

(4) 没兴趣啦，朋友！"陈先生，您说没有兴趣，这一点儿都不奇怪，当然如果您没有细心研究过的话，又怎么会有兴趣呢，所以，我非常渴望大家能抽时间见见面，向您解释示范，为什么不给点机会自己去认识再作决定呢？好了，明天方便吗？”

（5）浪费了您的时间啦！“陈先生，因为这个计划对你有很大益处，我不介意花时间向您解释，我相信您会发现这个计划对您有一定的价值，明天和您碰面，大概15分钟时间，可以吗？”

对方在电话里要拒绝销售人员实在太容易了，对销售人员来说，再好的说辞都会被轻易地拒绝，重要的是坚持，没有人一开始就会被别人接受，特别是陌生人。但是必须要有一个信条：永远不会以拒绝为答案。

2.3.3　拜访预约过的客户

拜访预约过的客户，销售人员首先就必须引起对方的兴趣，只有对方感兴趣了，才有可能进一步往后发展。科学分析表明，吸引客户注意力的最佳时间就是在开始接触客户的头30秒。引起客户注意的方法有以下几种。

（1）请教客户的意见，找出一些与业务相关的问题。一方面，向客户请教，当客户表达看法时，说明已经引起了客户的注意，同时也了解了客户的想法；另一方面，也满足了潜在客户被人请教的优越感。

（2）迅速告诉客户他能获得哪些重大利益，这也是引起客户注意的一个好方法。因为急功近利是现代人的通性。

（3）告诉客户一些有用的信息。每个人对身边发生的事情都非常关心、非常注意。因此，销售人员可收集一些业界、人物或事件等最新消息，在拜访客户时引起潜在客户的注意。

在拜访过程中要获得客户的好感应注意以下事项。

（1）穿着。穿着是客户见到销售人员的第一印象，得体的穿着让客户的心情放松。

（2）肢体语言。大多数人认为，走路的方式是判断一个人素质的第一肢体语言。从销售人员的走路的方式可以看出他的自信心。

（3）微笑。以微笑迎人，让别人产生愉快的情绪，也最容易争取别人的好感。

（4）问候。问候的方式决定于多方面，见面的环境也同样影响着问候的方式。如果已经知道了对方的名字和称呼，那最好不过了。

（5）让你的客户有优越感。每个人都有虚荣心，让人满足虚荣心的最好方法就是让对方产生优越感。客户的优越感被满足了，初次见面的戒备心也自然消失了，彼此距离拉近，能让双方的好感向前迈进一大步。

（6）利用小赠品赢得潜在客户的好感。大多数公司都会费尽心机地制作一些小赠品，供销售人员初次拜访客户时赠送客户。小赠品的价值不高，却能发挥很大的效力，不管拿到赠品的客户喜欢与否，相信每个人受到别人的尊重时，内心的好感必然会油然而生。

2.3.4　拜访的开场白

在拜访客户时，开场白对销售人员很重要。良好的开端是成功的一半，开场白的好坏，几乎可以决定销售拜访的成败。

1. 令人印象深刻的开场白

“我们是一家专业从事电脑销售的公司，很多大公司都使用了我们公司的电脑，我们可以向客户提供最优惠的价格和最好的服务。”

2. 建立期待心理的开场白

“你一定会非常喜欢我给你看的东西!”

“我们的合作会让你降低20%的生产成本。”

3. 以帮助作为开场白

“王先生,在我开始之前,我要让你了解,我不是来这里向你销售任何产品。在我们今天短短的几分钟的会面里,我只是问一些问题,来看看我们公司是否在哪些方面可以帮助您更快达成目标。”

4. 激发兴趣的开场白

“您对一种已经证实能够在6个月当中,增加销售业绩20%～30%的方法感兴趣吗?”

“我只占用你10分钟的时间来向您介绍这种方法,当您听完后,您完全可以自行判断这种方法适不适合您。”

5. 引起注意的开场白

“你有没有看过一种破了但不会碎掉的玻璃?”一位销售安全玻璃的业务员问,然后递给客户一把锤子,让客户亲自敲碎玻璃,以此引起客户极大的兴趣。

6. 假设问句开场白

“如果我能证明这一产品真的有效,您是不是会有兴趣尝试一下呢?”

“假如我有一种方法可以帮助你们公司提高20%～30%的业绩,而且这一方法经过验证之后真正有效,您愿不愿意花几千元钱来投资在这件事上面呢?”

7. 以感激作为开场白

“王先生,很高兴你能够接见我,我知道你很忙,我也非常感谢你在百忙之中能够给我几分钟的时间,我会很简要地说明。”

8. 两分钟开场白

“您有两分钟的时间吗?我想向你介绍一项让你既省钱又提高工作效率的产品。”

9. 以赞美作为开场白

“当初在电话当中没有感觉出来,今日一见没想到王经理这么年轻!如此年轻就能取得这样大的成绩,真是令人羡慕!”

2.4　把握客户需求

知识目标:

了解客户的行为和意图。

能力目标:

(1) 能分辨不同类型的客户;

(2) 能根据顾客的行为正确判断顾客的意图。

明确客户需求实质上就是通过各种方式,获取有关客户的购买信息,并通过有效的引导让客户认可他们的问题和需求的过程。

2.4.1 明确需要解决的问题

要明确客户的需求，必须解决以下问题：Who(谁)、What(什么)、How(怎么)、Why(为什么)、When(时间)、Where (地点)、How much(多少)。

1. Who(谁)——关于是谁的问题

(1) 谁是真正客户？
(2) 谁是这批产品的直接使用者？
(3) 竞争对手是谁？
(4) 谁是购买的最后决策者？

2. What(什么)——是什么的问题

(1) 客户需要什么？
(2) 产品是什么？产品优势在哪里？能否满足客户需求？
(3) 什么是决定客户购买的关键因素？是产品质量、售后服务还是价格？
(4) 决定销售成败的关键因素是什么？

3. How(怎么)——关于怎么购买的问题

(1) 客户的购买流程？公开招标，还是内部推荐？
(2) 如果是产品换代，客户准备如何处理旧设备？

4. Why(为什么)——关于为什么要购买的问题

(1) 客户为什么要购买？客户的需求背后存在的问题是什么？更大的问题是什么？
(2) 客户为什么要购买你的产品，而不会向竞争对手购买？
(3) 客户为什么要向你购买，而不是向企业其他的销售人员购买？

5. When(时间)——在什么时间购买的问题

(1) 客户准备什么时间购买？
(2) 什么时候准备下一次拜访？
(3) 什么时候适合推出新的产品？把握介绍产品的时间。

6. Where (地点)——关于在哪里的问题

(1) 下一次会面的地点在哪里？是客户办公室、你的办公室还是咖啡厅？
(2) 产品展示的地点在哪里？
(3) 产品将放置在哪里？

7. How much(多少)——关于购买多少的问题

(1) 客户需要多少数量？
(2) 客户对此次购买的预算是多少？此次采购，有多少竞争对手参与竞争？

2.4.2 积极倾听

在挖掘信息增强了解的同时，要仔细地倾听对方的回答。在交谈中被误解或被遗漏的信息通常要占 70%～90%，只有 25%左右的信息会被保留下来。让对方重复曾经说过的话是极不礼貌的一种行为，有时可能会构成交流障碍。

事实上，做好积极倾听不是一件容易的事，接下来将要讨论的问题就是如何保证积极地倾听。

(1) 站在客户的立场去倾听。站在客户的立场专注倾听客户的需求、目标，适时地向客户确认你所了解的是不是正是他想表达的意思，这种诚挚专注的态度能激起客户讲出更多内心的想法。

(2) 让客户把话说完，清楚地听出对方的谈话重点，并记下重点。记住你是来满足客户需求，你是来带给客户利益的，让你的客户充分表达他的状况以后，你才能正确地满足他的需求，就如医生要听了病人述说自己的病情后，才开始诊断。

与对方谈话时，如果对方认知到你正确地理解了他谈话所表达的意思，他一定会很高兴。至少他知道你成功地完成了上边所说的"听事实"的层面。

能清楚地听出对方的谈话重点，也是一种能力。因为并不是所有人都能清楚地表达自己的想法，特别是在不满，受情绪的影响的时候，经常会有类似于"语无伦次"的情况出现。而且，除了排除外界的干扰，专心致志地倾听以外，还要排除对方的说话方式所造成的干扰，不要只把注意力放在说话人的咬舌、口吃、地方口音、语法错误或"嗯"、"啊"等习惯用语上面。

(3) 秉持客观的态度和拥有宽广的胸怀。不要心存偏见，只听自己想听的或是以自己的价值观判断客户的想法，这一点非常关键。

(4) 对客户所说的话，不要表现防卫的态度。当客户所说的事情，对你的业务可能造成不利时，你听到后不要立刻驳斥，可先请客户针对事情做更详细的解释。如客户说"你们企业的售后服务不好"，可请客户更详细地说明是什么事情让他有这种想法，客户若只是听说，无法解释得很清楚时，也许在说明的过程中，自己也会感觉出自己的看法也许不是很正确；若是客户说得证据属实，可先向客户致歉，并答应他说明此事的原委。记住，在还没有听完客户的想法前，不要和客户讨论或争辩一些细节的问题。

(5) 掌握客户真正的想法。客户有客户的立场，他也许不会把真正的想法告诉你，他也许会用借口或不实的理由搪塞，或为了达到别的目的而声东击西，或别有隐情，不便言明。因此，你必须尽可能地听出客户真正的想法。

掌握客户内心真正的想法，不是一件容易的事情，最好在听客户谈话时，自问下列的问题：

① 客户说的是什么？它代表什么意思？

② 他说的是一个事实还是一个意见？

③ 他为什么要这样说？

④ 他说的我能相信吗？

⑤ 他这样说的目的是什么？

⑥ 从他的谈话中，我能知道他的需求是什么吗？

⑦ 从他的谈话中，我能知道他希望的购买条件吗？

2.4.3 技巧性地询问

询问是一种非常有用的交谈方式，它和倾听经常搭配使用，成为面谈的两大重要技巧。销售人员为了了解客户需要和心理疑问，提出种种口头提示和问题，这个过程就是面谈中的询问。询问可以引起客户的注意，使客户对于一些重点的问题予以重视，它还可以引导客户的思路，获得销售人员需要的各种信息。所以销售人员如果善于运用询问技巧，就可以及早知道客户真正需要什么以及有何疑虑方面的信息，从而有效地引导面谈的顺利地进行。以下是 3 种基本的询问技巧。

1. 探索式询问技巧

销售员为了了解客户的态度，确认他的需要，可以向客户提出问题。例如，“您的看法?”，“您是怎么想的?”，“您认为我们的产品怎么样?”

销售员用这种方法向客户提问后，要耐心地等待，在客户说话之前不要插话，或者说些鼓励的话，使客户大胆地告诉你有关的信息。

客户对于探索式的询问方式是乐于接受的。他们一般都能认真思考你的问题，告诉你一些有价值的信息。甚至客户还会提出建议，帮助销售员更好地完成推销工作。

2. 诱导式询问技巧

这种询问技巧旨在引导客户的回答符合销售员预期的目的，争取客户的同意。在这种询问方式下，销售员应向客户提出一些问题，将客户引到所需要解决的问题上，并借客户的回答完成交易任务。如当客户在与同类产品比较后，对公司产品的价格提出疑问时，销售人员应将话题转到产品的性能、质量等方面，如“你觉得产品的质量如何?”，在产品的比较中对客户进行提问，诱导客户向产品价格合理性方面转化，自然会得到客户的认可。

3. 选择式询问技巧

这种询问方法是指在提问的问题中，已包含有两个或两个以上的选项，对方须从这些选项中选出一个作为回答。在推销时，为了提醒、督促客户购买，最好采用这种询问方式，它往往能增加销量。如在销售某种热销的消费类产品时，效果较好的询问方式应该是：“您买一套，还是两套?”假如客户这时不想买，这样的询问常常可以促使一些客户至少购买一套。

另外，在推销活动中，应避免向客户提出这样的一些问题，如“您还不做购买决定?”，“我们能否今天就达成协议?”，“您买这种产品吗?”等这些类似最后通牒的方式，往往会使客户感到尴尬。客户为了摆脱销售人员的压力，会毫无保留地拒绝销售人员的建议。所以在诱导客户购买推销的产品时，要避免向客户提出容易遭到反对的问题。

2.4.4 询问方式

询问的方式包括开放式询问和闭锁式询问。

开放式询问是指能让客户充分阐述自己的意见、看法及陈述某些事实情况，如表 2-1 所示。

表 2-1 开放式询问

使用目的		开放式询问
取得信息范例	了解目前的状况及问题点	你的笔记本电脑有哪些故障
	了解客户期望的目标	你期望电池待机时间有多长
	了解客户对其他竞争者的看法	你认为××牌笔记本电脑有哪些优点
	了解客户的需求	你希望拥有怎样的一台笔记本电脑吗
让客户表达范例	表达看法、想法	对笔记本电脑的功能，你认为哪些还需要改进： 你的意思是…… 你的问题是…… 你的想法是……

闭锁式询问是让客户针对某个主题明确地回答“是”或“否”，如表 2-2 所示。

表 2-2 闭锁式询问

使用目的	闭锁式询问
获得客户的确认	你是否认为优质的售后服务会为产品增添很高的附加值
在客户确认点上发挥自己的优势	我们的售后服务是以“顾客完全满意”为目标的，我们会在最短的时间里，用最佳的方案解决您的问题
引导客户进入你要谈的主题	你是否认为笔记本电脑的外形美观很重要
缩小主题的范围	你理想中的价位是在 3000 元左右吗
确认优先顺序	你购买笔记本电脑时最注重的是功能还是外观

2.5 产品演示

知识目标：

了解产品的工作原理和特色功能。

能力目标：

能熟练地操作常用 IT 设备，并在演示过程中进行有效的沟通。

在初步会谈后，通过对一些谈话技巧的运用，可以认识到客户的需求，但这并不表示客户愿意购买产品，下一步需要展开进一步的攻势——产品演示。实践证明，产品演示能够突破听的单一感受，充分调动客户的眼、鼻、手、耳等器官，增强客户对产品的认识和信心，从而激起客户的购买欲望。

产品演示内容大致分为开场白、功能讲解与产品演示、结束语，每个部分强调的关键点以及相应的技巧分析如下：

(1) 要根据事前准备的问题进行有目的的演示。成功的产品演示一定要有充分的准备，否则演示的效果必将大打折扣，容易仅止于产品特性的说明。充分准备就是要了解客户的喜好、调查出客户的特殊要求、规划有创意的演示说明方式等，因此充分准备是演示成功的关键。

(2) 针对于客户提出的问题，要灵活地掌握，要区别客户提出问题的合理性与非合理性。目前客户往往强调自身的个性，提出种种要求，对于客户提出的具体业务问题，可为其演示或解释，此类问题应注意：千万不能在小问题上与客户纠缠，占用过多时间，因为第一次演示是艺术性的，目的是签单，此时谈过多的细节问题只会有坏处不会有好处。演示过程中也要观察用户的反应，对方不感兴趣的地方尽量少讲或不讲，对方感兴趣的地方可以多讲，最后做到客户的心思、欣赏与产品结合为一体。

(3) 有效地控制演示现场。从开始产品演示到结束整个过程的场面和气氛应由演示员控制，切不可让客户控制，因为演示之前客户并不了解产品，给其演示的目的就是要让产品给他留下一个好的第一印象，要做到这一点，整个演示的场面和气氛得到有效控制是其基本因素。在产品演示之前，可以结合事先准备好的 PPT 文档，讲解本公司的产品情况，并说明：如果对于产品演示过程中存在的疑惑，在演示之后会有时间互相探讨。一个功能、特点介绍之后，可稍作停顿，以增强节奏感，但停顿时间不可太长。用户若在演示过程中打断或问某个问题，也可以进行解答，但解答完之后即应进入下一个功能点介绍，切不可停留或扯到别的事情上去。产品演示最好要有幽默感，这样会让客户印象深刻，演示要突出重点，不要太长，也不要过于全面。太长、太全面的演示会使人感到疲劳、厌烦，特别是在演示一些客户不熟悉、结构复杂的产品时。

(4) 演示中“眼动、手动、口动”三者充分结合，以增强演示的效果。在演示的过程中，要将“手”与“口”有机地结合起来，同时要利用“眼”，观看客户的反应，灵活快速地变动讲课的内容。进一步讲，“眼动”是指观察用户的反应以便做出下一步的决策；“手动”是指操作；“口动”是指嘴上说的就是手上动的，手上动的即是嘴上说的。三者之间密切配合，不致脱节，让客户感觉是在听一场优美的演讲，浑然一体、一气呵成。产品演示时，应该注意只将客户所关注的主要问题的解决方案展示出来给客户看，不可作详细的操作演示。这种演示是一种艺术性的演示，其目的是为了给客户展示产品的优点，给客户留下深刻的印象，讲得太多太细不但客户记不住，且效果不好。

(5) 让客户参与演示。演示产品时，销售人员不要只顾自己讲解、自己操作，要让客户提出问题，让客户一同参与操作，这样，客户就能深入到产品中去。如果不能让客户亲自操作的话，也要尽量让客户参与演示活动，如要求客户帮助做些协助工作，这样容易吸引客户的注意力。

(6) 实例论证。列举一些有影响力的现有客户，扼要介绍他们使用产品或服务的情况，这时候可以大方地告知对方：“您不妨打电话到××(合作良好的现有客户的公司名称)，看看他们的使用情况……”，这样通常可以让客户对产品产生认同感。

(7) 产品演示后，要仔细分析客户的实际情况，要认真地听录音信息，分析产品真正的满足程度。分析客户的需求，提取出那些代表其行业方向的需求，可以提高自身的能力。总结产品演示过程中存在的问题，对演示过程中的各种表现进行评比。需要强调的是：通过客观的分析，可以提高自身在演示过程中存在的不足，即使演示效果非常好也要做总结，以便下一步销售策略的安排。

产品演示成为客户选型的一个重要环节，演示的技巧也决定了能否将销售进程继续往前推进。

2.6 说服及异议处理

任何一笔订单都不会轻易被得到，整个销售过程，客户会对的产品提出各种各样的异议。在处理客户异议的时候按照以下步骤去做，按部就班地把它解决好。

第一步是通过引导让顾客说出所有的异议，可以以提问的方式去获得，如“张先生您为什么现在不能签单呢？您还有其他原因吗？”，“张先生您现在不能签单是不是还有什么不满意的地方啊，您不妨和我说一说。”

第二步是对异议进行排序，澄清哪个是真异议哪个是假异议。异议有的是真实的，有的是虚假的，其实大部分都是虚假的，要有能力分辨出来，你和对方讲：“张先生，在所有的这些异议里面您认为最重要的是哪一项呢？”对方就会把他认为最重要的真实异议告诉你。

第三步要做的是针对真实异议进行重点询问：“张先生，您为什么觉得在付款方面有问题？是什么因素在干扰着您呢？”

第四步是应用请示领导策略表示尽量去解决，前面针对真实异议重点询问以后客户就会提出要求,这时该怎么办?当场答应吗?建议最好不要这样做,要去请示领导,明明能够当场答应的你也不要答应,以免出现疏漏,这样可以为你充分思考这件事情赢得时间,你可以对客户讲:“张总,这件事情我们知道了,我回去后跟我们的王总汇报一下,我们会仔细去研究这件事情,接下来肯定给您一个满意的结果。”

第五步是约请下次进行拜访的时间和主题:“张总,你看我们把这件事情商量清晰以后明天上午10点或者明天下午3点,您看哪个时间段我们把这件事情再确定一下好呢?”这时你要用一个法则叫做二选一法则,给对方一个筛选的空间。你在向对方的张总约请下次拜访的时间的时候给他两个选择,这样可以减少风险性,如果你约明天上午10点,客户正好10点有会议,客户会说:“不行,我们10点正好有会议。”他会把你回绝掉,如果你再给他一个可选的时间下午3点,他可能就没有事情了,约请就会成功,减小风险。

第六步是有礼貌地告别。我们在和客户接触的过程之中,有时候非常熟悉了就很少注意礼貌,不要忘了再熟悉他也是你的顾客,懂一些礼貌他会觉得你很专业,也能够为以后的会谈打下良好的基础。

案例:排除客户异议的几种方法

(1) 顾客说:我要考虑一下。

对策:时间就是金钱。机不可失,失不再来。

① 询问法。通常在这种情况下,顾客对产品感兴趣,但可能是还没有弄清楚你的介绍(如某一细节),或者有难言之隐(如没有钱、没有决策权)不敢决策,再就是推脱之词。所以要利用询问法将原因弄清楚,再对症下药,药到病除。如:先生,我刚才到底是哪里没有解释清楚,所以您说您要考虑一下。

② 假设法。假设马上成交,顾客可以得到什么好处,如果不马上成交,有可能会失去一些到手的利益,利用人的虚伪性迅速促成交易。如:某某先生,一定是对我们的产品确是很感兴趣。假设您现在购买,可以获得××(外加礼品)。我们一个月才有一次促销活动,现在有许多人都想购买这种产品,如果您不及时决定,会……

③ 直接法。通过判断顾客的情况,直截了当地向顾客提出疑问,尤其是对男士购买者存在钱的问题时,直接法可以激将他、迫使他付账。如:××先生,说真的,会不会是钱的问题呢?

(2) 顾客说:太贵了。

对策:一分钱一分货,其实一点儿也不贵。

① 比较法。

a. 与同类产品进行比较。如:市场××牌子的××元,这个产品比××牌子便宜多啦,质量还比××牌子的好。

b. 与同价值的其他物品进行比较。如:××元现在可以买a、b、c、d等几样东西,而这种产品是您目前最需要的,现在买一点儿都不贵。

② 拆散法。将产品的几个组成部件拆开来,一部分一部分来解说,每一部分都不贵,合起来就更加便宜了。

③ 平均法。将产品价格分摊到每月、每周、每天,尤其对一些高档服装销售最有效。买一般服装只能穿多少天,而买名牌可以穿多少天,平均到每一天的比较,买贵的名牌显然划

算。如：这个产品你可以用多少年呢？按××年计算，××月××星期，实际每天的投资是多少，你每花××元钱，就可获得这个产品，值！

④ 赞美法。通过赞美让顾客不得不为面子而掏腰包。如：先生，一看您，就知道平时很注重××(如：仪表、生活品位等)的啦，不会舍不得买这种产品或服务的。

(3) 顾客说：市场不景气。

对策：不景气时买入，景气时卖出。

① 讨好法。聪明人透露一个诀窍：当别人都卖出，成功者购买；当别人都买进，成功者卖出。现在决策需要勇气和智慧，许多很成功的人都在不景气的时候建立了他们成功的基础。

② 化小法。景气是一个大的宏观环境变化，是单个人无法改变的，对每个人来说在短时间内还是按部就班，一切"照旧"。这样将事情淡化，将大事化小来处理，就会减少宏观环境对交易的影响。如：这些日子来有很多人谈到市场不景气，但对我们个人来说，还没有什么大的影响，所以说不会影响您购买××产品的。

③ 例证法。举前人的例子，举成功者的例子，举身边的例子，举一类人的群体共同行为例子，举流行的例子，举领导的例子，举歌星偶像的例子，让顾客向往，产生冲动、马上购买。如：××先生，××人××时间购买了这种产品，用后感觉怎么样(有什么评价，对他有什么改变)。今天，你有相同的机会，作出相同的决定，你愿意吗？

(4) 顾客说：能不能便宜一些。

对策：价格是价值的体现，便宜无好货。

① 得失法。交易就是一种投资，有得必有失。单纯以价格来进行购买决策是不全面的，光看价格，会忽略品质、服务、产品附加值等，这对购买者本身是个遗憾。如：您认为某一项产品投资过多吗？但是投资过少也有他的问题所在，投资太少，使所付出的就更多了，因为您购买的产品无法达到预期的满足(无法享受产品的一些附加功能)。

② 底牌法。如：这个价位是产品目前在全国最低的价位，已经到了底儿，您要想再低一些，我们实在办不到。

通过亮出底牌(其实并不是底牌，离底牌还有十万八千里)，让顾客觉得这种价格在情理之中，买得不亏。

③ 诚实法。在这个世界上很少有机会花很少钱买到最高品质的产品，这是一个真理，告诉顾客不要存有这种侥幸心理。如：如果您确实需要低价格的，我们这里没有，据我们了解其他地方也没有，但有稍贵一些的××产品，您可以看一下。

(5) 顾客说：别的地方更便宜。

对策：服务有价，现在假货泛滥。

① 分析法。大部分的人在做购买决策的时候，通常会了解 3 方面的事：第一个是产品的品质；第二个是产品的价格；第三个是产品的售后服务。在这 3 个方面轮换着进行分析，打消顾客心中的顾虑与疑问，让它"单恋一枝花"。如：××先生，那可能是真的，毕竟每个人都想以最少的钱买最高品质的商品。但我们这里的服务好，可以帮忙进行××，可以提供××，您在别的地方购买，没有这么多服务项目，您还得自己花钱请人来做××，这样又耽误您的时间，又没有节省钱，还是我们这里比较恰当。

② 转向法。不说自己的优势，转向客观公正地说别的地方的弱势，并反复不停地说，摧

毁顾客心理防线。如：我从未发现那家公司(别的地方的)可以以最低的价格提供最高品质的产品，又提供最优的售后服务。我××(亲戚或朋友)上周在他们那里买了××，没用几天就坏了，又没有人进行维修，过去找态度也不好……

③ 提醒法。提醒顾客现在假货泛滥，不要贪图便宜而得不偿失。如：为了您的幸福，优品质高服务与价格两个方面您会选哪一项呢？你愿意牺牲产品的品质只求便宜吗？如果买了假货怎么办？你愿意不要我们公司良好的售后服务吗？××先生，有时候我们多投资一点儿，来获得我们真正要的产品，这也是蛮值得的，您说对吗？

(6) 顾客讲：没有预算(没有钱)。

对策：制度是死的，人是活的。没有条件可以创造条件。

① 前瞻法。将产品可以带来的利益讲解给顾客听，催促顾客进行预算，促成购买。如：××先生，我知道一个完善管理的事业需要仔细地编预算。预算是帮助公司达成目标的重要工具，但是工具本身须具备灵活性，您说对吗？××产品能帮助您公司提升业绩并增加利润，你还是根据实际情况来调整预算吧！

② 攻心法。分析产品不仅可以给购买者本身带来好处，而且还可以给周围的人带来好处。购买产品可以得到上司、家人的喜欢与赞赏，如果不购买，将失去一次表现的机会，这个机会对购买者又非常重要，失去了，痛苦！尤其对一些公司的采购部门，可以告诉他们竞争对手在使用，已产生什么效益，不购买将由领先变成落后。

(7) 顾客讲：它真的值那么多钱吗？

对策：怀疑是奸细，怀疑的背后就是肯定。

① 投资法。做购买决策就是一种投资决策，普通人是很难对投资预期效果作出正确评估的，都是在使用或运用过程中逐渐体会、感受到产品或服务给自己带来的利益。既然是投资，就要多看看以后会怎样，现在也许只有一小部分作用，但对未来的作用很大，所以它值！

② 反驳法。利用反驳，让顾客坚定自己的购买决策是正确的。如：您是位眼光独到的人，您现在难道怀疑自己了？您的决定是英明的，您不信任我没有关系，您也不相信自己吗？

③ 肯定法。值！再来分析给顾客听，以打消顾客的顾虑。可以对比分析，可以拆散分析，还可以举例佐证。

(8) 顾客讲：不，我不要……

对策：我的字典里没有“不”字。

① 吹牛法。吹牛是讲大话，推销过程中的吹牛不是让销售员说没有事实根据的话，讲假话，而是通过吹牛表明销售员销售的决心，同时让顾客对自己有更多的了解，让顾客认为你在某方面有优势、是专家。信赖达成交易，如：我知道您每天有许多理由推脱了很多推销员让您接受他们的产品。但我的经验告诉我：没有人可以对我说不，说不的我们最后都成了朋友。当他对我说不，他实际上是对即将到手的利益(好处)说不。

② 比心法。其实销售员向别人推销产品，遭到拒绝，可以将自己的真实处境与感受讲出来与顾客分享，以博得顾客的同情，产生怜悯心，促成购买。如：假如有一项产品，你的顾客很喜欢，而且非常想要拥有它，你会不会因为一点儿小小的问题而让顾客对你说不呢？所以××先生今天我也不会让你对我说不。

③ 死磨法。坚持就是胜利，在推销的过程，没有你一问顾客，顾客就说要什么产品的。顾客总是下意识地防备与拒绝别人，所以销售员要坚持不懈、持续地向顾客进行推销。同时

如果顾客一拒绝，销售员就撤退，顾客对销售员也不会留下什么印象。

2.7 达成协议及成交

销售的目标只有一个：拿下订单！之前所论述的售前准备、寻找潜在客户、了解客户需求、消除异议和产品演示等无非都是实现销售的铺路石，拿下订单才是硬道理。现实操作中销售人员似乎都忽略了这一点，在很多失败的案例中，客户之所以没有进一步产生购买行为，原因是"他们没有要求我们这样做"。再完美的前期工作，如果没有实现成交，那么销售过程就是失败的。

可以用以下3种实用技巧来让客户做出购买决定。

(1) 邀请型成交。当客户说没有什么问题或疑惑时，可以说："那么，为什么你不试一试这项产品或服务呢?"这个方法不但显得低调、友好、专业，而且完全没有任何压力。还可以补充下面这些话加以强调："接下来我会向你介绍每个细节"，让客户知道他们有多么需要你的产品。

(2) 指示型成交。可以问你的客户："现在你觉得我们的产品或服务对您有帮助吗?"当客户回答"是"的时候，你可以说："好，那么下一步我们应该这么做"，接着提出你的建议，让客户做出购买的决定，需要付多少订金，你也可以拿出订单或合同要求他们填写。这种技巧可以让你掌握主动权，控制销售的局面。

(3) 授权型成交。在和客户的交谈接近尾声时，一定要确认客户是否还有问题，当客户确认没有问题时，尽快拿出合同，让客户做出购买决定并签字。

在签约的时候还需要注意的以下几点。

(1) 当顾客拿起笔将要签字的时候，要注意不管是多大的合同、多大的单，最好不要欣喜若狂，有很多大客户经理半年没有开张了，好不容易签了个单，顾客的笔在那里签字时，他在这边就高兴得受不了了，像范进中举一样。切记一定要沉得住气，不要在关键的时刻给自己又找来不必要的麻烦。

(2) 要注意要留出让客户思考做决定的时间，对顾客讲："张总，我们的方案书您那里也有了，我再给您留两份，王总和李总都在这里，你们一起研讨一下看看是怎么样的结果，我们先到外面去等一下，好吧?"张总马上说："好的，好的，那你们先等一会儿吧。"这时候你千万不要出现在他们研究的现场，他们会感觉受到威胁，给他们一个独立的思考空间，哪怕对方就一个人在那里，他思考做决定时你也不要在旁边去显示出你在威胁。

(3) 要去观察顾客的体态语言，把握住火候，什么时候该成交、什么时候不成交，知道这个信号是什么，如顾客提到运输的问题，提到安装期的问题，他主动起来给你倒茶表示友好或者顾客说"嗯，不错，的确是"，出现这些信号的时候你要注意这是成交的时候到了，要时刻提高你的警觉活跃你的思维，不要有成交信号的时候你还感觉不到，那样你就错过了签单的关键时机。

(4) 要敢于提出成交。跟客户交往的目标是什么，主要是为了订单，关系再好也要订单至上，不要害怕失败，假如失败可以再找下一个顾客，不至于在他身上浪费时间，所以要敢于提出成交。

(5) 成交后一定要尽快离开，不要过多的留恋和停留，签完单以后赶紧离开，否则会节外生枝。

(6) 在外等候时要注意细节，要体现出专业素质，不要给客户造成一个不好的印象，一定要注意你的细节，有可能简简单单的一句话、一个动作甚至你不在意的一些东西就会使你的订单流失掉。

(7) 不要轻易决定任何事情。为了保险最好使用黑白脸策略或者请示领导策略，使你得到充分的时间去思考、有充分的时间去跟别人研讨这件事情怎么办，怎么去答复对方。

2.8 做好售后服务

如果不想止步于单一的一次销售，就让你的客户满意。首先应该关注的是客户的满意度。每个购买者都希望他们购买的产品或服务完美无瑕。无论购买价格是多少，他们认为既然已经花了钱，就必须得到完美无瑕的产品或服务。

2.8.1 关于客户的理念

(1) 客户希望能为其提供一项或多项产品与服务。

(2) 客户是最重要的贵宾，不论他是来消费还是询问，都应该尽可能满足他所提出的任何需求。

(3) 客户永远是对的，应站在客户的立场上来提供产品或服务，或许会从另一角度发现一些不同的观点。

(4) 客户就是希望能满足他需求的人，而满足其愿望是你的责任。

(5) 客户希望的是等值的服务，所提供的服务愈好，愈能增加他对公司的好感，同时，更愿意选用你的其他产品。

(6) 客户就是我们公司存在的最基本的理由，将此牢记在心，可以帮你走向成功之路。

2.8.2 售后的跟进

售后的跟进工作是维护持续的良好业务关系所必需的，你应当把客户当做业务生命赖以存在的基础。保持客户满意的途径有以下几个。

(1) 向客户展示你对他们的关注。除了发送新年卡、生日贺卡和感谢信外，还可以通过邮件、短信、微博等发送一些对他们有所帮助的信息。

(2) 顺路拜访他们时捎带公司的新产品与宣传册，以及为客户提供的额外服务。记住每次拜访客户前必须进行预约。

(3) 提供一份样品，以加强客户对你的新产品的了解和使用情况。

(4) 向客户优惠提供新产品或新服务。

(5) 为因你的产品出问题而给他们带来的时间和金钱损失作出一定赔偿或补偿。

(6) 接受退货时应当爽快，从长远来看，退货的代价比你找新客户的代价小得多。

(7) 要遵守商业道德，为客户的信息保密。

(8) 对客户使用你的产品的情况进行紧密的跟踪，并定期会见客户，保持密切联系。

(9) 保持沟通渠道的畅通。

2.8.3 处理抱怨的技巧

1. 抱怨处理技巧

(1) 针对性原则。站在客户的立场,弄清客户的问题,有针对性地回答,忌答非所问、避而不答。

(2) 主动性原则。设身处地猜测客户会碰到但没有提出的问题,主动提醒客户。

(3) 保持冷静,避免个人情绪受困扰。

(4) 集中研究解决问题的办法,而不是运用外交辞令。

(5) 避免提供过多不必要的资料或假设。

(6) 即使客户粗鲁无礼,也要保持关注。

(7) 多用类似下列的语句。

——谢谢您提醒我注意。

——谢谢您告诉给我们知道。

——我们都明白您的困难/问题。

——如果我是您,我都可能会这么做。

——造成这样我们非常抱歉。

(8) 一切投诉都要马上处理,切勿忽视任何投诉或置之不理。

2. 抱怨处理禁忌

(1) 随意猜测客户的心理和用意。

(2) 将责任归咎于客户。

(3) 打断客户说话,反诘客户。

(4) 与客户争执、争辩。

(5) 拼命说服客户。

(6) 威胁客户接受。

3. 处理抱怨的法宝——同理心

(1) 说出对方的情绪。

(2) 描述事实,取得客户的认同。

(3) 说出对方背后的期待。

2.8.4 接待的技巧

1. 接待的技巧

(1) 展现出整洁、宜人的外表。

(2) 微笑! 微笑!

(3) 透过面部表情,表现出自信与热忱。

(4) 尽可能尊称客户姓名来欢迎他们。

(5) 仔细听客户想说的话。

(6) 注意身体语言,不要有任何惹人讨厌的举动。

(7) 永远以礼貌与尊敬来对待客户。

(8) 对自身的工作表现出热爱。
(9) 用调整过的声调，徐缓且清晰地说话。
(10) 展现高水平的专业知识。
(11) 以专业态度接受客户抱怨。
(12) 微笑并保持冷静。
(13) 不将客户的粗鲁言辞放在心上。
(14) 不要打断客户说话。
(15) 如果客户有抱怨，而非单纯询问，要多为客户着想。
(16) 对客户的询问，多提供解决方案。
(17) 如果无法协助客户，找出其他能提供协助的人。
(18) 如果不能立即服务客户，招呼他并请他稍候。
(19) 如果需要更多信息去处理客户询问，多问问题。
(20) 勿与客户争执。
(21) 使客户被知会，且满意地离去。

2. 接待的禁忌

(1) 不理会客户光临，先处理自己手上的事。
(2) 让客户等待服务，不知所措。
(3) 联络受访者后即将客户置于一旁，不再理睬。
(4) 一边聊天一边接待。
(5) 未经联系直接指示客户进入办公区。
(6) 会客区凌乱不堪，无人整理。
(7) 受访者久未出面，也不告知来访者原因。
(8)“有什么事吗”、“他可能在忙”、“找谁”、“啊”、“什么”、“不在”、“不清楚”、“不知道”、“没有”等习惯用语。
(9) 未事先约访即直接联系当事人，致使当事人无法拒绝。
(10) 随意进入会客室找人或直接与受访者谈话。
(11) 顾客离去时，当做没看见。

3. 待客黄金定律

(1) 客户进到公司后以目光与微笑相迎。
(2) 起身询问客户需要什么服务。
(3) 说话清楚，并维持一秒钟两个字的速度。
(4) 身体微倾并专注地倾听客户说话。
(5) 若需客户等待，必须将其安排至会客区等待。
(6) 详细了解客户来访的目的。
(7) 通过第三者确认受访者意愿。
(8) 处理客户抱怨，记录人名、来访时间。
(9) 客户离去时以目光、微笑、点头恭送。

4. 处理反对意见的技巧

客户提出反对意见是常见的问题，要把反对意见视作考验加以克服，对于一切反对意见，均应及时加以解决。

(1) 误会你的意见。起因在于缺乏沟通。

——以发问方式重复客户所提出的反对意见，等待回答。

——立即加以澄清(重复客户的意见可使对方知道你真正明白其反对理由，这样做也可以帮助你更加了解对方的反对意见及表示尊重)。

(2) 合理的反对意见。客户认为建议对本身并无利益或对建议无好感。

——以技巧的发问方式重复对方所提出的反对意见，等待回答。

——强调适当的或对方曾经表示喜欢的利益。

——每次均以商议或发问来解决(把你的构思或解决办法及其他的利益提出，以降低反对意见的严重性。切不可与客户争辩，只可强调对方已经认同的利益，使他们着眼于该利益之上，让客户知道你本身的建议充满热忱及信心)。

(3) 不合理的反对意见。客户只不过喜欢无中生有或纯粹为难你。

——以发问方式重复客户所提出反对意见，等待回答。

——任由客户发表意见，切不可与对方争辩，只可重提对方已经认同的利益并加以强调。

5. 常用语言

(1) 您好！欢迎光临。

(2) 早安！午安！晚安！

(3) 有什么我可以为您服务。

(4) 对不起，请您稍等一下。

(5) 对不起，让您久等了。

(6) 谢谢您！麻烦你亲自前来。

(7) 很抱歉。

(8) 劳驾您。

(9) 请坐、请稍坐。

(10) 请用茶。

(11) 谢谢您！请慢走。

(12) 不客气。

(13) 再见。

思 考 题

1. 简述成功销售的主要步骤。
2. 挖掘潜在客户的主要渠道有哪些？
3. 简述电话预约的技巧。
4. 销售拜访的开场白有哪几种？
5. 积极倾听的技巧有哪些？
6. 处理客户异议的步骤有哪些？
7. 简述处理抱怨的技巧。

项目三

IT 产品推介与销售技巧

岗位目标：IT 产品销售员

知识目标：

(1) 了解 IT 产品销售行业的工作岗位设置；

(2) 熟悉销售员应有的 10 项关键素质；

(3) 知道优秀销售员的职责与训练方法；

(4) 熟悉产品销售流程。

能力目标：

(1) 能较好地与顾客进行沟通、交流；

(2) 能根据顾客的行为正确判断顾客的意图；

(3) 能分辨不同类型的客户；

(4) 培养销售员的初步技巧。

素养目标：

(1) 自觉遵守公司制度；

(2) 较强的专业知识；

(3) 有自信心；

(4) 勤奋、积极、主动的态度；

(5) 良好的团队合作精神；

(6) 明确任务目标；

(7) 普通话及地方语言流利，具有良好的沟通能力。

在中国信息产业飞速发展的今天，IT 产品无论在科学计算、日常办公、企业工控、军事应用，还是在家庭娱乐中都占有不可或缺的地位，与其对应的 IT 产品制造、销售、服务行业的发展也不言而喻，中国巨大的 IT 销售市场造就了 IT 产品销售员、售后服务技术员、销售管理人员的人才需求，IT 销售市场对 IT 销售岗位的分工和要求也随着时代的变迁而不断变化。如读者想了解更多 IT 销售岗位的职业能力要求、薪酬待遇等时事信息，也可通过南方人才市场、深圳人才大市场、华夏人才市场等网站进行查询。

1. IT 产品销售市场岗位分析

根据 IT 产品销售业卖场调查分析，销售业工作岗位设置虽层次分明，但职位称谓不一，根据职位要求大致归纳为 4 类，分析如表 3-1 所示。

表 3-1　产品销售市场岗位分析

IT 销售业岗位设置名称	归纳后岗位	岗位要求汇总	岗位级别	薪酬调查
销售员　店员　营业员　导购员　促销员　收银员　防损员	IT 产品销售员	遵守公司制度，听从安排；熟悉计算机产品、数码产品及网络设备；有良好的团队精神，自信，有责任心；善于思考、善于学习，机智灵活；对工作充满热情与激情，能承受一定压力；形象良好，语言表达能力良好，有零售经验；能进行货品销售记录、盘点、账目核对，商品的来货验收、上架陈列摆放、补货、退货、防损	初级	800～1800 元
装机员　技术员　售后服务员　技术支持	技术员	遵守公司制度，听从安排；熟悉计算机产品、数码产品及网络设备的安装、配置、维护与故障排除；有良好的团队精神；善于思考、善于学习，机智灵活，有责任心；对工作充满热情与激情，能承受压力	初级	1000～2000 元
产品主管　技术主管　售后主管	主管	除具备以上要求外，需具备组织管理能力、协调能力、抗压能力、亲和力；具备良好的演讲技巧，熟悉主管业务	中级	1200～3000 元
店长　销售经理　区域经理	经理	除具备主管要求外，能在上级的领导和监督下定期完成量化的工作要求，并能独立处理和解决所负责的任务，能够很好地协调各项工作，达成当季的销售任务；能及时地反映市场动向，正确地做出相应的调整，负责促销季销售活动的策划和执行，完成销售指标	高级	1500～4000 元

2. IT 产品销售员的职业素养

销售是点对点的营销方式，销售的工作就是去满足客户的需求，并艺术性地让客户认同和接受其工作。要成功地做到这一点，销售人员必须充分了解代理的产品性能和各项服务，并具备优良的销售技巧。

在过去的 20 年间，销售这一职业已经发生了巨大的变化，作为一名专业的 IT 产品销售员，必须对自身的能力做出正确、客观地分析、评价，并不断完善，提高自己以面对竞争日趋激烈的 IT 销售市场，逐渐成长为专业、优秀的 IT 产品销售员甚至部门主管、经理。

销售员若要在销售工作中取得成功，并成为一名职业的销售大师，必须具备以下 10 项关键素质。

（1）自觉遵守公司制度。

（2）较强的专业知识。

（3）自信心。

（4）勤奋、积极、主动的态度。

(5) 良好的团队协作精神。

(6) 明确任务目标。

(7) 普通话及地方语言好,具有良好的沟通能力。

(8) 良好的第一印象。

(9) 一定的客户拜访技巧。

(10) 一定的演讲技巧。

具备以上基本素质的 IT 产品销售人员,如能熟练运用一些销售技巧,加上产品品质、相应售前售后服务,并确信自己能够成功,就有可能使产品销售取得成功。

3. IT 产品销售技巧

销售是创造、沟通与传送价值给顾客,经营顾客关系以便让组织与其利益关系人受益的一种组织功能与程序。简单来讲,销售就是介绍商品提供的利益,以满足客户特定需求的过程。

技巧是指对生活或工作方法的熟练和灵活运用,而销售技巧是每个销售员各自与客户交流沟通特定的方法。销售技巧包括了沟通技巧、客户心理学、人类行为学以及自己所销售产品相关学科的专业知识,甚至是人的各种爱好以及对社会现象的态度。每个销售员因专业知识、个体能力、性格差异等自身条件不一样,所产生应对问题的习惯也不会一样,因为是个体的习惯,可以更加熟练、灵活地运用到销售过程当中,取得好的销售业绩,并能比别人更好地达到销售目的。

销售过程可简单归纳如下:

(1) 销售员与客户处于相互帮助的位置。

(2) 艺术性地把产品用自己的方式传递给对方。

(3) 提供给客户所需的东西,但不一定是他们想要的东西。

(4) 通过估量客户需求来促进业务的创造性活动。

(5) 利用个人魅力说服客户从事可能并不太愿干的事。

(6) 协调产品资源、货物运送和服务的活动。

学习销售的技巧是为了提高自己的销售水平及业绩,由此可见,销售技巧可以帮助人们更好地去完成销售,人们得出这样的结论是因为看到某人使用这种销售技巧取得了不错的效果,但有一点值得大家注意,销售技巧放在自己身上是不是也能达到一样的效果。

每个人的性格、学识等自身条件不一样,导致很多别人好的方法在其他销售员那里无法得到良好的运用,如果强行运用,反而适得其反。同时,技巧可以通过训练得到提高,经过不适应、难受、舒畅,再到得心应手。很多人会因为自己的习惯而拒绝让自己难受的一些销售技巧,不愿意进行学习或训练,那么就会影响销售技巧的提高。

销售不是一个人的游戏,它涉及了方方面面因素,市场环境、商品品牌、消费习惯、人际关系、竞争对手、服务质量、自身条件等,这些林林总总的因素造就了销售环境的多样性。销售不是简单地复制就可以完成,但销售往往在一定程度上又具有共通性,因此,对于销售的技巧学习和把握要学会思考,找到适合自己的,改善成为可以帮助自己的方法,当把这些方法熟练应用到自己的销售过程当中时,就成为自己的销售技巧。

适合自己的才是最好的,对于什么是销售技巧,销售人员要仔细来辨别,选择学习,才会不断提升自己的销售能力。

4. 销售过程训练

(1) 销售员的职责

一般实体 IT 产品卖场的销售员推销产品时会经过接触、了解需求、把握时机、促单、下单交订、出货等接待顾客的过程，如能有效地把握各个环节，就能大大提高产品推销的成功率。

接待顾客是一门很深奥、很微妙的学问，营业服务有其自身的规程，违背了这些规程就很难达到营销的目的。如何吸引顾客，这就要求履行以下职责，方可不断拓展业绩并招徕返客。

① “三一”服务：进门一个鞠躬，一声问候，一杯水。

② 打招呼：要注意语气，轻柔而不造作，轻声而不低沉。

③ 定睛注视：不要目不转睛地盯，保持真诚热切的目光，给顾客尊重、稳健的感觉。

④ 接近顾客：顾客莅临，要主动接近顾客，不要让顾客有冷落的感觉。

⑤ 询问顾客的要求：要耐心、细致，谆谆善诱，友善引导，不要让顾客感觉被蒙骗。

⑥ 拿商品给顾客看：应双手递上，恭敬谦卑，以示诚恳。

⑦ 商品讲解说明：针对商品特性，进行简要讲解说明，必要时，进一步全面解说。

⑧ 让顾客选取商品：要耐心、细心，不要显出不耐烦的迹象。

⑨ 使用说明：确定商品并交付订金后应简要申明产品使用的注意事项。

⑩ 收款：面带微笑并说声“谢谢”。

⑪ 包装商品，交付顾客：小心包装，点齐货品、配件及赠品，双手奉上。

⑫ 行礼：目送顾客离开，道声“欢迎再来”，顾客走远，要招手致意。

(2) 销售过程

通过卖场调研、网上调查、经验交流等渠道得知，在实际销售工作中，把握顾客的行为特征和时机尤为重要。以下描述了接触顾客的时机、了解顾客需求、出现成交意图、促单等销售过程，参考如下：

① 初步接触的最佳时机。

a. 当顾客长时间凝视某一商品，或若有所思时。

b. 当顾客触摸某一商品一小段时间之后。

c. 当顾客抬头起来的时候。

d. 当顾客突然停下脚步时。

e. 当顾客的眼睛在搜寻时。

f. 当顾客与店员的眼光相碰时。

② 选好时机后，以 3 种方式实现与顾客的初步接触。

a. 与顾客随便打一个招呼。

b. 向顾客介绍他中意的商品。

c. 询问顾客的购买愿望。

③ 臆测顾客需求的 5 种方法。

a. 让顾客了解商品的使用情形。

b. 让顾客触摸商品。

c. 让顾客了解商品的价值。

d. 拿几件商品让顾客比较。

e. 按照从低档商品到高档商品的顺序拿商品。

④ 出现下列情况时，成交的时机就出现了。

a. 顾客突然不再发问时。

b. 顾客话题集中在某个商品上时。

c. 顾客不讲话而若有所思时。

d. 顾客不断点头时。

e. 顾客开始注意价钱时。

f. 顾客开始询问购买数量时。

g. 顾客不断反复问同一问题时。

⑤ 时机出现，促单的4种方法。

a. 不要给顾客看新商品。

b. 缩小顾客选择范围。

c. 帮助顾客确定所喜欢的商品。

d. 对顾客所喜欢的商品作简要说明，促使下定决心，但千万不能用粗暴、生硬的语言去催促顾客。

(3) "投其所好"的推销方法

IT产品销售员为了引导消费者购买，应对产品性能了解全面，对于IT产品的技术、性能、使用、维护等了如指掌。不同顾客对电脑硬件配置、价位需求也不一样，下面就以应该怎样给顾客介绍一台电脑为例，针对不同类型的顾客来介绍电脑的销售方法。

首先要观察顾客，顾客分为很多种类型，以下就先来分析一下顾客类型。

① 理性的顾客：对于这种顾客，对产品很挑剔，不容易轻易相信销售者的话，而这类人一般不轻易发表问题，而是抓住关键问题来问，作为销售人员应该放慢自己说话节奏，配合顾客的提问，多向他引用文件、证据、图表之类，这样可能会起到良好效果。

② 不懂装懂的顾客：对于这种顾客，需要大大的赞赏一下他的见识，估计交易就大功告成了。

③ 犹豫不决的顾客：对于这种顾客，对你产品的各项功能服务都非常满意，但是还在犹豫，为了达成销售，应该在语言中带有提示地告诉他一定要买，不买就会后悔的信息。例如，当一个顾客在犹豫的时候，你可以告诉他，我们这个产品搞特惠促销，今天买可以送……明天买可能就没有了；或者今天是特价销售，而明天就不会在以这个价格销售了。只要顾客没有离开你的店面，估计离成功就不远了。

④ 对于贪心的人：就应该给他亮出公司的规章制度，并告诉他你的难处，但是为了挽留顾客，可以适当送一些赠品。

其次是介绍产品，介绍产品最重要是强调产品价值。

再次就是多给顾客做演示。

通用的方法就是把机器的性能全部先背一遍，或者直截了当地询问顾客需要，让顾客开口说话才是最好的，两者相同点就是一定要把产品的特点凸显出来。了解顾客是从性能、实用性、价格，还是从其他方面考虑，总之要了解清楚，所以要求销售人员一定要把每一个因素都掌握好。

从性能上分析，就要着重把握产品的特点，如正规厂家生产、原装进口配件、正规发票等。

从实用性分析，就要了解顾客家庭情况和购买动机，提醒顾客买电脑够用就好，买低了不够用、高了用不着，让顾客明白你是在为他着想。

从价格上，就要从竞争对手和产品特点双方面来分析，如售后服务、品牌信誉等。毕竟电脑不是一般的电子产品，软件、硬件问题比较多，如果没有强大的售后服务做支撑，那么后果将会不堪设想。

如果想让顾客购买你的电脑，虚假的价格一定不行，一定要以真诚的态度推销电脑。其次是要在最短时间内知道对方的喜好，然后推荐相应配置的电脑，如推荐重点为声音、游戏运行性、画面画质等，让顾客感兴趣，才能有效果，总之就是抓住对方想要的东西进行推销。推销需要积累经验，不要空想，要多实践，时间久了自然就摸索出自己的一套销售技巧。

3.1 计算机产品推销

知识目标：

(1) 了解计算机产品的用途；

(2) 了解计算机的历史和发展；

(3) 熟悉计算机产品的基本组成及使用；

(4) 熟悉计算机配件的性能和参数。

能力目标：

(1) 能正确使用计算机；

(2) 能根据顾客的需求对品牌计算机进行选型，制定兼容机配机方案；

(3) 能分辨真假计算机配件；

(4) 掌握计算机产品一般推销技巧。

人类所使用的计算工具是随着生产的发展和社会的进步，从简单到复杂、从低级到高级的发展过程，计算工具相继出现，如算盘、计算尺、手摇机械计算机、电动机械计算机等。1946 年，世界上第一台电子数字计算机(ENIAC)在美国诞生。这台计算机共用了 18 000 多个电子管，占地 170m^2，总重量为 30t，耗电 140kW，运算速度达到每秒能进行 5000 次加法、300 次乘法。

电子计算机在短短的 50 多年里经过了电子管、晶体管、集成电路(IC)和超大规模集成电路(VLSI)4 个阶段的发展，使计算机的体积越来越小、功能越来越强、价格越来越低、应用越来越广泛，目前正朝智能化方向发展。

3.1.1 计算机及其应用

1. 生活中的计算机

在现代社会的日常生活中，计算机无处不在。在信息技术高速发展的中国，计算机的应用尤为重要。实际上，计算机存在于一些几乎想象不到的地方，包括家用电器、轿车、游戏机、玩具甚至是闹钟里面。

在过去的 20 年间，计算机改变了人们在家庭、工厂和学校的生活方式。现在，绝大多数行业都在某个方面使用信息化的设备，大部分公司的内外部都连接有网络。在美国，已有超过一半的家庭拥有计算机，大部分计算机与Internet连接，而在中国，只有约3成的家庭使用计算机。根据CNNIC在2010年发布《第26次中国互联网络发展状况统计报告》，截至2010年6月底，虽然我国网民规模达4.2亿人，互联网普及率持续上升增至31.8%，但离发达国家仍有一定的距离。

2. 计算机的定义

计算机(Computer)是一种能够按照事先存储的程序，自动、高速地进行大量数值计算和各种信息处理的现代化智能电子设备。由硬件和软件所组成，两者是不可分割的。人们把没有安装任何软件的计算机称为裸机。随着科技的发展，现在新出现一些生物计算机、光子计算机、量子计算机等新型计算机。

本书讨论的计算机是生活中随处可见的计算机——数字计算机。它们都是利用二进制数字进行操作的，也就是说，计算机把所有类型的信息都分解成很小的单个信息，并使用数字表示每个信息。数字计算机还按照严格的步骤运行，并按照组织严密的指令分别处理每个信息。

3. 个人用户使用的计算机

大部分计算机一次只能由一个人使用。虽然这样的计算机通常由几个人共享，如学校计算机室中的计算机、网吧中的计算机，但是在任意给定的时间，只有一个用户可以操作计算机。这一类的计算机主要包括6种类型：台式计算机(Desk-top Computer)、工作站(Workstation)、笔记本计算机(Notebook PC)、平板计算机(Tablet Personal Computer)、手持式计算机(Hand-held Computer，HHC)、智能电话(Smart Telephone)。

这些系统全部都是PC(Personal Computer，个人计算机)的示例，PC这个术语表示一个人使用的计算机系统。个人计算机又称为微型计算机(Minicomputer)，因为它们是人可以使用的最小的计算机。个人计算机或PC通常用于描述台式计算机。

虽然个人计算机由个人使用，但它们可以连接在一起，形成网络。实际上，网络互联已成为个人计算机最重要的目的之一，即使很小的手持式计算机，现在都可以连接到网络上。

(1) 台式计算机。最常用的个人计算机是台式计算机(Desk-top Computer)，也就是可以放在桌子上面的计算机，在学校、家庭、办公室都可以见到，也是在计算机销售中份额最大的产品。

随着计算机技术的不断向前发展，其应用领域已经不仅仅局限于绘图、文字处理、游戏、通信等多媒体应用。在一些特殊行业中，计算机产品开始发挥着它们的巨大作用，如嵌入式PC、计算机监控系统、电脑雕刻机、远程证券、金融等。

台式计算机体积大，不便于携带。台式计算机的主要组件是主机，即安装处理设备和存储设备等计算机关键零件的机箱。台式计算机的设计形式通常有两种，比较传统的台式计算机采用水平方向放置的主机，通常平放在用户的办公桌上，而且可以将显示器放在主机上面，如图3-1所示。

(2) 工作站。工作站是一种专用的单用户计算机，功率和功能通常都优于标准的台式PC。科学家、工程师、设计师都非常喜欢这样的机器，因为他们在执行复杂的任务时，需要系统具有高于平均的速度和功率。工作站通常配备体积大、分辨率高的显示器，并且具有高速图形处理能力，因而适合高级的建筑或工程设计、建模、动画制作和视频编辑，如图3-2所示。

图 3-1 "塔式"设计的台式计算机

图 3-2 惠普图形工作站

(3) 笔记本计算机。笔记本计算机的形状近似于较大尺寸的笔记本,可以放在手提包内,便于携带,所以称为笔记本电脑。笔记本计算机可以使用交流电或特殊电池,重量一般在4kg以下,有些甚至小于1kg。使用时,需要翻开计算机的盖,露出薄薄的显示屏和键盘;不使用时,为了方便存放,可以折叠起来。笔记本电脑是功能全面的微型计算机,无论位于何处,都具有标准台式计算机的功能。由于笔记本电脑便于携带的特性,越来越受到人们的喜爱,如图3-3所示。

(4) 平板计算机。平板计算机是便携式、全功能计算机的最新开发成果,如图3-4所示。平板计算机具有笔记本计算机的所有功能,不过重量更轻,而且可以接收一种特殊笔的输入,这种笔称为手写笔(Stylus)或数字笔,可以直接在屏幕上点击或书写。许多平板计算机还配备内置的麦克风(Microphone),以及接收用户语音输入的特殊软件,某些型号的平板计算机甚至具有折叠式的键盘,因而可以变成标准笔记本计算机。

(5) 手持式计算机。手持式计算机是非常小的计算机设备,可以放在手上操作,如图3-5所示。比较流行的手持式计算机是PDA(Personal Digital Assistant,个人数字助理)。PDA还没有记事本大,一般用于特殊应用,如做笔记、记录查看日程表、记录客户资料、PDA菜单等。许多PDA可以连接到较大的计算机上,进行数据交换。大部分PDA都配备有手写笔,可以在屏幕上书写。一些手持式计算机具有内置的小键盘或者接收语音的麦克风。

图 3-3 笔记本计算机

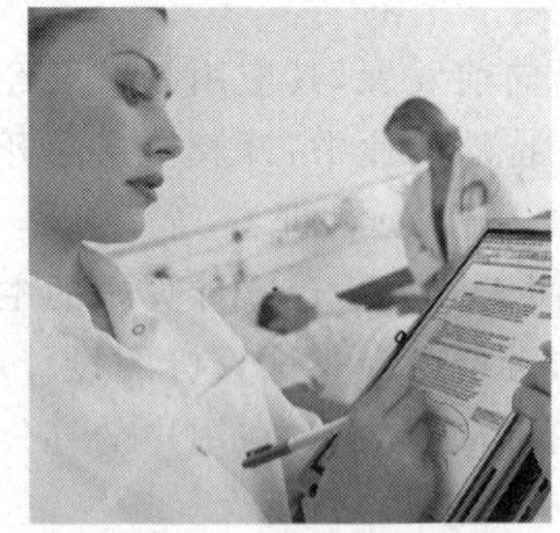

图 3-4 平板计算机

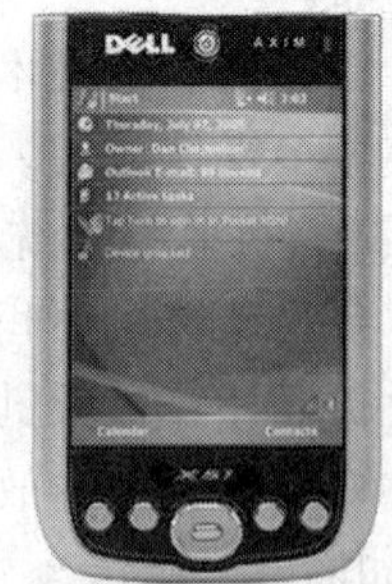

图 3-5 手持式计算机

许多PDA能够通过无线连接访问Internet,一些型号还具有移动电话、照相机、摄像机、视频音乐播放器和全球定位系统(GPS)等功能。

(6) 智能电话。一些移动电话兼具迷你计算机的功能，如图 3-6 所示。由于这样的移动电话具有普通移动电话没有的功能，所以它们有时被称为智能电话(Smart Telephone)。这些功能包括访问 Web 和收到电子邮件、具有个人管理器等特殊软件，或者具有数字照相机或音乐播放器等特殊硬件，有些型号甚至可以分成两半，露出微型键盘。

图 3-6　智能手机

4. 专业机构使用的计算机

专业机构计算机可以同时处理许多用户的需要。这些计算机功能强大，通常位于机构网络中心机房，商业机构或学校等单位最常使用。

一般来说，每个用户通过自己的设备与这样的计算机进行交互，而不必排队等在一个键盘和显示器前。最大的机构计算机可以在几千米以外同时支持数千名个人用户。虽然其中的一些大型系统专门用于特殊目的，用户只能执行一些特定的任务，但许多机构计算机是通用系统，支持大量任务。

(1) 网络服务器。目前，大多机构的网络都基于个人计算机。个人用户都有自己的台式计算机，它们连接到一台或多台称为网络服务器(Network Server)的集中式计算机上。网络服务器通常是功能强大的个人计算机，安装有特殊的系统应用软件和设备，在网络中担当主计算机，如图 3-7 所示。

(2) 大型计算机。大型计算机(Mainframe)用于保险公司和银行等大型公司内部，形成数据处理中心。在传统的大型计算机环境中，每个用户都通过一种称为终端(Terminal)的设备访问大型计算机的资源。终端分为两种：哑终端不处理或存储数据，仅仅是一种 I/O (Input/Output)设备，作为其他计算机的窗口；智能终端可以执行一些处理操作，但通常不存储数据。不过，可以使用标准个人计算机访问大型计算机。

大型计算机体积大、功能强，最大的大型计算机可以随时处理数千名用户的需求。这些系统虽然功能强大，但往往缺乏灵活性，大多数大型计算机系统只能处理一组特定的任务。如图 3-8 所示。

图 3-7　网络服务器

图 3-8　大型计算机

(3) 小型计算机。小型计算机(Microcomputer)于 20 世纪 60 年代首次推出，之所以得此名称，源于其体积小于当时的其他计算机。由于小型计算机的处理能力大约介于大型计算机和个人计算机之间，所以经常被称为中型计算机（Midrange Computer），如图 3-9 所示。

和大型计算机一样，小型计算机处理的输入/输出量大于个人计算机。虽然某些小型计算机是为个人用户设计的，但是功能最强大的小型计算机一次可能处理数百名用户的输入/输出需求。通过终端或标准计算机，用户可以访问中央小型计算机。

（4）超级计算机。超级计算机（Supercomputer）是功能强大的计算机，而且体积大概也是最大的。这些系统可以处理大量数据，速度最快的超级计算机每秒可以执行千亿次计算，而且一些超级计算机可能安装有几千个处理器。在处理庞大、高速复杂的问题时，由于需要大量计算能力，所以超级计算机是最理想的选择。“银河”巨型计算机系统是我国目前运算速度最快、存储容量最大、功能最强的电子计算机。它是石油、地质勘探、中长期数值预报、卫星图像处理、计算大型科研题目和国防建设的重要手段，对加快我国现代化建设有很重要的作用。

我国高性能计算机形成了三大系列，即银河系列、曙光系列和神威系列。下面详细介绍银河系列。

① 银河-Ⅰ。1983 年 11 月我国第一台被命名为“银河”的亿次巨型电子计算机，历经 5 年，在国防科技大学诞生了。它的研制成功，向全世界宣布：中国成了继美、日等国之后，能够独立设计和制造巨型机的国家。

② 银河-Ⅱ。1992 年 11 月 19 日，由国防科技大学研制的“银河-Ⅱ”10 亿次巨型计算机在长沙通过国家鉴定，填补了我国面向大型科学工程计算和大规模数据处理的并行巨型计算机的空白。

③ 银河-Ⅲ。1997 年 6 月 19 日，由国防科技大学研制的“银河-Ⅲ”并行巨型计算机在京通过国家鉴定，该机采用分布式共享存储结构，面向大型科学与工程计算和大规模数据处理，基本字长 64 位，峰值性能为 130 亿次。该机有多项技术居国内领先，综合技术达到当前国际先进水平，“银河-Ⅲ”如图 3-10 所示。

图 3-9　小型计算机

图 3-10　国防科技大学自主研发的“银河-Ⅲ”巨型计算机

5. 计算机在社会生活中的应用

（1）科学计算

由于计算机能够进行高难度、高精度的数值计算，因而，可以用计算机来完成科学研究领域和工程技术中存在的复杂数学问题的计算过程，而这些工作通常是人力无法胜任的。例如，气象部门在做天气预报时要收集、整理和计算大气温度、气压、风力、湿度等大量观测数据,找出大气的运动规律。这么多的数据,人力是无法在短时间内处理完毕的。而使用计算机很快就能完成全部过程,并且得出比较准确的结果。目前,科学数值计算仍然是计算机应用的一个重要领域。

(2) 数据处理

计算机能够对大量数据进行加工、分析、处理。例如,银行可以使用计算机进行电子交易、账目处理、结算等工作;图书馆可以使用计算机完成图书的分类管理、书籍报刊的借阅、资料的查询等工作;人事部门可以使用计算机建立、管理人事档案等。数据处理主要是对大量数据进行综合和分析,一般不涉及复杂的数学计算,但是要求处理的数据量极大而且经常要求在短时间内处理完毕。计算机以其快速高效的数据处理能力,在这些部门完成了许多人类无法完成的工作,也使得数据处理成为计算机应用范围最大的一个领域,远远超过了科学计算。

(3) 实时自动控制

实时自动控制又称过程控制,就是使用计算机适时地采集、检测被控制对象的数据,通过计算处理,按照最佳方案发出调节信号对控制对象进行自动调节。计算机在过程控制方面的应用非常广泛。过程控制应用中的计算机对被检测对象所提供的信息的处理结果的输出总是实时进行的。例如,导弹的发射与制导、飞机的飞行制导、生产线的自动控制、锅炉的自动调温、输电线的自动稳压等。

(4) 计算机辅助系统

顾名思义,计算机辅助系统就是使用计算机辅助人力完成特定领域的工作。目前,应用较广泛的计算机辅助系统有计算机辅助设计(Computer Aided Design,CAD)、计算机辅助教学(Computer Aided Instruction,CAI)、计算机辅助制造(Computer Aided Manufacturing,CAM)以及计算机辅助工程(Computer Aided Engineering,CAE)等。

(5) 人工智能

人工智能(Artificial Intelligence,AI)又称智能模拟,主要研究使用计算机系统来模拟人类的思维和行为,对出现的各种情况进行比较、分析和判断,并且通过自己的"学习"功能来提高自己的"能力"。

如今,AI 的应用主要表现在以下几个方面:机器人(Robots)、专家系统(Expert System)、模式识别系统(Pattern Recognition)和智能检索系统(Intelligent Retrieval)。

(6) 虚拟现实

虚拟现实(Virtual Reality)技术又称计算机模拟,就是利用计算机模拟现实的三维环境,将现实中的一些需要投入大量人力、物力、财力的实验或者场景在计算机中用数字模拟出来。20 世纪 70 年代,美国阿拉莫斯实验室曾经在计算机上模拟核武器的设计过程,此举使得现场核试验的次数由原来的 20 余次减少到 6 次,节约试验费用 9000 万美元。在今天的工业领域中,产品的设计、测试和完善过程中的许多环节都可以在计算机中模拟进行,大大地降低了商品成本,提高了质量。一些危险的实验,如战争模拟和军事演习、飞机的模拟驾驶、新式武器的杀伤力等,都可以使用计算机软件模拟实现。

(7) 多媒体技术

多媒体(Multimedia)技术是一种把文本(Text)、图形(Graphics)、图像(Images)、动画(Animation)和声音(Sound)等形式的信息结合在一起,通过计算机进行综合处理和控制,并支持完成一系列交互式操作的信息技术。多媒体技术的发展改变了计算机的使用领域，使计算机由办公室、实验室中的专用品变成了信息社会的普通工具，广泛应用于工业生产管理、学校教育、公共信息咨询、商业广告、军事指挥与训练，甚至家庭生活与娱乐等领域。

(8) 计算机网络应用

简单地说，计算机网络就是通过电缆、电话线或者无线连接将两台以上的计算机互连起来的集合。通过计算机网络，可以将地理位置不同的、具有独立功能的多台计算机及其外部设备使用通信线路连接起来，在网络操作系统、网络管理软件及网络通信协议的管理和协调下，实现资源共享和信息传递。

计算机网络是人类智慧的结晶。如今，世界上成百上千万台计算机已连接成一个全球超大型网络——Internet，它的诞生和普及为人类的工作和学习带来了极大的便利。人们可以通过计算机网络进行资料查询、收发电子邮件、聊天、网上购物等活动。借助网络，人们可以第一时间接收到世界各地的信息，也可以将信息瞬时发布到世界各地。计算机网络强大的通信功能正使人们的世界变得越来越"小"。如今，人类赖以生存的地球正因通信、交通的日益便利而逐渐演变成为"地球村"。

3.1.2 台式计算机推销

1. 计算机系统的组成

计算机系统由硬件系统和软件系统两大部分组成。计算机硬件是构成计算机系统各功能部件的集合，是由电子、机械和光电元件组成的各种计算机部件和设备的总称，是计算机完成各项工作的物质基础。计算机硬件是看得见、摸得着的物理实体。计算机硬件系统无论怎么变化，但是其基本结构和工作原理都是采用美籍匈牙利数学家冯·诺伊曼提出的"储存程序式计算机"结构思想，即一台完整的计算机系统由运算器、控制器、存储器、输入设备和输出设备五大部分组成。按照外观和用户的购买习惯，计算机硬件可由主机、显示器、键盘、鼠标、音箱、打印机、摄像头和其他外部数码设备构成。

计算机执行一步运算或判断的命令称为指令，而指令的有序集合则称为程序，程序和有关文档资料称为软件。计算机软件正如人的躯体和思想不可或缺一样，硬件就是计算机的躯体，软件则是计算机执行任务的"思想"。

软件可以分为系统软件和应用软件两大类。

系统软件为各类应用软件提供共同的基本操作以及协调及管理硬件的软件，包括操作系统、数据库管理系统以及程序语言的编译系统等软件。

应用软件是为某种应用目的而编制的软件，包括信息管理、文字处理、数据处理、辅助教学、辅助设计、自动化控制、娱乐游戏等各个方面的软件。

台式计算机硬件组成如图 3-11 所示。

(1) 主机：指计算机用于放置主板及其他主要部件的容器，通常包括主板、CPU、内存、显卡、声卡、硬盘、光驱、电源以及其他输入/输出控制器和接口。台式计算机主机内部结构如图 3-12 所示。

① CPU：即中央处理器，功能是控制电脑自动、协调地完成各种操作。作为整个系统的核心，CPU 也是整个系统最高的执行单元，因此 CPU 已成为决定电脑性能的核心部件，很多用户都以它为标准来判断电脑的档次。

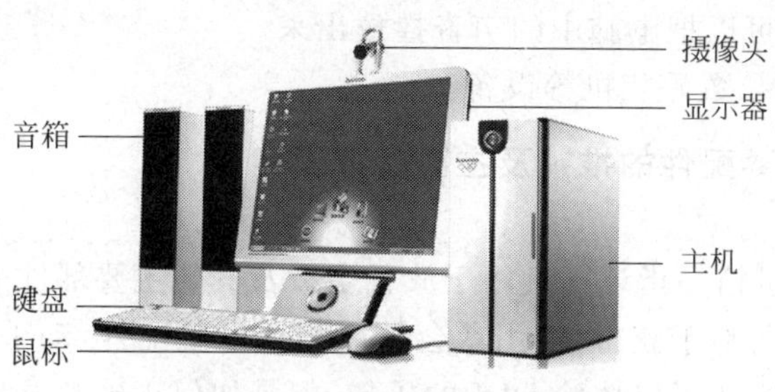

图 3-11 计算机硬件组成

图 3-12 台式计算机主机内部结构

② 主板：电脑中各个部件工作的一个平台，它把电脑的各个部件紧密连接在一起，各个部件通过主板进行数据传输。也就是说，电脑中重要的"交通枢纽"都在主板上，它工作的稳定性影响着整机工作的稳定性。

③ 内存：又称内部存储器(RAM)，属于电子式存储设备，由电路板和芯片组成，特点是体积小、速度快、有电可存、无电清空，即电脑在开机状态时内存中可存储数据，关机后将自动清空其中的所有数据。

④ 硬盘：属于外部存储器，由金属磁片制成，而磁片有记忆功能，所以储到磁片上的数据，不论开机还是开机，都不会丢失。

⑤ 声卡：是组成多媒体电脑必不可少的一个硬件设备，作用是当发出播放命令后，将电脑中的声音数字信号转换成模拟信号送到音箱上发出声音。

⑥ 显卡：在工作时与显示器配合输出图形、文字，作用是负责将 CPU 送来的数字信号转换成显示器识别的模拟信号，传送到显示器上显示出来。

⑦ 网卡：充当电脑与网线之间的桥梁，是用来建立局域网的重要设备之一。

⑧ 软驱：用来读取软盘中的数据，为可读/写外部存储设备。

⑨ 光驱：是用来读取光盘中的设备。光盘为只读外部存储设备，其容量为 650MB 左右。

(2) 显示器：有大有小、有薄有厚，品种多样，作用是把电脑处理完的结果显示出来。它是一个输出设备，是电脑必不可缺少的部件之一。

(3) 键盘：是主要的输入设备，用于把文字、数字等输到电脑上。

(4) 鼠标：当人们移到鼠标时，电脑屏幕上就会有一个箭头指针跟着移动，并可以很准确地指到想指的位置，快速地在屏幕上定位。它是人们使用电脑不可缺少的部件之一。

(5) 音箱：通过它可以把电脑中的声音播放出来。

(6) 摄像头、扫描仪、数码相机等设备。

2. 台式计算机重要配件的推销及主要参数指标

(1) 主机箱推销

① 机箱导购。主机箱是指计算机用于放置主板及其他主要部件的容器，随着新的技术发展，信息来源的丰富与易于获得，使用者会自己购买电脑配件，动手组装电脑整机。自己组装电脑不仅可以省钱，还可以体验DIY的乐趣，但是如何正确地选择配件，使计算机运行良好，也十分关键。不论普通的使用者、游戏者，还是发烧级的超频者，对机箱的选择都应该给予足够的重视。虽然机箱的技术含量不是很高，但是主板、硬盘和CPU等这些娇贵的电子器件都要安装到机箱内部，如果机箱质量较差，就不能保证上述部件稳定运行。

在决定计算机的用途后，购买时就应该找一台合适的机箱。著名的生产机箱的公司一般都有比较长的生产历史，它知道用户们需要什么。但这并不意味着刚开始生产机箱的小公司就没有好产品。

明显，迷你立式机箱适合狭小的空间使用。如果不想榨取计算机剩余性能，仅仅是一般用途的话，那么迷你立式机箱是不错的选择，这样的机箱具有省空间和经济性，但升级性能不好。迷你立式机箱缺乏空气循环流通会影响系统散热，而热量将成为计算机故障的诱因。大立式机箱是专为计算机发烧友及服务器预备的。而卧式机箱适用于学校机房、网吧等需要节省空间、摆放有序的用户。常见的主机箱样式如图3-13所示。

(a) 可立可卧式机箱

(b) 立式机箱

图3-13 机箱样式

很多用户认为，主机箱选购并没有什么技巧可言，只要款式好、价格够便宜就好，而事实并非如此，一个好的机箱不仅在款式上要新颖，在质量上更要有良好的保证。机箱可以起到支撑主机部件，使它们安全工作，不受外界的影响的作用。对于DIY来说，拆装机箱是家常便饭，对机箱的易拆卸性、安全性的要求就高。挑选机箱首先要了解机箱的结构，机箱一般包括外壳，机箱内用于固定主板、电源和各驱动器的支架，面板及必要的开关、指示灯等。要想把自己的机箱成功地推销给客户，首先要根据客户的喜好和用途来推介客户选购；其次推销员要熟知店内各款机箱的优点、亮点，并通过语言艺术传达给客户。推销员可根据以下几个重要因素进行推荐。

a. 外形。很多用户在挑选机箱时非常注重它的外形，这有一定的道理，但要注意的是，就算机箱有非常“酷”的外观，也需要考虑与显示器外观的整体搭配。一款仿iMac式的半透明机箱，就应该配上半透明设计的显示器。而一般方体设计的白色机箱，则配上白色的显示器会有更朴实的感觉，否则就会给人以不伦不类的感觉。总的来说，外形选择主要是用户的个人喜好。

b. 种类。了解机箱的种类才可以更好地选择机箱。从外形上来说，机箱可以分为立式和卧式两种。其实这两种机箱并无本质区别，只是立式机箱的通风散热能力稍好，对于要长时间使用电脑工作的人是一个好的选择。卧式机箱便于安装和维修操作，并有各种小型化或薄型款式可供选择。为了更好地散热和日后升级的需要，还是应该选择一个体积较大的机箱，一般来说面板上应至少留有 2 个 3.5 英寸和 3 个 5.25 英寸驱动器的位置。

c. 内部结构。从机箱的内部结构看，它又可以分为 AT 型和 ATX 型，两者的区别在于放置 PC 各部件的位置有所差异，主要是主板的固定方向。AT 机箱属于旧式的机箱布局规范，由于很多配件布局位置设计不合理，所以不易进行跳线、升级工作，机箱内也显得比较拥挤，内存条和各种插卡的安装都不够方便。针对 AT 架构的不足，一些大厂商联合推出了 ATX 标准，它使机箱内部结构更为合理，对于经常拆卸电脑的人士是相当方便的。

d. 用料。机箱的外部通常由一层 1mm 以上的钢板构成，并镀有一层很薄的锌；内部的支架主要由铝合金条构建。一个优质的机箱外层应该较厚，并且表面光滑平整，具有承受一定压力的能力。选择的时候还要注意机箱外层和内部支架边缘切口是否圆滑，一些做工粗糙的劣质机箱很容易划伤手。用料上的选择比较困难，这是一个经验性的东西，现阶段的机箱重一点的比较好。

e. 电源。电源是机箱的重要组成部分，负责整机的能源供给。与机箱架构对应，电源也分为 AT 和 ATX 两类，其中 ATX 电源能够直接提供主板所需要的 3.3V 的 I/O 电压，而 AT 电源只有 5V 和 12V 输出，因为 ATX 电源在关机后并没有完全断电，所以电脑便可以实现软开机、Modem 唤醒等功能。至于电源的功率，一般可选择 250W 左右的。如果电源质量不好，有可能导致主板、CPU、内存、硬盘等其他价格昂贵的部件发生故障，而一旦发生这样的惨剧，销售商是不会对电源以外的其他配件损失承担任何责任的。因此为了整机的安全，建议选一个质量可靠的机箱电源。

f. 价格。一般用户对价格也比较敏感，待用户了解了机箱的性能后，再给客户报价是惯用的推销对策，只要客户喜欢，一般价格都好商量。

② 国内受关注的主机箱品牌(见图 3-14)。

图 3-14　国内受关注的主机箱品牌

主机配置中最重的三大件就是 CPU、主板和内存，而销售员在计算机导购过程中，首先根据客户购买计算机的用途选配一款功能、价格合适的 CPU，然后根据 CPU 的技术和性能选择合适的主板，再根据主板性能选择内存型号。配置合理的三大件，是发挥最大潜能的基本条件。

(2) CPU 推销

① CPU 导购。CPU(Central Processing Unit)即中央处理器，可以说是计算机里最重要的部件了，它的性能直接决定了计算机的性能。总的来说，选购 CPU 时主要考虑的是

CPU 总体性能，而 CPU 性能指标中最重要的就是主频，然后考虑 CPU 的生产厂商、性价比、缓存大小、超频能力、包装方式等，当然特别注意的是 CPU 一定要与主板的插槽相匹配。很多商家在进行计算机营销时大打 CPU 主频牌，其实计算机光靠一枚高主频的 CPU 是不能提升计算机的整体性能的，只有根据客户的需求，合理搭配配件，性能均衡才能发挥计算机的最佳效果。在导购时，要根据客户的用途需求及经济能力合理地进行选择。目前市场最新 CPU 及主要参数如图 3-15 所示。

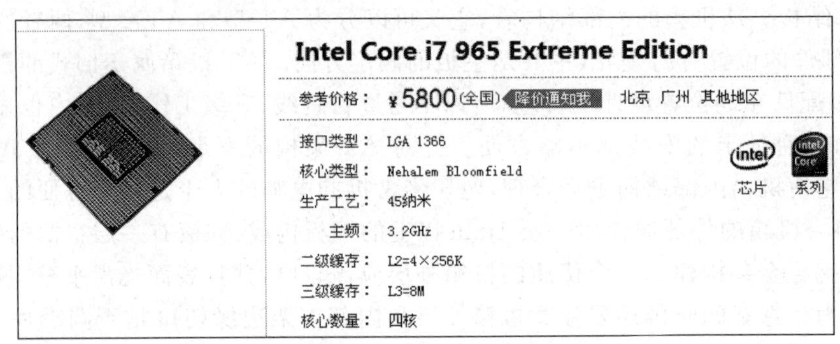

图 3-15 Intel Core i7 965 Extreme Edition CPU

a. 按需导购。

普通家用：普通家庭用户对计算机的要求主要是文字处理、观看电影、浏览网页、听音乐、电脑游戏、图片图像处理等。对于此类用途，目前市面上几乎所有 CPU 都可满足要求，如果用户需求相对较高，可选配当前市场中端主流 CPU 即可。

商用办公：普通商用办公应用对 CPU 要求同样不高，如果追求性价比，也建议购买中端主流产品，如果商用办公用户需要进行图形处理、平面设计、3D 设计、CAD 设计、图像处理的话，则另当别论。

多媒体应用：对于专业多媒体设计用户，如图形处理、平面设计、3D 动画设计、CAD 设计、图像处理、音频处理的用户，建议不仅选配高端 CPU，并选配高档主板、显卡、声卡，高速大容量内存，高清大尺寸显示器等配件。对于色彩要求很高的用户，还可能要选择显色失真度小的 CRT 显示器。一般多媒体设计用户选择中端主流产品即可。

网络服务器：网络服务器对 CPU、主板和内存的要求都很高，而显卡、声卡要求一般，建议选配多核或服务器专用多核 CPU，并选配支持多 CPU 的主板和高速大容量内存。

b. 选择厂商。Intel 公司创建于 1968 年，在短短的 40 多年内，创下了令人瞩目的辉煌成就。其 1971 年推出全球第一个微处理器；1981 年，IBM 采用 Intel 生产的 8088 微处理器推出全球第一台 IBM PC；1984 年入选全美一百家最值得投资的公司；1992 年成为全球最大的半导体集成电路厂商；1994 年其营业额达到了 118 亿美元，在 CPU 市场大约占据了 80%份额。Intel 引领着 CPU 的世界潮流，从 286、386、486、Pentium、昙花一现的 Pentium Pro、Pentium Ⅱ、Pentium Ⅲ、Pentium 4 到现在主流的酷睿系列，它始终推动着微处理器的更新换代。Intel 的 CPU 不仅性能出色，而且在稳定性、功耗方面都十分理想。

AMD 创办于 1969 年，总公司设于美国硅谷。是集成电路供应商，专为电脑、通信及电子消费类市场供应各种芯片产品，其中包括用于通信及网络设备的微处理器、闪存以及基于硅片技术的解决方案等。AMD 是唯一能与 Intel 竞争的 CPU 生产厂家，AMD 公司的产品现在已经形成了以 Athlon、Duron 及 Phenom 系列为核心的一系列产品。AMD 公司认为，由于在 CPU 核心架构方面的优势，同主频的 AMD 处理器具有更好的整体性能。但 AMD 处理器的发热量往往比较大，选用的时候在系统散热方面多加注意，在兼容性方面可能也需要多打些补丁。AMD 的产品的特点是性能较高而且价格便宜，在多媒体功能上甚至优于 Intel 产品。

VIA 威盛公司生产的处理器最大的特点就是价格低廉、性能实用，对于经济比较紧张的用户具有很大的吸引力。

c. 选择盒装还是散装。从技术角度而言，散装和盒装 CPU 并没有本质的区别，至少在质量上不存在优劣的问题。对于 CPU 厂商而言，其产品按照供应方式可以分为两类，一类供应给品牌机厂商；另一类供应给零售市场。面向零售市场的产品大部分为盒装产品，而散装产品则部分来源于品牌机厂商外泄以及代理商的销售策略。从理论上说，盒装和散装产品在性能、稳定性以及可超频潜力方面不存在任何差距，但是质保存在一定差异。

一般而言，盒装 CPU 的保修期要长一些，通常为三年，而且附带有一只质量较好的散热风扇，因此往往受到广大消费者的喜爱。然而这并不意味着散装 CPU 就没有质保，只要选择信誉较好的代理商，一般都能得到为期一年的常规保修时间。事实上，CPU 并不存在保修的概念，此时的保修等于是保换，因此不必担心散装的质保水准会有任何水分。

d. 如何识别真假 CPU。CPU 目前市面上假货很少，基本上都是经销商把散装的或者旧的 CPU 加个风扇当盒装卖。买盒装 CPU 时，应该拨打免费 800(8008201100)电话查询，以便鉴别其是否为正品。这是 Intel 支持中心的免费查询电话，Intel 服务人员会让用户报出 CPU、散热器和包装盒上相应的序列号，然后告诉用户真伪。

另外还可以在 CPU 表面、包装盒、散热风扇上查看有 SL5VK 编号的地方，此处有一个序列号，把这个序列号在电话里告诉 Intel 服务人员即可。正品盒装 CPU 表面上的序列号与包装盒上的系列号是相同的，而且与散热风扇的序列号也应该是相对应的，可以通过拨打免费 800(8008201100)电话进行验证。应该仔细对照 CPU 表面上的 SL×××编号与包装盒外的贴纸是否一致。

② CPU 的性能指标。CPU 的性能指标在很大程度上反映了它所配置的 PC 的性能，因此 CPU 的性能对 PC 来说是至关重要的。下面介绍一些 CPU 性能的常见指标。

a. 主频、外频和倍频。CPU 的工作频率主频包括两个部分：外频与倍频，两者的乘积就是主频。所谓外频，指的就是系统总线频率；倍频的全称是倍频系数。CPU 的主频与外频之间存在着一个比值关系，这个比值就是倍频系数，简称倍频。外频与倍频相乘就是主频，所以其中任何一项提高都可以使 CPU 的主频上升。

CPU 的主频就是 CPU 的工作频率，也就是它的速度，单位是 MHz。

CPU 的外频是其外部时钟频率，由电脑主板提供，单位也是 MHz。

CPU 的倍频是主频为外频的倍数，故也称为倍频系数。

CPU 的主频=外频×倍频，例如，Intel 赛扬 D331 的主频是 2.66GHz，外频是 133MHz，倍频是 20，则 133MHz×20=2660MHz=2.66GHz。

b. 前端总线。总线是将信息以一个或多个源部件传送到一个或多个目的部件的一组传输线，通俗地说，就是多个部件间的公共连线，用于在各个部件之间传输信息。人们常常以 MHz 表示的速度来描述总线频率。总线的种类很多，前端总线(Front Side Bus，FSB)是将CPU连接到北桥芯片的总线。计算机的前端总线频率是由CPU和北桥芯片共同决定的。

北桥芯片负责联系内存、显卡等数据吞吐量最大的部件，并和南桥芯片连接。CPU通过前端总线(FSB)连接到北桥芯片，进而通过北桥芯片和内存、显卡交换数据。前端总线是CPU和外界交换数据的最主要通道，因此前端总线的数据传输能力对计算机整体性能作用很大，如果没有足够快的前端总线，再强的CPU也不能明显提高计算机整体速度。数据传输最大带宽取决于所有同时传输的数据的宽度和传输频率，即数据带宽=(总线频率×数据位宽)/8。目前PC上所能达到的前端总线频率有266MHz、333MHz、400MHz、533MHz、800MHz、1066MHz几种。前端总线频率越大，代表着CPU与北桥芯片之间的数据传输能力越大，更能充分发挥出CPU的功能。现在的CPU技术发展很快，运算速度提高很快，而足够大的前端总线可以保障足够的数据供给CPU，较低的前端总线将无法供给足够的数据给CPU，这样就限制了CPU性能的发挥，成为系统瓶颈。

c. 工作电压。是指CPU正常工作所需的电压，早期CPU工作电压为5V，随着CPU的制造工艺提高，近年来各种CPU的工作电压有逐步下降的趋势，目前台式机用CPU核电压通常为2V以内，最常见的是1.3～1.5V的。而且现在许多面向新款CPU的主板都会提供特殊的跳线或者软件设置，通过这些跳线或软件，可以根据具体需要手动调节CPU的工作电压。很多实验表明在超频的时候适度提高核心电压，可以加强CPU内部信号，对CPU性能的提升会有很大帮助，但这样也会提高CPU的功耗，影响其寿命及发热量。就超频能力而言，一般来说，同一档次同一频率的CPU，其电压越低，超频能力越强。

d. 高速缓存。高速缓存是指可以进行高速数据交换的存储器，它在内存与CPU之间交换数据，因此速度极快，所以又被称为高速缓存。与处理器相关的缓存一般分为两种：L1缓存，也称内部缓存；L2缓存，也称外部缓存。在最新的缓存技术中，Intel Core系列又创建了L3缓存。

e. 内部缓存(L1 Cache)。也就是通常所说的一级高速缓存。CPU里面内置的高速缓存可以提高CPU的运行效率，内置的L1高速缓存的容量和结构对CPU的性能影响较大，L1缓存越大，CPU工作时与存取速度较慢的L2缓存和内存间交换数据的次数越少，相对电脑的运算速度可以提高。不过高速缓冲存储器均由静态RAM组成，结构较复杂，在CPU管芯面积不能太大的情况下，L1级高速缓存的容量不可能做得太大，L1缓存的容量单位一般为KB。

f. 外部缓存(L2、L3 Cache)。也就是CPU外部的高速缓存，而三级缓存是为读取二级缓存后未命中的数据设计的一种缓存，在拥有三级缓存的CPU中，只有约5%的数据需要从内存中调用，这进一步提高了CPU的效率。三级缓存大于L1缓存、L2缓存，目前一般是8MB左右。外部缓存成本昂贵，所以Core i7 920外部L3缓存为8MB，但同样主频的Celeron E3300外部缓存只有1MB。

③ CPU技术。

a. 超线程技术。超线程技术(Hyper-Threading Technology)是Intel在2002年发布的一项新技术，率先在XERON处理器上得到应用。由于使用了该技术，Intel是世界上首枚集成了双逻辑处理器单元的物理处理器的提供者。据测试报告，此项技术能够提高30%的处理器性能。

所谓超线程技术，就是指利用特殊的硬件指令，把多线程处理器内部的两个逻辑内核模拟成两个物理芯片，从而使单个处理器就能“享用”线程级的并行计算的处理器技术。多线程技术可以在支持多线程的操作系统和软件上，有效地增强处理器在多任务、多线程处理上的处理能力。

超线程技术可以使操作系统或者应用软件的多个线程，同时运行于一个超线程处理器上，其内部的两个逻辑处理器共享一组处理器执行单元，并行完成加、乘、负载等操作。这样做可以使得处理器的处理能力提高 30%，因为在同一时间里，应用程序可以充分使用芯片的各个运算单元。

对于单线程芯片来说，虽然也可以每秒钟处理成千上万条指令，但是在某一时刻，其只能够对一条指令（单个线程）进行处理，结果必然使处理器内部的其他处理单元闲置。而超线程技术则可以使处理器在某一时刻，多线程同步并行处理更多指令和数据。可以这样说，超线程技术是一种可以将 CPU 内部暂时闲置处理资源充分“调动”起来的技术。

在处理多个线程的过程中，多线程处理器内部的每个逻辑处理器均可以单独对中断做出响应，当第一个逻辑处理器跟踪一个软件线程时，第二个逻辑处理器也开始对另外一个软件线程进行跟踪和处理了。

另外，为了避免 CPU 处理资源冲突，负责处理第二个线程的逻辑处理器，其使用的是仅是运行第一个线程时被暂时闲置的处理单元。例如，当一个逻辑处理器在执行浮点运算（使用处理器的浮点运算单元）时，另一个逻辑处理器可以执行加法运算（使用处理器的整数运算单元）。这样做无疑大大提高了处理器内部处理单元的利用率和相应的数据、指令处吞吐能力。

b. 双核、多核 CPU 技术。双核处理器（Dual Core Processor）是指在一个处理器上集成两个运算核心，从而提高计算能力。双核概念最早是由 IBM、HP、SUN 等支持 RISC 架构的高端服务器厂商提出的，不过由于 RISC 架构的服务器价格高、应用面窄，没有引起广泛的注意。简而言之，双核处理器即是基于单个半导体的一个处理器上拥有两个一样功能的处理器核心，换句话说，将两个物理处理器核心整合入一个核中。

多核处理器是单枚芯片（也称为“硅核”）能够直接插入单一的处理器插槽中，操作系统会利用所有相关的资源，将它的每个执行内核作为分立的逻辑处理器。通过在多个执行内核之间划分任务，多核处理器可在特定的时钟周期内执行更多任务。

c. 64 位技术。64 位技术是相对于 32 位而言的，这个位数指的是 CPU GPRs（General-Purpose Registers，通用寄存器）的数据宽度为 64 位，64 位指令集就是运行 64 位数据的指令，也就是说处理器一次可以运行 64 位的数据。64 位处理器并非现在才有，在高端的 RISC（Reduced Instruction Set Computing，精简指令集计算机）中很早就有 64 位处理器了，如 SUN 公司的 UltraSparc Ⅲ、IBM 公司的 POWER5、HP 公司的 Alpha 等。

目前，主流 CPU 使用的 64 位技术主要有 AMD 公司的 AMD 64 位技术、Intel 公司的 EM64T 技术和 Intel 公司的 IA-64 技术。其中 IA-64 由 Intel 独立开发，不兼容现在的传统的 32 位计算机，仅用于 Itanium（安腾）以及后续产品 Itanium 2。

64 位计算可以进行更大范围的整数运算，可以支持更大的内存。不能因为数字上的变化，而简单地认为 64 位处理器的性能是 32 位处理器性能的两倍。实际上在 32 位应用下，32 位处理器的性能甚至会比 64 位技术更强，所以要认清 64 位处理器的优势，但不可迷信

64 位。

要实现真正意义上的 64 位计算，仅有 64 位的处理器是不行的，还必须得有 64 位的操作系统以及 64 位的应用软件才行，三者缺一不可，缺少其中任何一种要素都是无法实现 64 位计算的。目前，在 64 位处理器方面，Intel 和 AMD 两大处理器厂商都发布了多个系列、多种规格的 64 位处理器；而在操作系统和应用软件方面，目前的情况不容乐观。

(3) 主板推销

主板是电脑中各个部件工作的一个平台，它把电脑的各个部件紧密连接在一起，各个部件通过主板进行数据传输。也就是说，电脑中重要的“交通枢纽”都在主板上，它工作的稳定性影响着整机工作的稳定性，因此选购主板也是非常重要的工作，图 3-16 是选购主板时的主要技术参数，可供读者参考。

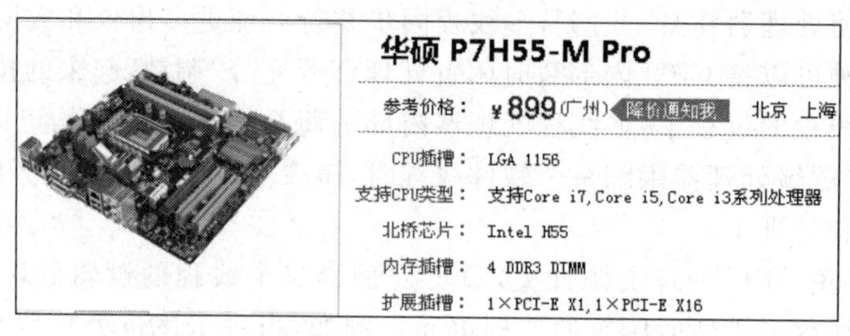

图 3-16 华硕 P7H55-M Pro 主板的主要参数

① 主板导购。

a. CPU 定位。CPU 是选配主板的先导，在推介主板时，应根据计算机的用途及 CPU 的档次选配主板。

b. 性价比。确定 CPU 的类型，就确定了主板的类型，不过，即使同一类主板，性能、价格、质量等方面也有很大的差别。在选配时，首先需要考虑是否集成显卡、声卡、网卡等设备的主板，除了基本办公用户或对计算机性能要求不高的用户，建议不要选择集成各种板卡的主板，因为集成板卡大多都性能较差，且不利于升级。但大多集成主板性价比高，可为大批量采购节省不少开支。

c. 芯片组。芯片组(Chipset)是主板的核心组成部分，联系 CPU 和其他周边设备的运作。如果说中央处理器(CPU)是整个电脑系统的心脏，那么芯片组将是整个身体的躯干。主板最主要的芯片组主要是南桥芯片和北桥芯片。

在确定主板类型后，对主板的芯片组也应做相应的选择。芯片组可以说是整个主板的灵魂，对系统性能的发挥起着关键性的作用。不同的芯片组性能上会有较大的差别，而不同的芯片组所支持的硬件也不同，所以在选择主板时要对芯片组格外关注。最好的方法就是观察芯片的生产日期，一般来说，时间不宜相差 3 个月，否则会影响到主板的总体性能。

Intel 公司的芯片组在性能、稳定性等方面都比较领先，价值自然也比同档次其他产品高。如果用户希望经济实惠，也可以考虑 VIA、SIS、AMD、nVidia、ATI 等芯片组的主板。

d. 用料与布局。选配主板时，首先要看看主板的厚度与重量，厚度大说明是 4 层或 5 层板，质量上乘；重量重说明工厂用料扎实、机械性能好。再观察主板电路的层数及布线是否合理，安插 CPU、内存、板卡等是否方便，散热性能是否良好等。布局不合理的主板，不仅会影响各部件的电气性能、运行状态，以后用户拆装设备也不太方便。

在市场上，通常主板有大板与小板之分，一般大板性能优于小板，价格也高于同类的小板。当前标准 ATX 板的全尺寸是 305mm×240mm。一般明显小于此尺寸的主板都是质量比较差的低档主板。

e. 制造工艺和质量。主板的制造工艺一是看主板 PCB 板的层数是否为多层，元件焊点是否光洁工整，走线是否清晰；二是看主板元件的制造精度；三是看结构是否合理；四是看是否有相应的安全测试；最后是看产品的包装和相关的配件，其各种连接线、驱动程序盘、保修卡是否齐全等。

整流电容是保证主板质量的关键。电容在主板中主要用于保证电压和电流的稳定。主板电容一般是越大越好，因为只有大电容才能为 CPU 和内存及其他板卡提供稳定、充足的纯净电流，尤其是为 CPU 供电的整流电容，知名厂商一般要求此处的单个电容要为 2000～4000μF。所以要仔细观察 CPU 插座周围电容的大小。

f. 兼容性。兼容性是选购主板时必须考虑的因素，有些主板在设计上存在问题，导致与一些硬件不兼容。为了给以后升级做准备，在选购时要考虑到主板的兼容性问题，兼容性好的主板便于以后升级。主板的兼容性一般可以在主板的官方网站和计算机技术的网站上查到。由于新型号的主板使用了新技术、新接口，不兼容的问题就相对较多，所以可建议客户购买相对技术比较成熟的产品。一般主板与其他设备不兼容的问题大多都可通过升级主板的 BIOS 来修正。

g. 升级和扩充。购买主板要考虑到计算机日后的扩充和升级能力，计算机的扩充能力主要取决于主板的升级潜力。主板的升级潜力主要表现在主板对 CPU 频率的支持、扩展槽和内存插槽数量以及 BIOS 的可升级性方面，因此在选购时应该尽量选择采用 ATX 大板，其扩展能力和附加功能都较为齐全，为今后升级内存、硬盘以及添加其他 PCI 功能板卡留有余地。

h. 品牌与售后服务。由于知名品牌研发实力雄厚、生产设备先进、制造工艺精湛，所以这些公司设计、生产出来的主板质量会更好，售后服务也会相对完善，即使购买主板在出现问题后也能及时得到保修、更换或维修。

i. 市场因素。性能再好的产品也难免出现问题，主板也是一样。一般情况下，主板的保修期为 3 年，有的甚至是 5 年。在选购主板时，要选择在当地就可以进行售后服务的品牌，并且可能通过咨询了解到口碑较好的品牌。

② 主板的结构与分类。从外观上看，主板一般为矩形电路板，由 4 层以上的印制板组成，上面安装了组成计算机的主要电路系统，一般有 BIOS 芯片、I/O 控制芯片、键盘接口、鼠标接口、USB 接口和面板控制开关接口、扩充插槽、CPU 插槽、内存插槽等元件。当前一些性价比较高的主板还集成了显卡、声卡、网卡等设备。主板的结构如图 3-17 所示。

a. 按 CPU 插槽分类。CPU 经过这么多年的发展，采用的接口方式有引脚式、卡式、触点式、针脚式等。而目前 CPU 的接口都是针脚式接口，对应到主板上就有相应的插槽类型。不同类型的 CPU 具有不同的 CPU 插槽，因此选定 CPU 后，就必须选择带有与之对应插槽类型的主板。主板 CPU 插槽类型不同，插孔数、体积、形状都有变化，所以不能互相接插。目前，常用 CPU 的插槽类型有 Socket 775、Socket 754、Socket 939、Socket 940、Socket 603、Socket 604、Socket 478、Socket A、Socket 423、Socket 370、SLOT 1、SLOT 2、SLOT A、Socket 7 等。

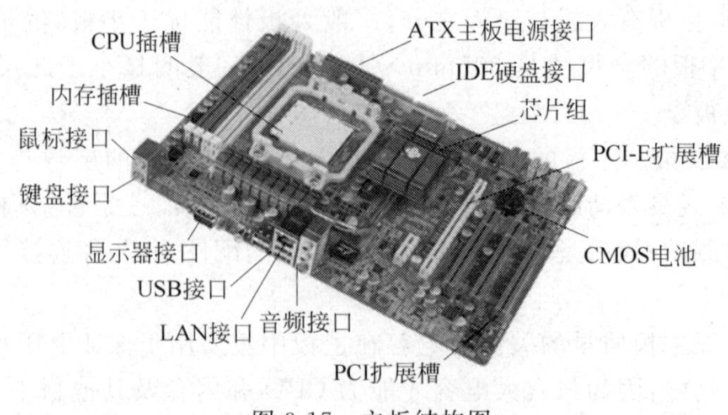

图 3-17 主板结构图

b. 按芯片组分类。芯片组(Chipset)是主板的核心组成部分,按照在主板上的排列位置的不同,通常分为北桥芯片和南桥芯片。北桥芯片提供对 CPU 的类型和主频、内存的类型和最大容量、ISA/PCI/AGP 插槽、ECC 纠错等的支持。南桥芯片则提供对 KBC(键盘控制器)、RTC(实时时钟控制器)、USB(通用串行总线)、Ultra DMA/33(66)EIDE 数据传输方式和 ACPI(高级能源管理)等的支持。其中北桥芯片起着主导性的作用,也称为主桥(Host Bridge)。

首先从 Intel 平台来说,芯片组按稳定性排列依次为 Intel、nForce、ATI、VIA、SIS,按性能依次排序为 nForce、ATI、VIA、Intel、SIS,但 VIA 兼容性较差。

其次对 AMD 平台来说,芯片组首选是 nForce,其次是 VIA 和 SIS。

目前,市场常见的芯片组有 AMD 890、AMD 880、AMD 870、AMD 790、AMD 785、AMD 780、AMD 770、Intel P67、Intel X58、Intel H57、Intel H55、Intel P55、Intel P45、Intel P43、Intel G41、Intel G31、NV 8000(MCP78)、NV 7000(MCP68)等。

c. 按支持 CPU 类型分类。CPU 的发展速度相当快,不同时期 CPU 的类型是不同的,而主板支持此类型就代表着属于此类的 CPU 大多能在该主板上运行(在主板所能支持的 CPU 频率限制范围内)。CPU 类型从早期的 386、486、Pentium、K5、K6、K6-2、Pentium Ⅱ、Pentium Ⅲ等,到今天的 Pentium 4、Duron、Athlon XP、至强(XEON)、Athlon 64,经历了很多代的改进。每种类型的 CPU 在针脚、主频、工作电压、接口类型、封装等方面都有差异,尤其在速度性能上差异很大。只有购买与 CPU 类型相同的主板,两者才能配套工作。

d. 按主板结构分类。所谓主板结构,就是根据主板上各元器件的布局排列方式、尺寸大小、形状、所使用的电源规格等制定出的通用标准,所有主板厂商都必须遵循。主板结构分为 AT、Baby-AT、ATX、Micro ATX、LPX、NLX、Flex ATX、EATX、WATX 以及 BTX 等结构。其中,AT 和 Baby-AT 是多年前的老主板结构,现在已经淘汰;而 LPX、NLX、Flex ATX 则是 ATX 的变种,多见于国外的品牌机,国内尚不多见;EATX 和 WATX 则多用于服务器/工作站主板;ATX 是目前市场上最常见的主板结构,扩展插槽较多,PCI 插槽数量为 4~6 个,大多数主板都采用此结构;Micro ATX 又称 Mini ATX,是 ATX 结构的简化版,就是常说的"小板",扩展插槽较少,PCI 插槽数量在 3 个或 3 个以下,多用于品牌机并配备小型机箱;而 BTX 则是英特尔制定的最新一代主板结构。

③ 国内受关注的主板品牌。据太平洋电脑网统计,2012 年国内市场受关注的主板品牌如图 3-18 所示。

图 3-18 2012 年国内受关注的主板品牌

(4) 内存推销

内存是计算机中重要的部件之一，是与 CPU 进行沟通的桥梁。计算机中所有程序的运行都是在内存中进行的，因此内存的性能对计算机的影响非常大。下面将介绍在选购内存时应该注意的问题。图 3-19 是选购内存的主要参数，可供读者参考。

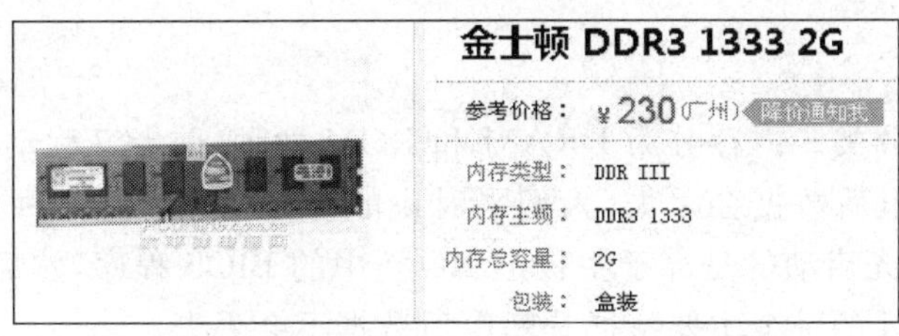

图 3-19 金士顿 DDR3 1333 2G 内存主要参数

① 内存导购。

a. 按需选购容量。选购内存的容量大小是根据计算机的用途和安装的操作系统来确定的。目前对于一般用户，2GB 的内存已完全够用；而用于图形、图像工作站或运行大型 3D 游戏的计算机，内存可适量加大；网络服务器的内存一般是越大越好，只要不超过主板和操作系统支持的最大值便可。

根据主板、CPU 选内存时，CPU 带宽＝总线频率×位宽，内存带宽＝内存频率×位宽，如果 CPU、内存位宽都是 64 位，那么看内存频率是否和前端总线一样就行了。如总线频率 533MHz，那么选用 DDR2 533 的内存就可以了。如果像 AMD 速龙 2245 的 HT 总线频率为 1800MHz，根据上面计算，CPU 带宽约 11.5Gb/s，那么一根 DDR3 1333 都不太能满足(1333×64＝8.5Gb/s)。所以就要用两根 DDR2 800 组成双通道，因为组成双通道，位宽变成了 128bit，才接近于 CPU 带宽，这样才能更好地发挥整机性能。

b. 内存类型。常见的内存类型有 SDRAM、RDRAM、DDR、DDR2、DDR3 等，目前大多主板都支持 DDR2 和 DDR3，不过就目前应用来讲，一般会选择速度更快的 DDR3。

c. 注意。大家或许遇到这样的情况，新购买的电脑开机没有显示，或者在安装和进入 Windows 操作系统后出现蓝屏死机现象，最后经过替换的方式排查发现是主板或内存的问题，但是将该主板换上其他的内存，或将原来的内存插在其他主板又工作正常，这就是主板和内存的兼容问题。

因此建议用户在购买内存前，最好明了自己主板支持内存的情况，华硕的官方网站上就提供了它的各种主板支持不同内存的列表文档，这对于用户选择内存是很有益的。另外，如果主板上已有一条内存，而另外想加一条扩大内存的话，最好购买与原内存同规格、同容量的内存，以保证兼容原内存而不会出现开不了机或经常死机的现象。

② 内存的性能指标。

a. 内存容量。计算机的内存容量通常是指随机存储器(RAM)的容量，是内存条的关键性参数。目前，内存容量以GB为单位，可以简写为G。内存的容量一般都是2的整次方倍，如64MB、128MB、512MB、1GB、2GB、4GB等，一般而言，内存容量越大越有利于系统的运行。目前，台式机中主流采用的内存容量为2GB、4GB或更大的容量。系统对内存的识别是以B(字节)为单位，每个字节由8位二进制数组成，即8bit(比特，也称"位")。

1B＝8bit；1KB＝1024B；1MB＝1024KB；1GB＝1024MB；1TB＝1024GB；1PB＝1024TB；1EB＝1024PB；1ZB＝1024EB；1YB＝1024ZB。

b. 内存主频。内存主频和CPU主频一样，习惯上用来表示内存的速度，代表着该内存所能达到的最高工作频率。内存主频是以MHz(兆赫)为单位来计量的。内存主频越高，在一定程度上代表着内存所能达到的速度越快。内存主频决定着该内存最高能在什么样的频率正常工作。

③ 内存的分类。

a. 按工作原理分类。内存分为DRAM和ROM两种，前者又称动态随机存储器，它的一个主要特征是断电后数据会丢失，人们平时说的内存就是指这一种；后者又称只读存储器，人们平时开机首先启动的是存于主板上ROM中的BIOS程序，然后再由它去调用硬盘中的Windows，ROM的一个主要特征是断电后数据不会丢失。

b. 按传输类型分类。

SDRAM时代：自Intel Celeron系列以及AMD K6处理器以及相关的主板芯片组推出后，EDO DRAM内存性能再也无法满足需要了，内存技术必须彻底得到革新才能满足新一代CPU架构的需求，此时内存开始进入比较经典的SDRAM时代。

DDR时代：DDR SDRAM(Dual Date Rate SDRAM)也就是双倍速率SDRAM的意思。DDR可以说是SDRAM的升级版本，DDR在时钟信号上升沿与下降沿各传输一次数据，这使得DDR的数据传输速度为传统SDRAM的两倍。由于仅多采用了下降沿信号，能耗因此并不会增加。至于定址与控制信号，DDR与传统SDRAM相同，仅在时钟上升沿传输。

DDR2时代：随着CPU性能不断提高，人们对内存性能的要求也逐步升级。不可否认，紧紧依靠频率提升带宽的DDR迟早会力不从心，因此JEDEC组织很早就开始酝酿DDR2标准，加上LGA775接口的915/925以及最新的945等新平台开始对DDR2内存的支持，所以DDR2内存将开始演绎内存领域的今天。

DDR3时代：DDR3相比起DDR2有更低的工作电压，从DDR2的1.8V降落到1.5V，性能更好更为省电；DDR2的4位预读升级为8位预读。DDR3目前最高能够支持1600MHz的速度，由于目前最为快速的DDR2内存速度已经提升到800MHz/1066MHz，因而首批DDR3内存模组将会从1333MHz起跳。

④ 国内受关注的内存品牌如图3-20所示。

图3-20 2012年国内受关注的内存品牌

(5) 硬盘推销

① 硬盘导购。硬盘是除特殊计算机外，一般计算机都不可少的外部存储部件。硬盘的选用影响到多媒体计算机的整机性能，因此选用硬盘应十分慎重。但由于硬盘技术发展迅速，产品更新速度快，其品种、型号繁多，给硬盘的选用带来很多不便。一般来说，选用硬盘时，要考虑如图 3-21 所示的性能指标和技术参数。

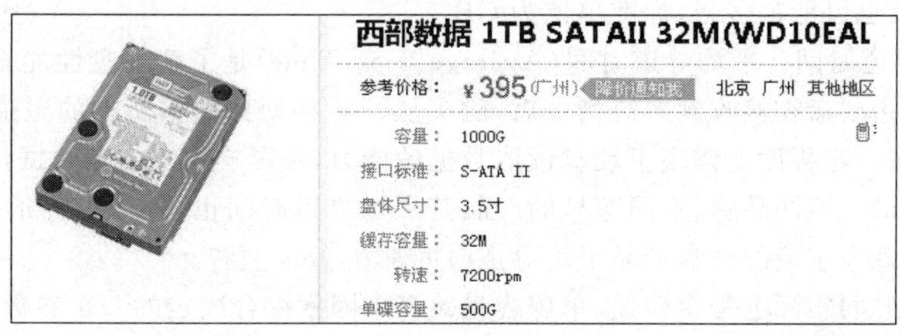

图 3-21 西部数据 1TB SATAII 32M(WD10EALS)主要参数

a. 按需选购容量。标准硬盘容量是指工作站出厂时标准配备的硬盘容量。不同的用途工作站，标配硬盘容量不同，一般从几十 GB 到上百 GB 容量不等。如果只是应用在简单的图形编辑上，则不需要太大的硬盘，而如果是应用在像多媒体影视编辑等领域，就得配备大容量的硬盘了。

b. 根据主板选择硬盘接口。硬盘接口是硬盘与主机系统间的连接部件，作用是在硬盘缓存和主机内存之间传输数据。不同的硬盘接口决定着硬盘与计算机之间的连接速度。在整个系统中，硬盘接口的优劣直接影响着程序运行快慢和系统性能好坏。选购硬盘时，应根据主板选择主板支持的硬盘类型。

从接口类型来说，硬盘分为 IDE、SATA、SCSI 和光纤通道 4 种，2000 年前 IDE 接口硬盘是家用的主流产品，也部分应用于服务器，SCSI 接口的硬盘则主要应用于服务器市场，而光纤通道只在高端服务器上，价格昂贵。SATA 是种新生的硬盘接口类型，目前 SATA 接口已在家用台式机上得到广泛使用，当前家用机主要的硬盘接有 SATA Ⅲ、SATA Ⅱ、SATA、IDE 等接口类型的硬盘。

c. 缓存容量。缓存(Cache Memory)是硬盘控制器上的一块内存芯片，具有极快的存取速度，是硬盘内部存储和外界接口之间的缓冲器。它提供一个数据缓冲，先将读出的数据暂存起来，然后进行一次性传送，解决与其他设备的速度匹配差距。由于硬盘的内部数据传输速度和外界界面传输速度不同，缓存在其中起到一个缓冲的作用。缓存的大小与速度是直接关系到硬盘的传输速度的重要因素，能够大幅度地提高硬盘整体性能。硬盘存取零碎数据时需要不断地在硬盘与内存之间交换数据，如果有大缓存，则可以将那些零碎数据暂存在缓存中，减小外系统的负荷，也提高了数据的传输速度。目前市场上硬盘缓存一般为 8～64MB 不等。

d. 盘体尺寸。硬盘外观尺寸目前主要有 3.5 英寸、2.5 英寸和 1.8 英寸。3.5 英寸硬盘主要用于台式计算机，2.5 英寸和 1.8 英寸硬盘主要用于笔记本电脑和上网本。

e. 转速。转速是硬盘内电机主轴的旋转速度，也就是硬盘盘片在一分钟内所能完成的最大转数，是硬盘内部传输率的决定因素之一，也是区别硬盘档次的重要标志，单位为

r/min(转/分钟)。硬盘的转速越快,磁头在单位时间内所能扫过的盘片面积就越大,从而使寻道时间和数据传输率得到提高,因此转速在很大程度上决定了硬盘的性能。目前,主流的SCSI硬盘的转速都达到了10 000r/min甚至15 000r/min,但某些低端产品也只有7200r/min。

f. 单碟容量。单碟容量(Storage Per Disk)是指每张盘片的存储容量,一块硬盘可能有一张硬碟磁片,也可能是多张,标准单位为GB。

g. 平均寻道时间。平均寻道时间(Average Seek Time)是了解硬盘性能至关重要的参数之一。它是指硬盘在接收到系统指令后,磁头从开始移动到数据所在的磁道所花费时间的平均值,它在一定程度上体现了硬盘读取数据的能力,是影响硬盘内部数据传输率的重要参数,单位为ms。不同品牌、不同型号的产品其平均寻道时间也不一样,寻道时间越低,产品性能越好。现今主流的硬盘产品平均寻道时间都在9ms左右。

平均寻道时间实际上是由转速、单碟容量等多个因素综合决定的一个参数。一般来说,硬盘的转速越高,其平均寻道时间就越低;单碟容量越大,其平均寻道时间就越低。当单碟片容量增大时,磁头的寻道动作和移动距离减少,从而使平均寻道时间减少,加快硬盘速度。当然出于市场定位以及噪声控制等方面的考虑,厂商也可以人为地调整硬盘的平均寻道时间。

h. 数据传输速率。硬盘数据传输速率一般与硬盘的接口类型相关,它反映了硬盘与主机交换数据的吞吐能力,数值越大,吞吐能力越强。

IDE接口硬盘在当前电脑中应用最为广泛,主流的规格包括ATA/66、ATA/100、ATA/133,这种命名方式也表明了它们在理论上的外部最大传输速率分别达到了66MB/s、100MB/s和133MB/s。100MB/s、133MB/s是峰值速率,并不能表示硬盘能持续这个速率。

硬盘传输速率受硬盘内部传输速率的影响,其稳定传输速率一般为30～45MB/s。随着CPU、内存等硬件运行速度的不断提高,ATA硬盘的低速率渐渐成为影响整机运行速度的瓶颈。

Serial ATA串口硬盘采用点对点的方式实现了数据的分组传输,从而带来更高的传输效率。Serial ATA 1.0版本硬盘的起始传输速率就达到150MB/s,而Serial ATA 3.0版本将实现硬盘峰值数据传输率为600MB/s,甚至更高的水平,从而最终解决硬盘的系统瓶颈问题。

② 硬盘技术。

a. IDE。IDE(Integrated Drive Electronics,电子集成驱动器)的本意是指把硬盘控制器与盘体集成在一起的硬盘驱动器。把盘体与控制器集成在一起的做法减少了硬盘接口的电缆数目与长度,数据传输的可靠性得到了增强,硬盘制造起来变得更容易,因为硬盘生产厂商不需要再担心自己的硬盘是否与其他厂商生产的控制器兼容。对用户而言,硬盘安装起来也更为方便。IDE接口技术从诞生至今就一直在不断发展,性能也不断提高,其拥有价格低廉、兼容性强的特点。

b. SCSI。SCSI(Small Computer System Interface,小型计算机系统接口)是同IDE(ATA)完全不同的接口,IDE接口是普通PC的标准接口。SCSI并不是专门为硬盘设计的接口,而是一种广泛应用于小型机上的高速数据传输技术。SCSI接口具有应用范围广、多任务、带宽大、CPU占用率低,以及热插拔等优点,较高的价格使得它很难向普通家用台式机普及，因此SCSI硬盘主要应用于中、高端服务器和高档工作站中。

c. 光纤通道。光纤通道(Fibber Channel)和SCIS接口一样，最初也不是为硬盘设计开发的接口技术，是专门为网络系统设计，随着存储系统对速度的需求，才逐渐应用到硬盘系统中的。光纤通道硬盘是为提高多硬盘存储系统的速度和灵活性才开发的，它的出现大大提高了多硬盘系统的通信速度。光纤通道的主要特性有热插拔性、高速带宽、远程连接、连接设备数量大等。

d. SATA。SATA(Serial ATA)口的硬盘又称串口硬盘，是目前PC硬盘的主流。2001年，Intel、APT、Dell、IBM、希捷、迈拓几大厂商组成的Serial ATA委员会正式确立了Serial ATA 1.0规范，2002年，虽然串行ATA的相关设备还未正式上市，但Serial ATA委员会已抢先确立了Serial ATA 2.0规范。Serial ATA采用串行连接方式，串行ATA总线使用嵌入式时钟信号，具备了更强的纠错能力，与以往相比，其最大的区别在于能对传输指令进行检查，如果发现错误会自动矫正，这在很大程度上提高了数据传输的可靠性。

③ 硬盘使用的注意事项。硬盘在工作过程中转速达到几千转甚至上万转，高速旋转的盘片使用精巧的空气动力学原理，使磁头悬浮在离盘片0.2～0.5μm远的表面，磁头既不与盘面接触产生磨损，又能有效读取数据，因此硬盘在工作中最怕振动。目前部分主机箱或硬盘有一些基础的防振能力，但较大的振动可能造成硬盘毁灭性的破坏，因此尽量不要移动运行中的计算机。

④ 国内受关注的硬盘品牌如图3-22所示。

图3-22 2012年国内受关注的硬盘品牌

(6) 显卡推销

显卡(Video Card，Graphics Card，显示接口卡)又称为显示适配器(Video Adapter)，是个人电脑最基本组成部分之一。显卡的用途是将计算机系统所需要的显示信息进行转换驱动，并向显示器提供行扫描信号，控制显示器的正确显示，是连接显示器和个人电脑主板的重要元件，是"人机对话"的重要设备之一。选购显卡时应注意的主要参数如图3-23所示。

图3-23 七彩虹GT240-GD5 CF白金版512M M50显卡主要参数

① 显卡导购及性能指标。显卡作为电脑主机里的一个重要组成部分，承担输出显示图形的任务，对于从事专业图形、图像、动画设计、3D游戏玩家、高清电影玩家的人来说非常重要。民用显卡图形芯片供应商主要包括AMD(ATI)和NVIDIA(英伟达)两家。

a. 按需选购。

集成显卡：是将显示芯片、显存及其相关电路都做在主板上，与主板融为一体。集成显卡的显示芯片有单独的，但大部分都集成在主板的北桥芯片中；一些主板集成的显卡也在主板上单独内置了显存，但其容量较小。集成显卡的显示效果与处理性能相对较弱，不能对显卡进行硬件升级，但可以通过 CMOS 调节频率或刷入新 BIOS 文件实现软件升级来挖掘显示芯片的潜能；集成显卡的优点是功耗低、发热量小；部分集成显卡的性能已经可以媲美入门级的独立显卡，所以不用花费额外的资金购买显卡；缺点是不能换新显卡。

独立显卡：是指将显示芯片、显存及其相关电路单独做在一块电路板上，自成一体而作为一块独立的板卡存在，它需占用主板的扩展插槽(ISA、PCI、AGP 或 PCI-E)。独立显卡单独安装有显存，一般不占用系统内存，在技术上也较集成显卡先进得多，比集成显卡能够得到更好的显示效果和性能，容易进行显卡的硬件升级；其缺点是系统功耗有所加大，发热量也较大，需额外花费购买显卡的资金。

b. 根据显卡 GPU 芯片选购。GPU(Graphic Processing Unit，图形处理器)是 NVIDIA 公司在发布 GeForce 256 图形处理芯片时首先提出的概念。GPU 使显卡减少了对 CPU 的依赖，并进行部分原本 CPU 的工作，尤其是在 3D 图形处理时。GPU 所采用的核心技术有硬件 T&L(几何转换和光照处理)、立方环境材质贴图和顶点混合、纹理压缩和凹凸映射贴图、双重纹理四像素 256 位渲染引擎等，而硬件 T&L 技术可以说是 GPU 的标志。GPU 的生产主要由 nVidia 与 ATI 两家厂商生产。

常见的生产显示芯片的厂商有 Intel、AMD、nVidia、VIA(S3)、SIS、Matrox、3D Labs。Intel、VIA(S3)、SIS 主要生产集成芯片；ATI、nVidia 以独立芯片为主，是市场上的主流。Matrox、3D Labs 则主要面向专业图形市场。

c. 根据主板支持的接口类型选购。接口类型是指显卡与主板连接所采用的接口种类。显卡的接口决定着显卡与系统之间数据传输的最大带宽，也就是瞬间所能传输的最大数据量。不同的接口决定着主板是否能够使用此显卡，只有在主板上有相应接口的情况下，显卡才能使用，并且不同的接口能为显卡带来不同的性能。

目前，各种 3D 游戏和软件对显卡的要求越来越高，主板和显卡之间需要交换的数据量也越来越大，过去的显卡接口早已不能满足这样大量的数据交换，因此通常主板上都带有专门插显卡的插槽。假如显卡接口的传输速度不能满足显卡的需求，显卡的性能就会受到巨大的限制，再好的显卡也无法发挥。显卡发展至今主要出现过 ISA、PCI、AGP、PCI Express 等几种接口，所能提供的数据带宽依次增加。其中，2004 年推出的 PCI Express 接口已经成为主流，以解决显卡与系统数据传输的瓶颈问题，而 ISA、PCI 接口的显卡已经基本被淘汰。目前，市场上一般是 AGP 和 PCI-E 这两种接口的显卡。

PCI 接口：由英特尔(Intel)公司 1991 年推出的用于定义局部总线的标准。此标准允许在计算机内安装多达 10 个遵从 PCI 标准的扩展卡。最早提出的 PCI 总线工作在 33MHz 频率之下，传输带宽达到 133MB/s(33MHz×32b/s)，基本上满足了当时处理器的发展需要。随着对更高性能的要求，1993 年又提出了 64 位的 PCI 总线，后来又提出把 PCI 总线的频率提升到 66MHz。PCI 接口的速率最高只有 266MB/s，1998 年之后便被 AGP 接口代替。不过仍然有新的 PCI 接口的显卡推出，因为有些服务器主板并没有提供 AGP 或者 PCI-E 接口，或者需要组建多屏输出，选购 PCI 显卡仍然是最实惠的方式。

AGP 接口：Accelerate Graphical Port 是 Intel 公司开发的一个视频接口技术标准，是为了解决 PCI 总线的低带宽而开发的接口技术。它通过将图形卡与系统主内存连接起来，在 CPU 和图形处理器之间直接开辟了更快的总线。其发展经历了 AGP 1.0(AGP1X/2X)、AGP 2.0(AGP4X)、AGP 3.0(AGP8X)。最新的 AGP8X 其理论带宽为 2.1Gb/s，到 2009 年，已经被 PCI-E 接口基本取代(2006 年大部分厂家已经停止生产)。

PCI Express 接口：是新一代的总线接口，而采用此类接口的显卡产品已经在 2004 年正式面世。早在 2001 年的春季“英特尔开发者论坛”上，Intel 公司就提出了要用新一代的技术取代 PCI 总线和多种芯片的内部连接，并称之为第三代 I/O 总线技术。随后在 2001 年年底，包括 Intel、AMD、DELL、IBM 在内的 20 多家业界主导公司开始起草新技术的规范，并在 2002 年完成，对其正式命名为 PCI Express。

d. 显存因素。显存是显示内存的简称。顾名思义，其主要功能就是暂时储存显示芯片要处理的数据和处理完毕的数据。显存的主要参数有显存大小、显存类型、显存速度、显存频率。图形核心的性能愈强，需要的显存也就越多，以前的显存主要是 SDR 的，容量也不大。目前，市面上的显卡大部分采用的是 GDDR 显存，现在最新的显卡则采用了性能更为出色的 GDDR4 或 GDDR5 显存，显存容量也达到数个 GB。显存主要由传统的内存制造商提供，如三星、现代、Kingston 等。

e. 核心频率。显卡的核心频率是指显示核心的工作频率，其工作频率在一定程度上可以反映出显示核心的性能，但显卡的性能是由核心频率、显存、像素管线、像素填充率等多方面的情况所决定的，因此在显示核心不同的情况下，核心频率高并不代表此显卡性能强劲。在同样级别的芯片中，核心频率高的性能要强一些，提高核心频率就是显卡超频的方法之一。显示芯片主流的只有 ATI 和 NVIDIA 两家，两家都提供显示核心给第三方的厂商，在同样的显示核心下，部分厂商会适当提高其产品的显示核心频率，使其工作在高于显示核心固定的频率上以达到更高的性能。

f. 显示频率。显存频率是指默认情况下，该显存在显卡上工作时的频率，以 MHz(兆赫兹)为单位。显存频率一定程度上反映着该显存的速度。显存频率随着显存的类型、性能的不同而不同，SDRAM 显存一般都工作在较低的频率上，一般就是 133MHz 和 166MHz，此种频率早已无法满足现在显卡的需求。DDR SDRAM 显存则能提供较高的显存频率，主要在中低端显卡上使用，DDR2 显存由于成本高并且性能一般，因此使用量不大。DDR3 显存是目前高端显卡采用最为广泛的显存类型。不同显存能提供的显存频率也差异很大，主要有 400MHz、500MHz、600MHz、650MHz 等，高端产品中还有 800MHz、1200MHz、1600MHz、3600MHz，甚至更高。

② 显卡的主要性能指标。

a. 最大分辨率。显卡的最大分辨率是指显卡在显示器上所能描绘的像素点的数量。大家知道显示器上显示的画面是一个个的像素点构成的，而这些像素点的所有数据都是由显卡提供的，最大分辨率就是表示显卡输出给显示器，并能在显示器上描绘像素点的数量。分辨率越大，所能显示的图像的像素点就越多，并且能显示更多的细节，当然也就越清晰。

色深也称为色位深度，在某一分辨率下，每一个像素点可以有多少种色彩来描述，它的单位是 bit(位)。典型的色深是 8 位、16 位、24 位和 32 位。深度数值越高，获得的色彩越多。

b. 刷新频率。图像在屏幕上更新的速度即屏幕上的图像每秒钟出现的次数，单位是赫兹(Hz)。刷新频率越高，屏幕上图像闪烁感就越小，稳定性也就越高，换言之对视力的保护也越好。一般人的眼睛不容易察觉 75Hz 以上刷新频率带来的闪烁感，因此最好能将显卡刷新频率调到 75Hz 以上。要注意的是，并不是所有的显示卡都能够在最大分辨率下达到 70Hz 以上的刷新频率(这个性能取决于显示卡上 RAMDAC 的速度)，而且显示器也可能因为带宽不够而不能达到要求。

c. 32 位彩色。Windows 下的 32 位是 R、G、B 这 3 个通道各占 8 位共 24 位，加上明度通道 8 位，所以是 32 位。色彩显示大不一样，现在大多数液晶面板到达了 6 位，8 位的很少。

③ 国内受关注的显卡品牌如图 3-24 所示。

图 3-24　2012 年国内受关注的显卡品牌

(7) 声卡推销

声卡(Sound Card)也称音频卡(港台地区称之为声效卡)，是多媒体技术中最基本的组成部分，是实现声波/数字信号相互转换的一种硬件。声卡的基本功能是把来自话筒、光盘的原始声音信号加以转换，输出到耳机、扬声器、扩音机、录音机等声响设备中，或通过音乐设备数字接口(MIDI)使乐器发出美妙的声音。声卡主要有板卡式、集成式和外置式。选购声卡的主要参数如图 3-25 所示。

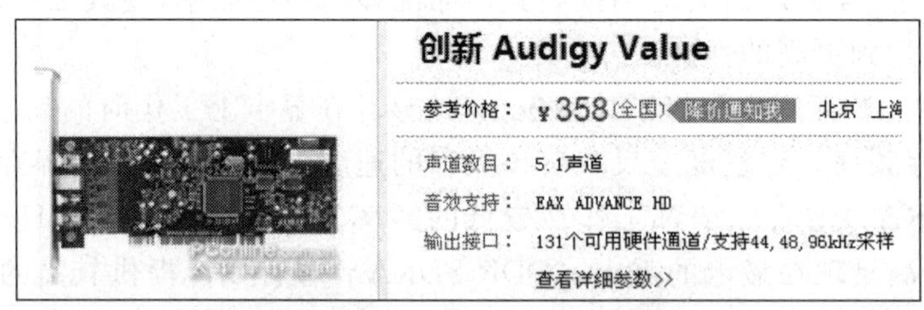

图 3-25　创新 Audigy Value 声卡主要参数

① 声卡导购。

a. 按需选购。目前，市场上声卡的种类很多，不同类型的声卡在性能和价格上差异都很大，所以在选购时一定要明确要求的范围。一般工作用户可选择板载声卡的集成主板，板载声卡也能完成计算机的音乐输出，当前市场也有与独立声卡功能相当的多声道板载集成声卡；对声音性能和质量要求较高的游戏爱好者、高清电影热爱者、影音制作工作站的用户就可选购高性能的独立声卡，另外还有需要临时使用声卡时可使用灵活的外置 USB 声卡。

b. 声卡处理芯片。声卡处理芯片是声卡的主要部件之一，一般在选购前应在网上查看芯片的性能和功能。集成声卡比较常见的是 AC′97 和 HD Audio，使用集成声卡的芯片组的主板就可以在比较低的成本上实现声卡的完整功能。板载声卡一般有软声卡和硬声卡之分。这里的软硬之分，指的是板载声卡是否具有声卡主处理芯片，一般软声卡没有主处理芯片，只有一个解码芯片，通过 CPU 的运算来代替声卡主处理芯片的作用。而板载硬声卡带有主处理芯片，很多音效处理工作就不再需要 CPU 参与，能提高整机性能。

c. 声道数目。当前市场上的声卡的声道数目一般是 2 声道、2.1 声道、5.1 声道、7.1 声道等。2 声道以上的声卡都可实现环绕立体声，可供影音玩家用于观看高清立体声 DVD、玩立体声游戏等。

d. 音效支持。

EAX：环境音效扩展(Environmental Audio Extensions)，是由创新和微软联合提供，作为 DirectSound 3D 扩展的一套开放性的 API。它是创新通过独家的 EMU10K1 数字信号处理器嵌入到 SB-LIVE 中，来体现出来的。由于 EAX 目前必须依赖于 DirectSound 3D，所以基本上只用于游戏之中。在正常情况下，游戏程序师都是用 DirectSound 3D 来使硬件与软件相互沟通，EAX 将提供新的指令给设计人员，允许实时生成一些不同环境回声之类的特殊效果(如三面有墙房间的回声不同于完全封闭房间的回声)。换言之，EAX 是一种扩展集合，加强了 DirectSound 3D 的功能。

A3D：是 Aureal Semiconductor 开发的一种突破性的新的互动 3D 定位音效技术。使用这一技术的应用程序(通常是游戏)可以根据用户的输入而决定音效的变化，产生围绕听者的三维空间中精确的定位音效，带来真实的听觉体验，而且可以只用两只普通的音箱或一对耳机实现，而通过 4 声道，就能很好地去体现出它的定位效果。

H3D：和 A3D 有着差不多的功效，但是由于 A3D 的技术是给 Aureal Semiconductor 注册的，所以厂家就只能用 H3D 来命名，Zoltrix(速捷时)的 AP 6400 夜莺，用的是 C-Media CMI8738/C3DX 的芯片，不要小看这个芯片，因为它本身可以支持上面所说的 H3D 技术，可支持 4 声道，本身还带有 MODEM 的功能。

Sensaura/Q3D：CRL 和 QSound 是主要出售和开发 HRTF 算法的公司，自己并不推出指令集。CRL 开发的 HRTF 算法称 Sensaura，支持包括 A3D 1.0 和 EAX、DS3D 在内的大部分主流 3D 音频 API。并且此技术已经广泛运用于 ESS、YAMAHA 和 CMI 的声卡芯片上，从而成为影响比较大的一种技术，从实际试听效果来看也的确不错。而 QSound 开发的 Q3D 可以提供一个与 EAX 相仿的环境模拟功能，但效果还比较单一，与 Sensaura 大而全的性能指标相比稍逊一筹。QSound 还提供 3 种其他的音效技术，分别是 QXpander、QMSS 和 2D-to-3D remap。其中 QXpander 是一种立体声扩展技术；QMSS 是用于 4 喇叭模式的多音箱环绕技术，可以把立体声扩展到 4 通道输出，但并不加入混响效果。2D-to-3D remap 则是为 DirectSound 3D 的游戏而设，可以把立体声的数据映射到一个可变宽度的 3D 空间中去，这个技术支持使用 Q3D 技术的声卡。

e. 接口类型。声卡主要有 ISA 和 PCI 及 USB 外置接口 3 种。早期的内置产品多为 ISA 接口，由于此接口总线带宽较低、功能单一、占用系统资源过多，目前已淘汰；PCI 则取代了 ISA 接口成为目前的主流，拥有更好的性能及兼容性，支持即插即用，安装使用都很方便；外置式声卡是创新公司独家推出的一个新兴产品，它通过 USB 接口与 PC 连接，具有使用方便、便于移动等优势，但这类产品主要应用于特殊环境，如连接笔记本电脑实现更好的音质等。

② 国内受关注的声卡品牌如图 3-26 所示。

图 3-26 2012 年国内受关注的声卡品牌

(8) 光驱推销

① 光驱导购。光驱即电脑用来读/写光碟内容的机器,是台式机里比较常见的一个配件。随着多媒体的应用越来越广泛,光驱在台式机诸多配件中已经成标准配置。目前,光驱可分为 CD-ROM 驱动器、DVD 光驱(DVD-ROM)、康宝(COMBO)和刻录机等,当前用户大多会选购 DVD 光驱或 DVD 刻录光驱。选购光驱时的主要参数如图 3-27 所示。

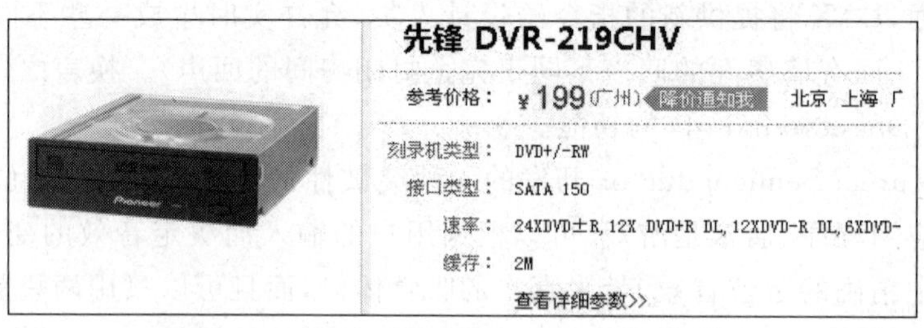

图 3-27 先锋 DVR-219CHV 光驱主要参数

a. 内置、外置。大部分电脑上的光驱都是内置光驱,一般采用 IDE 接口接在电脑中的 IDE 接口上,接好后一般不轻易取下来;外置光驱可以随用随插,方便插拔,一般采用 USB 接口,使用时接在电脑的 USB 接口上即可。

b. 光驱类型。

CD-ROM 光驱:又称为致密盘只读存储器,是一种只读的光存储介质。它是利用原本用于音频 CD 的 CD-DA(Digital Audio)格式发展起来的。

DVD 光驱:是一种可以读取 DVD 碟片的光驱,除了兼容 DVD-ROM、DVD-VIDEO、DVD-R、CD-ROM 等常见的格式外,对于 CD-R/RW、CD-I、VIDEO-CD、CD-G 等都能很好地支持。

COMBO 光驱:"康宝"光驱是人们对 COMBO 光驱的俗称,是一种集 CD 刻录、CD-ROM 和 DVD-ROM 于一体的多功能光存储产品。

刻录光驱:包括 CD-R、CD-RW 和 DVD 刻录机等,其中 DVD 刻录机又分 DVD+R、DVD-R、DVD+RW、DVD-RW(W 代表可反复擦写)和 DVD-RAM。

蓝光 DVD 光驱:蓝光(Blue-ray)或称蓝光盘(Blue-ray Disc,BD)利用波长较短(405nm)的蓝色激光读取和写入数据,并因此而得名。而传统 DVD 需要光头发出红色激光(波长为 650nm)来读取或写入数据,通常来说波长越短的激光,能够在单位面积上记录或读取更多的信息。因此,蓝光极大地提高了光盘的存储容量。目前蓝光盘容量可达 25GB。

c. 接口类型。用户所选购的内置光驱设备必须与主板所支持的接口相吻合,才能与主板连接,目前市场上内置光驱主要有 IDE 和 STAT 两种接口,外置主要是 USB 接口。

d. 缓存容量。光驱缓存与硬盘中缓存功能相当,能有效提高光驱的预读能力和传输效率。

② 光驱的性能指标。

a. 速度。最大CD读取速度是指光存储产品在读取CD-ROM光盘时，所能达到最大光驱倍速。因为是针对CD-ROM光盘，因此该速度是以CD-ROM倍速来标称，不是采用DVD-ROM的倍速标称。目前，CD-ROM所能达到的最大CD读取速度是56倍速；DVD-ROM读取CD-ROM速度方面要略低一些，达到52倍速的产品还比较少，大部分为48倍速；COMBO产品基本都达到了52倍速。

最大DVD读取速度是指光存储产品在读取DVD-ROM光盘时，所能达到最大光驱倍速。该速度是以DVD-ROM倍速来定义的。目前，DVD-ROM驱动器的所能达到的最大DVD读取速度是16倍速；DVD刻录机所能达到的最大DVD读取速度是12倍速；目前商场的COMBO中产品所支持的最大DVD读取速度主要有8倍速和16倍速两种。

CD刻录速度是指该光储产品所支持的最大的CD-R刻录倍速。目前，市场主流内置式CD-RW产品最大能达到52倍速的刻录速度，还有部分40倍速、48倍速的产品，在实际工作中受主机性能等因素的影响，三者刻录速度上的差异并不悬殊。52倍速基本已经接近CD-RW刻录机的极限，很难再有所提升。外置式CD-RW刻录机市场上的产品速度差异较大，有8倍速、24倍速、40倍速、48倍速和52倍速等，一般外形尺寸小巧。着重强调便携性的产品刻录速度一般是较低的水平，而体积相对较为笨重的外置式CD-RW刻录机基本都保持较高的刻录速度，甚至与内置式持平。

目前，市场中的DVD刻录机能达到的最高刻录速度为24倍速。对于2～4倍速的刻录速度，每秒数据传输量为2.76～5.52MB，刻录一张4.7GB的DVD盘片需要大约15～27min；而采用8倍速刻录则只需要7～8min，只比刻录一张CD-R的速度慢一些，但考虑到其刻录的数据量，8倍速的刻录速度已经很高了。DVD刻录速度是购买DVD刻录机的首要因素，在资金充足的情况下，尽可能选择高倍速的DVD刻录机。

b. 容错性。相对于读盘速度而言，光驱的容错性显得更加重要。或者说，稳定的读盘性能是追求读盘速度的前提。由于光盘是移动存储设备，并且盘片的表面没有任何保护，因此难免会出现划伤或沾染上杂物质情况，这些小毛病都会影响数据的读取。

③ 国内受关注的光驱品牌如图3-28所示。

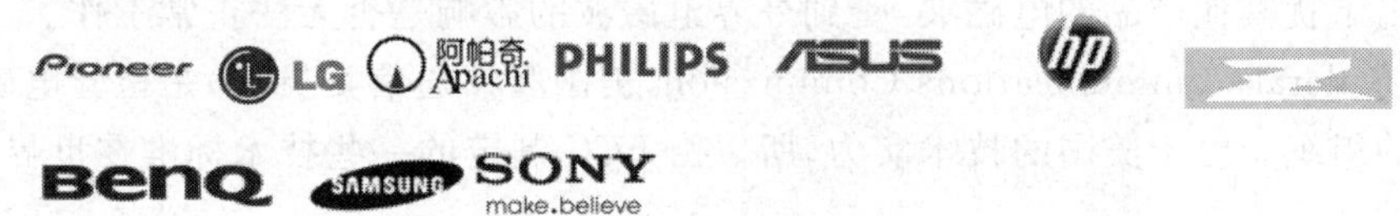

图3-28 2012年国内受关注的光驱品牌

(9) 显示器推销

① 显示器导购。显示器属于电脑的I/O设备，即输入/输出设备，可以分为CRT、LCD等多种。显示器主要参数如图3-29所示。

a. 用途。不同用户需要考虑使用不同的显示器类型。

专业图形用户：这类用户对显示器的成像色彩和精度有很高的要求，大尺寸CRT显示器是此类用户的最佳选择。

游戏、电影玩家：此类用户对显示器的尺寸、分辨率和刷新率要求都比较高，尤其是受3D游戏、3D电影潮流的影响，一般会选购高档的LCD或LED显示器。

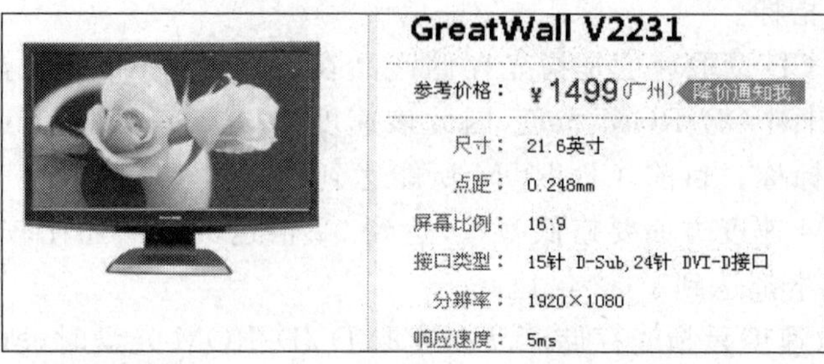

图 3-29 GreatWall V2231 显示器主要参数

一般办公用户或家用：此类用户可根据主机的性能选配一台价格相匹配的显示器，从性价比、节能的角度，可建议用户选择主流尺寸的 LCD 显示器。

b. 性能指标。在购买显示器时，不要只关注显示器的尺寸大小、外观形状，更应注意点距、屏幕比例、分辨率、响应速度、刷新率等性能指标。

c. 显示器认证。通常，显示器的后部会有一些认证标志，这是一些国际或国内组织机构就各类电子产品的辐射、节能、环保等方面制定出的严格认证标准，以确保人体健康不受伤害。下面是目前流行的显示器部分认证标准。

TCO 是由 SCPE（瑞典专业雇员联盟）制定的显示设备认证标准，目前该标准已成为一个世界性的标准。TCO 认证按照年份排列，数字越大越严格，目前有 TCO92、TCO95 和 TCO99 这 3 项标准。

VESA（Video Electronic Standard Association，视频电子标准协会）主要是制定显示器的分辨率及频率标准。

Energy Star 认证标准是美国环境保护局（EPA）所制定的，主要作为办公环境下节省电源的标准。Energy Star 规定显示器必须具备省电模式，在省电模式下，显示器的用电功率须少于 30W。

EMC（Electromagnetic Compatibility）是关于电磁干扰（EMI）和电磁耐受性（ESA）的认证，为中国台湾地区相关质检部门所做的电磁兼容检测。此认证主要目的在于测试产品是否会发出干扰其他产品的电磁波，受到外界电磁波的影响是否无法正常工作。

FCC（Federal Communications Commission，美国联邦通信委员会）是检验电磁波信号、电子设备的组织。由于美国的技术实力，所以由 FCC 制定的一些技术标准在世界范围都有很大的影响。

d. 品牌与售后服务。品牌与售后服务也是购买显示器时需要考虑的一个重要因素。购买知名公司的产品，在质量上和售后服务都会得到保障，当然价格也会稍贵，一般可以根据客户的需求与经济能力进行推荐。

② 显示器性能指标。

a. 尺寸大小。其是指显示屏斜角之间的距离，单位是英寸，如 19 英寸、21 英寸、24 英寸等。

b. 点距。显示器有纯平显示器和液晶显示器之分。纯平显示器的点距一般取决于它的显像管，特丽珑管的点距是 0.24，钻石珑管的点距是 0.25，其他的显像管一般是 0.27。液晶显示器的点距看屏幕才知道，点距一般是 0.297。点距越小越好，所以做设计的话一般会选用纯平显示器。

c. 分辨率与屏幕比例。LCD是通过液晶像素实现显示的，但由于液晶像素的数目和位置都是固定不变的，所以液晶只有在标准分辨率下才能实现最佳显示效果。屏幕比例是指显示屏横向像素点数与纵向像素点的比例，一般为16：9或16：10。

d. 接口类型。常见的类型有HDMI连接线、VGA连接线、DVI连接线三大类。HDMI连接线是现在以及未来5～10年的高清信号连接线，有长短的不同和HDMI版本的不同。现在的版本主要以1.3A和1.3B为主。

e. 响应时间。响应时间是LCD显示器的一个重要指标，是指各像素点对输入信号反应的速度，即像素由暗转亮或由亮转暗的速度，单位是毫秒(ms)，响应时间越小越好，如果响应时间过长，在显示动态影像(特别是在看DVD、玩游戏)时就会产生较严重的“拖尾”现象。目前，大多数LCD显示器的响应速度都在25ms左右，如明基、三星等一些高端产品反应速度已达到16ms甚至现在出现了12ms的液晶。

f. 刷新率。刷新率是指电子束对屏幕上的图像重复扫描的次数。刷新率越高，所显示的画面稳定性就越好。刷新率的高低将直接决定其价格，但是由于刷新率与分辨率两者相互制约，因此只有在高分辨率下达到高刷新率的显示器才能称其为性能优秀。

g. 亮度。亮度以每平方米烛光(cd/m^2)为测量单位，通常在液晶显示器规格中都会标示亮度，而亮度的标示就是背光光源所能产生的最大亮度。一般LCD显示器都有显示200cd/m^2亮度的能力，更高的甚至达300cd/m^2以上。亮度越高，适应的使用环境也就越广泛。

h. 对比度。对比度是指屏幕的纯白色亮度与纯黑色亮度的比值，对比度越高，图像越清晰。但是当对比度达到某一程度后，颜色的纯正就会出现问题。大多数LCD显示器的对比度一般都是250：1左右，更好的达到了300：1或者更高。

i. 可视角度。可视角度也是LCD显示器非常重要的一个参数。它是指用户可以从不同的方向清晰地观察屏幕上所有内容的角度。由于提供LCD显示器显示的光源经折射和反射后输出时已有一定的方向性，在超出这一范围时观看就会产生色彩失真现象。

j. 液晶屏质量。LCD显示器每一个像素都对应3个薄膜晶体管，以标准分辨率1024×768来说，液晶面板将有236万个晶体管，要保证在如此巨大的晶体管制造中完好无损是一件很难的事情，一般来说，A级LCD面板的坏点数会限制在3个以下，建议大家在购买的时候仔细鉴别。

③ 显示器分类。

a. CRT显示器。阴极射线管(Cathode Ray Tube)显示器主要由5个部分组成：电子枪(Electron Gun)、偏转线圈(Deflection Coils)、荫罩(Shadow Mask)、荧光粉层(Phosphor)及玻璃外壳。它是目前应用最广泛的显示器之一，CRT纯平显示器具有可视角度大、无坏点、色彩还原度高、色度均匀、可调节的多分辨率模式、响应时间极短等LCD显示器难以超过的优点，而且现在的CRT显示器价格要比LCD显示器便宜不少，大多为图形专业用户使用。

b. LCD显示器。LCD显示器即液晶显示屏，优点是机身薄、占地小、辐射小，给人以一种健康产品的形象。目前大多用户都使用LCD显示器。

c. LED显示器。LED(Light Emitting Diode，发光二极管)是一种通过控制半导体发光二极管的显示方式，用来显示文字、图形、图像、动画、行情、视频、录像信号等各种信息的显示屏幕。一般巨大型显示屏多为 LED 显示屏。

d. 等离子显示器。PDP(Plasma Display Panel，等离子显示器)是采用了近几年来高速发展的等离子平面屏幕技术的新一代显示设备。等离子显示器具有比液晶亮度大、对比度高、屏幕薄等优点，但分辨率和耐用度不如液晶好。

④ 国内受关注显示器品牌如图 3-30 所示。

图 3-30 2012 年国内受关注的显示器品牌

3. 台式机选配方案

在目前装机的大部分普通消费者中，预算在 3000～4000 元左右可以说占据了大多数。一方面，从价格来讲，3000～4000 元的预算对于普通消费者来说既不过于昂贵，也不会让人为难。另一方面，3000～4000 元的配置比入门级的配置在性能上要高出许多，既能满足大家日常学习、娱乐和游戏的需要，也不至于有过高的性能造成浪费。正是因为以上的原因，3000～4000 元的电脑配置成为目前装机用户的主流选择。

价位确定好，就该选择合适的配件了。对于装机来说，CPU、内存、主板等核心配件肯定是占重要地位的。这 3 个配件作为电脑组成的重要核心，直接影响着整个电脑系统的性能。

不过，由于不同的用户对电脑也有着不同的需求，如有的人是为了玩大型 3D 游戏，而有的人则是为了看高清娱乐大片，更有的人只是为了满足日常工作与上网的综合性应用，因此在选择这些核心配件的时候，一定要根据自己的实际需求来选择，这样才能够让配件发挥最大的功效。

针对准备在近期装机的主流消费者群体，以下有 3 种不同类型配置的 CPU、内存、主板进行合理搭配，分别为大型 3D 游戏型、高清影音娱乐型、日常综合应用型。

(1) 大型 3D 游戏型

对于以玩游戏为主的朋友，不仅仅要求电脑要有一颗足够强劲的 CPU，同时对主板、内存等配件也有相当的要求，所以在主板和内存的选择上主要以高性能为主。

推荐 CPU：AMD Athlon Ⅱ X3 440。

Athlon Ⅱ X3 系列是 AMD 面向主流用户而推出的三核 CPU，主要竞争对手是 Intel 的双核 Core 2 E7000 和 Pentium E6000。AMD 再次以三核战 Intel 的双核，用核心数目的优势使其 CPU 在多任务/多线程处理上获胜。现在看来这招确实奏效，毕竟针对多核优化的游戏越来越多，加上 Athlon Ⅱ X3 有机会“变”高端四核 Phenom Ⅱ X4 系列，性价比再度提升，受到 DIY 用户的一致好评。

Athlon Ⅱ X3 440 是该系列的代表型号，基于 K10.5 微架构，制作工艺为 45nm SOI，采用三核心设计，频率分别为 3.0GHz，每个核心有 128KB 一级缓存和 512KB 二级缓存，TDP 热设计功耗为 95W，以 Socket AM3 接口封装，支持 HyperTransport 3.0 总线，高达

4000MT/s 16 位链接，提供最高 16GB/s 的输入/输出带宽。同时内置 DDR2 和 DDR3 内存控制器，可支持两种内存。

推荐主板：映泰 TA870＋。

映泰 TA870＋主板采用 AMD 870＋SB850 芯片组，支持 AM3 接口的全系列处理器，并且使用了全固态电容用料，各种接口也很丰富，并且还提供了开核的支持，可以在这款主板上将双核或者三核处理器破解为四核处理器使用。

推荐内存：金泰克 速虎 DDR3 1600 2G 游戏版。

金泰克 速虎 DDR3 1600 2G 游戏版内存产品采用定制的典雅黑 8 层 PCB 板材，容量为 2GB，主频达到 1600MHz，额定电压为 1.5V，并选用了国际原厂精选的低时序内存颗粒，优化内存 SPD 设计，在电路和内存时序上给予更为出色的支持。

搭配理由：Athlon Ⅱ X3 系列一直是 500 元上受关注的 CPU 之一，现在代表型号是 Athlon Ⅱ X3 440，三核心设计是它的最大优势，在当今游戏、软件已开始为多核 CPU 进行优化的情况下，三核比同价双核综合更强，加上可以"开核"的卖点，其性价比很高，适合与 870、880G 主板搭配组独显平台，整机价格约 4000 元，足以满足大型 3D 游戏等需求。

主板方面，映泰 TA870＋作为一款独显芯片组主板，采用了 AMD 870＋SB850 芯片组，除了不支持显卡交互之外，与 AMD 的旗舰芯片组 890FX 并没有太多规格上的区别，对于普通用户，性价比较高。

内存方面，金泰克 速虎 DDR3 1600 2G 游戏版是一款专为游戏平台打造的内存产品，不仅板材做工较为精良，性能也颇为强劲，同时黑色的酷炫散热结构也能确保游戏玩家在使用过程中苛刻的速度及散热要求。

(2) 高清影音娱乐型

以影音娱乐为主的朋友，对 CPU 的要求则相对高一些，对显卡、内存没有太高的要求，这时可以选择一块整合的主板，搭配一款高性能 CPU，即足以满足平台需求。

推荐 CPU：Core i3 530。

Intel Core i3 系列是一款原生双核心设计的 CPU，采用基于改进自 Nehalem 架构的 Westmere 架构，相比上代的 Core 2 双核性能有大幅改进和强化，拥有 4MB 的三级缓存系统、集成 GPU 和 DDR3 内存控制器等技术。Core i3 是 i 家族中最低端的型号，面向中端用户，取代 Core 2 E7000 系列。

Intel Core i3 530 代表型号：采用 32nm 制作工艺，频率为 2.93GHz，采用三级缓存系统，每个核心拥有独立的一、二级缓存，分别为 64KB 和 256KB，2 个核心共享 4MB 三级缓存。由于支持超线程技术，因此双核 CPU 可以模拟成四核。Intel Core i3 530 的 GPU 部分采用 45nm 制作工艺，基于 GMA 架构，主频为 733MHz，性能比 G45 的 X4500 显示核心大幅提升。

推荐主板：微星 H55M-E33。

微星 H55M-E33 是微星近期推出的一款针对高清播放强化打造的 H55 单芯片主板，使用 Micro-ATX 小板设计，结构紧凑、体积细小、用料优良、做工扎实，非常适合用于搭建高能低热的集成 HTPC 平台。这款主板配色一如微星中高端风格，黑色 PCB 与黑色插槽融为一体，搭配忧郁的深蓝色和标着"msi"LOGO 的亚光散热器，整体充满沉稳而专业的气息。

推荐内存：宇瞻 黑豹金品 DDR3 1333 2G。

宇瞻 黑豹金品 DDR3 1333 2G 内存频率为 1333MHz，默认电压 1.5V，CL=9。该内存采用了双面的生产技术，在 PCB 板表面前后各排列了 8 枚芯片，每枚芯片容量为 128MB，并且标有欧盟的 ROHS 环保认证，确保了内存的绿色无铅。

搭配理由：CPU 方面，Intel Core i3 530 无疑已经成为主流市场的新宠，基于先进的 Westmere 架构和领先的 32nm 制作工艺，并支持超线程技术，另外核心还集成了具备高清视频硬件解码能力的 GPU，具备次时代高清音频的源码输出能力，性能、功能都十分强劲，搭配 H55 主板组成集显平台，功耗方面相比 A 平台降低不少，十分适合客厅高清影音娱乐用户。

主板方面，微星 H55M-E33 主要针对高清播放强化设计，能有力发挥 DDR3 高速内存与 Clarkdale 系列 CPU 的强大性能，搭配 CPU 中能实现高清视频全程硬件解码的集成显示核心，可以给用户带来完美的全高清影音享受。

内存方面，宇瞻 黑豹金品 DDR3 1333 2G 保持了宇瞻黑豹系列一直以来的外观设计，采用金黄色铝质镀金材料散热片来辅助散热，不仅外形上非常抢眼，更重要的是这种材质可以大大加强散热片的导热性能，更好地保证内存稳定运行。

(3) 日常综合应用型

日常工作与上网综合性应用的朋友在选择配件时应该主要以稳定、兼容性好为主，这样不仅能够满足日常的学习、上网和工作综合需求，也不至于导致过高的性能造成浪费。

推荐 CPU：AMD Athlon Ⅱ X2 245。

AMD Athlon Ⅱ X2 200 系列是 AMD 面向入门用户推出的双核 CPU，主要竞争对手是 Intel 的 Pentium 双核系列。目前该系列型号众多，售价为 350～440 元，代表型号是 Athlon Ⅱ X2 245，基于 K10.5 架构，采用 45nm 制作工艺，频率为 2.9GHz，内建 1MB X2 二级缓存，TDP 热设计功耗为 65W。

AMD Athlon Ⅱ X2 200 均采用 AM3 接口封装，并集成 DDR3 和 DDR2 两种内存控制器，大多数 AM2/AM2＋主板只需要刷写最新 BIOS 即可支持该系列 CPU，因此无论是升级还是新购机，该 CPU 都是不错的选择。CPU 仍采用 HyperTransport 3.0 总线，传输速率为 4.0GT/s，提供最高 16GB/s 的输入/输出带宽。

推荐主板：华擎 880GMH/USB3。

华擎 880GMH/USB3 采用 MicroATX 板型设计，黑色 PCB 底板，基于 AMD 880G＋SB710 芯片组，内建 Radeon HD4250 图形核心，主板板载 128M DDR3 显存颗粒，整体性能更加强劲。

推荐内存：记忆 DDR3 1333 2G。

记忆 DDR3 1333 2G 内存采用了成本工艺化更高的 8 层 PCB 作为内存元件基板，并且双面各焊接 8 枚内存芯片组成 2GB 的内存容量。默认工作频率为 1333MHz，工作电压为 1.5V。

搭配理由：CPU 方面，Athlon Ⅱ X2 系列 CPU 很受欢迎，型号很多，定价在 350～450 元之间，性价比高于 Intel 的 Pentium E5000 系列。目前，较有代表性的型号是 X2 245，售价为 380 元，适合搭配 785G/880G 主板，组成最受学生欢迎的整合平台，以满足上网、学习网游等入门应用的需求，整机价格约 3000 元。

主板方面，华擎 880GMH/USB3 的 I/O 接口非常丰富，配备了高速传输的 USB 3.0 接口，虽然目前缺少 USB 3.0 设备，但也可以兼容 USB 2.0，适合外设比较多的朋友选购，而且板载显存能获得更好的显示性能，主板报价为 499 元，性价比非常不错。

内存方面，这款记忆 DDR3 1333 2G 内存在用料和做工上较为扎实，采用了 8 层 PCB 以及 30mil 镀金层的“千足金”金手指设计，而且 300 元的售价相对来说并不太贵，适合入门级平台选择。

4. 台式机推销训练

指导老师可安排学生和指导老师分别扮演推销员、导购员，使学习者分别体验两者的处境，增强导购员的服务意识，清楚导购员应具备的专业知识和市场认知；通过见习、实训、实习完成推销技巧的训练。

(1) 情境设置

① 实训地点：实训机房、电脑城商铺。

② 角色扮演：让学生轮换扮演客户、导购员、店长的角色。

③ 配机清单：根据客户需求写出合适的配机清单或品牌机建议。

④ 使用说明：使客户能正确使用计算机；知道出现故障后的处理流程；了解产品的保修服务。

(2) 导购流程

① 接待客户。

② 了解需求、商定配件单。

③ 促单。

④ 成交付款。

⑤ 交付客户(装机)。

⑥ 对有需要的客户作适当的使用说明。

3.1.3 笔记本电脑推销

笔记本电脑(NoteBook)是一种小型、可携带的个人电脑，通常重 1～3kg。其发展趋势是体积越来越小、重量越来越轻，而功能却越发强大。像 NetBook，也就是俗称的上网本，跟 PC 的主要区别在于其便携方便；GameBook 俗称游戏本，属于高配置笔记本电脑。如今，AMD 公司联合电脑商和游戏商推出个性化游戏本。与台式机电脑相比，它们的基本构成是相同的(显示器、键盘/鼠标、CPU、内存和硬盘)，但是笔记本电脑的优势还是非常明显的。便携性就是笔记本相对于台式机电脑最大的优势，一般的笔记本电脑的重量只有 2kg 多一些，无论是外出工作还是外出旅游，都可以随身携带，非常的方便。

笔记本电脑的主要优点是体积小、重量轻、携带方便，超轻超薄是其主要发展方向，它的性能会越来越高，功能会更加丰富。其便携性和备用电源使移动办公成为可能，因此越来越受用户推崇，市场容量迅速扩展。

1. 笔记本电脑选购

并不是每个笔记本电脑都适合每个人，通常厂商会对其产品进行分门别类的划分以满足不同的用户需求。笔记本电脑从用途上一般可以分为 6 类：商务型、时尚型、游戏型、多媒体应用、特殊用途和学生使用。

(1) 商务型笔记本电脑的特征一般为移动性强、(电池)续航时间长。

(2) 时尚型外观特异，也有适合商务使用的时尚型笔记本电脑。

(3) 多媒体应用型的笔记本电脑是结合强大的图形及多媒体处理能力又兼有一定的移动性的综合体。

(4) 游戏型笔记本电脑俗称"游戏本"，配置与个性化定制都满足了游戏玩家。市面上常见的多媒体笔记本电脑拥有独立的较为先进的显卡、较大的屏幕等特征。

(5) 特殊用途的笔记本电脑服务于专业人士，是可以在酷暑、严寒、低气压、战争等恶劣环境下使用的机型，多较笨重。

(6) 学生使用电脑主要用于教育、娱乐；发烧级本本爱好者不仅追求高品质而且对齐全的设备接口要求很高。

2. 笔记本电脑的主要技术指标

① CPU：笔记本电脑的处理器，目前主流的为 Intel 酷睿系列，性能好，在速度上占优势，对需要安装较复杂的应用软件的用户来说，虽然价格高也值得考虑；另外在低端市场里较便宜的则是 Celeron 处理器。

② 显示屏幕：液晶显示器是笔记本电脑中最为昂贵的一个部件。屏幕的大小主流为 14.1 英寸，也有 15 英寸的。如果用户经常出差，建议选择一些超薄、超轻型笔记本，屏幕为 12～13 英寸；如果用户是坐办公室，不妨选择大一些的，这样看起来比较舒适。

③ 内存：对于一般用户，2GB 的内存已经够用，目前内存均以 DDR3 为主流。

④ 硬盘容量：目前笔记本的容量基本都在 500GB 以上，而主流机型则搭配 1TB 以上。但如果有高清电影视频需要储存，就要选择尽量大容量的硬盘。

⑤ 软驱：全内置型笔记本软驱在电脑里面；但在某些超薄型机种里，没有软驱或是外接式的，最好选择 USB 接口，即插即用，不用时就不连接，既可以节省空间，又不影响使用。目前软驱已很少使用，可不做关键部件考虑。

⑥ 光盘驱动器：目前流行搭配 DVD-ROM，甚至蓝光 DVD-RW(刻录机)。从经济、适用的角度来讲，选择 DVD-RW 就可以了。要注意光驱读盘的稳定性、读盘声音、读盘时的纠错能力、光驱速度等。

⑦ 锂电池续航时间：锂电池续航时间就是在使用锂电池供电情况下，笔记本电脑正常使用的时间根据笔记本的性能和电池容量有关，一般可使用 2～5h。用户可根据需要选择续航时间长短的笔记本电脑。

⑧ 网络功能：目前新款笔记本电脑把无线网络适配器进行了标准配置，以及 10M/100M/1000M 自适应的以太网网卡、56K 标准 MODEM 等。

⑨ 扩充性：应充分考虑产品的扩充性能和可升级性。使用最频繁的 USB 接口，有多个较好用，可以很轻易地接上数字相机、扫描仪、鼠标等各种外设。

⑩ 是否预装操作系统：没有预装操作系统，就是所说的"裸机"。这样对系统的稳定性有一定影响。

⑪ 品牌：买笔记本电脑最好不要只求便宜或规格高。品牌保证在购买笔记本电脑时是有意义的，因为一般品牌形象好的公司，通常会在技术及维修服务上有较大的投资，并反

映在产品的价格上;此外,在软件以及整体应用的搭配、说明文件、配件等也会较为用心。

⑫ 在询问价格的同时,还应关注保修及日后升级服务的内容。尤其是保修服务方面,有些公司提供一年,有些公司则是三年的保修服务;有些公司设有快速维修中心,有些则没有;而保修期间的维修、更换零件是否收费各品牌也不尽相同。

(1) IBM 笔记本电脑

IBM 全称“国际商用机器公司”,自 1992 年开始研发笔记本电脑产品,并在 1992 年 10 月推出 ThinkPad 全系列笔记本电脑。IBM 的 ThinkPad 全系列推出以来就和商务化紧紧地联系在一起,在以后众多的设计中都体现了这种风格(注: ThinkPad 是“会思考的本子”的意思)。例如,IBM 的外壳设计、色彩设计及特有的指点杆设计都与耐用、稳定、大方、庄重这些主题相扣,突出了鲜明的品牌特色,正因为 IBM 执著的个性追求和在笔记本电脑累计 1000 多种专利技术的运用,使它成为世界笔记本电脑品牌的代言人。

(2) HP 笔记本电脑

HP 作为全球第一大激光打印成像制造商和第二大笔记本电脑、第一大台式机制造商,对于它的产品当然不能小视,特别是在 2002 年和 COMPAQ 合并后在笔记本电脑研发领域有了长足的进步。它凭借打印机体系的服务网络,笔记本电脑服务体系也很快遍布世界各地,在产品全球化后,笔记本电脑的设计风格也更加多元化,从而在世界各个地区的市场占有率大幅提升,特别是 2004 年业绩增长 35%,全年销量达到了 740 万台,排名世界第二位。由于工厂逐渐向中国等发展中国家转移,其产品价格大幅下降。

(3) DELL 笔记本电脑

DELL 的成长是 IT 业公认的一个奇迹,在 1996 年涉足笔记本电脑领域后,DELL 的发展可谓一日千里,其成功完全归功于 DELL 完善的销售模式体系。DELL 的网络直销和电话直销大大降低了流通环节的成本,使其笔记本电脑价格大大降低,而这种模式迎合了美国等发达国家的消费方式。因此在短短的几年之内,其就将笔记本电脑销量做到了全球第一。但是 DELL 的这套体系也制约了中高档笔记本的发展,DELL 成为低价笔记本的代表。

戴尔的公司总部在美国德克萨斯州的圆石市(Round Rock)。德克萨斯州中部也是戴尔美洲部之家,是管辖美国、加拿大、南美和拉丁美洲地区的总部。戴尔在英国的 Bracknell 设有地区总部,管辖欧洲、中东和非洲;在新加坡设立的地区总部则管辖环太平洋区域,包括日本、印度、中国、澳大利亚和新西兰。

DELL 公司在以下 6 个地方制造电脑系统: 德克萨斯州的奥斯汀市、田纳西州的纳什维尔市、巴西的 Eldorado do Sul、马来西亚(亚洲、太平洋和日本)以及中国的厦门。戴尔向世界各地出售产品和服务。戴尔还在下列国家有办事处: 阿根廷、巴西、加拿大、智利、哥伦比亚、墨西哥、巴拿马以及波多黎各。

(4) TOSHIBA 笔记本电脑

东芝在笔记本领域的辉煌可追溯到 20 世纪 80 年代中期,世界上第一台笔记本电脑就是在东芝的实验室里诞生的。此后,东芝的研发技术一直走在世界前列,有许多个世界第一,1994—2001 年,笔记本电脑销量一直排名全球第一位。在笔记本电脑的成本控制方面,东芝也有着许多优势,特别是在笔记本电脑零部件的生产上,除了 CPU 和操作系统之外,其他所有零部件都能生产,2004 年东芝销售了 560 万台笔记本电脑,排名世界第三位。出于全球战略,东芝把主要的笔记本电脑生产业务全部移师到中国上海和杭州,所以东芝的笔记本电脑称得上是“平民化的国际品牌”。

(5) SONY 笔记本电脑

SONY 是家电和电子产品的代名词,1997 年开始进入笔记本电脑领域。作为全球十大笔记本电脑制造商之一,SONY 始终走的是“时尚、高端”的路线,并以家庭消费类的产品为主,因此外形美观、漂亮成了其最大的卖点,在稳定性、安全性、耐用性、人性化上较弱。SONY 虽然将工厂建到了中国,但在价格上并没有太多的体现,价格依然较贵。特别是从 2004 年至今,SONY 个人电脑在国内大幅度亏损,高端形象已难以为继。

(6) BENQ 笔记本电脑

明基电通公司成立于 1986 年,创业之初是宏碁的一家以电脑周边配件为主营项目的子公司,1998 年进入苏州工业园,制造生产有了长足发展,2001 年创立 BENQ 品牌,2003 年涉足笔记本电脑。其产品主要以台湾各厂商 OEM(代工)为主,没有自足研发能力,产品借鉴了日本笔记本电脑的设计风格,以轻巧便携为主。作为一个地道的国产品牌,其凭着漂亮的外形设计,在一些二三级城市有一定的用户群,但总体市场表现欠佳。

(7) 三星笔记本电脑

在韩国政府大力提畅国货的背景下,三星公司平步青云,特别在手机领域,2004 年做到了全球第二。2001 年,三星凭借它在手机上的知名度,迅速进入了笔记本电脑领域。其完全采用了日本的设计风格,注重便携和外观,走视觉路线,但实际的效果是其产品在稳定性、耐用性方面大打折扣,特别是散热技术存在着一些较大的漏洞。三星笔记本的设计和生产全部外包给了台湾一些专业笔记本电脑制造商,在成本控制上有较大的优势。

(8) Lotus Digital 笔记本电脑

莲花数码的笔记本电脑是国际君友会在全球开展的“善因”营销产品,是处于世界领先水平的多国成员协作开发的数码产品。

3.2 常用办公自动化设备推销

知识目标:

(1) 了解复印机、传真机、扫描仪、投影机等办公设备的分类;

(2) 了解复印机、传真机、扫描仪、投影机等办公设备的各种性能指标;

(3) 熟悉复印机、传真机、扫描仪、投影机等办公设备的选配;

(4) 熟悉复印机、传真机、扫描仪、投影机等办公设备的推销要点。

能力目标:

(1) 能正确使用复印机、传真机、扫描仪、投影机等办公设备;

(2) 能向顾客详细介绍复印机、传真机、扫描仪、投影机等办公设备的参数;

(3) 能根据顾客的需求对复印机、传真机、扫描仪、投影机等办公设备进行选配,制定购买方案;

(4) 掌握复印机、传真机、扫描仪、投影机等办公设备的一般推销技巧。

3.2.1 复印机推销

复印机是办公室一种比较常用的 IT 设备,给办公生活带来了很多方便。作为一名复印机推销者，必须对复印机的技术指标、选配要点等知识有一个比较全面的了解。

1. 复印机主要技术指标

复印机有着很多技术指标，从不同侧面来反映复印机的性能。下面就来对其常用的技术指标加以介绍。

(1) 复印速度

复印速度就是单位时间内复印机能够复印的张数，由于复印机预热需要时间，首张复印也需要花费比较长的时间，因此复印速度在计数时一般应该从第二张开始。

(2) 最大幅面

最大幅面指的是复印机最大的扫描或打印尺寸范围，这个范围取决于复印机的内部机构设计和复印机的外部物理尺寸。办公型的复印机最大幅面一般在A3以上，家用或便携型复印机则一般只有A4。

(3) 首张复印时间

首张复印时间是指在复印机完成了预热处于待机的状态下，用户完成了在稿台放好复印原稿、盖好盖板等一切准备工作后，从按下按钮向复印机发出复印指令到复印机输出第一张复印稿所花费的时间。

(4) 预热时间

复印机进行复印的基本技术原理是利用光导材料的光敏特性和静电电荷库仑力作用。因此复印机在进行复印时首先需要对感光材料进行充电，利用电晕放电的方法使感光材料的表面带上一定数量的静电电荷，从而能够进行正常的复印工作。这个过程所花费的时间就称为复印机的预热时间。

(5) 缩放比例范围

所谓缩放，就是复印机对需要复印的文稿进行放大或缩小后再输出，但由于技术问题，复印机只能在一定范围来进行缩放，如果打印机的最大幅面和复印的稿件都是A3大小，稿件则无法再进行放大了。

(6) 连续复印能力

连续复印是指对同一复印原稿，不需要进行多次设置，复印机可以一次连续完成的复印的最大的数量。连续复印因为可以避免对同一复印原稿的重复设置，节省了每次作为首页复印多花时间，因此对于经常需要对同一对象进行多份复印用户是相当实用的。

2. 复印机选配方案

上面已经了解了复印机的各种技术指标，下面谈谈选购的问题。购买复印机时如何做到质优、价低、适用、实用成了客户都头痛的问题。当决定购买复印机的时候，客户面对品牌繁多、功能各异的产品，会有一种无所适从的感觉。因此，正确选购复印机就变得至关重要。事实上，生产厂家已作出了相应的安排，对不同档次的复印机，厂家已在功能设置、耐久性、使用成本等方面作出了均衡的设计，使用者可根据复印量的大小，对功能的要求、业务的性质作出相应的选择。

目前，国内市场上复印机按原理分模拟、数码两大类，按速度分高、中、低3种。客户选购复印机可以根据自己的需求从下面几个方面考虑选择。

(1) 根据业务性质来选择

首先看所需复印的幅面有多大，如果是复印蓝图或工程图，则必须选择工程复印机；如果复印一般的文件报表，那么应选最大的幅面为A3的复印机；如果所需复印的幅面不大，复印量很少，那么选B4或A4幅面的小型复印机(一体机)能会节省不少投资。假如是新建单位，各种办公设备都需要添置，最好购买数码机，因为数码机可以一机多用：复印、传真、打印。这样既节省了办公空间，又节约了办公费用。

(2) 根据复印量的大小来选择

有些复印量或打印量大的用户在选购复印机时，以低价为准，只选最便宜的，本应选购高速机型而错误地购买了低速机型，结果导致低速机型超负荷使用，故障频繁。

对于三资企业、大中型企业而言，每月印量在3000～9000张的企业单位，应选一台速度在每分钟25张以上，功能全、性能稳定、内存大、耐久性强、具有网络打印、价格在2万元间的复印机。

对于中小型企业而言，每月印量在3000张以下，选一台速度在每分钟20张以下，价格在1.5万元左右的中低速复印机就足够了，最好有自动输稿器，能省去一张张送纸的麻烦。

对有特大印量的用户，月印量在1万张以上10万张以下者，应选用多功能高速复印机，同时选配送稿器和分页、装订器。这类高速复印机均很耐用，故障率极低，价格为3万～6万元，有几种档次。

(3) 复印机功能

现在的复印机功能越来越多，但不是复印机的功能越多就越好，在选配时要考虑实际情况。如果花很多钱购置了一台全功能复印机，但在实际工作中却将大部分功能闲置，那么无疑是非常浪费的。一般来说，选择复印机应根据实际需要对功能有所侧重。如工作中经常要进行双面复印，最好选用有双面功能的复印机；如需要对原稿进行单向缩放，则需选购数字式复印机；如果有许多用户同时使用或是需要限制复印机的使用对象，那么最好购置带有密码和多用户功能的复印机。

(4) 机型问题

随着社会的进步，人们越来越关心自己的生存环境，身重于物，越来越成为许多人的人生哲学。在这种时代背景下环保型复印机应运而生。环保型复印机通过选用可重复利用及无污染的材质，保证了复印机在报废以后，不会对人类的生存环境产生污染。同时，它还采用节电、节粉等节能技术和充电辊、转分带等新技术，使复印机在工作过程中产生的有害气体、粉尘微粒、噪声都降低到了极低的程度，大大减少了机器对操作者产生身体上的伤害，也使得整个办公环境变得更加安宁与清新。因此，如果资金允许，应该首先考虑环保型复印机。

(5) 品牌选择

现今市场上复印机品牌有10多个，大多都是日本品牌，占有率较高的品牌有理光、佳能、施乐、夏普等，但性价比较高的品牌属理光、佳能两个，这两大品牌性能稳定，是首选品牌。

(6) 成本核算

因为复印机是个消耗性的设备，其内部的零部件有一定的使用寿命，如复印机的感光鼓、载体、碳粉等。所以在购机时一定要问清其消耗品的寿命及价格，如果选择不当，必将导致使用成本的增加。

(7) 售后服务

复印机是集光学、电子、机械、化工于一体的精密设备，在使用过程中需要做经常性的保养，这些保养须由专业性的人员来处理。因此，在选购复印机时，一定要选择讲信誉的、有一定规模和技术实力的专业办公设备公司，应与之签订保养、保修合约，建议不要到一些个体办公设备经营店去购买，以免造成不必要的后顾之忧。

只要依以上几点综合考虑，相信客户会购得一款称心如意的机器。精明的消费者应该认识到：价格并不是决定购买的全部内容，价值才是重要的（所谓价值，就包含了合理的价格、优质的技术服务、充足的零配件供应等）。

3. 复印机推销训练

推销复印机时首先要掌握一些知识，如目前市场主要的复印机品牌有哪些，自己所在公司主要经营的复印机品牌的优点有哪些，自己所在公司主要经营的复印机的墨粉价格、硒鼓的印张数（寿命）等信息。其次，注意推销的目标，只要有办公的地方都会用到复印机，重点目标有政府部门、机关单位、商场、学校等。

以在某机关单位推销一台复印机为例进行推销训练，这里以夏普 4818S 机型为例作推介。夏普 4818S 是专门对需求大批量文件打印、复印的用户量身定制的数码复印机，这款产品不但在文件输出的数量上有新的突破，更有助于企业用户提高日常办公的工作效率，是一款适合于企业进行高效批量输出文件的产品。这款产品在外观设计上比较传统，整个机身以乳白色和黑色为主色调，主机尺寸为 590mm×550mm×495mm（包括原稿盖板），重量约 30.14kg（不含墨粉盒），从外观和机身大小上看，就颇为适合现代企业所配置的环境，如图 3-31 所示。

该机是一款集打印、复印、扫描 3 种功能于一身的黑白数码复合机。该机在复印方面的表现是，一次扫描或者多次复印功能将文件的原件作一次扫描，然后将其存入产品的内存，每次扫描的单页文件可以连续复印 999 份，复印速率可达 18 页/分，仅仅需要 7.2 秒就可以完成首页复印，执行复印的效率是很出色的。

向客户做点评：夏普 4818S 不但在外观上具有吸引用户的简约气质，更加具有浓厚的商务气息，能够融入企业的办公环境。此外，它的打印、扫描、复印都比较快，能够节省不少时间，大大提高办公效率。

图 3-31 夏普 4818S 型复印机

图 3-32 传真机

3.2.2 传真机的推销

传真机对于商务办公用户来说是必不可少的办公设备，近年来，它已经成为使用最为广泛的通信工具之一，如图 3-32 所示。下面对传真机的工作原理、分类、技术指标及选购等方面作介绍。

1. 传真机的工作原理

传真机的工作原理很简单，首先将需要传真的文件通过光电扫描技术将图像、文字转化为采用霍夫曼编码方式的数字信号，经V.27、V.29方式调制后转成音频信号，然后通过传统电话线进行传送。接收方的传真机接到信号后，会将信号复原然后打印出来，这样，接收方就会收到一份原发送文件的复印件。

2. 传真机分类

目前，市场上常见的传真机可以分为以下几大类。

(1) 按照传真机的成像原理可以分成热敏纸传真机、热转印式普通纸传真机、喷墨式普通纸传真机和激光式普通纸传真机，而市场上最常见的就是热敏纸传真机和喷墨/激光一体机。

(2) 按照传真机的功能分类，可分为简易型传真机、标准型传真机、多功能型传真机。

(3) 按照传真机打印方式分类，可分为喷墨式传真机、热转印传真机、激光传真机。

(4) 按照传真机记录方式分类，可分为感热纸传真机和普通纸传真机。

(5) 按照传真机采用的扫描方式分类，可分为电荷耦合扫描(CCD扫描)传真机和接触式图像扫描(CIS扫描)传真机。

(6) 按照CCITT(国际电报电话咨询委员会)制订的国际标准，可分为一类传真机(G1)、二类传真机(G2)、三类传真机(G3)和四类传真机(G4)。

3. 传真机主要技术指标

① 传真标准：传真标准现有4个，即Group 1、Group 2、Group 3、Group 4。传真标准Group 1在很久以前被开发出来，当时的速度是6分钟/页。20世纪70年代末，Group 2标准应用了压缩技术使传输时间缩短一半，达3分钟/页左右。Group 3标准于20世纪80年代通过，主要是进一步提高了速度，达到1分钟/页以内。现在所说的传真通常就是指Group 3标准，简称G3传真。后来还有Group 4标准，即所谓的G4传真，主要适合可靠传输媒介，如数字化的ISDN线路。

② 扫描方式：传真机传送文件时，将文件处理成图像的过程称为扫描。现在传真机的扫描方式有CCD、CIS两种方式。

a. CCD方式：使用电荷耦合器件图像传感器CCD实现图像转换，灰度级一般为16～64级，所得到的图像清晰、层次丰富，一般面向中、高端用户。

b. CIS方式：利用接触式图像传感器扫描，是将CCD和光学系统集成在一起的一种扫描，灰度级一般为8～32级，所得到的图像没有用CCD方式的清晰，一般面向低端用户。

③ 分辨率：传真机的分辨率就是指对需要传真的稿件进行扫描时能够达到的清晰程度，分辨率越高，扫描的精度就越高，可分为垂直分辨率和水平分辨率。垂直分辨率是指垂直水平线上每毫米显示的像素点数，同样，水平分辨率就是指平行水平线上每毫米显示的像素点数。按照国际标准规定，一般将水平分辨率省略，只以垂直分辨率来表示分辨率。垂直分辨率主要有标准(3.85像素/毫米)、精细(7.7像素/毫米)、超精细(15.4像素/毫米)3种。传真机分辨率的标识一般来说有两种方式，一种是使用扫描仪的标识方式，使用dpi来进行标识，即每平方英寸的点数，如360dpi×360dpi、720dpi×720dpi；另一种则是使用传

统传真机的标识方式，使用标准、精细、超精细 3 个规格来进行标识。

④ ECM：是一种纠错方式协议，可保证所传文件准确无误。

⑤ 图像处理：如 UHQ，为一种中间色过渡方式，可保证图片传输效果更好。

⑥ 扫描速度：分为主、副两种扫描速度，单位时间内对图像扫描的次数或距离，通常表现为记录纸走纸的速度。

⑦ 有效扫描/记录宽度：即传真用纸的幅面，分为 A4、B4、A3 等几种。

⑧ 发送时间：发送 1 页国际标准样张所需要的时间，越短越好，通常为 6～45s，9s 以下的属于高档传真机。

⑨ 输出/输入电平：在适当范围中，传真机才能正确工作，保证传输质量。

⑩ 传送速度：传真机的传送速度是指每秒钟传送文件的像素数。另一说法是指传真发送一项标准为 A4 尺寸的稿件所需要的时间，通常分为 23s、18s、15s、9s 和 6s 等几种。发送时间的长短主要取决于传真机所采用的调制解调器速度、电路形式及软件编程的不同。

⑪ 扫描宽度：指传真机扫描文件的最大宽度，一般为 210mm 和 252mm。

⑫ 有效厚度：指要发送传真文件厚度的范围。传真机有机械装置传送文件，太厚或者太薄都影响正确的扫描。一般单页厚度为 0.05～0.15mm，多页厚度为 0.08～0.13mm。

⑬ 纸张尺寸：指记录纸的大小，一般记录纸尺寸分为 A4、B4 两种。A4 纸幅宽为 210mm，B4 纸幅宽为 252mm。记录纸长度一般有 100m、50m、30m、15m。办公室经常需要发送或者接收大幅面的文稿，一般选择记录纸尺寸为 B4 的较好。作为一般单位和家庭使用，收、发幅宽均可采用 A4，而记录纸卷长度可选 30m 或 15m。

⑭ 记录方式：是指传真机接收文稿时所采用的打印方式。现在流行的传真机有热敏记录、激光记录、喷墨记录、热转印记录等方式。热敏记录以热敏纸作为载体，通电使得热敏头发热令热敏纸变色。激光记录以普通纸作为载体，靠激光束照射硒鼓将墨粉附着在复印纸上；喷墨记录也以普通纸作为载体，用通过喷墨头使液体墨水记录在复印纸上；而热转印记录则是通过热敏头加热色带印字在复印纸上。

传真机除了上面一些技术指标外，还会常见一些常用的传真机名词参数，下面介绍一下，以让大家对传真机有更深入的了解。

(1) 无纸接收

目前，市面上的大部分传真机都内置有存储器(Memory)，也就是人们所说的内存。它能把在传真纸用完后接收的文件存储在机器的存储器里，用户在添加了打印纸后能够自动打印存储的文件。该功能可以为用户解决缺纸的烦恼，不用担心错失传真，对于保存文件资料非常重要。

(2) 自动传真

所谓自动传真就是，由传真机自己完成传真过程，完全不需要人工进行干预，具体操作首先由客户通过电话按键来选择所需的某一特定的传真服务，然后传真服务器会根据客户的输入，自动动态地生成传真文件，并自动给客户发送传真，方便快捷。客户也可以根据按键自动向语音系统的电脑发送传真。

(3) 电脑传真

如果在与客户交谈时需要立即为客户发传真，可以通过启动电脑上的桌面传真，客户的资料如客户名、传真号等会自动调出。选择客户所需的传真内容后，轻轻一点发送按钮，传真就会快速地发送出去，方便快捷。

(4) 快速拨号

该功能可以帮助用户节省时间，而且无须记大量的传真号，其一般都设置了一些比较快捷的拨号方法，方便了拨号。它大致上可以分为单触式快速拨号、编码式快速拨号等几种快速拨号方式。

① 单触式快速拨号：可以让用户将部分常用的电话号码存储起来，用一个按键来代替号码，就跟现在的手机快速拨号功能一样，用户在拨号的时候，只需按一下即可。

② 编码式快速拨号：传真机将常用的电话号码编成一系列的代码以取代电话号码的拨号方式，又称链式拨号。例如拨IP卡，将服务号码存在一个快捷键中，将卡号存在另一个快捷键，将密码存在第三个快捷键中，这样一次通话拨三次快捷键即可。

一般来说，快速拨号都有其支持的最大数目，当然支持的最大数目越大，用户在使用的时候就越方便快捷。

(5) 电话/传真切换

部分传真机可以识别来电是传真或电话。当识别到是人为按键时，机器将拨号视同电话，不启动传真功能，当机器识别到是自动拨号则视为传真，自动启动传真功能。

(6) 电话录音

部分传真机有附带留言录音功能，就跟普通的录音电话功能相同。

(7) 多址发送

在某些高端的传真机可以将文件及多家接收方的电话号码存储，然后自动依次拨通分组内的电话号码(多个地址)，分别发送，不用用户一个一个地拨号码发送，节省了大量的拨号时间，提高了办公效率，发送的结果情况(是否发送成功)可以打印出来。其也称为"广播发送"和"多站发送"。

(8) 报告/参考系统

传真机都带有报告/参考系统，能够反馈给用户一些信息和传真机其他的一些系统信息，其中包括出错报告、日志报告、系统配置报告、功能列表等，特别是当设备出现故障的时候，报告/参考系统能够为用户提供帮助。在众多内容里面，要数出错报告最为常见，它是传真发送或接收失败后传真机显示的相关错误信息，可以帮助用户找到传真机工作失败的原因，正确地重新发送或者接收传真。日志报告在传真机在收发一定次数的文件后，将机器记录的工作结果打印出来，又称工作报告。这个报告对统计发送的文件相当有用处。

(9) 网络传真机

它能够直接在电脑上操作，实现传真收发功能。随着Internet的不断伸延，网络的触端遍及各个地方，网络传真机将不断发展。

(10) 静音接收

该功能可以为用户提供安静舒适的办公环境，它可以在传真机有电话打进来时，不振铃直接转入传真接收状态。

(11) 免提通话

该功能和电话的免提通话是一样的功能。但是很多传真机的免提通话是单向的，即只能免提拨号及接听，而不能免提通话。

(12) 停电通话

传真机在停电后可以作为普通电话使用。

(13) 遥控启动

一般传真机的工作启动要通过按"启动/开始"按钮。有些机器可以用数字键盘来启动机器的工作。

(14) 预约发送

预约发送是指传真机在准备发送文件过程中可以定时发送文件。

(15) 自动进稿

自动进稿就是人们经常说的ADF(Auto Document Feeder),是指传真机可以自动进给多页文件并对文件分页,进行多页稿件发送,简单容易又方便。

(16) 自动切纸

自动切纸(Auto Cutter)是指传真机带有切纸刀,每传送一页就自动切纸,省了用户专门切纸。

(17) 自动展平

针对于热敏纸而言,记录纸是桶状的,接收文件后会卷曲。自动展平功能指传真机在接收文件后将记录纸自动展平,方便用户观看。

(18) 自动重拨

在自动发送传真时,如果发送没有成功,传真机可以自动重复拨号。

4. 传真机选配方案

传真机作为最常用的办公用品,已经越来越受到许多人们的关注,不同的传真机适用于不同的办公人士使用,在购买传真机时要选择一款适合自己的产品,最贵的不一定是最好的,最便宜的也不一定是不适用的,消费者要根据自己的需求理性消费。

(1) 要明确传真机准备发挥多大作用。家用传真机与办公用的传真机在功能设计上有许多不同,价格上的差异也是相当大的。如果收发传真的数量不大,又没有大量的国内和国际传真业务,购买一般的家用机就可以了。现在的家用机设计小巧,价格较为便宜,同时也增加了很多方便功能,像电话答录系统、电话储存、自动切纸、无纸接收等。

(2) 如果传真机使用频率相当高,多数为商务用途,那么可以选择较为高级的。选购时,应注意以下几个问题。

① 传真机的速率。目前市场上大多数传真机的速率都是9600b/s,每传送一页标准A4文幅需15s,最快的传真速度可以达到14 400b/s,传一页A4幅只需6s。如果有大量的国际业务传真,那么高速传真机可节省大量的通信费用。

② 确定传真机传输和接收的幅宽。大多数传真机传送的都是A4幅宽,但很多文件会因幅面的限制而无法传送。如果经常传送宽幅的文稿,就需要选择B4甚至A3的传真机。

③ 要确定文件传送的质量要求。目前一般传真机的扫描密度大多为7.7线/毫米,只能传送大字体的文件。如果文件字体很小,对方就无法分辨了。因此选择15.4线/毫米的传真机就会解决此类问题。

④ 确定是否采用普通纸接收的传真机。由于热敏纸无法长期保存,所以普通纸传真机就有明显优势,但其成本也相对较高。普通纸传真机一段分为喷墨和激光输出两种。

此外,传真机的许多附加功能也应列入考虑范围,如存储发送、定时接收、无纸接收、自动重拨等。

5. 传真机保养常识

必要的维护与保养，才可以最大限度延长传真机的使用寿命，并能保持良好的使用效果。以下是传真机日常使用过程中的几个常识与维护保养要点。

(1) 使用环境。传真机要避免受到热辐射、强磁场干扰，或是接近空调、暖气机等容易被水溅到的地方，以免损坏电子线路及器件。为了安全，在遇有闪电、雷雨时，传真机应暂停使用，并且要拔去电源及电话线，以免雷击造成传真机的损坏。

(2) 不要频繁开关机。因为每次开关机都会使传真机的电子元器件发生冷热变化，而频繁的冷热变化容易导致机内元器件提前老化，每次开机的冲击电流也会缩短传真机的使用寿命。

(3) 尽量使用标准的传真纸。劣质传真纸的光洁度不够，使用时会对感热记录头造成磨损。优质传真纸敏涂层均匀，感热效果好，能有效保护传真机热敏头。而且记录纸不要长期暴露在阳光或紫外线下，以免记录纸逐渐褪色，造成复印或接收的文件不清晰。

(4) 不要在打印过程中打开合纸舱盖。打印中请不要打开纸卷上面的合纸舱盖，如果真的需要必须先按“停止”按钮以避免危险。同时打开或关闭合纸舱盖的动作不宜过猛，因为传真机的感热记录头大多装在纸舱盖的下面，合上纸舱盖时动作过猛，轻则会使纸舱盖变形，重则会造成感热记录头的破裂和损坏。

(5) 定期清洁。要经常使用柔软的干布清洁传真机，保持传真机外部的清洁。对于传真机内部，原稿滚筒经过一段时间使用后会逐渐累积灰尘，最好每半年清洁保养一次。当擦拭原稿滚筒时，必须使用清洁的软布。

6. 传真机推销训练

以佳能 FAX-L140 传真机为例进行推销介绍。佳能 FAX-L140 传真机是一款功能实用的激光传真机，主要面对中小企业、个人办公用户，该机机身设计小巧紧凑、挪动方便。

佳能 FAX-L140 以乳白色作为机身主色调，淡雅大方；配备了全中文操作面板，操作界面友好，操作过程简洁方便，容易掌握；可实现每分钟 12 页快速复印，数据传送通过 Super G3 数据传输方式达到，速度高达 3 秒/页；支持佳能独有的 UHQ(Ultra High Quality)超高质量图像处理系统，输出分辨率高达 600dpi×600dpi，输出的图像层次更丰富，清晰再现原稿。

FAX-L140 可将高达 340 页的文件记忆在内存中，避免常用传真件的重复扫描或接收，并能够保证缺纸时能无纸接收传真；还可支持远程查询并接收所需传真及传真群发任务，令工作更加轻松。佳能 FAX-L140 配备了可输出 2000 页的 FX-9 一体化大印量硒鼓，且在省墨模式下印量可额外增加 50%。该硒鼓将墨粉、感光鼓和清洁器等部件合为一体，极大地保证了办公环境的干净卫生，同时 100%可回收的特点也非常环保。而且待机耗电量只有 3W，全方位为企业节省能源。

向客户总结点评：佳能 FAX-L140 激光传真机外观设计小巧简洁，操作过程简单易懂，工作效率高，输出品质好，而不足 2000 元的售价也相当超值。

3.2.3 扫描仪推销

顾名思义，扫描仪就是将照片、书籍上的文字或图片获取下来，以图片文件的形式保存在电脑里的一种设备。下面从扫描仪的分类、技术指标、选购等方面作介绍。

1. 扫描仪的分类

扫描仪的种类繁多，根据扫描仪扫描介质和用途的不同，可把扫描仪大体上划分为平板式扫描仪、名片扫描仪、底片扫描仪、文件扫描仪，除此之外还有笔式扫描仪、3D扫描仪等。

(1) 平板式扫描仪

平板式扫描仪又称为平台式扫描仪、台式扫描仪。这种扫描仪诞生于1984年，是目前办公用扫描仪的主流产品，如图3-33所示。

(2) 名片扫描仪

名片扫描仪，顾名思义，能够扫描名片的扫描仪，以其小巧的体积和强大的识别管理功能，成为许多办公人士最能干的商务小助手，如图3-34所示。名片扫描仪是由一台高速扫描仪加上一个质量稍高一点的OCR(光学字符识别系统)，再配上一个名片管理软件组成。

目前，市场上主流的名片扫描仪的主要功能大致上以高速输入、准确的识别率、快速查找、数据共享、原版再现、在线发送、能够导入PDA等为基本标准，尤其是通过计算机可以与掌上电脑或手机连接使用这一功能越来越为使用者所看重。

(3) 底片扫描仪

底片扫描仪如图3-35所示。

图3-33　平板式扫描仪

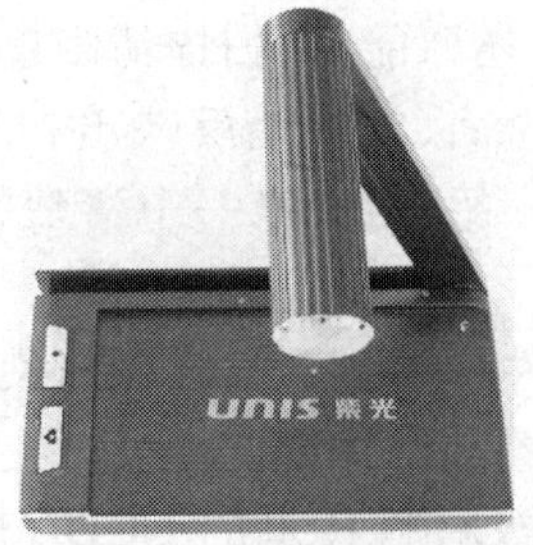

图3-34　名片扫描仪

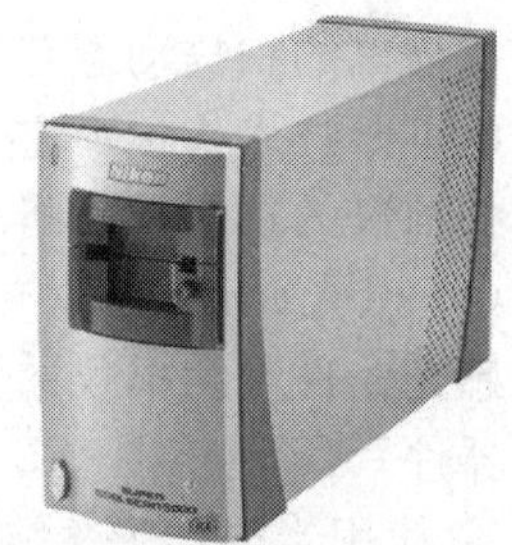

图3-35　底片扫描仪

底片扫描仪又称胶片扫描仪或接触式扫描仪，其扫描效果是平板扫描仪不能比拟的，主要任务就是扫描各种透明胶片，扫描幅度从135底片到4×6英寸甚至更大，光学分辨率最低也在1000dpi以上，一般可以达到2700dpi水平，更高精度的产品则属于专业级产品。

(4) 文件扫描仪

文件扫描仪如图3-36所示。

文件扫描仪具有高速度、高质量、多功能等优点，可广泛用于各类型工作站及计算机平台，并能与200多种图像处理软件兼容。对于文件扫描仪来说，一般会配有自动进纸器(ADF)，可以处理多页文件扫描。由于自动进纸器价格昂贵，所以文件扫描仪目前只被许多专业用户所使用。

(5) 笔式扫描仪

笔式扫描仪又称为扫描笔，是2000年左右出现的产品，市场上很少见到。该扫描仪外形与一支笔相似，扫描宽度大约与四号汉字宽度相符，使用时贴在纸上一行一行地扫描，主要用于文字识别，如图3-37所示。

(6) 3D扫描仪

真正的3D扫描仪(见图3-38)不是市场上见到的有实物扫描能力的平板扫描仪，其结构原理与传统的扫描仪完全不同，生成的文件并不是常见的图像文件，而是能够精确描述物体三维结构的一系列坐标数据。实物经3D扫描仪扫描后，通过数据线输入计算机3ds max程序中即可完整地还原出物体的3D模型。由于只记录物体的外形，因此其无彩色和黑白之分。由于三维数据比常见图像的二维数据庞大得多，因此其扫描速度较慢，视物体大小和精度高低，扫描时间从几十分钟到几十个小时不等。

图3-36 文件扫描仪

图3-37 笔式扫描仪

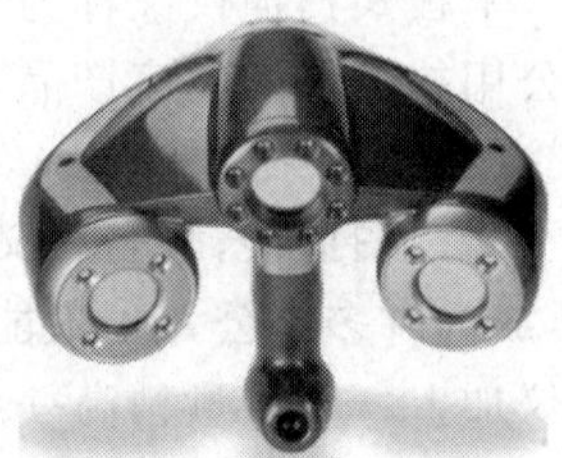
图3-38 3D扫描仪

2. 扫描仪主要技术指标

目前，市场上的扫描仪以平台式扫描仪为常见，这里着重对平台式扫描仪的技术参数进行介绍。

扫描仪的扫描动态范围、色彩还原能力、扫描清晰度和精度及扫描速度等是评价扫描仪性能的重要技术指标。它们可以全面、客观地反映出扫描仪和输出图像质量的状态。下面就对扫描仪的这些技术指标进行介绍，给大家一个清楚的认识。

(1) 感光元件

感光元件是扫描仪的关键部件。平台式扫描仪所使用的感光元件有CCD(线阵型电荷耦合器件)、CIS(接触式图像传感器)和PMT。

① 使用半导体PN结来做绝缘材料技术的CCD扫描仪是目前市场上的主流产品，用户多为普通消费者；使用二氧化硅来做绝缘材料技术的CCD扫描仪多属专业扫描仪，生产成本高，为专业用户所使用。图3-39为感光元件为CCD的一款佳能8800F扫描仪。

② CIS扫描仪有着超轻、超薄、便携的优点，CIS由于本身技术的限制，只是用于低挡扫描仪，且景深小，要求扫描稿件比较平整，不能扫描立体实物。因此对追求移动办公的用户而言，CIS扫描仪几乎是唯一的选择，但对专业人员而言还是使用CCD扫描仪为好。图3-40为感光元件为CIS的一款富士通S300扫描仪。

图3-39 感光元件为CCD的一款佳能8800F扫描仪

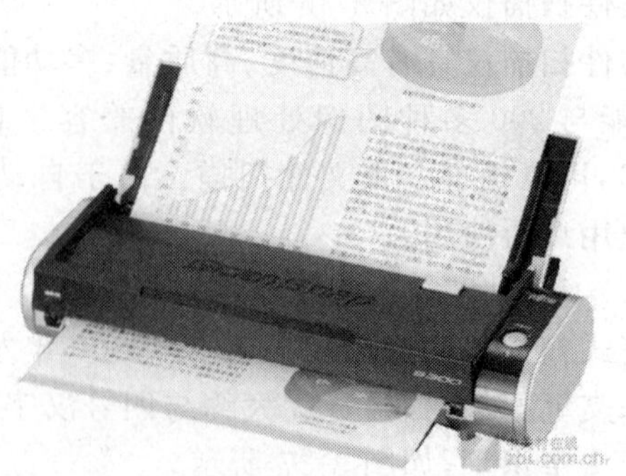
图3-40 感光元件为CIS的一款富士通S300扫描仪

③ PMT感光元件是3种感光元件中性能最好的，其输出信号几乎可以不作修正就可以得到准确的色彩还原，温度系数低，不易受周围温度的影响。虽然性能很好但生产成本高，扫描速度慢，因此，只能适用于专业的印刷、出版业扫描及工程分析等用户使用。

(2) 扫描分辨率

分辨率反映的是扫描图像的清晰程度。扫描分辨率分为光学分辨率和最大分辨率(即插值分辨率)。光学分辨率是指扫描仪的硬件所能达到的实际分辨率，单位为dpi(Dot Per Inch，每英寸长度上扫描图像所含像素点的个数)。

光学分辨率又细分为横向和纵向两组数值，其中横向分辨率更为关键，取决于感光器件的识别精度和光学系统的性能；而纵向分辨率是扫描仪纵向步进电机的精度。光学分辨率是影响扫描质量的关键因素，光学分辨率越高，能保留的图像细节越多。

最大分辨率又称为插值分辨率，是软件对像素数据进行插值运算获得的非完全真实的分辨率。差值技术可提高黑白二值图像的扫描图像质量，但对彩色或灰度的图像扫描没有用处。因此，最大分辨率对普通用户意义不大，尤其是此分辨率数值过大时将占用较大的内存和硬盘，得不偿失。

(3) 动态密度范围

动态密度范围是指扫描仪能够最大限度识别的原稿密度范围。一般使用灰梯尺对这一指标进行检测，如图3-41所示。动态密度范围越大，能记录的原稿细节就会越多，即对图像暗调层次的识别有利。

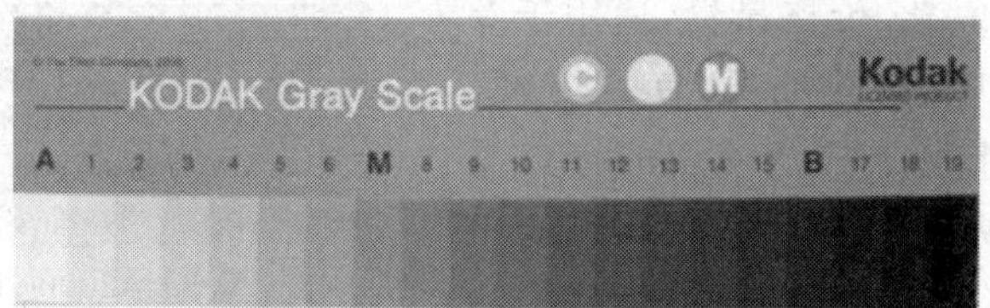

图3-41 灰梯尺可对扫描动态密度范围进行检测

(4) 色彩位数(见图3-42)

色彩位数表示扫描仪所能响应的色彩范围内可以辨析的颜色级数，通常用每个像素点上的颜色数据位(bit)来表示。色彩位数反映了扫描图像与实物在色彩上的接近程度，色彩的位数越高则扫描仪所能反映的色彩越丰富，扫描出的图像也越真实。同时色彩位数是衡量扫描仪模/数转换器性能的一项指标。

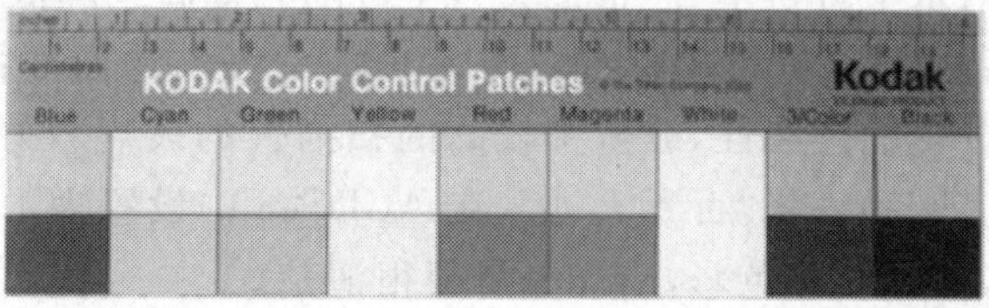

图3-42 色彩控制条可对图像扫描的色彩还原能力进行检测

普通用户使用24位的扫描仪就足够了，而专业用户则最好购置48位或以上的扫描仪。需要注意的是，扫描仪的色彩位数也并非多多益善，过高的色彩位数不但增加了扫描仪的价格，而且所形成的文件将占用很大的硬盘空间，所需的扫描时间也会增加不少。

(5) 扫描仪的光源

光源对扫描仪来说也是非常重要的,光源的不纯或偏色会直接影响到扫描结果。目前扫描仪内部光源类型主要有冷阴极荧光灯、RGB 三色发光二极管(即 LED)、卤素灯。

① 冷阴极荧光灯具有体积小、亮度高、寿命长的特点,但工作前需要提前预热,适用于平台式扫描仪。

② RGB 三色发光二极管具有功耗小、噪声低、发热量小、无须预热的特点,但其亮度低、寿命短,用于一些 CIS 型扫描仪中。

③ 卤素灯具有亮度高、预热时间短、易于维护的特点,但发热量高,多用于一些高档的平台式扫描仪。

(6) 扫描速度

扫描速度表示扫描仪的工作效率,常用在 300ppi 的分辨率下平均每小时扫描的原稿量去衡量。

(7) 扫描幅面

常见的扫描仪幅面有 A4、A4 加长、A3、A1、A0。大幅面的扫描仪价位比较高,对于一般的家庭及办公用户选择 A4 或 A4 加长的扫描仪就可以满足需求了。

(8) 接口

接口是指扫描仪与电脑的连接方式,有 SCSI、USB、IEEE 1394 共 3 种,如图 3-43 所示。SCSI 属于小型计算机标准接口,数据传输速度快、扩展性强,但安装复杂、价格昂贵,适用于专业的用户。USB 接口支持热插拔、使用方便、传输速度快,是现在市场上广泛使用的接口类型。IEEE 1394(即“火线”)接口适用高性能串行总线,即插即用、传输速度快,但由于授权的限制,普及度有待提高。

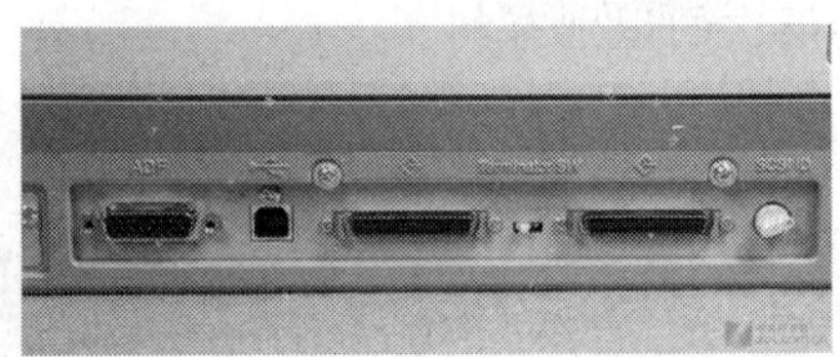

图 3-43 爱普生 20000 的 USB 2.0、SCSI 接口

3. 扫描仪选配方案

有了扫描仪,大量的文件输入、网页制作时照片的输入、旧图文资料的保存等都已经变得轻松了。现在市场上的扫描仪也是种类多样,用户可以通过下面几个指标的检测技巧来进行选购。

(1) 分辨率

选购扫描仪时要对水平分辨率“严格把关”,不可随意提高或降低要求。

分辨率检测技巧:一般检查可用标称分辨率扫描一张人物面部特写(照片质量要好),注意观察面部皱纹的分支的连续性,分辨率较高的扫描仪的表现较好。也可用标称分辨率同时扫描一张“一元小钞”和一张“百元大钞”,在 ACDSee 中设置为 100%的比例浏览时,肉眼无法观察出的细节,如底纹和色彩,应能分辨得很清楚。

(2) 色彩位数

目前,30、36、42 位色彩的扫描仪开始成为市场上的主流产品。普通用户使用 30 位色的扫描仪就够了,而专业用户则最好购置 36 位或以上的扫描仪。

色彩检测技巧:选择标称色彩位数扫描一张色彩丰富的彩照,将显示器的显示模式设置为真彩色,与原稿比较一下,观察色彩是否饱满、有无偏色现象。如果对色彩要求很高，可选择默认值扫描一张色标卡样本（如AGFA公司的IT8彩色标准色标卡），用Photoshop的Eyedropper功能读出纯黑和纯白区域的RGB值（纯黑区域的RGB值越接近0越好；纯白区域的RGB值越接近255越好；两者之间数值范围越宽，说明动态范围越大；RGB三色值越平均，说明色彩偏差越小）。纯黑区域的RGB值一般应在20以下，最好小于15；纯白区域的RGB值一般应在233以上，最好大于240；RGB三色值一般应小于10，最好能小于5。

(3) 灰度级检测技巧

选择标称灰度级扫描一张带有灯光的夜景照片，注意观察亮处和暗处之间的层次，灰度级高的扫描仪对图像细节（特别是暗区）的表现较好。如果对灰度级要求很高，可选择默认值扫描一张色标卡样本，该卡上有22级灰度梯尺，用Photoshop的Eyedropper功能读出扫描结果中22级灰度的解析程度，常见扫描仪大多能分辨出20级左右的灰度。

(4) 感光元件

感光元件检测技巧：扫描一组水平细线（如发丝或金属丝），然后在ACDSee中浏览，将比例设置为100%观察，如纵向有断线现象，说明感光元件排列不均匀或有坏块。

(5) 接口

选购要点：配有USB接口的PC用户最好还是使用USB扫描仪；专业用户有条件的话还是使用SCSI扫描仪为佳。

(6) 扫描幅面

选购要点：普通用户使用A4幅面扫描仪即可，专业用户则应视工作需要而灵活选择。

除了检测上面几个重要的技术指标外，在选购扫描仪时还要注意下面一些非性能指标因素。

(1) 看外壳

观察扫描仪的外壳是不是坚固。外壳的强度和刚度对扫描仪的清晰度影响很大，设计良好的外壳只要打开上盖，就可以在扫描仪的内壁上看到一条条明显的加强柱，底板不平整，有很多的凹凸。而差的扫描仪只有一层薄薄的塑料壳，强度达不到标准。

(2) 听扫描时的音量

扫描仪工作过程中都会产生一些噪声，一般在扫描仪的产品规格书中也标有以dB（分贝）为单位的噪声数据可供参考。

(3) 技术支持和售后服务是否完备

一定要选择技术支持和售后服务都有保证的品牌和经销商，注意扫描仪的包装里是否有中文说明书以及产品质保书，最好在本地有维修部或者技术支持中心，这也是非常必要的。

建议小结：就中低档扫描仪的品质而言，大多数品牌的扫描仪彼此之间相差不大；而在高档扫描仪里，HP、Agfa等品牌扫描仪的品质则是比较优秀的。对普通用户而言，一般应该选择光学分辨率为600dpi×1200dpi，色彩位数为30、36位或42位，可连接EPP或USB接口，使用CCD技术，A4幅面的扫描仪；对于专业用户而言，应根据不同的工作内容来选择相应配置的高档扫描仪。

4. 扫描仪推销训练

以清华紫光公司扫描仪Uniscan D50为例。清华紫光公司近日推出了A4幅面的

Uniscan D50专业扫描仪，如图3-44所示。作为推销员，可从以下几个方面作推介：该扫描仪卓越的扫描品质不仅可以提供一般用户的图像输入需求，并且可以充分满足影像工作者、小型广告、印刷界以及办公用户等一系列对色彩要求十分严格的专业用户的使用要求。它针对专业用户的需求特点，采用高品质的平台式CCD扫描仪传感器，光学分辨率达到2400dpi×4800dpi，色彩位数和灰阶也分别为48位和16位。作为一款定位于行业的专业扫描仪，Uniscan D50可以实现底片扫描，并能够与Mac及PC系统兼容。在易用性方面，该产品为用户提供了4个一触即发的智能按键，令其扫描操作一目了然。此外，该款扫描仪还附赠超值的影像编辑、文字识别以及照片浏览编辑软件和配套的智慧型全功能驱动软件等，所以该款扫描仪是值得选购的品种。

图3-44　清华紫光 Uniscan D50扫描仪

3.2.4　投影机推销

随着经济的发展和时代的进步，投影机已经进入到各个领域：商务、教学、家庭娱乐等，下面从投影机的技术指标、选配方案等方面作介绍。

1. 投影机的主要技术指标及其实际意义

投影机的技术指标是区别投影机档次高低的标志。投影机的技术指标有很多，下面以液晶投影机为例对各种指标作介绍。

(1) 液晶片的尺寸及数量

目前，液晶投影机主要分为单片式投影机和三片式投影机。液晶板的大小决定着投影机的大小。液晶片越小，则投影机的光学系统就能做得越小，从而使投影机体积越小。一般单片式投影机由于液晶片少、光路简单，可采用较大的液晶片；三片式投影机多采用小尺寸液晶(1.32英寸)，便携式三片式投影机常采用0.9英寸或0.7英寸的液晶片。像素是组成图像的基本单元，单位面积内的像素数越多，则图像越细腻。像素数＝每片液晶物理分辨率×液晶片个数。例如，SVGA机型像素数＝(800×600)×3，即150万个像素点。

(2) 输出分辨率

输出分辨率是指投影机投出的图像的分辨率，或称物理分辨率，即LCD液晶板的分辨率。在LCD液晶板上通过网格来划分液晶体，一个液晶体为一个像素点。那么，输出分辨率为800×600时，就是说在液晶片的横向上划分了800个像素点，竖向上划分了600个像素点，单片投影机则为水平2400(800×3)点，或垂直1800(600×3)点。物理分辨率越高，则可接收分辨率的范围越大，投影机的适应范围越广。通常用物理分辨率来评价液晶投影机的主体价值。

(3) 最大输入分辨率

最大输入分辨率是指投影机可接收比物理分辨率大的分辨率，并通过压缩算法将信号投出。

(4) 水平扫描线

水平扫描线也称视频扫描线，主要用于评价视频信号的质量，默认值是指NTSC制式下的情况。一般的，VCD状态为260线，LD为450线，DVD为500线。一般而言，投影机最高支持700线。

(5) 亮度

实际上,投影机"亮度"并非真正意义上的亮度,而是投影机的光输出的总光通量。这是因为亮度会受到屏幕反射率(可能会有成倍的差距)、投影画面的大小(画面越小则越亮)的影响,不能真实地反映投影机的亮度水平,而投影机的总光通量是不受外界因素影响的,是基本恒定的,更能真实、科学地反映投影机的亮度水平。液晶投影机的总光通量主要决定于光源的亮度和光路系统以及液晶板的透射或反射能力。

投影机"亮度"的单位一般采用ANSI流明。ANSI流明是美国国家标准化协会制定的测量投影机光通量的方法,它测量屏幕上"田"字形9个交叉点上的各点照度,乘以面积,再求9点的平均值,即为该投影机的ANSI流明值。投影机的ANSI流明一般的测定方法如下:

① 在全黑的环境下,用纯白场信号输入投影机,然后调整投影机的焦距及与屏幕的距离,使投出的图像在屏幕上正好打满60英寸(按4∶3屏幕计算,即屏幕面积正好$1m^2$)。

② 用测光笔测量投影画面的9个点的照度(勒克司)。

③ 求出9个点照度的平均值,其数值不变即为ANSI流明。

各种品牌的投影机由于测定环境、条件的不同,虽然ANSI流明相同,但实际的亮度可能略有差异。在投影机DIY热潮中,几乎所有DIY厂家给出的亮度指标"流明"往往是一种概念含糊的峰值流明,标准不一、误差极大,基本上没有实际参考意义。客观地讲,在遮光条件非常好的小型歌舞厅、影视厅,100ANSI流明是入门级的亮度;家庭影院使用,则300ANSI流明是基本的亮度;电教、办公或大型娱乐场合使用,800ANSI流明是可以接受的基本亮度。当然,一般来说,投影机的亮度越高越好(目前的中档投影机一般为1000～1600ANSI流明左右,特高亮度的工程机甚至可以达到6000ANSI流明以上),但更高的亮度意味着更高的价格和使用成本,过高的亮度也会带来长期观看上的不适。所以,往往顶级的小型影院、家庭影院专用型液晶或三枪投影机亮度一般也只在1200ANSI流明左右。

另外,DLP投影机的亮度与液晶投影机的概念相同,但CRT(三枪)投影机的亮度一般用峰值流明来表示,其意义不尽相同。

(6) 颜色

现在,几乎所有的投影机都支持16～24位的真彩色。所以要评价投影机的色彩还原度,不仅要看颜色,还要看对比度。由微软公司与精工爱普生公司、三菱公司合作开发的sRGB处理技术在目前色彩方面比较独到,sRGB代表了标准的红、绿、蓝,即CRT显示器、LCD面板、投影机、打印机以及其他设备中色彩再现所使用的3个基本色素。sRGB的色彩空间基于独立的色彩坐标,可以使色彩在不同的设备使用传输中对应于同一的色彩坐标体系,而不受这些设备各自具有的不同色彩坐标的影响。

(7) 对比度

对比度是在全黑的环境下投影图像的最黑暗部位与最白亮部位照度的比值(一般采用专用的测试信号来确定),也就是从暗到亮的渐变层次。比值越大,图像所能表现的层次就越多,色彩也表现越丰富。

液晶投影机的主要弱点就是对比度比较低,对画面的层次细节尤其是暗部的层次细节表现较差。早期的低档液晶视频机对比度在100∶1左右,而CRT显像管一般为500∶1,

DLP 投影机多在 500：1～1000：1。现在的主流液晶投影机一般为 200：1～400：1，目前一些采用特殊材料、特殊工艺的液晶投影机已经可以做到 500：1～800：1，液晶投影机在对比度方面的缺陷正在弥补。实际使用中，对比度的指标意义远不如使用环境的调整、安排来得有效、经济。对比度的测定是在全黑的环境下进行的，实际使用中却是在有一定光线的环境下。而投影机（包括液晶、三枪、DLP 等投影，甚至电影机）和 CRT 彩电、背投、等离子电视、大型 LED 显示屏不同，由于投影光路在显示屏幕之前，对比度受环境光的影响极大，所以再亮的投影机、电影机都难以在阳光直射的室外正常使用。在明亮的室内，一台 400：1 的投影机的实际使用对比度可能降到 100：1 以下，而在遮光良好的夜间可以达到 300：1 以上。由此可见，尽量调整好使用环境非常重要。人眼的主观感受在实际对比度 100：1 以上就可获得较好的观看效果，在 250：1 以上能达到满意的效果。当然不是说液晶不适合在较明亮的环境下使用，如在明亮的室内，800ANSI 流明的投影机一般都可胜任电教、办公、展示等用途，这是由于以上用途一般不是追求精细的画质，内容多以文本为主。而用于精细的视频播放，对比度、层次感就十分重要，所以哪怕是亮度很高的专业的电影机、投影机一般都会考虑充分的遮光布置或夜间使用。

(8) 投影距离与画面尺寸

投影距离是指投影机镜头与幕之间的距离。画面尺寸是指投出的画面的大小。原则上投影机均可投出从零到无限大的画面。但由于受投影机亮度、镜头焦距、镜头的可调范围等影响，一般投影画面为 40～180 寸，高亮度或特殊机型可以达到 20～400 寸。由于液晶本身的清晰度限制，200 寸以上的画面常采用多机拼接的方式来实现，这样的画面主要是满足一些大型的工程显示。采用变焦调焦镜头的投影机，一定的画面尺寸则对应一定范围的投影距离（该范围的大小视镜头的变焦范围而定），所以可变焦的投影机在使用中更方便，但投影机中使用的变焦镜头价格昂贵，变焦的范围不会太大（变焦的幅度一般在 20%以下，不会像照相机一样达到几倍变焦），一般而言，投影 100 寸的画面，需要 3m 的距离。

(9) 均匀度

均匀度是指在全黑的环境下，投出画面的中间亮度与周围亮度的比值。均匀是一项不被重视但又十分重要的指标，早期的液晶投影机均匀度在 80%左右，目前一般可达到 90%，甚至 97%以上。打个比方，投影机的全屏范围均匀度就像音响的频率响应一样重要。

(10) 吊顶功能与背投功能

吊顶功能是将投影机倒置吊在屋顶上进行投影。背投功能是将投影机放在背投幕的后面进行投影。简单地说，投影机的吊顶、背投功能就是指投影画面能实现左右及上下的翻转。

(11) 梯形校正

梯形矫正是投影机的一项实用的附加功能，可以轻松地校正由于仰射或吊顶投影而产生的画面梯形变形。目前，主流投影机多采用数字（即电子）梯形矫正、光学梯形矫正或光学加数位综合梯形矫正。数字梯形校正是通过软件插值算法对显示前的图像进行形状调整和补偿，改变液晶显示屏的行或场的扫描幅度来达到矫正的目的，矫正的幅度较大，在±15°以上，并可做上下、左右的全方位处理；缺点是画面有压缩、可能带来画质下降的后果，且不显示的部分液晶光阀并未完全关闭，会在投影屏幕边缘出现一定的“灰带”现象。光学梯形矫是通过改变光学通路中器件的角度、位置来实现的，一般只能做上下幅度的矫正，矫正范围也不大，但没有数字矫正的问题。光学加数位综合梯形矫正是比较完善的办法，主要用在高档机上面。

(12) 带宽

带宽是指信号通过投影机时不至于明显衰减的频率范围，带宽越大，画面细节越好，过低的带宽易引起图像模糊或聚集不良，因此应尽可能选择高带宽投影机。在 60Hz 垂直扫描频率下，SVGA 图像需 43MHz 的带宽，SXGA 信号需 118MHz。

(13) 行扫描频率

行扫描频率也称水平扫描频率，是指每秒钟扫过和回扫过完整水平线的数量，通常用 KHz 来表示。电子在屏幕上从左至右的运动称为水平扫描，也称为行扫描。每秒钟扫描次数称为水平扫描频率，视频投影机的水平扫描频率是固定的，为 15.625kHz(PAL 制)或 15.725kHz(NTSC 制)。数据和图形投影机的水平扫描频率不是一个频率点，而是一个频段，在这个频段内，投影机可自动跟踪输入信号行频，由锁相电路实现与输入信号行频的完全同步。水平扫描频率是区分投影机档次的重要指标。频率范围为 15～60kHz 的投影机通常称为数据投影机，上限频率超过 60kHz 的通常称为图形投影机。

(14) 垂直扫描频率(场频)

电子束在水平扫描的同时，又从上向下运动，这一过程称为垂直扫描。每扫描一次形成一幅图像，每秒钟扫描的次数称为垂直扫描频率，垂直扫描频率也称为刷新频率，它表示这幅图像每秒钟刷新的次数。垂直扫描频率一般不低于 50Hz，否则图像会有闪烁感。

(15) 灯泡寿命

LCD、DLP 和投影机都有外光源，其寿命直接关系到投影机的使用成本。因此，在购买时一定要问清楚灯泡寿命和更换成本。LCD 投影机的灯泡成本平均为 1.5～2 元/小时。

(16) 其他功能

为了方便用户安装和使用，厂商开发了一些附加功能，如多媒体套件、全自动安装、屏幕菜单、“画中画”功能、局部放大、激光教鞭、遥控鼠标等，这些功能给用户带来了很大的方便。

(17) 保修期(Warranty)和真伪识别

国内进口投影机地原厂保修期基本为一年，关于真伪识别，可通过包装、质保卡以及中文说明书等方面做一个判断，或者也可以通过厂商提供的 800 电话查询。

2. 投影机选配方案

投影机的应用较多，选配时应根据用途进行选配，下面以家庭娱乐、商务办公、教育教学等几个方面用途对投影机的选配作介绍。

(1) 家用投影机选购技巧及注意事项

随着居民收入的不断提高，人们对于视觉的享受也有了更高的要求，所以许多家庭为了能够获得更加震撼的视觉效果，纷纷开始了组建家庭影院的旅程。把电影院搬回家，正在成为一种流行。在家用投影机的选配上，要注意下面一些要素。

① 价格。家用投影机价格差别较大，从几千元到几万元不等，甚至更高。对于大多数消费者来说，一万元左右全高清的产品便可满足家用需要。

② 选择 LCD 还是 DLP。两者在家用投影机内都各有优势，LCD 投影机的技术比较成熟，具有光利用率高、色彩华丽、饱和度好等技术优势。DLP 投影机具有图像还原真实准确、图像层次感好等优势。由于价格上的优势，家用一般选 LCD 投影机。

③ 亮度与对比度。一般家庭用户的使用环境面积为 20～50m²，投影机亮度在 800～1200 流明为宜。而对比度方面，虽然越高越好，但考虑到长时间欣赏画面易引起视觉疲劳因素，则对比度应合适为宜。

④ 分辨率与画面比例。分辨率越高，投影机的图像越清晰，当然价格也越高。对于家用来说，目前 SVGA 的投影机完全可以满足大多数人的需求。选购投影机的时候，一定要区分好标准分辨率和最大分辨率，标准分辨率是投影机正常显示输出时的分辨率，而最大分辨率则是投影机支持的外设备的最大分辨率，也就是说若购买了最大分辨率为 1024×768，而真实分辨率为 800×600 的投影机，其画面所显示出来的是 800×600。

另外，投影机的投影比例有 4∶3 和 16∶9，如今大多数 DVD 片源都是采用"16∶9 可变型宽屏幕"模式，其次高清标准要求电视屏幕的长宽比为 16∶9，故家用投影机比例还是选择 16∶9 会随应潮流发展。

⑤ 灯泡问题。对于投影机而言，灯泡是它的心脏，灯泡寿命的长短直接影响到投影机的使用成本，更换灯泡的成本相当昂贵，所以家庭消费者在选购投影机的时候最好选择长寿命的灯泡。市场上有 3 种投影灯泡，第一种是金属卤素灯泡相对，价格便宜，使用寿命较短，一般只有 2000h 左右；第二种是 UHE 灯泡，是目前市面上最常用的一种，寿命较长，通常可以达到 3000h 左右，价格也比较实在；第三种是超长寿命的 UHP 灯泡，寿命一般可达 4000～5000h，价格是三者之中最贵的。

(2) 商务投影机选购技巧及注意事项

如今，商务投影机的种类是越来越多，给很多中小企业用户的选购造成了不小的麻烦。其实，产品种类越丰富选购越简单，只要搞清楚各种产品的功能特性，选购难题即可迎刃而解。

① 亮度。目前，主流商用投影机的亮度在 2000 流明以上。如果会议室的面积超过 40m²，建议投影机的亮度达到 3000 流明；如果超过 60m²，亮度最好要达到 4000 流明。

② 分辨率。XGA 投影机已经成为绝对主流，如果有高清演示需求，可以选择带有 HDMI 接口的 WXGA 宽屏投影机。

③ 便携投影机。便携投影机轻巧便携，投影机的重量普遍在 1.8kg 以下，适合经常外出进行演示的商务人士。

④ 短焦投影机。拥有超短的投影距离，适合狭小的空间或特殊应用，并且可以结合电子白板使用。

商务投影机的选购主要考虑上面几个因素就可以选到合适的品种。

(3) 教育类投影机选购技巧及注意事项

信息技术的不断发展让信息化成为教育行业的主流发展方向，多媒体教室作为教育信息化的主要标志之一，正在迅速普及。如今，很多学校也在大量引进各种多媒体设备，其中投影机作为一种非常重要的教学设备，给广大师生的教学课堂带来了更多的互动性，提高了教学质量。学校教学选购投影机，要从投影机种类、分辨率、光亮度、对比度、扫描频率、价格等方面考虑。

① 投影机分辨率。分辨率越高，图像就越清晰，如果要演示比较精细的文件数据或者报表，分辨率就要相应提高，一般情况下中等或较大的教室演示文件等数据使用 XGA (1024×768)投影机即可，对于显示基本的 PPT、照片等图像的使用，在考虑经济条件下选

择SVGA(800×600)级分辨率也是可以的。

② 投影机亮度。投影机的亮度是决定图像显示清晰度的关键因素，教学投影机应根据教室大小、光线环境及屏幕材质等因素考虑选购，亮度一般在1500～4500流明较合适。

③ 投影机对比度。对比度越高，图像层次感就越强，图像就越逼真生动，假如经常要演示视频或图片，那么最好选购一款对比度较高的投影机。

④ 防尘效果。由于一般教室灰尘较多，选购时应考虑防尘效果，最好有可拆洗的防尘过滤网，如三星M300投影机。

教学投影机的选购主要考虑上面几个因素就可以选到合适的品种。

3. 投影机推销训练

作为一名投影机推销员，首先要了解投影机的性能指标、各类投影机的特点及应用，只有做好了充分准备，才能在推销中游刃有余。下面以教学投影机为例介绍推销常识。

根据上面介绍的教学投影机选配的注意事项，在推销时要在这几个方面作介绍(以三星投影机M300为例介绍，如图3-45所示)。

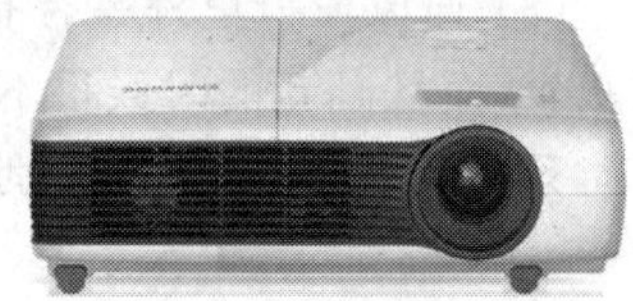

图3-45 三星投影机M300

(1) 防尘效果

三星M300这款投影机为了更好地防尘，机身设计为侧面通风，右侧面则有可拆洗的防尘过滤网，防尘效果十分突出。且机身尺寸为279mm×229mm×79mm，重量仅为2.5kg，小巧、便携，可充分满足教学演示的需求。

(2) 亮度方面

三星M300投影机的3000流明刚好适合60m^{2}左右的教室，这样既能保证学生们都能看清画面内容，还能避免强光线对眼睛造成的损伤。

(3) 画面方面

三星M300投影机采用的是3LCD投影技术，相比DLP，3LCD色彩表现能力更加出色，在图片等文件的显示上优势更为明显，对于教学演示来说，3LCD投影机要更胜于DLP投影机。加上M300具备XGA(1024×768)分辨率和2000∶1的高对比度，其画面表现能力十分强劲。此外，M300可为用户提供最大400寸的投影画面，让学生们在教室的任何角落都可清晰地看到优质的画面内容。

(4) 易用性方面

三星M300投影机具有自动梯形校正功能，无须烦琐调整，便可获得满意的投射效果，再加上从开机到使用，M300耗时仅为7s，关机只需3s，大幅减少在教育演示中的等待时间，保证了上课效率。

(5) 使用成本方面

三星投影机M300待机功率不足1W，省电环保，且灯泡使用寿命在ECO模式下高达5000h，相比一般投影灯泡2000～3000h的使用寿命，灯泡更长的使用时间不但免去用户频繁更换之苦，也有效节约了后期使用成本。

(6) 接口方面

三星M300投影机配备了HDMI、DVI、PC(D-sub 9pin)、RS-232C、立体声扬声器输入接口，完全可以满足教学演示的使用需要。

结论：三星 M300 投影机小巧便携，拥有高效的防尘设计、适中的亮度和较好的色彩表现，投射大尺寸画面的同时，也不失画面细节，非常适合 $60m^2$ 左右的教室，同时拥有简洁便利的菜单设计、快速开关机、低待机功耗、高光源寿命、外观优雅帅气等优势。

4. 投影机推销之如何识别水假货

水货产品是非常规的机器，来路不明，里面也会有一些返修机器、租赁使用过的机器，甚至是一些拼装的机器，经过翻新卖给消费者。目前市场上的水货、假货投影机主要有家用投影机、工程投影机。作为投影机推销员，可通过下面途径识别水假货投影机。

(1) 拨打厂商的 400 客服电话，通过序列号来确定产品的真伪。如日立投影机在国内生产的所有原装机器的主要部件信息都会记录在投影机内部的记忆芯片上，日立的专业人员可以通过查询相关资料确认是否正品行货。

(2) 用户可注意参照质保书下方的防伪说明，逐条辨识所购投影机是否正品。

(3) 通风窗口里外是否有灰尘，新机器这个地方都很洁净，只有用过的翻新的机器会积压灰尘，而且翻新的时候很不好清理。

只要认真检查，就能识别水假货投影机。

3.3　常用数码产品推销

知识目标：

(1) 熟悉数码相机知识与推销技巧；

(2) 熟悉数码摄像机知识与推销技巧；

(3) 熟悉 MP 数码设备知识与推销技巧。

能力目标：

(1) 能介绍数码相机产品的技术、特性及市场行情；

(2) 能介绍数码摄像机产品的技术、特性及市场行情；

(3) 能介绍 MP 数码设备产品的技术、特性及市场行情。

3.3.1　数码相机推销

1. 数码相机知识及特点

(1) 简介

数码相机(Digital Camera，DC)即数字式相机，是一种利用电子传感器把光学影像转换成电子数据的照相机。数码相机与普通照相机在胶卷上靠溴化银的化学变化来记录图像的原理不同，数字相机的传感器是一种光感应式的电荷耦合-{zh-cn：器件；zh-tw：组件}-(CCD)或互补金属氧化物半导体(CMOS)。图像在传输到计算机以前，通常会先储存在数码存储设备中(通常是使用闪存，软磁盘与可重复擦写光盘(CD-RW)已很少用于数字相机设备)。

数码相机是集光学、机械、电子一体化的产品。它集成了影像信息的转换、存储和传输等部件，具有数字化存取模式、与电脑交互处理和实时拍摄等特点。光线通过镜头或者镜头组进入相机，通过成像元件转化为数字信号，数字信号通过影像运算芯片储存在存储设备中。数码相机的成像元件是 CCD 或者 CMOS，该成像元件的特点是光线通过时，能根据光线的不同转化为电子信号。数码相机如图3-46所示。

图3-46 数码相机

(2) 数码相机优缺点

数码相机相对于传统相机有以下优点：拍照之后可以立即看到图片，从而提供了对不满意的作品立刻重拍的可能性，减少了遗憾的发生；只需为那些想冲洗的照片付费，其他不需要的照片可以删除；色彩还原和色彩范围不再依赖胶卷的质量；感光度也不再因胶卷而固定，光电转换芯片能提供多种感光度选择。

数码相机相对于传统相机有以下缺点：由于通过成像元件和影像处理芯片的转换，图像质量相比光学相机缺乏层次感；由于各个厂家的影像处理芯片技术的不同，成像照片表现的颜色与实际物体有不同的区别；由于中国缺乏核心技术，后期使用维修成本较高。

(3) 数码相机的分类

① 单反相机。单反数码相机就是指单镜头反光数码相机，即数码(Digital)、单独(Single)、镜头(Lens)、反光(Reflex)的英文缩写“dslr”，市场中的代表机型常见于尼康、佳能、宾得、富士等。此类相机一般体积较大，比较重。使用电子取景器(EVF)的机型也归入单反类，但一般加注“类似”，或注明是EVF取景，如奥林巴斯C-2100UZ、富士FinePix 6900等。在单反数码相机的工作系统中，光线透过镜头到达反光镜后，折射到上面的对焦屏并结成影像，透过接目镜和五棱镜，可以在观景窗中看到外面的景物。与此相对，一般数码相机只能通过LCD屏或者电子取景器(EVF)看到所拍摄的影像。显然直接看到的影像比通过处理看到的影像更利于拍摄。单反数码相机的一个很大的特点就是可以交换不同规格的镜头，这是单反相机天生的优点，是普通数码相机不能比拟的。

② 卡片相机。卡片相机在业界内没有明确的概念，小巧的外形、相对较轻的机身以及超薄时尚的设计是衡量此类数码相机的主要标准。其中索尼T系列、奥林巴斯AZ1和卡西欧Z系列等都应划分于这一领域。其主要特点：可以不算累赘地被随身携带；虽然功能并不强大，但具有最基本的曝光补偿功能及超薄数码相机的标准配置，再加上区域或者点测光模式，能够完成摄影创作。卡片相机的优缺点如下。

优点：时尚的外观、大屏幕液晶屏、小巧纤薄的机身、操作便捷。

缺点：手动功能相对薄弱、超大的液晶显示屏耗电量较大、镜头性能较差。

③ 长焦相机。长焦数码相机指的是具有较大光学变焦倍数的机型，而光学变焦倍数越大，能拍摄的景物就越远，代表机型为美能达Z系列、松下FX系列、富士S系列、柯达DX系列等。其主要特点：和望远镜的原理差不多，通过镜头内部镜片的移动而改变焦距。当人们拍摄远处的景物或者是被拍摄者不希望被打扰时，长焦的好处就发挥出来了。另外焦距越长则景深越浅，和光圈越大景深越浅的效果是一样的，浅景深的好处在于突出主体而虚化背景，相信很多人在拍照时都追求一种浅景深的效果，这样使照片拍出来更加专业。一些镜头越长的数码相机，内部的镜片和感光器移动空间更大，所以变焦倍数也更大。如今数码相机的光学变焦倍数大多在3～12倍之间，即可把10m以外的物体拉近至5～3m；也有一些数码相机拥有10倍的光学变焦效果。家用摄录机的光学变焦倍数为10～22倍，能比较清楚地拍到70m外的东西。对于镜头的整体素质而言，实际上变焦范围越大，镜头的质量也越差。10倍超大变焦的镜头最常遇到的两个问题就是镜头畸变和色散。超大变焦的镜头很容易在广角端产生桶形变形，而在长焦端产生枕形变形，虽然镜头变形是不可避免的，

但是好的镜头会将变形控制在一个合理范围内。随着光学技术的进步，目前的10×变焦镜头实际上在光学性能上应该可以满足人们日常拍摄的需要。

(4) 数据存储格式

目前，数码相机的影音存储格式大致有以下几种。

① AVI档案格式。扩展名为.AVI的影音格式，可说是最早普及化的规格之一。因为AVI格式未经过压缩处理，所以短短数十秒的AVI影音档往往就需要5～8MB的存储空间。加上由于没有一套完整的规范给使用AVI的格式的厂商做参考，各家自己演绎出来的规格至少就有一百多种。尽管目前流行的影音播放软件，如WINDVD、POWERDVD，甚至ACDSee 3R-1等号称可播放多达60%～70%以上的AVI档，不过从目前的情况来看，MicroSoft Mediea Player 8.0才是兼容度最佳的AVI影音播放软件。目前，AVI是最为常见的动态影像格式。

② MOV档案格式。MOV是目前大多数码相机厂商最常采的动画格式之一，主要的原因在于其精简的压缩技术，提供了使用者在低分辨率下不错的影音选择，再加上播放软件QuickTime得到苹果计算机的免费授权使用，自然更增添其普及率。目前QuickTime 4.12以上版本不仅能处理视讯、动画、图形、文字、声音，甚至360度虚拟实境(VR)也不是问题。

③ Motion JPEG-AVI档案格式。JPEG采用的是全彩影像标准，以独特的失真压缩技术DCT，将影像资料中较不重要的部分去除，有效减少档案大小。将动画播放能力与JPEG相结合，被称为MJPEG，即是Motion JPEG的缩写。其储存的扩展名仍沿用AVI，以配合播放软件的兼容性。由于此影像规格简单，所占记忆容量又小，许多不支持同步收音功能的数码相机，例如，Nikon CoolPix 9××系列以及一些简单的视频会议用的网络摄影机，都喜欢采用此格式。

④ MPEG档案格式。MPEG(Moving Picture Experts Group)属于ISO/IEC标准(国际标准组织和国际电子技术公会)之一。MPEG-1的标准出现在1992年，被设计用来支持第一代的CD-ROM的播放规格，传输速度为1.5～4.0Mbps(每秒兆位，约相当29.97fps)，分辨率为352×240。MPEG有3种压缩画格的方法，分别为I画格(Intra Frame)、P画格(Predicted Frame)与B画格(Bi-Directional Frame)增加压缩效能。通过播放程序的译码，MPEG-1技术使得长时间的电子影像可以做出快转、回带甚至选择时间点这些动作。而以MPEG录制的档案，也可直接刻录于VCD上，通过VCD Player来观看。

⑤ ASF档案格式。MPEG-1的推出，至少为计算机世界带来了两大革命，一是使录制长时间的电子动画档案拥有搜索的功能；二是全面压制MP3音乐。由于各大唱片公司长期以来深受MP3的困扰，因此在制定新一代的影音技术时肯定是做出更严格、不容易被复制的音效格式来取代MP3。为此，作为软件界的龙头老大Microsoft致力推进ASF格式的普及。ASF格式的特点是影像部分采用最新MPEG-4压缩方式，声音部分则改用其自行研发WMA格式(WMA强调其压缩比MP3还强两倍，音质与MP3相近，加上WMA的保密条款与设计使用权的档案不像MP3那样容易被复制)。为了避开WMA音效的版权纠纷，业界出现了一种改用制式MP3的DIVX影音格式。DIVX以MPEG-4压缩影像，MP3压缩音效，并以AVI文件的格式储存。

⑥ RM-档案格式。RealVideo是RealNetworks专为网络影音所开发的实时播放软件，让网页制作者可以在网站上提供实时的影音节目。同样，由RealNetworks所开发的

RealAudio，则能在网站上提供声音的实时播放。使用者可至以下的网址寻找免费下载 RealPlayer 的软件和信息。除此之外，RM 还可以支持线上 Stream Line 直接播放，而无须将整个影音档案下载。

⑦ GIF 动画格式。GIF 严格说来，只能算动态图片展示格式，颜色只支持到 256 色色阶，无法录音。标准规格还分为 GIF87a 和 GIF89a 两种，只有 GIF89a 具有透明背景与动画播放能力。数码相机应用上，也只有 SONY 一家可以直接制作 GIF CLIP。

(5) 相机的核心和镜头

传统相机使用“胶片”作为其记录信息的载体，而数码相机是依靠感光元件来记录图像信息的。感光器是数码相机的核心，也是最关键的技术。纵观数码相机的发展，从最早的几十万像素到现在的上千万像素，可以说就是感光元件的发展道路。目前数码相机的感光元件一共有两种：一种是广泛用于消费类相机的 CCD（电荷耦合器件）；另一种是 CMOS（互补金属氧化物导体）。

CCD（Charge Coupled Device，电荷耦合器件图像传感器）由一个类似马赛克的网格、聚光镜片以及垫于最底下的电子线路矩阵所组成。它使用一种高感光度的半导体材料制成，能把光线转变成电荷，通过模/数转换器芯片转换成数字信号，数字信号经过压缩以后由相机内部的闪速存储器或内置硬盘卡保存。CCD 由许多感光单位组成，通常以百万像素为单位。当 CCD 表面受到光线照射时，每个感光单位会将电荷反映在组件上，所有的感光单位所产生的信号加在一起，就构成了一幅完整的画面。

目前，有能力制作 CCD 的多为日本厂商，以索尼为首，接下来是富士、柯达等。各厂商之间也存在着设计和制造上的差异，当然主要还是和 CCD 产品定位有关系。各家 CCD 的特点如下：

① 索尼。大而全的图像传感器设计和生产商，目前包括尼康、宾得等很多相机品牌都采用索尼 CCD。

② 富士。另辟蹊径地采用蜂窝状排列的 CCD 设计，也就是所说的 SuperCCD。它的定位在中高端市场，不过仅仅在富士旗下的一些中高端相机上有采用，所以并不像索尼那么大而全。

③ 松下、三星和柯达也一直坚持图像传感器的研发制造，产品也各有特色，特别是柯达，以严谨的色彩还原闻名。

CMOS（Complementary Metal-Oxide Semiconductor，互补性氧化金属半导体）为在数码相机中可记录光线变化的半导体。目前，新的 CMOS 器件不断推陈出新，高动态范围的 CMOS 器件已经出现，这一技术消除了对快门、光圈、自动增益控制及伽玛校正的需要，使之接近甚至超越了 CCD 的成像质量。另外由于 CMOS 先天的可塑性，可以做出高像素的大型 CMOS 感光器而成本却不上升多少。相对于 CCD 的停滞不前相比，CMOS 作为新生事物而展示出了蓬勃的活力。市面上大部分专业单反相机的感光元件都已经从 CCD 发展到了 CMOS，相信在不久的将来，CMOS 完全可以成为主流的感光器。目前，采用 CMOS 传感器的主要为几大厂商的高端单反产品，以佳能全系列单反为首，接下来是尼康高端、宾得高端、索尼高端等。现在市面上的消费级数码相机主要有 2/3 英寸、1/1.8 英寸、1/2.7 英寸、1/3.2 英寸 4 种。感光元件尺寸越大，感光面积越大，成像效果越好。理论上讲，1/1.8 英寸的 300 万像素相机效果通常好于 1/2.7 英寸的 400 万像素相机（后者的感光面积只有前者的 55%)。在不改变感光元件尺寸的前提下,一味地增加像素,会导致单个像素的感光面积缩小,有曝光不足的可能。如果在增加感光元件像素的同时想要得到较好的图像质量,那就必须增大感光元件的总面积。超薄、超轻的数码相机一般感光元件的尺寸也小,而越专业的单反数码相机,感光元件的尺寸也越大。这就说明了为什么同样是千万像素的相机,单反的效果要好于消费类长焦很多。

影响图像的质量的因素很多,CCD 仅占了一部分。镜头以及通过 CCD 输出的电信号形成图像的电路的性能等也能够影响到相机的画质,所以大家也不要走入一个极端。

镜头相当于数码相机的眼睛,它是相机上接收光学对象,并且对其进行调整,从而实现光学成像的部件,如图 3-47 所示。一个好的数码相机镜头由多组镜片构成,而且镜片材质则由萤石或玻璃构成。高质量的镜头包括非球面镜片和 ED 镜片,非球面镜片用来抑制拍摄图片的畸变,ED 镜片则用来减少色散和偏色。大多数数码相机镜头以玻璃为材料,理论上讲玻璃镜头透光率佳、投射图像更清晰。镜头作为一部相机的灵魂,无论是光学相机还是数码相机,都是最不可忽视的要素之一,它的好坏直接影响到拍摄成像的质量。同时镜头也是划分相机种类和档次的一个最为重要的标准。一般来说,根据镜头,可以把相机划分为专业相机、准专业相机和普通相机 3 个档次,无论是传统的胶片相机还是数码相机,都适用于这个划分。现在消费级数码相机领域知名的镜头有卡尔·蔡司镜头、徕卡镜头、施耐德镜头、尼克尔镜头、富士龙镜头、美能达 GT 镜头、宾得镜头、佳能镜头等。各个品牌的数码相机也是将镜头作为自己的卖点,如索尼使用"蔡司标准"镜头、松下使用徕卡镜头、佳能使用自产佳能原厂镜头、尼康使用自产尼克尔镜头、富士使用自产富士龙镜头等。概括地来说,徕卡的镜头设计能力不是最强的,不如蔡司和施奈德。在选购时不但要考虑镜头的品牌,还要考虑镜头焦距、镜头镀膜等问题。

图 3-47　数码相机镜头

2. 数码相机的主要技术指标

(1) AE 锁

AE(Automatic Exposure,自动曝光控制装置)锁就是锁定于某一 AE 设置,用于自动曝光时人为控制曝光量,保证主体曝光正常。使用 AE 锁有几点需要注意:手动方式或自拍时不能使用自动曝光(AE)锁;按下自动曝光(AE)锁之后不要再调节光圈大小;用闪光灯摄影时不要使用(AE)锁。

(2) CCD

CCD 像素数目越多、单一像素尺寸越大,收集到的图像就会越清晰。因此,尽管 CCD 数目并不是决定图像品质的唯一重点,仍然可以把它当成相机等级的重要判准之一。

(3) CMOS

现在的 CMOS RAM 一般都有 128～256B 的容量。在今日,CMOS 制造工艺也被应用于制作数码影像器材的感光元件,尤其是片幅规格较大的单眼数码相机。虽然在用途上与过去 CMOS 电路主要作为固件或计算工具的用途非常不同,但基本上它仍然是采取 CMOS 的工艺。

(4) DPOF

DPOF 指的是数码打印顺序指令,用于在存储介质(影像记忆卡等)上记录信息。在此格式下，可以设定将数码相机拍摄的哪些影像进行打印以及打印多少张。

(5) EXIF

所谓 EXIF(Exchangeable Image File Format for Digital Still Cameras)，就是由 JEITA(电子信息技术产业协会)制定的、决定记录 JPEG 图像和声音的文件上的附加信息的方式的规格。EXIF 2.2 版是一种新改版的数码相机文件格式，其中包含实现最佳打印所必需的各种拍摄信息。

(6) PTP

PTP(Picture Transfer Protocol，图片传输协议)是最早由柯达公司与微软协商制定的一种标准，符合这种标准的图像设备在接入 Windows XP 系统之后可以更好地被系统和应用程序所共享，尤其在网络传输方面，系统可以直接访问这些设备用于建立网络相册时图片的上传、网上聊天时图片的传送等。当然，这主要是为方便计算机知识不多的普通用户的，使相机、应用软件、网站结合在一起更容易地完成一些傻瓜式功能。

(7) GT 镜头

GT 镜头是指美能达独特设计的多片多组配合巧妙的镜头组件，镜头镜片使用高档低色散光学玻璃，其中包含多枚模铸成型非球面镜片等。也就是说美能达的 G 系列高档专业传统相机(银盐相机)使用的镜头称为 AF 镜头，而美能达将生产 G 系列镜头的工艺技术应用于数码相机的设计生产中，所生产出的产品就称为 GT 镜头。

(8) 蔡司镜头

蔡司(Zeiss)是一家致力于应用研究，对于光学、玻璃技术、精密技术以及电子等高品质的产品开发、制造、销售有贡献的德国企业，从 1846 年开始，Carl Zeiss 已开设生产显微镜的工作坊。Zeiss 镜头是专业的摄像、摄影镜头。

(9) 广角镜

广角镜(Wide Angle)又称为短焦镜头。广角镜因焦距非常短，所以投射到底片上的景物就变小了，除可拍摄更多景物，更能在狭窄的环境下拍摄出宽阔角度的影像。

(10) 像素数

数码相机的像素数包括有效像素(Effective Pixels)和最大像素(Maximum Pixels)。与最大像素不同，有效像素数是指真正参与感光成像的像素值，而最大像素的数值是感光器件的真实像素，这个数据通常包含了感光器件的非成像部分，而有效像素是在镜头变焦倍率下所换算出来的值。数码相机的像素数越大，所拍摄的静态图像的分辨率也越大，相应的一张图片所占用的空间也会增大。

(11) 分辨率

分辨率与像素是两个非常相似的概念，但是两者又有所不同。从关系上来讲，分辨率是指单位成像尺寸上面的像素个数。一般来讲，像素越大，分辨率也越高。对于一张图片来讲，像素是固定不变的，但是分辨率却是可以随时改变的，随着图像的放大，分辨率将逐渐减小。

(12) IESP 自动聚焦

IESP(Intelligent Electro Selective Pattern，智能电子选择模式)自动聚焦是数码相机在对焦范围内做多重区块分割(有资料称分割方式为扇形分割)，再将分割区块所测得焦点位置综合运算，根据主体的不同状态，确定最佳焦距位。IESP 自动聚焦在奥林巴斯数码相机的介绍中经常看到。

(13) 变焦

镜头的另一个重点在变焦能力。变焦能力包括光学变焦(Optical Zoom)与数码变焦(Digital Zoom)两种。两者虽然都有助于望远拍摄时放大远方物体，但是只有光学变焦可以支持图像主体成像后，增加更多的像素，让主体不但变大，同时也相对更清晰。通常变焦倍数大者越适合用于望远拍摄。光学变焦同传统相机设计一样，取决于镜头的焦距，所以分辨率及画质不会改变。数码变焦只能将原先的图像尺寸裁小，让图像在 LCD 屏幕上变得比较大，但并不会有助于使细节更清晰。

(14) 光学变焦

光学变焦是依靠光学镜头结构来实现变焦，变焦方式与 35mm 相机差不多，就是通过摄像头的镜片移动来放大与缩小需要拍摄的景物，光学变焦倍数越大，能拍摄的景物就越远。如今的数码相机的光学变焦倍数大多在 2～5 倍，也有一些码相机拥有 10 倍的光学变焦效果。家用摄录机的光学变焦倍数为 10～22 倍，能比较清楚地拍到 70m 外的东西。使用增倍镜能够增大摄录机的光学变焦倍数。

(15) 数码变焦

数码变焦实际上是画面的电子放大，把原来 CCD 影像感应器上的一部分像素使用“插值”处理手段做放大，将 CCD 影像感应器上的像素用插值算法将画面放大到整个画面。通过数码变焦，拍摄的景物放大了，但它的清晰度会有一定程度的下降，有点像 VCD 或 DVD 中的 Zoom 功能，所以数码变焦并没有太大的实际意义。

(16) 智能变焦

全新独有的 SONY 智能变焦功能可放大变焦拍摄，不会将微粒放大，令放大的影像也能保持原有的细致质素。智能变焦因不同影像尺寸的选择，提供不同程度的强化变焦功能。有别于数码变焦，智能变焦能保持画质与原本影像相同。

(17) 程序式自动曝光

程序式自动曝光是电子技术与人工智能相结合的产物，采用这种方式曝光时，相机不但能根据光线条件算出合适的曝光量，还能自动选择合适的曝光组合。

(18) 超焦距

由于镜头的后景深比较大，人们称对焦点以后的能清晰成像的距离为超焦距。超焦距范围内的景物并非真正的清晰成像，由于不在对焦点上，肯定是模糊的，只是模糊的程度一般人能够接受而已，这就是傻瓜相机拍摄的底片不能放得太大的原因。

(19) LCD 取景

这是目前大多数数码相机必备的取景方式。LCD 取景唯一的优点正是改正普通光学取景唯一的缺点。LCD 取景的缺点：首先 LCD 是耗电大户，要占用整部相机 1/3 以上的电量；其次 LCD 取景的姿势必须是双手前伸，与眼睛保持一定距离，此时相机无法获得稳定的三角支撑，用低速快门很难拍出稳定清晰的相片；最后是 LCD 上显示的画面色彩、对比度与实际在电脑中看到的实际影像误差较大，而且即使标称百万像素的 LCD 看上去画面仍然很粗糙，无法观察拍摄具体细节。LCD(Liquid Crystal Display，液晶显示屏)取景器有黑白和彩色，彩色中又有真彩和伪彩之分。伪彩便宜，但效果差。数码相机中用于取景和回放的

LCD 几乎都是目前最好的 TFT 真彩。TFT LCD 中又有反射和透射两种，反射式反射正面的环境光工作，从不同角度观察差别较大，显示较暗，但省电、造价低；透射式靠背后的灯光工作，角度变化小，显示明亮，但极为费电。

(20) OLED

每个 OLED 的显示单元都能受控制地产生 3 种不同颜色的光。OLED 与 LCD 一样，也有主动式和被动式之分。被动方式下由行列地址选中的单元被点亮。主动方式下，OLED 单元后有一个薄膜晶体管(TFT)，发光单元在 TFT 驱动下点亮。主动式的 OLED 比较省电，但被动式的 OLED 显示性能更佳。

(21) TTL 单反式取景

TTL 单反式取景是专业相机上必备的取景方式，也是真正没有误差的光学取景方式。这种取景器的取景范围可达实拍画面的 95%。唯一缺点就是如果镜头过小，取景器会很暗，影响手动对焦。幸好现在都具备自动对焦，这一缺点已无大碍。当然，用了 TTL 单反取景器为了不至于过暗，厂家会用上大口径高级镜头，一般是半专业相机才配备此种镜头。奥林巴斯(Olympus)的相机上经常使用这种取景器。

(22) 电子取景

使用电子取景的视野率比光学取景器就大得多，如索尼 DSC-f707 的 EVF 的视野率就达到 99%。而电子取景器也较为实用，这种取景方式不仅价格较便宜，使用时很省电，而且能在任何环境光线下采用。尽管取景器中的画面视角和色彩效果与最终结果不全相同，但使用一段时间后还是很快就会适应的。

(23) 光学取景器

光学取景器即传统普及型相机里常用的那种通过一组与拍摄镜头无关(高档傻瓜机上常与变焦镜头连动)的透镜取景的部件，造价低，但有视差，所看到的并不完全是所拍到的。

(24) 普通光学取景

普通光学取景是最常见的取景方式，其唯一的缺点就是取景误差大。用过数码相机的人一定知道，数码相机的光学取景器在近距离拍摄时，上下左右位置误差与实际拍摄景像的误差很大(远距离不是特别明显)，一般说来光学取景器看到的景像约占实际拍摄景像的 85%。

(25) 多重测光模式

多重测光模式配备 3 种测光模式：定点测光、中央偏重测光及多重测光模式，以满足不同的摄影条件及目的。多重测光模式把影像分为 49 个区域，并对每一个区域进行测光，使拍摄影像获得均衡的曝光。

(26) 包围式曝光

包围式曝光(Bracketing)是相机的一种高级功能。包围式曝光就是当按下快门时，相机不是拍摄一张，而是以不同的曝光组合连续拍摄多张，从而保证总能有一张符合摄影者的曝光意图。使用包围式曝光需要先设定为包围曝光模式，拍摄时像平常一样拍摄就行了。包围式曝光一般使用于静止或慢速移动的拍摄对象，因为要连续拍摄多张，很难捕捉动体的最佳拍摄时机。

(27) 预闪曝光

特设预闪曝光功能(Pre-Flash Exposure)在一般的拍摄或微距拍摄时，能够更准确地测出闪光强度及曝光值，令拍摄的影像获得更佳的曝光程度。

(28) 防红眼功能

红眼指在用闪光灯拍摄人像时，由于被摄者眼底血管的反光，使拍出照片上人的眼睛中有一个红点的现象。现在的主流数码相机都具有防红眼功能，不过如果不打开的话，依旧不会起作用。

(29) 防手震功能

数码相机的防手震功能有两种：一是光学的；二是数码的。光学的防手震和传统相机是一样的，是在成像光路中设置特意设计的镜片，能够感知相机的震动，并根据震动的特点与程度自动调整光路，使成像稳定。

(30) 插值

插值(Interpolation)有时也称为“重置样本”，是在不生成像素的情况下增加图像像素大小的一种方法，在周围像素色彩的基础上用数学公式计算丢失像素的色彩。有些相机使用插值人为地增加图像的分辨率。

(31) TTL测光

TTL测光(TTL Light Measuring)通过镜头测量通光量，与滤光镜的曝光、光圈焦距等参数无关。测光方式分为平均、局部、中央重点测光等。任何一种测光方法都大同小异，但像逆光这种照明法，被摄体的明暗反差出现极度的不同，或者是像显微摄影等方法，会出现不同的差别。

(32) ISO感光值

ISO感光值是传统相机底片对光线反应的敏感程度测量值，通常以ISO数码表示，数码越大表示感光性越强，常用的表示方法有ISO 100、ISO 400、ISO 1000等。一般而言，感光度越高，底片的颗粒越粗，放大后的效果较差。而数码相机为也套用此ISO值来标示测光系统所采用的曝光，基准ISO越低，所需曝光量越高。

3. 数码相机的市场行情

由于数码相机结合了光学技术和电子技术，因此，数码相机厂商也相应地分为两大派别，一派是传统光学派，以尼康、富士、奥林巴斯、宾得、理光等为主要代表，它们都是传统影像器材厂商，光学技术实力雄厚，都有自己的镜头，但电子技术实力稍逊，绝大多数不能自己生产传感器(CCD)；另一派是新兴电子派，以索尼、松下、卡西欧、三星等为主要代表，它们都是传统电子产品厂商，后进入数码影像领域，具有较强的电子技术实力，有些能自己生产传感器，但光学基础普遍薄弱。

数码相机常见品牌分为3个等级，即一线品牌、二线品牌和三线品牌。

(1) 一线品牌包括佳能、尼康、索尼、柯达、富士、松下6个品牌，它们的共同特点是拥有雄厚的技术开发能力，成像质量较好，有较全的产品线，有较高的知名度和市场占有率。其中某些品牌在数码单反相机方面亦有很强实力。

(2) 二线品牌包括奥林巴斯、宾得、理光、徕卡、适马、三星、卡西欧7个品牌。

(3) 三线品牌牌子非常众多，有三洋、爱普生、东芝、惠普、创新、日立、明基、爱国者、联想、富士康、拍得丽、TCL等。

4. 数码相机的选购方案

数码相机已经走进大众消费领域，许多朋友都希望拥有一台数码相机，却苦于不知该如何选择。作为一个技术集成度很高的数码产品，在购买过程中，会存在一个如何选择、怎么选择的问题。现在大家购买数码相机都把注意力集中在CCD的像素数量上，除了分辨率外，其实数码相机的其他性能指标更值得消费者关注。

(1) 了解照相机

① 像素与分辨率像素是数码影像最基本的单位，每个像素就是一个小点，而不同颜色的点(像素)聚集起来就变成一幅动人的照片，数码相机经常以像素作为等级分类依据。不少人认为像素点的多少是CCD光敏单元上的感光点数量，其实这种说法并不完全正确。目前不少厂商通过特殊技术，可以在相同感光点的CCD光敏单元下产生分辨率更高的数码相片，如富士的SuperCCD、爱普生的HyPic技术。

a. 图片分辨率越高，所需像素越多，如分辨率640×480的图片，大概需要31万像素；2084×1536的图片，则需要高达314万像素。

b. 分辨率可有多个数值，相机提供分辨率越多，拍摄与保存图片的弹性越高。

c. 图片分辨率和输出时的成像大小及放大比例有关，分辨率越高；成像尺寸越大，放大比例越高。

总像素数是指CCD含有的总像素数。不过，由于CCD边缘照不到光线，因此有一部分拍摄时用不上。从总像素数中减去这部分像素就是有效像素数。因此阅读产品说明书时，切记要注意可用于实际拍摄的有效像素数，而不是总像素数。

② 镜头和快门。镜头的好坏直接影响相机的好坏。一般情况下，有着传统相机深厚背景的厂商，其数码相机的镜头也会比较优秀。选择镜头时应该关注以下几点。

a. 焦距。由于数码相机的镜头规格比较特殊，无法由这个数据预测可以拍摄的景物范围，厂商大多会在镜头焦距参数后增加相当于35mm传统相机焦距数值。如果是旅游纪念或生活照，只需购买定焦镜头机型；如果有多样化需要，拥有三倍或更多光学变焦能力的相机会更适合。焦距也称焦长，通常是指透镜轴心线上的中心点至影像可清晰成像时的距离长度，在相机中则指整个镜头组的焦距，单位是mm(毫米)。焦距越长，镜头可视范围的角度越窄，但具有放大、接近的效果，就像望远镜的镜头一样；焦距越短，拍摄范围就变大，相对物体会较小，适合在近距离拍摄较大的场景，也就是人们常说的广角镜头。对于数码相机而言，焦距越长，镜头组的深度也越长，另外还可以从相机镜头上找到 f=5.5mm或5.5mm之类的数据，不过，由于数码相机的镜头焦距普遍比一般的35mm相机短很多，所以厂商多会在说明书上注明类似“相当于35mm相机的36mm镜头”的字样，供用户进行对照比较。

b. 光圈范围。光圈越大就越能适应不足的光线，如果能有两种以上的光圈值，相机的应用弹性会较大。光圈是影响曝光的重要机制之一，通常指镜头组内约5～9片的金属薄片所组合的控制装置，可以形成大小不同的圆圈以控制进入镜头内的光线多少。光圈越大，单位时间进入的光线越多。光圈的大小以数字表示，数字越大表示光圈越小，也就是进入的光线量越少。而镜头所标示的都是指该镜头的最大光圈，也就是全开状态下的值，例如，1∶3.2，但在变焦镜头上则会看到9.2～28mm；1∶2.8～3.9的标示表示在焦距为9.2mm时的最大光圈是F2.8，而焦距为28mm时的最大光圈则为F3.9。

c. 快门。数码相机快门能支持(2～1)/1000s已经可以符合一般需求。快门用来调整相机的曝光时间，单位是s，是以倒数来表示的，例如，30、250的意思是1/30s、1/250s，所以数字越小，快门速度越慢。快门速度越快，越容易捕捉高速移动的影像，一般拍摄时也不容易因晃动而导致影像模糊，不过速度快可能导致进光量不足，通常高速快门必须在光线较强时使用，或将光圈配合放大。而光线不足时，速度慢的快门就比较适合，但可能需要三脚架辅助。

③ 微距拍摄。微距就是将要拍摄的主题拉近、放大，重点在于将微小物体拍成所要的大小。在微距模式方面，各种数码相机能力不一，有的甚至可以贴近至0.1cm左右来近拍。

④ 其他功能。其他如消除红眼闪光、白平衡、曝光补偿等功能，对于各种环境下的拍摄会有较大弹性。

a. 自动白平衡修正。数码相机的感光部分相当于传统相机的底片，数码相机的感光元件是固定不变的，因此需借助白平衡修正能力来反映光源所产生的变化。它主要针对不同环境下的感光程度而设计，不同的光源会产生不同程度的颜色偏差，可能使颜色偏蓝、偏黄，而白平衡修正可将其修正过来。

b. 曝光补偿。由于相机的自动曝光功能以中灰色所反射光线的进光量为比较标准，因此在拍摄画面中，如果白色太多(反射光多)，进光量会高于测光标准值，所以相机便被误导，以为光线很强而缩小光圈，造成照片曝光不足现象，白色部分变得不够白。而曝光补偿则针对这种情况，将曝光度往上加1或2格，才能有明亮、正确的影像。反过来，大部分是黑色状况下，需把曝光量下降1或2格。

(2) 购机4项基本原则

① 对于一般家庭用户而言，如果仅限于家庭娱乐，同时又非常关注实用性的话，强大的功能及耐用性带来的高性价比是首选因素。目前市场占主力的500万像素的机型可以满足成像需求，多种拍摄模式、宽广的ISO值设定范围、高速准确的对焦则是必需的功能特点，而保证耐用性的金属外壳也是必不可少的考虑因素。

② 对于那些追求时尚前卫的消费者而言，外形设计与亮点功能的紧密结合是首选标准。小巧的外形、亮丽的颜色以及舒适的手感是必备的，而某些亮点功能如微距拍摄功能则更为此类产品锦上添花。

③ 如果是专业级水准的用户，最注重的是对成像质量的极致追求。手动操作功能是必备的，可更换的镜头、600万像素以上的CMOS图像传感器和多种图像记录模式是高图像品质的保障，如果再具备极具爆炸力的万元以下的套机价格，就会使更多专业摄影爱好者趋之若鹜。

④ 最后要考虑的是在哪里购买。正规的数码相机销售柜台将会保证相机"出身"。购买时应考虑品牌效应，因为它是数码相机整体质量和售后服务的主要保障。

(3) 买相机的准备步骤

① 明确购买相机的用途和目的。确定购买相机的用途与目的是非常重要的，只有了解自己的需求，才能有的放矢地选择并购买到自己真正需要的机器。否则，有可能花了很多钱买回来相机，结果发现功能不能满足自己的要求，或者功能太多根本用不到。照片的输出的问题也需要事先考虑好，要考虑到自己是否需要冲印很大的照片或者仅仅是在屏幕上看。通过这样考虑，才能决定需要购买多少像素的机器。如果仅仅是在屏幕上看，那么300万像素的机器已经足够了；如果是要冲印，而且要冲印到10英寸以上，那么就需要买像素尽量高的相机。

② 决定心理价位。在决定了购买相机的用途和目的之后，就应该依照自己的经济能力

决定一个可以承受的心理价位，如 1000～2000 元、3000～4000 元或者 6000～7000 元等。这样可以节约不少时间，在选择的时候更有目的性。DC 还属于奢侈品，所以大家一定要量力而行，和别人攀比是没有意义的，够用就好。

③ 通过各种途径收集资料。前期的资料收集是非常重要的，可以对所要购买的机器有一定的了解。收集产品资料的途径有很多，首先，不少厂家推出数码相机的时候都会有一定的宣传画报。其次，媒体广告也是一个很重要的途径，如今的 IT 类报刊上有着很多的数码相机广告。再次，现在很多的数码类杂志或一些报刊都会有一定的篇幅介绍数码相机或对数码相机进行评测。最后，可上网搜索下载相应相机的说明书查阅。

④ 大致决定机型。产品资料的收集是非常重要的，这可以充分了解数码相机的特性。但是光看这些资料，只能有感性的认识，只有实际去看看机器甚至去试用一番，才能对机器有理性的认识。机器要看，价格也要问，问询价格的时候要注意商家的报价通常是留有还价余地的。还有要问清所报的价格是行货的价格还是水货的。

⑤ 选好购买时机。决定了要购买的机器后，要自己看准时机，数码类产品的价格瞬息万变，所以对市场的判断还是很重要的。不过很明确的一点就是，尽可能避免在过节的前面购买。节日前购买机器的人肯定很多，价格不会便宜。

5. 数码相机的推销

推销数码相机，就要了解数码相机的有关技术指标，并对市场有一定的了解，更要了解用户的需求和用途，如是家用还是专业相机，对哪些品牌有一定的认识，客户的心理价位是多少等。当然对于数码相机这类产品，主要用户群是家庭用户，尤其是中青年。

以在某品牌店向顾客推销数码相机为例进行推销训练。现以佳能 IXUS115 HS 为例，如图 3-48 所示，这款相机参考价格约 1400 元。

型号	IXUS 115 HS
型号别称	ELPH 100 HS(美国),IXY 210F(日本)
上市时间	2011年
相机类型	卡片数码相机
有效像素	1210万像素
变焦倍数	4倍光学变焦　有奖找错
数码变焦倍数	4倍数码变焦
操作模式	全自动
传感器类型	CMOS传感器,背照式,HS System
传感器尺寸	1/2.3英寸
影像处理系统	DIGIC 4,iSAPS技术
最大分辨率	4000×3000(4:3),4000×2248(16:9),4000×2664(3:2),2992×2992(1:1)
照片分辨率	2816×2112(4:3),1600×1200(4:3),640×480(4:3); 2816×1584(16:9),1920×1080(16:9),640×360(16:9); 2816×1880(3:2),1600×1064(3:2),640×424(3:2); 2112×2112(1:1),1200×1200(1:1),480×480(1:1)

图 3-48　佳能数码相机性能指标

点评：佳能 IXUS 115 HS 是佳能最新发布的入门级卡片 DC。该机不仅外观炫酷多彩，而且还是首款支持 1080p 全高清视频拍摄的入门级卡片相机，不俗的综合实力配上较低的售价，使得该机具备极高的性价比，是目前入门级卡片相机中的精品之作。与上代机型佳能 IXUS 105 相比，佳能 IXUS 115 HS 最大的进步在于搭载了新的 HS SYSTEM（高感光度传感器＋DIGIC 处理器），在高感控噪方面比同类机型有更大的优势。该机采用了一枚 1/2.3 英寸高感光度 CMOS 传感器，有效像素约 1210 万，达到了目前 DC 的主流水平。在镜头方面，该机搭载了一枚等效焦距为 28～112mm 的 4 倍光学变焦镜头，同时支持 IS 光学防抖，合理的焦段能很好地满足用户的拍摄需求。该机拥有多种炫酷色彩，全金属机身亮丽轻薄，经过磨砂处理的机身表面手感不错，档次较高。

3.3.2 数码摄像机推销

数码摄像机就是 DV（Digital Video），DV 译成中文就是"数字视频"的意思，它是由索尼、松下、胜利、夏普、东芝和佳能等多家著名家电巨擘联合制定的一种数码视频格式。然而，在绝大多数场合中，DV 则是代表数码摄像机，如图 3-49 所示。

图 3-49 数码摄像机

1. 按照使用用途分类

（1）广播级机型

广播级机型主要应用于广播电视领域，图像质量高、性能全面，但价格较高、体积也比较大。它们的清晰度最高、信噪比最大、图像质量最好，当然几十万元的价格也不是一般人能接受得了的，如松下的 DVCPRO 50M 以上的机型等。

（2）专业级机型

专业级机型一般应用在广播电视以外的专业电视领域，如电化教育等，图像质量低于广播用摄像机，不过近几年一些高档专业摄像机在性能指标等很多方面已超过旧型号的广播级摄像机，价格一般在数万至十几万元之间。

相对于消费级机型来说，专业 DV 不仅外形更酷，更起眼，而且在配置上要高出不少，如采用了有较好品质表现的镜头、CCD 的尺寸比较大等，在成像质量和适应环境上更为突出。代表机型如索尼公司的 DVCAM 系列机型。

（3）消费级机型

消费级机型主要是适合家用的摄像机，应用在图像质量要求不高的非业务场合，如家庭娱乐等。这类摄像机体积小、重量轻、便于携带、操作简单、价格便宜。在要求不高的场合可以用它制作个人家庭的 VCD、DVD，价格一般在数千元至万元级。

如果再把家用数码摄像机细分类的话，大致可以分为以下几种：入门 DV、中端消费级 DV 和高端准专业 DV 产品。

2. 按照存储介质分类

（1）磁带式

磁带式 DV 指以 Mini DV 为纪录介质的数码摄像机，它最早在 1994 年由 10 多个厂家联合开发而成，通过 1/4 英寸的金属蒸镀带来记录高质量的数字视频信号。

（2）光盘式

光盘式 DV 指的是 DVD 数码摄像机，采用 DVD-R、DVR＋R，或是 DVD-RW、DVD＋

RW来存储动态视频图像，操作简单、携带方便，拍摄中不用担心重叠拍摄，更不用浪费时间去倒带或回放，尤其是可直接通过DVD播放器即刻播放，省去了后期编辑的麻烦。

DVD介质是目前所有的介质数码摄像机中安全性、稳定性最高的，既不像磁带DV那样容易损耗，也不像硬盘式DV那样对防振有非常苛刻的要求。不足之处是DVD光盘的价格与磁带DV相比略微偏高了一点儿，而且可刻录的时间相对短了一些。

(3) 硬盘式

硬盘式DV指的是采用硬盘作为存储介质的数码摄像机，在2005年由JVC率先推出，用微硬盘作存储介质。

硬盘摄像机具备很多好处，大容量硬盘摄像机能够确保长时间拍摄，外出旅行拍摄不会有任何后顾之忧。回到家中向电脑传输拍摄素材，也不再需要Mini DV磁带摄像机时代那样烦琐、专业的视频采集设备，仅需应用USB连线与电脑连接，就可轻松完成素材导出，让普通家庭用户可轻松体验拍摄、编辑视频影片的乐趣。

微硬盘体积和CF卡一样，和DVD光盘相比体积更小，使用时间上也是众多存储介质中最可观的。但是由于硬盘式DV产生的时间并不长，还多多少少存在诸多不足，如防振性能差等。随着其价格的进一步下降，未来需求人群必然会增加。

(4) 存储卡式

存储卡式DV指的是采用存储卡作为存储介质的数码摄像机，例如风靡一时的“×易拍”产品，作为过渡性简易产品，如今市场上已不多见。

3. 按照传感器类型和数目分类

(1) 传感器类型：CMOS与CCD

① CCD：电荷耦合器件图像传感器(Charge Coupled Device)，使用一种高感光度的半导体材料制成，能把光线转变成电荷，通过模/数转换器芯片转换成数字信号。

② CMOS：互补性氧化金属半导体(Complementary Metal-Oxide Semiconductor)和CCD一样同为在数码摄像机中可记录光线变化的半导体。

在相同分辨率下，CMOS价格比CCD便宜，但是CMOS器件产生的图像质量相比CCD来说要低一些。到目前为止，市面上绝大多数的消费级别以及高端数码相机都使用CCD作为感应器；CMOS感应器则作为低端产品应用于一些摄像头上，不过一些高端的产品也采用了特制的CMOS作为光感器，如索尼的数款高端CMOS机型。

(2) 传感器数目：单CCD与3CCD

图像感光器数量即数码摄像机感光器件CCD或CMOS的数量，多数的数码摄像机采用了单个CCD作为其感光器件，而一些中高端的数码摄像机则是用3CCD作为其感光器件。

① 单CCD是指摄像机里只有一片CCD并用其进行亮度信号以及彩色信号的光电转换。由于一片CCD同时完成亮度信号和色度信号的转换，因此拍摄出来的图像在彩色还原上达不到很高的要求。

② 3CCD顾名思义就是一台摄像机使用了3片CCD，可以原封不动地显示影像的原色，不会因经过摄像机演绎而出现色彩误差的情况。

4. 数码摄像机的选购

要选购一台称心如意的摄像机，主要从以下几个方面考虑。

(1) CCD

CCD 的像素是衡量数码摄像机成像质量的一个重要指标，像素的大小直接决定所拍摄的影像的清晰度、色彩以及流畅程度。CCD 的像素基本上决定了数码摄像机的档次，现在中档一般是在 80 万～100 万像素左右，而中高档一般是在 120 万像素以上。CCD 的面积也是一个重要指标，面积小的 CCD 的成像质量相对要模糊，色彩还原丰富程度也要差，而且用在防抖的面积也小很多，那么防抖功能当然也就相对弱一些了。目前市场上索尼、三星等品牌均有 120 万像素以上的产品推出。尤其值得关注的是三星的 D93i、D99i 系列 DV，1/4 英寸 133 万像素 CCD 让影像更清晰，色彩更饱满。

(2) 镜头(见图 3-50)

同数码相机一样，镜头也是决定数码摄像机成像质量的重要因素。镜头首先要看光学变焦倍数，这里指的是光学变焦，光学变焦倍数越大，拍摄的场景大小可取舍的程度就越大，对拍摄时候的构图会带来很大的方便，这点和相机的变焦镜头是同等道理；二是镜头口径，如果口径小，那么即使再大的像素，在光线比较暗的情况下也拍摄不出好的效果来，也就是说，它将成为数码摄像机成像的一个瓶颈。三星新品 D10xi、D30xi 系列光学变焦倍数最高达到 20 倍，镜头口径 30mm(比市场上的某些机型宽出 5mm)，游玩时可轻松地将远处物体拉近，拍摄到清晰画面。

图 3-50　摄像机镜头

(3) 外形和体积

买家用摄像机一般都是带有娱乐性质，所以考虑外形是很有必要的。还有一个就是体积，家用摄像机一般都在外出时候携带，那么小巧玲珑就显得非常必要，最重要的是，拍摄起来可以采用任何姿势，而不必因为人的站位局限了拍摄视角。三星新近推出的 10 款新品，体积均比以往产品下降了 15%～20%，机身更加紧凑、小巧，方便外出携带。

(4) 操作的简单方便性

对于普通消费者来说，操作的简易性是选机的必要条件。三星各系列 DV 特有简易 Q 功能和简易导航旋钮，使普通消费者很快便能熟练操作。简易 Q 功能能够保证用户在任何条件都能拍出同样精彩的画面。使用简易 Q 功能时，用户只需按下简易 Q 按钮，一切都解决了。简易导航按钮功能可以使用户快捷容易地找到最常用的功能。上下旋钮即可执行手动/自动调焦、快门速度/曝光、白平衡、数码稳定器等 8 项功能。三星数码摄像机系列新品还特别贴心地设计了中英文双语菜单，令操作更加方便。

(5) 兼容性

生活中的精彩画面往往要与好朋友分享，可是如果不同摄像机的记忆卡不兼容那多不方便。市场上可见的 MS、MSPro、SD、MMC 这 4 种记忆卡外形尺寸、接口类型和传输速率都不一样，三星新出品的部分型号DV可与4种记忆卡高度兼容，让影像和声音在不同摄像机之间传输成为可能。

(6) 液晶显示屏

专业级人士经常拍摄，构图已经比较熟了，可以不用显示屏，但是一般的用户在拍摄时候多数是使用液晶显示屏的。其实液晶显示屏倒是没有什么高深的名堂，主要就是亮度要够高，像素要够大，还有面积也是越大越好，现在比较流行的是2.5寸和3.5寸。如果采用了透光反射式液晶显示屏，及时面对阳光也可以清晰取景，再也不用怕黑屏的困扰了。

5. 数码摄像机日常保护

不管是出行还是家庭聚会，数码摄像机的使用频率都是很高的。如何保养和维护机器成了广大用户十分关心的问题。关于维护方面的注意事项，使用说明书中通常有简要说明，但对于全面掌握维护知识的用户来说是远远不够的。作为推销人员可向顾客介绍数码摄像机的“十防”问题，让顾客信任你。

(1) 防强光

千万不要把摄像镜头对着强烈的太阳或其他强光源，因为强光会烧毁摄像管。在日出日落的精彩时刻，或有云层、树叶遮挡住大部分阳光的时候，允许对着太阳进行不太长时间的拍摄。切勿让太阳光直接射进观景器，因为强光会损害观景器的屏幕。使用灯光照明时，摄像机与灯光应有足够的距离，防止强灯光直接照射在摄像机上。摄像机停止使用时，应随即关闭电源，放进背包，避免暴露于光线之下。

(2) 防高温

数码摄像机采用CCD电荷耦合器件，它耐高温的能力是有限的，所以不能用数码摄像机直接对着太阳或者非常强烈的灯光拍摄，否则会在图像上形成严重的垂直拖影，使拍摄质量受到影响，特殊需要或无法避开时也要尽量缩短拍摄时间。数码摄像机长时间受强光照射或者受热都会使机壳变形，所以在使用和保存时要注意不要将机器置于强光下长时间曝晒，也不要将机器放在暖气管道或电热设备附近。另外，不要将摄像机遗忘在被太阳晒得炙热的汽车里。如果摄像机不得不晒在太阳下，要用一块有色而且避沙的毛巾或裱有锡箔的遮挡工具来避光。

(3) 防低温

摄像机只适应在0～40℃之间的温度里工作。在低温环境下拍摄应有防寒措施。可以通过将摄像机藏于口袋的方法让摄像机保持适宜温度，而且要携带备用电池，因为摄像机在低温下可能会停止工作，因而需用报纸或塑料袋将摄像机包好，直至摄像机温度升至室内温度时再使用。

(4) 防水防潮

数码摄像机如果储存或工作在湿度较大的环境中，不仅容易造成电路故障，而且容易使摄像镜头发霉。视频磁头是个易磨损部件，要定期更换。但视频磁头的寿命除了取决于磁头的材料外，还与使用环境中空气湿度密切相关，空气湿度越大，视频磁头磨损越快。一般情况下，磁头工作在相对湿度为40%时寿命最长，可达到1000h。在使用中如果不小心溅到水、淋到咖啡或者饮料甚至落水时，应该立即将电源关掉，然后擦拭机身上的水渍，再用橡皮吹球将各部位的细缝喷一次，最后风干几个小时后，再测试摄像机是否已经故障。注意：千万不要马上急着开机测试，否则可能造成摄像机电路短路。

夏天，当摄像机从空调室里取出，到没有空调气温高的地方时，温差会使摄像机显得很“冷”，于是，空气中的水汽便会凝结在机上，应防止这种情况发生，办法是在提取摄像机之前几个小时，把室内的冷气关闭，让室温升高，并把机箱的盖子打开。

(5) 防振防碰

数码摄像机是一个光电设备，也是一个精密的机械设备，任何振动尤其是剧烈的振动、碰撞都会对设备产生损伤。数码摄像机的任何电子器件和决定成像质量的重要部件受到振动损伤都会严重影响数码摄像机的运行。因此，拍摄时要做到手不离机或机不离身，保证摄像机不会碰撞到硬物或摔伤，不用时最好放回摄像机套或摄影包里。

(6) 防腐

数码摄像机应当远离化学药品，当在一些化学用品生产厂区或有大量烟尘的地方拍摄时，应当用塑料袋包好，用完以后放在通风处吹上一阵时间。清洁摄像机时，只能用干的、柔软的布料，或者用软布料湿润一些柔性洗涤剂，而不能用酒精、石油醚一类有溶解力的液体，因为它们会腐蚀摄像机的外壳，有损机器外表的完美。

(7) 防烟避尘

数码摄像机应当工作和储存在清洁的环境中，这样可以减少因外界灰尘、污物、油烟等污染而引起故障的可能性。因为油烟、灰尘等落入机器的镜头以后就会影响摄像的清晰度并增加调整开关和旋钮的惰性。另外，当磁头与磁带相对高速运动时，落在磁头或磁带上的灰尘会像沙粒一样损伤磁头和磁带。在户外空旷地区，拍摄时风沙会比较多，甚至可能有狂风，由于风沙容易刮伤摄像机的镜头或渗入对焦环等机械装置中造成损伤，因此除了正在拍摄外应随时用护盖将镜头盖住，在风沙大的地区最好记得将摄像机的护套带上。

(8) 防磁

数码摄像机是光电一体的精密设备，光电转换是其主要的工作原理，关键部件如CCD、DSP芯片对强磁场和电场都很敏感，它们会影响到这高级功能些部件的正常性能发挥，直接影响到拍摄效果，甚至导致数码摄像机无法操作。摄像机不能靠近有磁力线的物体，如马达、变压器、扬声器、磁铁等，因为摄像机对磁场非常敏感，不仅这些，就是收音机、电视机天线也能使摄像机摄取的图像变形，最好也不靠近。

(9) 防惰性

要避免连续、持久、固定地对着强光照射下的主体，尤其是明暗反差很强的主体，如夜间的灯光；否则，摄像管的光敏靶将会在那个明亮主体的位置上留下“光点”，使以后拍摄的镜头，尤其是低调子的画面上，总是出现那个“光点”，这就是惰性。如果发生这种情况，应让摄像机休息几天，一般可望在一周内康复。摄像机长期不用时，每隔6个月至少运行1次，每次通电2～3小时。

(10) 防X射线

不要把摄像机放在无线电波或X射线活动区，因为这两者均会损害镜头和电子组成部分。

6. 数码摄像机市场行情

随着DV价格的走低和技术的革新，如今主流家用DV价格在2500～5000元不等，入门级的低端产品普遍在3500元以下，对于一个将要购置数码摄像机的家庭来说，这个价格是比较好接受的，而对于要求较高的消费者家庭，可以考虑中端型的 DV。性价比是大部分消费者购买产品的准则，要知道一款产品是否适合自己，除了要看机器的外观和功能外，还要对其价格来一个衡量才是明智之举。

综合市场情况，国内受关注的数码摄像机生产商如图 3-51 所示。

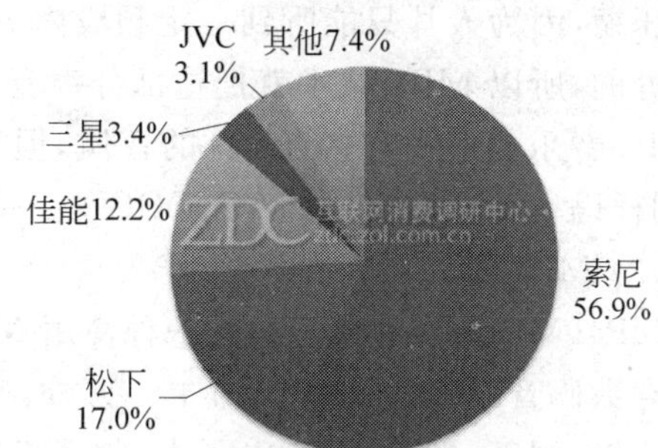

图 3-51　数码摄像机市场品牌关注度

7. 数码摄像机推销训练

本次推销训练主要针对家用型数码摄像机，暂以佳能 FS406 为例，它是十分轻便的小型家用 DV，迷你的身姿和流线型外观手持感极佳，出色人体工程学设计发挥到了极致，可作为日常出行摄录的首选。

佳能 FS406 可支持外插大容量 SDHC 和 SDXC 存储卡记录影像，通过更换 SDHC 存储卡，即可延长拍摄时间。随机提供的 BP-808 是一款智能锂离子电池，可提供长达 3.5 小时连续摄像时间。快速充电功能只需充电 10 分钟就可以连续拍摄长达 30 分钟。佳能 FS406 新增了电子影像稳定系统（动态模式），通过将防抖动的校正范围扩展到最大，大幅度增强防抖的效果，尤其是步行拍摄时剧烈的手抖，能够拍摄稳定并且易于观看的影像；41 倍优化变焦，综合了数码变焦与光学变焦的优势，高倍放大远处的景物，使画面异常清晰；预录制、视频快照、录拍合一功能，为拍摄带来多重乐趣。

佳能 FS406 在其前作的基础上力求精湛，在外观和性能支持上都有所提升，其在标清数码摄像机领域中有着画质较为出色的表现，同时它的机器整体性能完全可以满足入门级家庭用户的需求。

3.3.3　MP 数码设备推销

1. MP 数码设备知识及特点

(1) MP3

MP3 全称是动态影像专家压缩标准音频层面 3(Moving Picture Experts Group Audio Layer Ⅲ)，是当今较流行的一种数字音频编码和有损压缩格式，它设计用来大幅度地降低音频数据量，而对于大多数用户，重放的音质与最初的不压缩音频相比没有明显的下降。它是在 1991 年由位于德国埃尔朗根的研究组织 Fraunhofer-Gesellschaft 的一组工程师发明和标准化的。MP3 播放器如图 3-52 所示。

图 3-52　苹果 MP3 播放器

① MP3 格式优点。MP3 的优点有许多，主要有 3 点：一是由于大大压缩了文件的体

积，所以相同的空间能存储更多的信息；二是由于没有机械元件，全部是电子元件，所以不存在防振问题，更加适合运动时欣赏音乐；三是可以随心所欲编辑自己喜爱的歌。

② MP3格式缺点。有一利便有一弊，MP3也有一些缺点。MP3音频压缩技术是一种失真压缩，因为人耳只能听到一定频段内的声音，而其他更高或更低频率的声音对人耳是没有用处的，所以MP3技术就把这部分声音去掉了，从而使得文件体积大为缩小。虽然听上去MP3音乐仍旧具有接近CD的音质，但毕竟要比CD稍逊一些。而且，由于技术比较落后，同样码率下音质会比AAC、OGG差一些。

(2) MP4

MP4(MPEG-4 Part 14)是一种使用MPEG-4的多媒体电脑档案格式，副档名为.mp4，以储存数码音讯及数码视讯为主。另外，MP4又可理解为MP4播放器，MP4播放器是一种集音频、视频、图片浏览、电子书、收音机等于一体的多功能播放器。

① 硬盘式MP4。这种播放器其实不算是MP4，本质上是MP3，视频播放只不过是其附件功能，被称作MP4，纯粹是商业炒作。这种播放器局限性极大，屏幕很小(0.8～1.8英寸)，闪存容量小，支持特定的格式(MTV、MP4、MPV和DMV等)，而且大多数是采用OLED和CSTN等低端屏幕，代表有DEC F12R、金邦炫彩王、3E E1000和PISA炫彩飞艇等。

② 闪存式MP4。对比硬盘式MP4，闪存式MP4就是以闪存来作为存储媒介的随身看，这种MP4一般都支持内接闪存卡扩充，一般都是SD卡或者TF卡。闪存式MP4相对小巧轻便得多，价格比普通MP4便宜几倍。

③ 智能MP4。随着智能手机、平板电脑的普及，2010年年底，市场上出现了一种搭载安卓操作系统的MP4，被称作"智能MP4"。智能MP4是一种介于传统MP4与平板电脑之间的产品，既具有传统MP4的影音播放功能，又因为搭载安卓而可以获得更多的软件。智能MP4可以看做是将传统MP4、MID融合之后的产品，但功能又不及它们两个。由于智能MP4主控芯片的频率较低、无法上网而不如MID，影音播放、解码能力逊于传统MP4，智能MP4的地位就显得有点不上不下了。但夹在传统MP4于MID之间的位置使智能MP4为了提高竞争力而普遍价格不高，所以对于想"尝鲜"的消费者来说，智能MP4是不错的选择。

④ 各种称呼。虽然MP4这个概念有软硬之分，但是就硬件的MP4来说，根据所采用的设计标准不一样或是功能的侧重点相异又有不同的名字，例如，MP4、PMP、PMC、PVP、PVR、PMA等。

MP4一个笼统而没有统一定义的概念，这里说的是硬件MP4的概念，MP4可以是随身看，可以说是MP3的下一代，可以是所有的PMP、PMC、PVP、PVR……诸多如此的播放器的总称。

a. PMP(Portable Media Player)。没有统一的标准，而是完全按照厂商自己的要求生产，如iRiver PMP-120、PMP-120的软件系统基于Linux。PMP的系统一般都是Linux开发的，没有固定的软件和硬件要求，可以任意组合，但这也是造成MP4产品多样化的原因。另外，PMP的格式兼容性和解码能力跟硬件有关，所以升级比较难。

b. PMC(Portable Media Center)。该平台的硬件和软件都由微软统一规定，硬件方面指定用Intel的XScale处理器，而软件系统是Windows Portable Media Player，这个平台属于开放式构架，软件方面容易扩展。PMC是微软为进军移动娱乐数码领域而制定的新标准。例如，YH-999完完全全符合PMC的标准。

c. PVR(Personal Video Recorder)。PVR的功能侧重点是视频录像,可以说PVR具有强大的视频录像功能,PVR一般都带有AV-IN/AV-OUT或录像功能。例如,拍得丽iTouch、Mustek PVR-H140。

d. PVP(Personal Video Player)。和PMP差不多的概念。

e. PMA(Pocket Media Assistant)。简单地说就是PDA与硬盘MP4的合体,是比较新潮的数码产品。Archos PMA 4××系列是全球首款也是现今唯一一款集个人娱乐、商务应用和无线上网于一体的PMA。

⑤ MP4的优点。它能够直接播放高品质视频、音频,也可以浏览图片以及作为移动硬盘、数字银行使用;更有产品还具备一些十分新颖、实用的功能,例如,爱可视AV420能够录制视频,它可以将来自DVD、电视等设备的信号以MPEG-4格式保存在硬盘中;中基超威力即将推出的MP4播放器支持PIM管理以及无线网络功能,可以在无线环境普及后发挥出更多作用。而且现在所见的MP4播放器,大多数都带有视频转制等专业的视频功能,并具备非常齐全的视频输入/输出端口,因此它们携带的视频文件能够在很多场合中播放,尽管这对一些仅在旅行途中使用播放器的用户没有更多的实际意义,但对于一些经常做视频演示的用户则十分有用,因为MP4播放器能够方便地接驳投影机以及电视等输出设备。从个人使用的角度来看,MP4播放器的最大优势在于体积小巧,携带方便,能够随时、随身播放视频。

2. MP数码设备的选购

(1) MP3的选购

市场的快速更新使用户能够更快地享受到科技为人类带来的便捷,然而,同时也使选购变得困难起来,这里就涉及了一个定位问题,只有明确自己的购买目的,才能准确地选择到优秀的产品。

① 造型。出色的造型设计,不仅仅是要表现MP3的与众不同,也是凭借它来确定质量优劣的最重要标志之一,如图3-53所示为一款SONY MP3。色调的搭配很重要,通常高级的设计师才会非常注重这一方面,不一定要色彩鲜艳,但肯定要搭配合理,使MP3看起来更高贵典雅一些。对使用者形成强烈的视觉冲击,特别是那些针对时尚爱美MM量身定做的产品,色彩比任何功能更具吸引力。此外,高级烤漆加工处理后,还会使外壳不易丢色,这可以从外壳的色泽反光度上看出。材料选取上,金属最佳,橡胶次之,工程塑料最差,当然,这并非说金属造的MP3就是好货,而是金属相对来说抗击力会强一些,而且看起来比较漂亮,更有质感和档次。轻巧的重量是不可忽视的一点,MP3是随身听设备,即使外观设计得再突出,不便于携带或体积过大的话,同样失去了"随身"的精髓。

图3-53 SONY MP3

② 显示屏。科学在发展进步,时尚同样也在发展进步,MP3播放器也已经开始迈出了步入彩屏时代的步伐。以色彩效果来分,自然是颜色数目越高越好,屏幕材料则是LTPS(Low Temperature Polysilicon,低温多硅显示器)好于TFT,TFT(Thin Film Transistor,薄膜晶体管)好于STN(Super Twisted Nematic,超扭曲向列),至于OLED(Organic Light-emitting Diode,有机电激发光显示器)彩屏,则是在黑暗中较有优势,但无法如TFT和STN般显示复杂的图片。由于MP3体积小,屏幕尺寸会大受限制,而且屏幕并非越大越

好，而是要看显示内容的多少，相同尺寸下，显示内容越多证明屏幕分辨越高，看图片时会越显得细腻，也利于加入人性化图形菜单，使操作方式贴近日常的 Windows 视窗习惯。

③ 芯片。最主要的芯片是存储和解码芯片，厂商通常不会透露存储芯片的资料，当然是三星、英特尔、东芝等大厂的芯片质量较好。

④ 耳机。耳机包括两个部分，一个是 MP3 本身的输出功率，输出功率大(两个耳机加起来 20mW 以上)可以推动一些阻抗比较高的高档耳机，令音质上的表现更加完美；二是耳机本身的质量，以貌取机是必然之路，优秀的耳机外观肯定不会差到那里去。

⑤ 电池。MP3 电池一般是采用的锂离子集合物电池，该电池具有体积小、容量高、重量轻等特点，买的时候应该注意或者重点考虑电池的容量，当然是容量越高越好。大部分 MP3 采用 5 号(AA)或 7 号(AAA)电池，它们可以随处买到，价格也较为便宜(0.5～5 元)。如果是可充式锂电(10～15 元)，使用时间相当悠长，播放时间都可达到 10 小时以上，再携带多一颗电池，可以满足 2～3 天的需求。锂电分为可拆卸和不可拆卸两种，可拆卸锂电使用非常方便，可以随时更换，除了可以使用 USB 线连接电脑后充电外，也可以使用附带的电源适配器为充电。其超大容量和特殊的放电方式，可以保证 30 小时以上的播放时间，足以顶得上 3 颗 AA 电池。

⑥ 功能。MP3 的功能越来越多，它与 PDA、手机一样，都向多功能方面发展，尽可能吸收其他产品的功能，以便增加产品卖点。购买时要按需入手，别盲目性地追求多功能，功能越多价格越贵，而且买回来之后，会发现有许多是根本用不上的。

⑦ 容量。10～40GB 的容量能够储存的歌曲和 256MB～1GB 的存储量不可同日而语。然而，容量却涉及许多的问题。值得注意的是，目前大部分 MP3 都采用 Flash 芯片作为存储介质，而 Flash 芯片昂贵的价格成了大容量普及遇到的一个最大障碍。

⑧ 传输速度。现在的 MP3 绝大部分有闪存盘功能，无论是在传输文件还是在传输音乐的时候，速度都是非常重要的。USB 2.0 也称为 Hi-Speed USB，它的传输速度达到 480Mb/s＝60MB/s，换言之，理论上一秒钟可传输 12 首 5MB 大小的 MP3。然而使用 USB 1.0 的话，它的速度只有 12Mb/s＝1.5MB/s，复制一首 5MB 的歌曲要 3.3 秒，速度较慢。

⑨ 附件。通常 MP3 都有产品说明书、耳塞、USB 联机线、保修卡、驱动光盘，较高端的产品还会附送扣在身上的臂带、布袋、皮袋、音频转接线、音乐直录线、挂在脖子上的挂绳、耳塞保护膜、电池、充电器等。简而言之，附件的数量越多，造工超精致，证明随身听本身的质量也不会差到那里去。

⑩ 所支持的格式。MP3 格式是最为常用的，它支持采样率为 44.1kHz，可以使用的比特率一般是 8～256Kb/s。不同的 MP3 产品对采样率和比特率的支持范围也不尽相同，当然支持的范围越广越好，对于采样率，好一点的产品可以支持到 48kHz。对于动态编码 VBR，可以在同等音质下使文件的体积更小，有些机器是不能支持的。WMA 是微软推广的一种格式，压缩率一般为 5～192Kb/s。在相同音质下，WMA 可以比 MP3 格式文件的体积更小，所以拥有此功能的 MP3 播放器等于变相增大了其内存容量。

⑪ 频率响应范围。人的耳朵能听到的声音频率范围是 20～20 000Hz，低于 20Hz 和高于 20kHz 的声音都是人耳分辨不出来的。不过频响范围在 50Hz～18kHz 之间，应该就已经可以了，目前的 MP3 应该都可以到达这个频响范围了。不过频响范围与采样率是不同的，不要混淆。

⑫ 信噪比。信噪比即音源产生最大不失真声音信号强度与同时发出的噪声强度之间的比率，通常以“SNR”或“S/N”表示，是衡量音箱、耳机等发音设备的一个重要参数。对于 MP3 来说，也是一个很关键的参数。“信噪比”一般用分贝(dB)为单位，信噪比越高表示音响器材的效果越好。一般而言，至少要选择信噪比在 60dB 以上的产品。MP3 在没有播放任何音源信号时，若能听到较为明显的“嗡嗡”或“呲呲”的类似电流的声音，说明机器的信噪比太低，不适合选购。

(2) MP4 的选购

① 外观。目前，市场上 MP4 产品的外观大多为长方形，具有很大的屏幕供用户观看影片，MP4 的体积和外观以及按键的分布对消费者的使用都有很关键的作用。小巧的机身携带方便，而外观的设计依据个人喜好。按键的分布也很有讲究，左手适合操作不经常使用的按键，右手适合操作需要力度和在使用过程中必须要用到的一些功能的操作，所以在按键布局上厂商也会合理安排。

② 屏幕。现在市面上可以看到的屏幕一般为 2.4～7 英寸。它们一般采用的都是 1600 万色的，所以在选择时一定要注意屏幕的色彩清晰度。测试液晶屏的色彩数同样需要依靠仔细观察，可以选择一张色彩过渡相当丰富的图片，然后利用 MP4 显示图片。对于 65 000 色和 26 万色的屏幕来说，在这些色彩过渡较为丰富的地方，会看到很多的色块，而在 1600 万色的屏幕上，色彩过渡非常自然。

③ 格式问题。取决是否为 MP4 的最关键的就是支持的格式问题，大家都知道之所以称之为 MP4，是因为其能支持专业的影音播放格式，所以这方面也是消费者需要重点了解的地方。如果仅能支持一种影音播放格式，这款产品称为 MP4 就有些牵强。支持的格式越多，观看电影就越方便。而且还要了解此款 MP4 是否很多格式都需要转换才能观看。众所周知，将某种格式转换需要很久的时间，这样就给用户造成很大的不便。目前大多数 MP4 能直接播放 MPEG-4、RMVB 等格式电影，而且附带迷你遥控器，还支持 AVI、MPG、WMV、FLV 等多种视频格式。

④ 播放时间。选择一款 MP4 无非是想看电影，而电影的时间大都在 2 小时左右，消费者大多是携带 MP4 出外旅游，对电池的要求较高。现在目前市场上播放时间大都为 6 小时。电池需要注意一点，可拆卸锂电池比较实用，电用完了可以更换电池，而很多 MP4 的电池都不可拆卸，选购时一定要问清楚，尽量选择可拆卸那种。至于待机时间，一般为 4～7 小时视频播放，10 小时以上左右音频播放。

3. MP 数码设备市场行情

(1) MP4 知名品牌(国外)：iPod 苹果(APPLE)、索尼(SONY)、艾利和(iRiver)、爱可视(ARCHOS)、爱欧迪(iAUDIO)、三星(SAMSUNG)、创新(CREATIVE)、现代(HYUNDAI)。

(2) MP4 知名品牌(国内)：欧珀(OPPO)、爱国者(aigo)、纽曼(Newman)、驰为(CHUWI)、金星(JXD)、魅族(MEIZU)、蓝魔(RAmos)、清华紫光、昂达(ONDA)、微星(MSI)、艾诺、酷比魔方、歌美(GEMEI)、台电(Teclast)、原道(WINDOW)。

3.4 常用网络设备推销

知识目标：

(1) 熟悉家用宽带路由器知识与推销技巧；

(2) 熟悉家用无线路由器知识与推销技巧；

(3) 熟悉无线局域网网卡知识与推销技巧；

(4) 熟悉无线上网卡知识与推销技巧。

能力目标：

(1) 能介绍常用家用宽带路由器产品的技术、特性及市场行情；

(2) 能介绍常用家用无线路由器产品的技术、特性及市场行情；

(3) 能介绍常用无线局域网网卡产品的技术、特性及市场行情；

(4) 能介绍常用无线上网卡产品的技术、特性及市场行情。

3.4.1 家用宽带路由器推销

1. 家用宽带路由器知识及特点

(1) 路由器

路由器是互联网的主要节点设备。路由器通过路由决定数据的转发。转发策略称为路由选择(Routing)，这也是路由器(Router，转发者)名称的由来。作为不同网络之间互相连接的枢纽，路由器系统构成了基于 TCP/IP 的国际互联网 Internet 的主体脉络，也可以说，路由器构成了 Internet 的骨架。它的处理速度是网络通信的主要瓶颈之一，它的可靠性则直接影响着网络互联的质量。因此，在园区网、地区网乃至整个 Internet 研究领域中，路由器技术始终处于核心地位，其发展历程和方向成为整个 Internet 研究的一个缩影。在当前我国网络基础建设和信息建设方兴未艾之际，探讨路由器在互联网络中的作用、地位及其发展方向，对于国内的网络技术研究、网络建设，以及明确网络市场上对于路由器和网络互联的各种似是而非的概念，都有重要的意义。

(2) 宽带路由器

宽带路由器是近几年来新兴的一种网络产品，它伴随着宽带的普及应运而生。宽带路由器在一个紧凑的箱子中集成了路由器、防火墙、带宽控制和管理等功能，具备快速转发能力、灵活的网络管理和丰富的网络状态等特点。多数宽带路由器针对中国宽带应用优化设计，可满足不同的网络流量环境，具备满足良好的电网适应性和网络兼容性。多数宽带路由器采用高度集成设计，集成 10/100Mb/s 宽带以太网 WAN 接口，并内置多口 10/100Mb/s 自适应交换机，方便多台机器连接内部网络与 Internet。

(3) 宽带路由器功能

① MAC 功能。目前，大部分宽带运营商都将 MAC 地址和用户的 ID、IP 地址捆绑在一起，以此进行用户上网认证。带有 MAC 地址功能的宽带路由器可将网卡上的 MAC 地址写入，让服务器通过接入时的 MAC 地址验证，以获取宽带接入认证。

② 网络地址转换(NAT)功能。NAT 功能将局域网内分配给每台电脑的 IP 地址转换成合法注册的 Internet 网实际 IP 地址，从而使内部网络的每台电脑可直接与 Internet 上的

其他主机进行通信。

③ 动态主机配置协议(DHCP)功能。DHCP能自动将IP地址分配给登录到TCP/IP网络的客户工作站。它提供安全、可靠、简单的网络设置,避免地址冲突。这对于家庭用户非常重要。

④ 防火墙功能。防火墙可以对流经它的网络数据进行扫描,从而过滤掉一些攻击信息。

防火墙还可以关闭不使用的端口,从而防止黑客攻击。而且它还能禁止特定端口流出信息,禁止来自特殊站点的访问。

⑤ 虚拟专用网(VPN)功能。VPN能利用Internet公用网络建立一个拥有自主权的私有网络,一个安全的VPN包括隧道、加密、认证、访问控制和审核技术。对于企业用户,这一功能非常重要,不仅可以节约开支,而且能保证企业信息安全。

⑥ DMZ功能。DMZ的主要作用是减少为不信任客户提供服务而引发的危险。DMZ能将公众主机和局域网络设施分离开来。大部分宽带路由器只可选择单台PC开启DMZ功能,也有一些功能较为齐全的宽带路由器可以设置多台PC提供DMZ功能。

⑦ DDNS功能。DDNS是动态域名服务,能将用户的动态IP地址映射到一个固定的域名解析服务器上,使IP地址与固定域名绑定,完成域名解析任务。DDNS可以帮助用户构建虚拟主机,以自己的域名发布信息。

2. 家用宽带路由器市场行情

(1) 品牌

目前,市场上的家用宽带路由器的品牌可谓五花八门,主要有TP-Link、Netcore、D-Link、思科、飞鱼星、华为、IP-COM、水星侠诺、迅捷、Vigor、LINKSYS、华硕、金浪、TOTO LINK、腾达、网润、斐讯通信、博达通信、BoC、中怡数宽、盈泽诺科特、欣联、B-Link、英迈。

(2) 价格

目前,市场上的家用宽带路由器的价格从几十元到上万元不等。

(3) 传输速率

目前,家用宽带路由器的传输速率主要有10/100Mb/s,或者10/100/1000Mb/s自适应型。

(4) 端口结构

端口结构主要分为模块化端口和非模块化端口两种。

(5) 支持VPN

目前,家用宽带路由器有些支持VPN,有些不支持VPN。

3. 家用宽带路由器销售案例

一般来说,对于家用宽带路由器的推销可以根据以下几点进行。

(1) 客户的需求

无论是选购什么产品,首先都是要明确自己的需求,根据自己的实际需求来选购产品。因为,市场上各种各样的宽带路由器在性能、功能上都各不相同,适用面也不一样。而且,不同用户有不同的需求,如果盲目地去选择,最后不光是在开支会造成浪费,选择的产品对网络的影响也很大。如SOHO用户希望简单、稳定、快捷;家庭用户最看重的就是性价比,价格低、实用就好。组建网络,是为了玩游戏、数据传输、观看视频还是聊天,这些都是消费者在购买产品前需要问自己的。不同产品针对用户不同的需求,侧重点也是不一样。

(2) 宽带路由器的硬件

硬件是路由器运行的基础,硬件型号好、质量高、路由器功能稳定,同时还可以进行功能的扩展。例如理论上,每台接入路由器能带动253台PC共享一IP地址,但实际上每个IP地址只能支持10～30台,而且功能不够稳定。一般中上档次的接入路由器可支持100台PC,且除了IP共享和路由功能外还具有防火墙、时间管理、DMZ等功能。

宽带路由器的主要硬件包括处理器、内存、闪存、广域网接口和局域网接口。处理器决定性能和速度,内存和闪存是功能扩展的基础。因此,硬件型号好,质量就高,路由器功能就稳定,扩展性就好。其中,人们最直接看到的是1个广域网接口(与宽带网入口连接)和4个具有集线器和交换机功能的接口,其中处理器的型号和频率、内存与闪存的大小是决定宽带路由器档次的关键。低档宽带路由器的处理器频率只有33MHz,内存只有4MB,这样的宽带路由器适合普通家庭用户;中高档的宽带路由器的处理器速度可达100MHz,内存不少于8MB,适合网吧及中小企业用户。现在的宽带路由器通常有1个WAN端口和4个LAN端口,可以满足一般家庭用户需要。但对于中小企业尤其是网吧,为达到足够的稳定性,最好有线路备份和负载均衡的配置,这样就需要2个或3个WAN端口。对于LAN端口,4个LAN端口一般是不够满足中小企业需要,解决的办法是通过交换机来扩展。

(3) 宽带路由器的功能

产品功能强大,不一定就是最好的。对于家庭和SOHO用户,路由器功能不需要很多很复杂,只需要能够满足用户的基本使用就可以了。太多的扩展功能不仅在资金上会造成浪费,同时在路由器工作时反而会造成占用其自身性能资源,甚至还会造成某些基础功能供应不足的连锁反应。

下面给大家介绍的这几个功能,都是家庭和SOHO用户选购宽带路由器的标配。

① DHCP(动态主机配置协议功能)可以自动将IP地址分配给登录到TCP/IP网络的客户工作站。它提供安全、可靠、简单的网络设置,避免地址冲突,这对于家庭用户来说非常重要。

② NAT(网络地址转换)功能将局域网内分配给每台电脑的IP地址转换成合法注册的Internet网实际IP地址,从而使内部网络的每台电脑可直接与Internet上的其他主机进行通信。

③ 防火墙可以对流经它的网络数据进行扫描,从而过滤掉一些攻击信息。防火墙还可以关闭不使用的端口,从而防止黑客攻击。而且它还能禁止特定端口流出信息,禁止来自特殊站点的访问。

④ 最重要的一个功能就是看是否支持相应的宽带接入方式。中宽宽带、ADSL、歌华有线等有多种宽带接入方式,而且各种接入方式登录方式也不一样,这就需要在选购的时候,看清楚路由器是否支持宽带。

(4) 宽带路由器的品牌及售后

大家在选购路由器时,还要重视品牌。因为品牌产品在售后服务、质量保证上都有承诺,能够大大减少用户在使用中的麻烦。大品牌产品,如TP-Link、D-Link、华硕等,在产品质量、售后服务商都是值得大家信赖的，厂商也都对这些产品提供了1年甚至3年的质保期限，凡是出现任何故障问题，都可以送到指定的维修点进行维修，免除了很多用户的后顾之忧。

3.4.2 家用无线路由器推销

1. 家用无线路由器知识及特点

(1) 无线路由器

无线路由器是带有无线覆盖功能的路由器，主要应用于用户上网和无线覆盖。市场上流行的无线路由器一般都支持专线XDSL、CABLE、动态XDSL、PPTP这4种接入方式，它还具有其他一些网络管理的功能，如DHCP服务、NAT防火墙、MAC地址过滤等功能。

(2) 无线路由器原理

无线路由器(Wireless Router)好比将单纯性无线AP和宽带路由器合二为一的扩展型产品，它不仅具备单纯性无线AP所有功能，如支持DHCP客户端、VPN、防火墙、WEP加密等，而且还包括网络地址转换(NAT)功能，可支持局域网用户的网络连接共享；可实现家庭无线网络中的Internet连接共享，实现ADSL和小区宽带的无线共享接入。

无线路由器可以与所有以太网接口的ADSL MODEM或CABLE MODEM直接相连，也可以在使用时通过交换机/集线器、宽带路由器等局域网方式再接入。其内置有简单的虚拟拨号软件，可以存储用户名和密码拨号上网，可以实现为拨号接入Internet的ADSL、CM等提供自动拨号功能，而无须手动拨号或占用一台电脑做服务器使用。此外，无线路由器一般还具备相对更完善的安全防护功能。

(3) 无线路由器相关参数

① 协议标准。目前，无线路由器产品支持的主流协议标准为IEEE 802.11g，并且向下兼容802.11b。这里首先就要认识这个标准所包含的意义。协议打头的“IEEE”是一个国际的无线标准组织，它负责电气与电子设备、试验方法、元器件、符号、定义以及测试方法等方面的标准制定。

而在无线路由器领域，除了以上两种协议外，其实还有一个IEEE 802.11a标准，只是由于其兼容性不太好而未被普及。而IEEE 802.11b与802.11g标准是可以兼容的，它们最大的区别就是支持的传输速率不同，前者只能支持到11Mbps，而后者可以支持54Mbps。而新推出不久的802.11g+标准可以支持108Mbps的无线传输速率，传输速度可以基本与有线网络持平。

综上所述，如果构建一个数据传输频繁且有一定传输速率要求的无线网络，那么支持IEEE 802.11g标准的无线路由器是首选；而如果是初涉无线网络，则可以选择价格相对低廉的支持IEEE 802.11b的产品。

② 数据传输率。和有线网络类似，无线网络的传输速率是指它在一定的网络标准之下接收和发送数据的能力，不过在无线网络中，该性能和环境有很大的关系。因为在无线网络中，数据的传输通过信号进行，而实际的使用环境或多或少都会对传输信号造成一定的干扰。

实际的情况是，无线局域网的实际传输速度只能达到产品标称最大传输速度的一半以下。如802.11b理论最大速度为11Mbps，通过测试，在无线网络环境较好的情况下，传输100MB的文件需要3min左右；而相同的环境，换为支持802.11g的产品，传输100MB的文件就只需要30s左右。因此在选购产品时，在需要的传输速率的基础上，还应作上浮考虑。

③ 信号覆盖。即在举例路由器参数中提到的“有效工作距离”，这一项也是无线路由器的重要参数之一。也就是说只有在无线路由器的信号覆盖范围内，其他计算机才能进行无线连接。

“室内100m，室外400m”同样也是理想值，它会随网络环境的不同而各异。通常室内在50m范围内都可有较好的无线信号，而室外一般来说都只能达到100～200m。无线路由器信号强弱同样受环境的影响较大。

④ 工作频率。关于这一项参数要说的不多，因为其涉及一些专业的电子知识。可以这样简单地来理解：将无线路由器比作日常通信工具——手机，手机所用的频率一般为800～2000MHz，而无线路由器和手机的工作频率差不多，为2.4GHz。

⑤ 增益天线。在无线网络中，天线可以达到增强无线信号的目的，可以将其理解为无线信号的放大器。天线对空间不同方向具有不同的辐射或接收能力，而根据方向性的不同，天线有全向和定向两种。

a. 全向天线：在水平面上，辐射与接收无最大方向的天线称为全向天线。全向天线由于无方向性，所以多用在点对多点通信的中心台。如想要在相邻的两幢楼之间建立无线连接，就可以选择这类天线。

b. 定向天线：有一个或多个辐射与接收能力最大方向的天线称为定向天线。定向天线能量集中，增益相对全向天线要高，适合于远距离点对点通信，同时由于具有方向性，抗干扰能力比较强。如一个小区里，需要横跨几幢楼建立无线连接时，就可以选择这类天线。

⑥ 机身接口。常见的无线路由器一般都有一个RJ-45口为WAN口，也就是UPLink到外部网络的接口；其余2～4个口为LAN口，用来连接普通局域网。内部有一个网络交换机芯片，专门处理LAN接口之间的信息交换。通常无线路由的WAN口和LAN之间的路由工作模式一般都采用NAT(Network Address Translation)方式。

所以，其实无线路由器也可以作为有线路由器使用。

2. 家用无线路由器市场行情

(1) 品牌

目前，无线路由器的品牌主要有：TP-Link、D-Link、BUFFALO、NETGEAR、netcore磊科、华硕、水星网络、华为、Linksys、FAST、贝尔金、TOTOLINK、爱连iin-link、B-Link、华讯方舟、IP-COM、斐讯通信、海联达、腾达、EDIMAX、JCG、思科精睿、SMC、H3C、WIFI-CITY、华美信科、飞鱼星、金浪、中怡数宽、EDUP、艾泰、RUCKUS、SAPIDO、深海贝尔、盈泽、LINKIN、固网、LINKING、银河风云、易贝数码、星网锐捷。

(2) 价格

目前，无线路由器的市场价格从数十元到数千元甚至上万元不等。

(3) 产品类型

目前，无线路由器主要有3类：SOHU无线路由器、企业无线路由器、3G无线路由器。市面上SOHU无线路由器和企业无线路由器比较常见，两者比较形似。SOHO无线路由器广泛用于家庭、小型企业中。企业无线路由器主要用在中小型企业中，性能比SOHO无线路由器要好，价格也贵一些。3G无线路由器可以实现多用户使用一张资费卡共享上网，并且3G无线路由器实现了WiFi功能，只要手机、电脑、PSP有无线网卡或者带WiFi功能就能通过 3G 无线路由器接入 Internet，为实现无线局域网共享 3G 无线网提供了极大的方便。部分厂家的还带有有线宽带接口，不用 3G 也能正常接入互联网。通过 3G 无线路由器，可以实现宽带连接，达到或超过当前 ADSL 的网络带宽，在办公和旅行等应用中变得非常广泛。

(4) 无线速率

目前，无线路由器的数据传输率主要有 54Mb/s、108Mb/s、150Mb/s、300Mb/s 这 4 种。

(5) 天线数量

市面上无线路由器的天线数量有 1 根、2 根、3 根这 3 种。一般来说，天线数量越多，无线传输的范围就相对越大一些。

3. 家用无线路由器销售案例

一般来说，对于家用无线路由器的推销可以根据以下几点进行。

(1) 价格

无论产品多么优秀，品牌多么响亮，功能多么丰富，在价格这个因素面前，一切都显得那么的软弱无力。而放眼整个市场，无线路由器的价格从几十元到几千元不等，作为一名普通的家庭用户，选择起来确实很困难。

100 元以下的市场一直被认为是无线路由器的低端市场，其中多以 11g(54Mb/s)产品为主。不过随着无线路由器的快速发展，很多 11n 产品也开始逼近百元大关，甚至有些已经跌破了百元，低端市场的争夺战大有愈演愈烈之势。

IEEE 802.11n 草案标准于 2009 年 9 月正式转正，这也加速了 11n 产品的普及步伐。原本高高在上、动辄两三百元甚至千元的 300Mb/s 无线路由器也开始疯狂降价，各大品牌的产品纷纷跌破 200 元大关，有些甚至跌破了 150 元大关，降价幅度非常明显。

除了一二百元的选择外，300Mb/s 家用无线路由器中也有售价高达 1599 元的旗舰级产品。以华硕 RT-N16 为例，它的功能异常丰富，FTP、BT 下载、流量控制等功能一应俱全，无线路由也只能算是它其中之一的功能。

那么作为普通的家庭用户，如果平时在家里只是上上网、玩玩游戏、看看视频，建议选择一二百元的无线路由器即可，它们价格便宜，性能又有保证，基本的功能也可以满足绝大多数用户的日常需求。高性价比是这类无线路由器的最大特色，同时也是它们最具竞争力的优势。

(2) 品牌

在选择家用无线路由器时，品牌的因素也不容忽视。由于无线路由器的技术门槛不高，在无线路由市场中，除了人们熟知一二线品牌外，还充斥着很多三线品牌，甚至是贴牌的山寨品牌。对于初次购买无线路由器的用户，这些山寨品牌就在等待“光临”。所以了解一下无线路由市场中的知名品牌，也是必修的一门功课。

说到无线路由器品牌，首推的当然是大名鼎鼎的 Linksys by Cisco，网络巨头思科旗下的知名品牌。Linksys by Cisco 的产品一直都是无线路由器的高端代表，设计、品质、性能、功能全部都是业界的领先水平，然而过高的价格注定其难以成为普通用户的选择。如果用户对品牌有极高的要求，Linksys by Cisco 绝对是唯一选择。

除了 Linksys by Cisco 外，常见的 TP-Link、D-Link、网件、腾达、华硕、巴比禄、贝尔金

这些知名品牌的无线路由器同样值得选购。虽然是知名品牌,它们却有着平易近人的价格,其中 TP-Link、D -Link、腾达的 150Mb/s 产品都在百元左右,而网件、华硕、巴比禄的 150Mb/s 产品也在 200 元以下,对于普通家庭用户,价格完全可以承受。

选购家用无线路由器时,一定要注意无线路由器的品牌,不要被山寨品牌的低价格所迷惑。购买了山寨产品,不仅不能享受精彩的无线生活,还会因其质量问题而麻烦不断。另外还要看清知名品牌的 LOGO,因为知名品牌产品的外观经常被山寨品牌模仿,如果不仔细观察,很容易买到高仿的山寨品。所以在选购无线路由器时,一定要认清品牌,拒绝山寨。

(3) 标准

随着 IEEE 802.11n 正式标准的推出,选 11g 还是选 11n 成了很多家庭用户的烦恼,而且就算选定了协议标准,很多用户又会对选择何种传输速率充满了困惑。面对这样的问题,人们该如何选择呢?

先来看看 IEEE 802.11g 标准,此标准早在 1997 年就被 IEEE(美国电气和电子工程师协会,The Institute of Electrical and Electronics Engineers)认证,最高无线传输速率为 54Mb/s,现在依然被很多无线用户使用。

那么 108Mb/s 又是怎么回事呢?其实它就是 802.11g+标准,也就是 11g 的升级版本。除了 108Mb/s 这个速度外,常看到的 125Mb/s 也属于这个 g+标准。由于 802.11g+标准在市场中的认可度很低,所以现在这类产品已经非常少,当然,也不建议大家选购此类产品。

再来看看 IEEE 802.11n 标准,它于 2009 年 9 月正式得到 IEEE 认证,最高无线传输速率为 600Mb/s,支持 MIMO 技术,无线传输更加宽泛稳定。为什么最高是 600Mb/s 呢?怎么还有 4 种速度标准呢?11n 不就是 300Mb/s 吗?其实这是很多用户的一个误区,在 11n 的正式标准中,确实是有 4 种速度标准,它们分别是 150Mb/s、300Mb/s、450Mb/s 和 600Mb/s。150Mb/s 和 300Mb/s 在市场中已非常常见,用户的认可度也非常高,已经成为很多用户的首选,而且 450Mb/s 的产品也已开始在国外市场崭露头角。

通过上面的介绍,相信绝大多数用户都会做出正确的选择——11n 无线路由器。没错,相比 11g,11n 拥有更快的无线传输速率、更宽泛的无线传输距离和更安全的无线防护能力。而价格方面,尤其是 150Mb/s 无线路由器,它与 54Mb/s 的差距微乎其微,性价比要高出 54Mb/s 产品很多,所以符合 IEEE 802.11n 标准的无线路由器更加值得选择。

(4) 速度

54Mb/s、150Mb/s、300Mb/s 以及 450Mb/s,这些都是无线路由器的理论传输速率,也可以理解为极限条件下的无线传输速率,那么在实际使用环境中它们的无线传输速率又是多少呢?距离理论传输速率的差距又有多大呢?下面通过实际测试,让大家在选购时做到心中有数。

54Mb/s 无线路由器的实际速率表现一般在 20Mb/s 左右,不及理论传输速率的一半。150Mb/s 无线路由器的实际速率表现一般在 70～80Mb/s,大约是理论传输速率的一半。300Mb/s 无线路由器实际速率表现一般在 90～100Mb/s,大约是理论传输速率的 1/3。

通过实际测试,可以看到 54Mb/s、150Mb/s、300Mb/s 无线路由器的实际传输速率均远低于理论传输速率。其中,54Mb/s 的实际成绩只有 20Mb/s,已经不能满足现代用户的需求,所以不建议大家选购。300Mb/s 的实际成绩虽然距理论值差距最大,不过实际传输速率还是接近了有线传输的速率(100Mb/s),表现基本令人满意。而 150Mb/s 无线路由器虽然理论速度只有300Mb/s的一半，但实际速率却仅与300Mb/s相差20%左右，相比起来更加值得选购。

(5) 信号

信号的强弱同样影响着无线路由器的使用体验。为什么别人的无线路由器的信号就能覆盖到家中的每个角落，而我的无线路由器却不行呢？其实这个问题就出在信号覆盖能力方面。前面已经介绍过，802.11n相比11g拥有更出色的无线信号覆盖能力，因为它支持MIMO技术。那什么是MIMO技术呢？

MIMO(Multiple-Input Multiple-Output，多进多出)技术是一项运用于802.11n标准的核心技术。它利用多天线来抑制信道衰落，相对于普通的SISO(Single-Input Single-Output)技术，可以提供更宽泛的信号传输范围和更强劲的信号传输能力。

目前，市场中常见的300Mb/s无线路由器一般都采用3根外置天线设计，这样可以很好地支持MIMO技术，获得最佳的无线信号传输效果。那么同属11n标准的150Mb/s无线路由器支持MIMO技术吗？

其实150Mb/s无线路由器也是支持MIMO技术的，表面看来它们只有一根外置天线，其实在机身的内部，它还内置了一根天线，所以150Mb/s无线路由器也拥有非常出色的无线信号传输能力，而且有些150Mb/s无线路由器还可以通过调节无线发射功率来调节信号强度，如华硕的RT-N10＋。通过调节发射功率，RT-N10＋的信号强度可以提升30%以上，对于家庭用户，效果非常明显。

由于54Mb/s无线路由器只有单根天线，且不支持MIMO技术，对于现代家庭，不推荐大家选购。而对于普通用户，150Mb/s的无线路由器基本上可以实现家中无线信号全覆盖，不过随着穿越墙壁的增多，信号强度也会急剧减弱。所以如果需要更强的无线信号，3根天线的300Mb/s无线路由器才是最佳选择。

(6) 功能

一般来说，无线路由器都有设置向导功能、WPS"一键加密"功能、带宽管理功能。目前，一般的150Mb/s无线路由器都拥有上面所说的几个基本功能，而且随着厂商的不同，还会有其他的特色功能加入，所以150Mb/s的无线路由器依然是不错的选择。不过如果还有特殊需要，如组建FTP、进行P2P下载、实现无线打印甚至是NAS存储，那么那些高端的300Mb/s无线路由器将是最佳选择。

3.4.3 小型局域网交换机推销

1. 小型局域网交换机知识及特点

(1) 局域网交换机

交换局域网即交换式局域网。传统的以太网中，在任意一个时刻网络中只能有一个站点发送数据，其他站点只可以接收信息，若想发送数据，只能退避等待。因此，共享式以太网的固定带宽被网络上所有站点共享、随机占用，网络中的站点越多，每个站点平均可以使用的带宽就越窄，网络的响应速度就越慢。交换式局域网的出现解决了这个问题。

(2) 交换局域网功能

交换式局域网可向用户提供共享式局域网不能实现的一些功能，主要包括以下几个方面。

① 隔离冲突域。在共享式以太网中，使用CSMA/CD算法来进行介质访问控制。如果两个或者更多站点同时检测到信道空闲而有帧准备发送，它们将发生冲突。一组竞争信道访问的站点称为冲突域。显然同一个冲突域中的站点竞争信道，便会导致冲突和退避。而不同冲突域的站点不会竞争公共信道，它们则不会产生冲突。在交换式局域网中，每个交换机端口就对应一个冲突域，端口就是冲突域终点，由于交换机具有交换功能，不同端口的站点之间不会产生冲突。如果每个端口只连接一台计算机站点，那么在任何一对站点之间都不会有冲突。若一个端口连接一个共享式局域网，那么在该端口的所有站点之间会产生冲突，但该端口的站点和交换机其他端口的站点之间将不会产生冲突。因此，交换机隔离了每个端口的冲突域。

② 扩展距离。交换机可以扩展LAN的距离。每个交换机端口可以连接不同的LAN，因此，每个端口都可以达到不同LAN的技术所要求的最大距离，而与连接到其他交换机端口LAN的长度无关。

③ 增加总容量。在共享式LAN中，其容量由所有接入设备共享。而在交换式局域网中，由于交换机的每个端口具有专用容量，交换式局域网总容量随着交换机的端口数量而增加，所以交换机提供的数据数传输容量比共享式LAN大得多。

④ 数据率灵活性。对于共享式LAN，不同LAN采用不同数据率，但连接到同一共享式LAN的所有设备必须使用同样的数据率。而对于交换式局域网，交换机的每个端口可以使用不同的数据率，所以可以以不同数据率部署站点，非常灵活。

(3) 局域网交换机的技术特点

① 低交换延迟。这是交换机的主要特点。从传输延迟的量级来看，如果交换机为几十微秒，则网桥为几百微秒，路由器为几千微秒。

② 支持不同的传输速率和工作模式。交换机的端口可以支持不同的传输速率，如支持10Mb/s、100Mb/s等。端口可以支持两种工模式：全双工和半双工。

③ 高传输宽带。

④ 支持虚拟局域网服务。交换局域网是虚拟局域网的基础，当前的交换机基本上都支持虚拟局域网。

2. 小型局域网交换机市场行情

(1) 品牌

小型局域网交换机的品牌主要有：H3C、思科、TP-Link、华为、D-Link、锐捷网络、Netcore(磊科)、中兴、NETGEAR、惠普、水星、IP-COM、神州数码、3COM、金浪、博达、迅捷、思科精睿、艾泰、飞鱼星、联想、戴尔、Moxa、ECOM、腾达、LINKSYS、融合网络、迈普、博科、B-Link、华硕、阿尔卡特、合勤ZyXEL、银河风云、HARD LINK、北电网络、盈泽、TOTOLINK、时速、智邦、斐讯通信、趋势、Keydone奇东、蓝海卓越、Ediwave、冠泰。

(2) 价格

目前，小型局域网交换机技术相对成熟，制造工艺比较简单，生产成本较低，市场价格一般从数十元到千元不等。

3. 小型局域网交换机销售案例

一般来说，对于小型局域网交换机的推销可以根据以下几点进行。

(1) 根据网络的应用需求情况，首先确定产品的速度。作为网络设备，毫无疑问，设备的速度是需要首先考虑的问题。网络设备的速度是用 Mb/s 来表示的。交换机的飞速发展是有目共睹的，短短的几年中，交换机的速度已经从 10Mb/s、100Mb/s 提高到现在的 1000Mb/s，甚至已经有人提出了兆兆交换机的概念。目前，10Mb/s 的交换机已经淡出了市场，1000Mb/s 交换机一般应用于大型网络的骨干网中，为用户提供高速的主干带宽，而 100Mb/s 交换机将在中小型网络的主干中发挥作用，或者在大型网络中扮演二级交换机的角色。

因此，用户应该根据自己实际应用中的需求来选择使用 100Mb/s 还是 1000Mb/s 的产品。当然如果用户对应用要求较高，同时经费预算又比较充裕的话，也可以在中小型网络中使用 1000Mb/s 的交换机产品。目前有一些交换机产品，为了扩展自己的应用范围，适应不同网速的需要，在速度上采取的是自适应的方式。不过这些产品虽说方便，但是有时却会造成浪费。

不过交换机在网络中绝不是独立存在的，它的速度受到网络连接线的限制，因此在选购交换机时必须考虑到网络布线的总体设计成本。

(2) 根据需要连接的设备数量和网络连线，选择设备的端口数和类型。交换机的另一个重要的技术指标是它的端口数，也就是它可以连接设备数(可以使用电脑，也可以是其他网络连接设备)，因此选购时应该根据网络中该台交换机需要连接的设备的数量进行选购。交换机中最常见的设备端口数为 8 个、16 个、24 个、48 个。而某些厂商针对大型的网络推出的大型交换机甚至已经具有端口数量达到上百个的产品。而对于那些端口数较少的产品，也可以采取用多个设备堆叠的方式来扩充其端口数。在确定了设备的端口数后，接下去应该考虑端口的类型。而这只需要根据网络使用的连接介质的类型来选择，各种连接介质使用的端口类型是不同的，不能够互相兼容。如果选错的话，那设备可就变成一堆废铁了。

(3) 了解设备的背板带宽情况。背板带宽也称为背板吞吐量，是交换机接口处理器或接口卡和数据总线间所能吞吐的最大数据量。交换机的背板带宽越高，数据处理能力也就越强。当然，背板带宽和交换机设备端口数也是成正比的，设备端口数增加，背板带宽也应该随之相应提高。两款速度相同(如同为 100Mb/s)、端口数相同的交换机，如果一款的背板带宽小于另一款的话，则说明该款产品的数据处理能力小于另一款。不过背板带宽对产品的价格影响非常大，在考虑背板带宽的同时还应该考虑产品的价格，找准性能和价格的切合点。

(4) 了解交换机的芯片情况。交换机实际上也是一台计算机，因此同样也有 CPU。在百兆以上的交换机中，CPU 的任务必然十分繁重。对于交换机应该采用专门的 ASIC 芯片，这种芯片是专门针对百兆或千兆交换机设计的，效率较高。而有些厂商为了降低成本，采用了和普通计算机相同的通用 CPU，但是由于这些 CPU 不是专门为交换机设计的，所以不能够充分发挥出产品的性能。

因此用户在选购交换机，尤其是百兆以上、端口数较多的交换机产品时，应该选择那些采用了 ASIC 芯片的产品。否则的话，如果多个端口同时工作，非常容易出现堵塞、丢包的情况。

(5) 是否采用了三层交换技术。三层交换技术也称为多层交换技术或 IP 交换技术，是相对于传统交换概念而提出的。传统的交换技术是在 OSI 网络标准模型中的第二层——数据链路层进行操作的，而三层交换技术是在网络模型中的第三层实现了数据包的高速转发。简单地说，三层交换技术就是“二层交换技术＋三层转发技术”。三层交换技术的出现解决了局域网中网段划分之后，网段中子网必须依赖路由器进行管理的局面，解决了传统路由器低速、复杂所造成的网络瓶颈问题。

目前，许多厂商都推出了三层交换技术的交换机，对于网络规模不大，不需要使用路由器，但对网络速度又有较高要求的用户，合理地选择采用了三层交换技术的产品是非常必要的。

(6) 扩展性要充分考虑。随着网络应用的不断发展，用户对网络的要求会不断地提高。因此用户在选购时应该充分考虑到产品的扩展性，以便给以后的升级留下余地。

考察产品的扩展性关键是考察产品的扩展槽的数量和功能，了解扩展槽可以支持的端口的数量和速度。当然，扩展性的增长也会使产品的价格也随之提高，因此用户应该考虑到自己实际的应用情况，既要避免过小，使以后的扩展受到限制，也要避免选得过大，造成不必要的浪费。

(7) 根据应用情况，考虑设备的管理功能。对于交换机，管理功能是非常重要的。一台具有网管功能的交换机能够使用户轻松地掌握网络的动态，在出现故障的时候排除故障。尤其是一些规模较大的网络，更加应该选择具有网管功能的产品。

3.4.4 无线局域网网卡推销

1. 无线局域网网卡知识及特点

(1) 无线网卡

无线网卡是终端无线网络的设备，是无线局域网的无线覆盖下通过无线连接网络进行上网使用的无线终端设备。具体来说，无线网卡就是使电脑可以利用无线来上网的一个装置，但是有了无线网卡也还需要一个可以连接的无线网络，如果在家里或者所在地有无线路由器或者无线 AP 的覆盖，就可以通过无线网卡以无线的方式连接无线网络上网。

(2) 接口

① 台式机专用的 PCI 接口无线网卡。

② 笔记本电脑专用的 PCMCIA 接口无线网卡。

③ USB 接口无线网卡。

④ 笔记本电脑内置的 MINI-PCI 无线网卡。

⑤ 无线网卡的端口，还分为 E 型、T 型、PC 型、L 型和 USB 等接口。

(3) 标准

① IEEE 802.11a：使用 5GHz 频段，传输速度 54Mb/s，与 802.11b 不兼容。

② IEEE 802.11b：使用 2.4GHz 频段，传输速度 11Mb/s。

③ IEEE 802.11g：使用 2.4GHz 频段，传输速度 54Mb/s，可向下兼容 802.11b。

④ IEEE 802.11n(Draft 2.0)：用于 Intel 新的迅驰 2 笔记本和高端路由上，可向下兼容，传输速度 300Mb/s。

2. 无线局域网网卡市场行情

(1) 品牌

无线局域网网卡品牌有：TP-Link、B-Link、水星、netcore 磊科、D -Link、华硕、TOTOLINK、EDUP、迅捷、NETGEAR、Intel、Linksys、SIGLINK、BUFFALO、金浪、腾达、贝尔金、盈泽、EDIMAX、IP-COM、JCG。

(2) 价格

无线局域网网卡的市场价格最低有几十元，而性能强大的超大功率的无线局域网网卡的市场价甚至达到数千元。

(3) 最高速率

目前，市场上的无线局域网网卡的最高速率有 54Mb/s、108Mb/s、125Mb/s、150Mb/s、270Mb/s、300Mb/s。

(4) 接口类型

无线局域网网卡的接口类型也有很多种。最早用在笔记本的是 PCMCIA 接口类型，用在台式机的有 PCI 接口类型的，现在还有体积更小、携带更方便的 USB 接口类型的。除此之外，还有 MINI PCI、PCI-E、CARD-BUS 接口类型。应当根据自己使用的设备所提供的接口来选择适当的接口类型的无线局域网网卡。

3. 无线局域网网卡销售案例

一般来说，对于无线局域网网卡的推销可以根据以下几点进行。

(1) 价格与品牌

目前，市场上的无线网卡价格已经跌幅很大，一般国产的 11Mb/s PCI 接口、PCMCIA 接口的无线网卡的报价大致在 100～200 元，同类 USB 接口无线网卡的报价一般在 200 元以上，而国外同类产品的价位相对较高。在品牌方面，建议家庭用户选择国产知名品牌，这样在享受本地化服务的同时，技术方面也更加适合国内的网络环境。

(2) 接口类型

无线网卡主要分 PCI、USB、PCMCIA 这 3 种，PCI 接口无线网卡主要用于台式电脑，价格最便宜；USB 接口无线网卡具有即插即用、安装方便等特点，主板只要有 USB 接口就可以安装使用，不过价格相对高一些；PCMCIA 接口的无线网卡用于笔记本电脑，具有和 USB 相同的特点。在选购无线网卡时，应根据实际的情况来选择合适的无线网卡。

(3) 标准与速率

无线网卡常用的网络标准主要是 WiFi 认证的 IEEE 802.11b、IEEE 802.11b+、IEEE 802.11a、IEEE 802.11g 标准，目前 IEEE 802.11b 标准使用得最为广泛，最大可以支持 11Mb/s 的传输速率；而 IEEE 802.11b+标准可以达到 22Mb/s；其他两个标准都可以达到 54Mb/s，通常最大传输速率越高，产品价格也越高。对于普通的家庭用户，建议选择 11Mb/s 的无线网卡即可；对于更高要求的家庭用户，可以选择 54Mb/s 的无线网卡。

(4) 最大传输距离

最大传输距离同样是衡量无线网卡性能的重要指标，传输距离越大，则无线网络使用的范围就越大。目前，无线网卡室内最大传输距离可以达到 100m，室外最大传输距离可以达到300m。在选购时，注意产品的传输距离不低于该标准值即可。

3.4.5 无线上网卡推销

1. 无线上网卡知识及特点

(1) 无线上网卡

无线网卡(无线网络适配器)指的是具有无线连接功能的局域网卡，它的作用、功能跟普通电脑网卡一样，是用来连接到局域网上的。它只是一个信号处理的设备，只有在找到上互联网的出口时，才能实现与互联网的连接。所有无线网卡只能局限在已布有无线局域网的范围内，它与Internet的接入依靠与广域网相连的代理服务器或无线路由器等设备。而无线上网卡的作用、功能相当于有线的调制解调器，它可以在拥有无线电话信号覆盖的任何地方，利用手机的SIM卡来连接到互联网。

(2) 3G无线上网卡

3G上网卡是目前无线广域通信网络应用广泛的上网介质。目前我国有中国移动的TD-SCDMA和中国电信的CDMA2000以及中国联通的WCDMA共3种网络制式，所以常见的无线上网卡就包括CDMA2000无线上网卡和TD、WCDMA无线上网卡3类。

2. 无线上网卡市场行情

(1) 品牌

无线上网卡品牌有：华为、中兴、华译天讯、网讯、联想、上海贝尔、大唐电信、索尼爱立信、清华同方、联晨科技、品速、熊猫、Q讯、实创兴、隆信通、深海贝尔、腾达、贝尔讯、IE-LINK、讯唐、北大青鸟、首信、方正、亿晨、翔速、长城、优美信、清华紫光、易贝数码、三目通、普众、万维、阿尔卡特、联通行、R-Card、UNICARD、华人、凌飞、百嘉宏、国源。

(2) 价格

目前的无线上网卡设备大多数是捆绑运营商上网资费进行销售。当然，单独购买一个无线上网卡设备也可以。从价格上看，无线上网卡设备基本上在百元以上。

(3) 设备类型

由于我国3G网络现在有3种不同的制式，所以现在3G的无线上网卡类型有3种：电信3G上网卡、联通3G上网卡、移动3G上网卡。

(4) 接口类型

目前，常见的3G上网卡的接口类型有USB、PCMCIA、Express Card这3种。

3. 无线上网卡销售案例

一般来说，对于无线上网卡的推销可以根据以下几点进行。

(1) 接口

和其他很多外设一样，选购无线上网卡也需要在接口选择方面多加考虑。目前，无线上网卡主要采用PCMCIA、CF以及USB接口，此外也有极少数产品采用SD接口或是Express Card接口。

PCMCIA得到几乎所有笔记本电脑的支持，而且其接口带宽基于PCI总线，速度表现自然是最为出色的。不过平心而论，低带宽需求的无线上网卡并不会对接口带宽提出高要求，因此PCMCIA的优势在于实际使用时可以让无线上网卡完全插入笔记本插槽的内部，基本不会有突出的部分,这样无疑更加安全,不会因为一些意外情况而发生碰撞。

CF接口比PCMCIA接口更加小巧,而且通过一款几十元的转接器就能转换成PCMCIA接口,因此这也被誉为是无线上网卡的最佳接口。当然,选择CF接口并不是为了配合笔记本电脑,而是给PDA以及UMPC等设备带来方便。如今,很多PDA都带有CF接口,而且支持数据传输功能,此时结合无线上网卡就能实现很不错的户外移动上网应用。

相对来说,USB接口却并非是理想的选择。以配合笔记本电脑应用为例,USB接口的设备必然无法做到完全插入,此时一旦意外的磕磕碰碰就很容易把无线上网卡弄坏。此外,一般PCMCIA以及CF接口的产品总是更多地为低功耗设计考虑,而USB接口的产品似乎更加偏向于台式机应用,因此往往功耗控制更差一些。当然,选择USB接口的无线上网卡也不是没有好处,灵活兼容于台式机与笔记本电脑,这便是最大的诱惑力。

至于SD接口或是Express Card接口的产品,建议大家暂时不用考虑。SD接口的无线上网卡要求设备具有SDIO接口,这只有少数PDA支持,而且价格不菲。至于Express Card接口,虽说它取代PCMCIA接口的长远趋势毋庸置疑,但是至少目前还显得太过超前。

(2) 天线

天线是大家在选购无线上网卡时容易忽视的细节,但是这却在实际使用中关系到可靠性与稳定性。市场上的无线上网卡天线分为可伸缩式、可分离拆卸式以及固定式。毫无疑问,前者使用起来是最为方便的,在不使用时可以收起来,不仅不影响美观,而且不会在磕磕碰碰时弄坏。可分离拆卸式是避免磕碰损坏的最佳方案,而且万一弄坏也能很方便地买到备用天线。不过,可分离拆卸式天线最大的不便在于难以保管,且很容易丢失。当然,部分无线上网卡在信号较好的情况下即便不使用天线也能正常上网,这就显得比较灵活一些。至于固定式天线,大家一定要看看是软天线还是硬天线。软天线一般便于弯折,不容易损坏,而如果是硬天线,那可就得小心看护了。

(3) 传输稳定性

对于无线上网卡而言,决定其传输速率和稳定性的关键在于发射芯片。由于目前全球发射模块被几大厂商所垄断,因此不同产品之间的差距实际上并不大。如同手机信号强弱一样,不同的无线上网卡在弱信号处的数据收发能力稍有区别,这与厂商不敢贸然加大发射功率有一定的关系。一般而言,厂商并不会公开无线上网卡的发射功率,因此大家只能根据产品实际试用情况来选择。不过可以肯定的是,在现在市面上流行的正规品牌产品中,发射功率基本都是相同的,毕竟厂商也需要遵循有关部门的相关标准。然而,一旦是购买一些水货或是工包产品,那可就得小心一些了,毕竟国内的信号并不如国外那样好,过分注重低发射功率的健康保护也会给户外上网带来一些麻烦。

(4) 散热表现

稳定性则是另外需要关注的焦点。由于驱动和应用软件方面造成的稳定性因素基本不存在,因为相关驱动的核心内容都由发射芯片厂商统一提供,而软件开发也不会抬高技术难度和瓶颈。相对来说,发热量才是该关心的重点。在狭小的PCMCIA插槽中,无线上网卡如果连续长时间使用,那么其发热量必须足够小,否则就容易导致产品加速老化,甚至频繁掉线。

训 练 题

1. 根据当前最新报价，分别为学生用机、网吧用机和平面设计师制作定3份购机单。

2. 根据当前最新报价，分别为学校系办公室、医院办公室和普通家庭制作定3份办公设备采购单。

3. 请同学们分别扮演不同需求的角色去当地最大的电脑城了解一个或两个品牌不同档次数码相机、摄像机的性能和使用技巧等，并有意记下销售员的销售技巧，回校后进行集体讨论。

项目四

IT 设备的装配与售后服务

**岗位目标：IT 设备技术员**

知识目标：

(1) 了解计算机产品售后服务行业的工作岗位设置；
(2) 熟悉装机员的职业素养；
(3) 熟悉计算机各类硬件产品的性能特征。

能力目标：

(1) 能熟练地组装计算机硬件；
(2) 能安装各类操作系统；
(3) 能快速地检测与维护计算机各类软、硬件故障。

素养目标：

(1) 自觉遵守公司制度；
(2) 较强的专业知识；
(3) 有自信心；
(4) 勤奋、积极、主动的态度；
(5) 良好的团队合作精神；
(6) 明确任务目标；
(7) 普通话及地方语言好，具有良好的沟通能力。

4.1 计算机组装与售后服务

知识目标：

(1) 了解计算机产品售后服务行业的工作岗位设置；
(2) 熟悉装机员的职业素养；
(3) 熟悉计算机各类硬件产品的性能特征。

能力目标：

(1) 能熟练地组装计算机硬件；
(2) 能安装各类操作系统；
(3) 能快速地检测与维护计算机各类软、硬件故障。

4.1.1 计算机组装与测试

1. 任务背景

随着信息技术的发展，现在越来越多的家庭拥有自己的电脑。早些年由于人们对计算机的了解甚少，大部分家庭购买品牌机，随着计算机知识的普及，现在更多的家庭用户选择购买组装机。组装机不但价格便宜，且可以随自己的意愿任意搭配组建，具有更大的灵活性。

2. 相关知识

(1) 工具与材料准备

① 螺丝刀：在装机时要用两种螺丝刀，一种是一字形的，通常称为平口改锥；另一种是十字形的，通常称为梅花改锥。应尽量选用带磁性的螺丝刀，这样可以降低安装的难度，因为机箱内空间狭小，用手扶螺丝很不方便。但螺丝刀上的磁性不能过大，以免对部分硬件造成损坏。磁性的强弱以螺丝刀能吸住螺丝并不脱离为宜。

② 尖嘴钳：尖嘴钳主要用来拔一些小的元件，如跳线帽或主板的支撑架等。

③ 镊子：镊子主要是在插拔主板或硬盘上的跳线时使用。

④ 材料准备：在准备组装电脑前，还需要准备好所需要的配件，如主板、CPU、内存和硬盘等，最好将这些配件依次放置在工作台上，以方便取用，也不会因为随意放置而出现跌落损坏等情况。

(2) 组装的注意事项

① 静电。几乎所有的电脑配件上都带有精密的电子元件，这些电子元件最怕的就是静电。因为静电在释放的瞬间，其电压值可以达到上万伏特，在这样高的电压下，配件上的电子元件有可能会被击穿。释放静电的最简单方法就是触摸大块的接地金属物品(如自来水管)，或者戴上防静电手套。

② 不要连接电源线。在组装过程中不要连接电源线，也不要在通电后触摸机箱内的任何组件。

③ 轻拿轻放物品。对各个部件要轻拿轻放，不要碰撞，尤其是硬盘。

④ 防止出现短路现象。像主板、光驱、软驱、硬盘这类需要很多螺钉的硬件，应将它们在机箱中放置安稳，再对称将螺钉安上，最后对称拧紧。安装主板的螺钉要加上绝缘垫片，防止主板与机箱短接。

⑤ 拧紧螺栓的松紧度。在拧螺栓或螺帽时，要适度用力，并在开始遇到阻力时便立即停止。过度拧紧螺栓或螺帽可能会损坏主板或其他塑料组件。

(3) 计算机组装步骤

① 拆卸机箱和安装电源。首先将机箱放在工作台，用十字螺丝刀把机箱上的挡板固定螺丝打开。把与机箱配套的配件包打开，里面有很多小零件。有很多不同型号大小的螺丝，一般分专门固定硬盘用的螺丝，专门固定主板、光驱、软驱的螺丝，专门固定机箱挡板、电源用的螺丝，专门固定显卡、声卡等内置插卡的螺丝；一些用于把电源线、软驱线、硬盘线捆绑在一起的塑料扎线；还有为了适合不同类型主板的机箱挡片以及支撑主板的铜柱等。

机箱打开后安装电源，先将电源放进机箱上的电源位，并将电源上的螺丝固定孔与机箱上的固定孔对正，如图 4-1 所示。然后再先拧上 1 颗螺钉(固定住电源即可)，然后将最后

3 颗螺钉孔对正位置，再拧上剩下的螺钉即可，如图 4-2 所示。

图 4-1　安装电源

图 4-2　固定电源

需要注意的是，在安装电源时，首先要做的就是将电源放入机箱内，这个过程中要注意电源放入的方向，有些电源有 2 个风扇，或者有 1 个排风口，则其中 1 个风扇或排风口应对着主板，放入后稍稍调整，让电源上的 4 个螺钉和机箱上的固定孔分别对齐。把电源装上机箱时，要注意电源一般都是反过来安装，即上下颠倒。只要把电源上的螺丝位对准机箱上的孔位，再把螺丝上紧即可。

② 组装最小系统。

a. 设置主板上的跳线与插针。跳线有 2 针和 3 针之分，2 针采用闭合或者打开来设定，而 3 针采用 1-2(连接 1 号位与 2 号位插针)与 2-3(连接 2 号位与 3 号位插针)来设置。部分主板采用 4 针跳线，拥有 3 种组合。事实上，跳线的使用不如 DIP 开关那样简单直观，需要一个跳线帽来设定。

使用跳线时，通常外频设置跳线和倍频跳线是分开的，具体须参考主板说明书。

插针用于输出低电压与数据信号，常见的有主板上的 PC 喇叭、信号灯、CPU 风扇等插针。注意插针往往有正负之分，如果接反，有些不能正常工作。由于插针输出的电压很小，因此一般情况下即便接反也不会损坏硬件。

b. 安装 CPU 和风扇(见图 4-3)。

图 4-3　AMD Athlon XP CPU 及主板上对应的插座

c. 安装内存条。用力扳开白色的内存条卡子，然后按照内存条上的缺口跟内存条插槽缺口一致的方向插上，确保方向没有错的情况下，均匀用力压下，如图 4-4、图 4-5 所示。此时应该听到“啪，啪”的两声，这是固定内存条的扣正常扣紧了内存条时发出的声音。

图 4-4 安装内存条

图 4-5 固定内存条

如果需要支持双通道，则按照主板说明书上的说明在另外一个内存插槽中再安装一条内存条。

d. 安装显卡。如果选择的是 PCI-E 的显卡，则必须把它安装在 PCI-E 插槽上；如果是 AGP 的显卡，则需要安装在 AGP 插槽上，如图 4-6 所示。

注意：如果主板集成了显卡就可以跳过该步骤。

e. 连接电源。连接主板电源：找到主板电源线，将其插入主板插座，如图 4-7 所示。目前大部分主板采用了 24 针的供电电源设计，但也有些主板为 20 针。

图 4-6 安装显卡

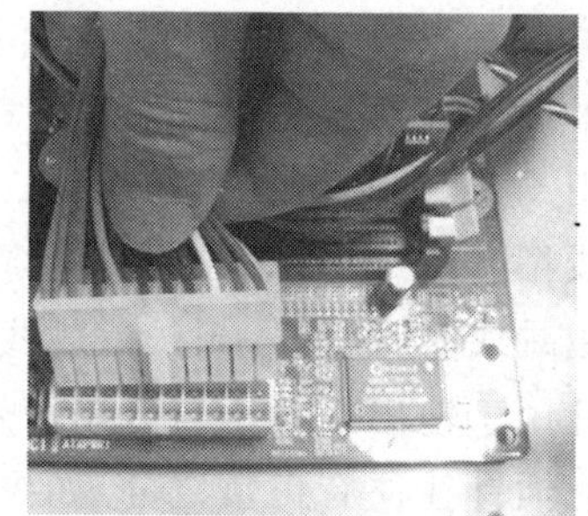
图 4-7 插入主板电源线

插入 CPU 专用的电源插头，如图 4-8 所示。这里使用了高端的 8 针设计，以提供 CPU 稳定的电压供应。

f. 测试最小系统。参见主板说明书，用螺丝刀头轻轻动短路主板上标有 POWER SW（电源开关）的跳线启动电脑。显示主板信息，表示正常。未完全安装的最小系统如图 4-9 所示。

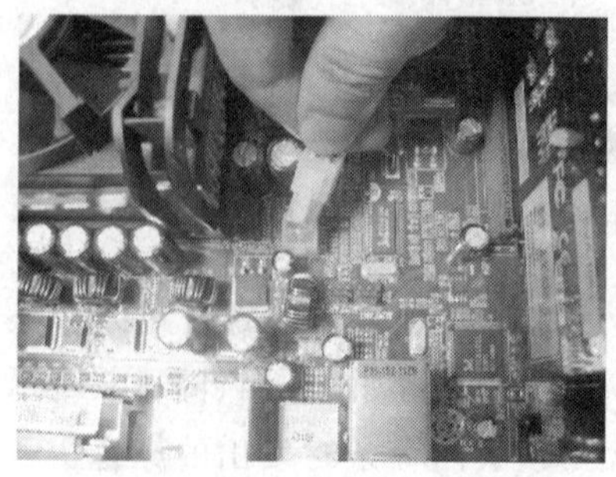
图 4-8 插入 CPU 电源线

图 4-9 未完全安装的最小系统

③ 固定主板及相关的连线。

a. 把支撑主板的铜柱取出，拧在机箱固定主板的位置上，如图 4-10 所示。

b. 把安装好最小系统的主板轻轻放在铜柱上，并对准位置，再用专门固定主板的螺丝一一拧紧，如图 4-11、图 4-12 所示。上螺丝的时候按对角线的顺序，拧的时候最好先拧到一半，等螺丝都拧上了再一一拧紧，这样是为了防止用户把一个螺丝拧紧后，其他的螺丝有可能因为对不上位置而拧不进去。

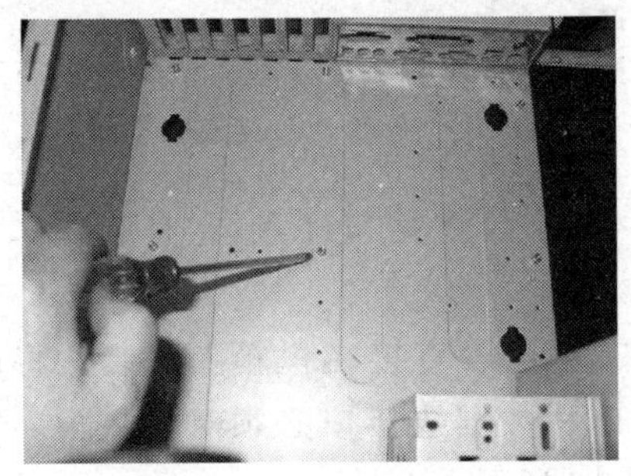

图 4-10　安装铜柱

图 4-11　安装主板

④ 安装其他扩展卡及连接各类连线。

a. 在 PCI 插槽安装网卡或者声卡，并把它们固定在机箱上。

b. 机箱上一般都带有电源开关线、复位(Reset)线、电源指示灯线、硬盘指示灯线、喇叭线等，这些线是要与主板上的插针相连的。这些插针集中在主板的一个区域，如图 4-13 所示。

图 4-12　固定主板螺丝

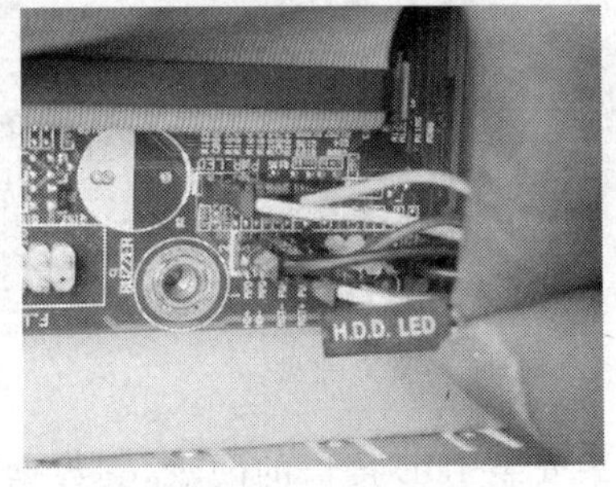

图 4-13　安装各类连线

⑤ 安装光驱驱动器。

a. 安装光驱。在安装之前，需要提醒的是，为了安装的方便，光驱和硬盘等驱动器的安装可以在安装主板之前进行。

安装光驱之前先从面板上拆下一个 5 寸槽的挡板，然后将光驱从机箱前面放入，如图 4-14 所示。

把光驱安装在 5 寸固定架上，保持光驱的前面和机箱面板齐平，在光驱的每一侧面两个螺丝初步固定，先不要拧紧，这样可以对光驱的位置进行细致的调整，然后再把螺丝拧紧，这是考虑到面板的美观所采取的措施。

b. 连接光驱电源线和数据线。光驱数据线可采用 IDE 数据线和串口数据线，图 4-15 所示为连接 IDE 光驱数据线。

图 4-14　安装光驱

图 4-15　连接 IDE 光驱数据线

⑥ 安装硬盘。下面安装硬盘，这里使用的是 3 寸的 SATA 接口硬盘，它是装在 3 寸固定架上的。

a. 为了方便硬盘的安装，先把 3 寸固定架卸下来，也可以直接在机箱上安装。将硬盘插到固定架中，注意方向，保证硬盘正面朝上，电源接口和数据线接口必须对着主板。安装好硬盘后，同样需要用带有粗螺纹的螺丝固定，如图 4-16 所示。

b. 连接硬盘的数据线和电源线。把数据线和电源线一端接到硬盘上，另外一端的数据线则需要接到主板的 SATA 接口中，如图 4-17 所示。由于接线插头都有防呆设计，因此不会有插错方向的问题。

图 4-16　安装硬盘

图 4-17　连接 SATA 硬盘数据线

如果安装 IDE 接口的硬盘，其数据线和电源线连接方法与光驱的连接方法相同。只是需要把数据线上标识 System 的一头接在主板的 IDE 接口上，把标有 Master 的一头接在主启动硬盘上，标识 Slave 的一头可以接在第二块硬盘上，此时这块硬盘就要按照硬盘上标明的方法改变跳线使之变成副盘，这样计算机才能识别两块硬盘，否则只能找到一块，或者两块都找不到，所以一定要注意硬盘的跳线，如图 4-18 所示。

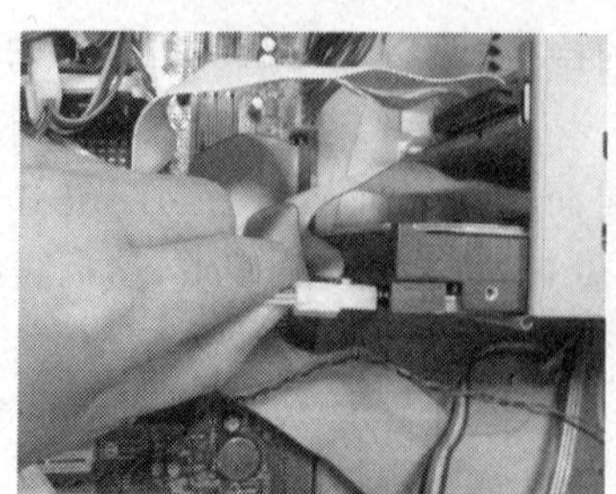

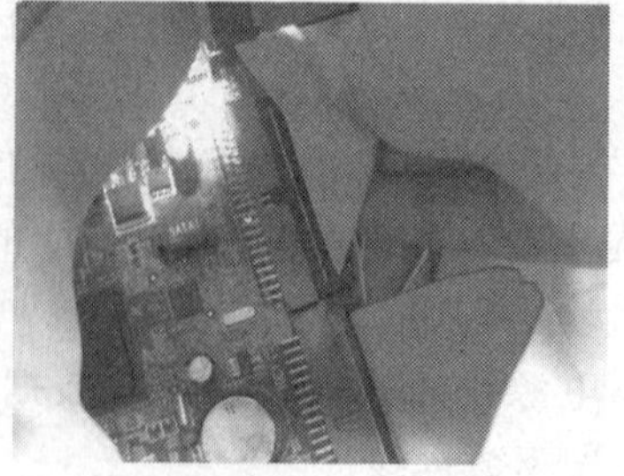

图 4-18　连接 IDE 硬盘数据线

⑦ 主机外部连线。把键盘的接口接在主板上的键盘接口上，现在的计算机部件都是符合 PC′99 规范的，有明显的彩色标志，如主板上的键盘接口是紫色，PS/2 鼠标接口是绿色，跟键盘接口、PS/2 鼠标接口的颜色是一致的，这样在连接键盘和鼠标时就不会插错了，如图 4-19 所示。

另外要注意的是，插的时候要确认方向，避免键盘、PS/2 鼠标接口针被插歪，造成计算机无法识别键盘和鼠标。

接着把显示器的接口(15 针)接到显卡上。也要注意接口方向，由于是梯形接口，所以插的时候不需要用很大的力气，否则就会把针插歪或插断，导致显示器显示不正常。

然后再连接音箱到声卡的连线，普通的音箱是由一对喇叭组成的，所以连接起来很简单，即把喇叭后面的一个线缆接到声卡的 SPEAKER OUT 或 LINE OUT 接口上，如图 4-20 所示。

图 4-19 插入键盘头

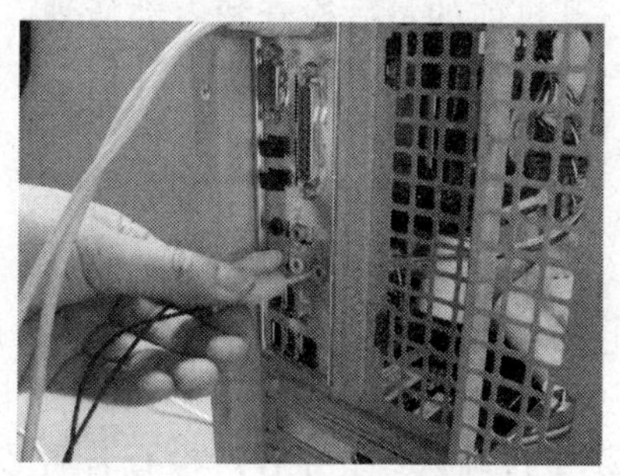

图 4-20 连接音频线

最后把主机的电源线插在电源的输入口上。现在，已经安装并连接完所有的部件，在封闭机箱之前，应用橡皮筋扎好各种连接线后固定在远离 CPU 风扇的地方。

经过以上步骤，整个计算机组装过程结束。要实际使用计算机，还需要设置 BIOS、安装操作系统及应用软件等多个步骤，具体内容请参见相关章节。

3. 任务实施

(1) 任务场景

张亮同学上大学一年级，现在正在学习《计算机应用基础》这门课程，刚开始天天跑到学校机房或网吧去练习计算机操作，几个月下来，花了不少钱。于是张亮打算自己购买一台计算机，同时想通过购买计算机认识计算机的各种硬件，并可以学习一下计算机组装。

(2) 实施步骤

① 接受任务。

a. 客户接待：接待张亮同学到公司客户接待处坐下，然后慢慢喝茶，慢慢听取张亮同学的需求，当了解清楚张亮同学的需求后，根据张亮同学电脑的使用范围，并询问其价格需求，然后根据这些情况设计出两套计算机配置方案供张亮同学参考。

b. 确定任务：经过张亮对提出的参考方面进行比较、修改，最后确定任务的方案，提出方案价格，然后签订合约。

c. 材料准备：根据张亮同学最后确定的配置方案，准备相应型号、品牌的设备。

d. 工具准备：带磁性的梅花螺丝刀、硅胶、扎线、螺丝。

e. 设备准备：主机箱、电源、硬盘、CPU、内存、显卡、网卡、主板、风扇、显示器、光驱、键盘、鼠标。

② 操作步骤。

a. 做好准备工作，消除身上的静电。

b. 将主板放置在平整的地方，在主板上安装 CPU、CPU 风扇电源线和内存条。

c. 打开机箱，安装电源。

d. 将主板安装到机箱合适的位置。

e. 连接主板电源线。

f. 连接主板与机箱面板上的开关、指示灯、电源开关等。

g. 安装显卡。

h. 安装硬盘、光驱，连接数据线。

i. 开机前的最后检查和内部清理。

j. 加电测试，如有故障应及时排除。

k. 闭合机箱盖。

l. 连接显示器、鼠标、键盘。

(3) 交付客户

① 客户体验：如客户在安装现场，技术员应边安装边向客户介绍安装的知识、技巧等，如客户不在现场，也应向客户简单介绍计算机安装的相关知识。

② 交付确认：指导客户检查各种设备的品牌、型号等参数是否和合约一致，并验证各种设备的运行状况。客户满意后在账单上签名确认，交付使用。

4.1.2　操作系统的安装与维护

1. 任务背景

张亮同学经常利用电脑上网玩游戏、下载软件等，该电脑经常也被宿舍其他同学使用，时间一长，电脑越来越慢，而且常死机，利用杀毒软件杀过毒，也利用优化软件进行优化，还是老死机，于是张亮同学就重装了一个新系统，速度变快了，而且不会死机了。可前段时间换宿舍了，电脑搬到新宿舍既开不了机，重装了系统也不行。

2. 相关知识

(1) BIOS 设置

由于 BIOS 直接和系统硬件资源相关，因此总是针对某一类型的硬件系统，而各种硬件系统又各不相同，所以存在不同种类的 BIOS，随着硬件技术的发展，同一种 BIOS 也先后出现了不同的版本，新版本的 BIOS 比起老版本来说功能更强。

目前市场上主要的 BIOS 有 AMI BIOS、Award BIOS 和 Phonix-Award BIOS。

① 进入 CMOS，如果是组装计算机，并且是 AMI、Award、Phonix 公司的 BIOS 设置程序，那么开机后按 Delete 键或小键盘上的 Del 键就可以进入 CMOS 设置界面。

如果按 Delete 键进不了 CMOS，那就看开机后计算机屏幕上的提示，或者看使用说明书。也可以尝试按 F2、F10、F12、Ctrl＋F10、Ctrl＋Alt＋F8 等常用键。

② 设置 BIOS。按 Delete 键后，首先打开的是 CMOS 设置主界面(不同的 BIOS 程序和版本界面可能不一样，但是具体的操作方法大同小异)，这里以 Award BIOS 为例，如图 4-21

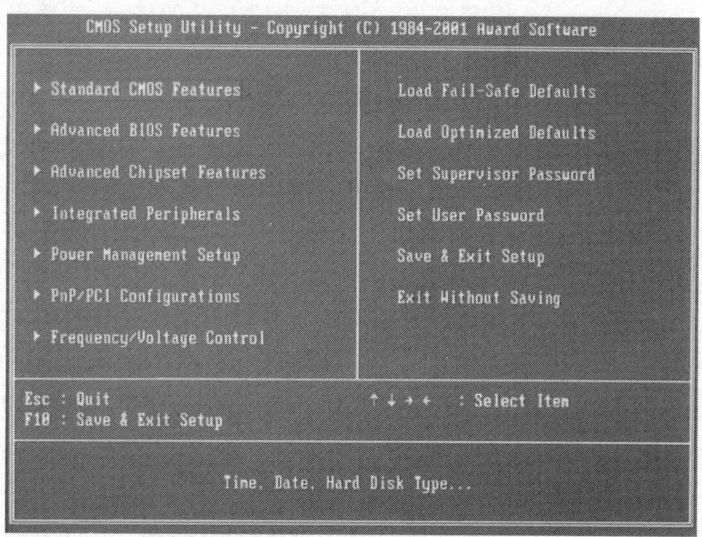

图 4-21 BIOS 界面

所示。

图 4-21 项目前面的三角形箭头表示该项包含子菜单。主菜单上共有 13 个项目,功能分别如下：

a. Standard CMOS Features(标准 CMOS 功能设定)：设定日期、时间、软硬盘规格及显示器种类。

b. Advanced BIOS Features(高级 BIOS 功能设定)：对系统的高级特性进行设定。

c. Advanced Chipset Features(高级芯片组功能设定)：设定主板所用芯片组的相关参数。

d. Integrated Peripherals(外部设备设定)：使设定菜单包括所有外围设备的设定,如声卡、Modem、USB 键盘是否打开。

e. Power Management Setup(电源管理设定)：设定 CPU、硬盘、显示器等设备的节电功能运行方式。

f. PnP/PCI Configurations(即插即用/PCI 参数设定)：设定 ISA 的 PnP 即插即用界面及 PCI 界面的参数,此项仅在系统支持 PnP/PCI 时才有效。

g. Frequency/Voltage Control(频率/电压控制)：设定 CPU 的倍频,设定是否自动侦测 CPU 频率等。

h. Load Fail-Safe Defaults(载入最安全的默认值)：载入工厂默认值作为稳定的系统使用。

i. Load Optimized Defaults(载入高性能默认值)：载入最好的性能但有可能影响稳定的默认值。

j. Set Supervisor Password(设置超级用户密码)：可以设置超级用户的密码。

k. Set User Password(设置用户密码)：可以设置用户密码。

l. Save & Exit Setup(保存后退出)：保存对 CMOS 的修改,然后退出 Setup 程序。

m. Exit Without Saving(不保存退出)：放弃对 CMOS 的修改，然后退出 Setup 程序。

Award BIOS 设置的操作方法如下：

a. 按↑、↓、←、→方向键：移动到需要操作的项目上。

b. 按 Enter 键：选定此选项。

c. 按 Esc 键：从子菜单回到上一级菜单或者跳到退出菜单。

d. 按＋或 Page Up 键：增加数值或改变选择项。

e. 按－或 Page Down 键：减少数值或改变选择项。

f. 按 F1 键：主题帮助，仅在状态显示菜单和选择设定菜单时有效。

g. 按 F5 键：从 CMOS 中恢复前次的 CMOS 设定值，仅在选择设定菜单时有效。

h. 按 F6 键：从故障保护默认值表加载 CMOS 值，仅在选择设定菜单时有效。

i. 按 F7 键：加载优化默认值。

j. 按 F10 键：保存改变后的 CMOS 设定值并退出。

操作方法：在主菜单上用方向键选择要操作的项目，然后按 Enter 键进入该项子菜单，在子菜单中按方向键选择要操作的项目，然后按 Enter 键进入该子项，后按方向键选择，完成后按 Enter 键确认，最后按 F10 键保存改变后的 CMOS 设定值并退出(或按 Esc 键退回上一级菜单，退回主菜单后选 Save & Exit Setup 后按 Enter 键，在弹出的确认窗口中输入“Y”然后回车，即保存对 BIOS 的修改并退出 Setup 程序)。

(2) 硬盘分区与格式化

新购电脑的硬盘是没有分区的。虽然通过 Windows 2000/Windows XP/Windows 2003 的安装光盘也可以安装系统，但整个电脑里始终只有一个 C 盘，非常不便于规划和管理，因此有必要对新购电脑的硬盘进行分区工作。

① 分区前的规划。所谓硬盘分区，是把一个硬盘分为一个或多个区(Partition)，如将一个硬盘分为 C 盘和 D 盘，就好像把一个硬盘当成多个硬盘来使用。

硬盘分区规划是安装系统的第一步。现在的硬盘容量都很大，所以建议多分出几个区，分门别类地用来安装系统、安装软件、存放文档、存放影视资源、存放游戏等。

② 硬盘分区与格式化。硬盘分区的工具有很多，如 DM. PartitionMagic 等。但最常用的分区格式化工具还是 Fdisk 和 Format。它们是 DOS 外部命令，早在 DOS 时代就已经有这两个命令了。另外通过 Windows 98 制作的启动盘也包含这两个工具，利用它们便可以对硬盘进行创建分区、删除分区、格式化等。

进行分区的过程如下所述，一般要创建主分区、扩展分区和逻辑分区。通常是创建一个主分区用于安装操作系统，然后将剩余的硬盘空间全部划分为扩展分区，最后将扩展分区再划分为一个或多个逻辑盘符(也就是常说的 D 盘、E 盘、F 盘……)，在进行分区之前，要将系统启动到 DOS 下。

```
C:\WINDOWS>fdisk_
```

图 4-22 输入“fdisk”命令

步骤 1：通过 Windows 98 的启动盘将电脑启动到 DOS 下。在“C:\”提示符下输入“fdisk”，如图 4-22 所示，按 Enter 键运行该命令。

步骤 2：屏幕上出现信息问是否要启用 FAT32 支持，如图 4-23 所示，回答“Y”会建立

FAT32 分区，回答“N”则会使用 FAT16，决定以后按 Enter 键。

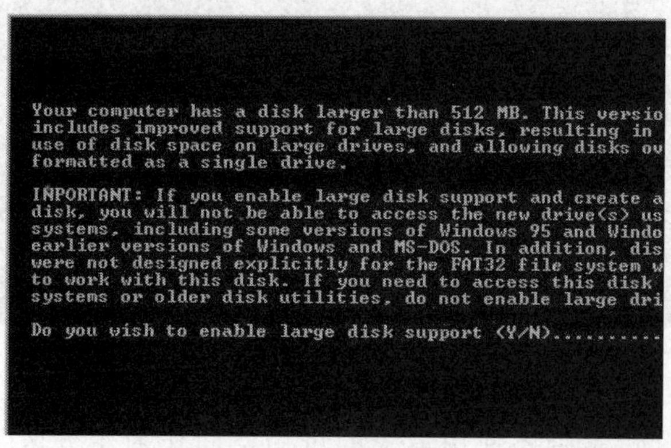
Your computer has a disk larger than 512 MB. This versio
includes improved support for large disks, resulting in
use of disk space on large drives, and allowing disks ov
formatted as a single drive.

IMPORTANT: If you enable large disk support and create a
disk, you will not be able to access the new drive(s) us
systems, including some versions of Windows 95 and Windo
earlier versions of Windows and MS-DOS. In addition, dis
were not designed explicitly for the FAT32 file system w
to work with this disk. If you need to access this disk
systems or older disk utilities, do not enable large dri

Do you wish to enable large disk support (Y/N)..........

图 4-23　选择分区格式

提示：FAT(File Allocation Table，文件分配表系统)文件系统于 1982 年开始应用于 MS-DOS 中，随着文件系统的发展，FAT16 文件系统暴露出了许多弊端，其中最大的一个问题是仅仅支持 2GB 的分区。

FAT32 文件系统很好地解决了这个问题，FAT32 是 FAT16 文件系统的派生，比 FAT16 支持更小的簇和更大的分区，这就使得 FAT32 分区的空间分配更有效率。FAT32 文件系统有非常好的兼容性，Windows 98/Windows Me/Windows 2000/Windows XP/Windows 2003 都能很好地支持该文件系统，因此这一步里应当选择“Y”建立 FAT32 分区。

在后面部分，还会接触到新的文件系统——NTFS 文件系统。

步骤 3：画面会出现 FDISK 的主功能表，如图 4-24 所示，建立分区要选择“1”再按 Enter 键。

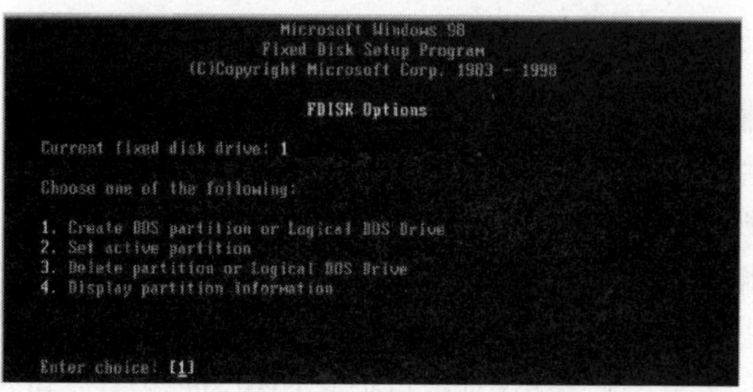
Microsoft Windows 98
Fixed Disk Setup Program
(C)Copyright Microsoft Corp. 1983 - 1998

FDISK Options

Current fixed disk drive: 1

Choose one of the following:

1. Create DOS partition or Logical DOS Drive
2. Set active partition
3. Delete partition or Logical DOS Drive
4. Display partition information

Enter choice: [1]

图 4-24　创建分区

提示：假设硬盘是从未格式化过的，如果已经有分区了，则必须先删除后再回过来进行创建。

步骤 4：首先建立主分区(Create Primary DOS Partition)，如图 4-25 所示，选择“1”再按 Enter 键。建立硬盘分区的规则：建立基本分区→建立扩展分区→分成 1～X 个逻辑驱动器，因此建立分区必须严格按照 1→2→3 的顺序进行。

```
Create DOS Partition or Logical DOS Drive

Current fixed disk drive: 3

Choose one of the following:

1. Create Primary DOS Partition
2. Create Extended DOS Partition
3. Create Logical DOS Drive(s) in the Extended DOS Partition

Enter choice: [1]

Press Esc to return to FDISK Options
```

图 4-25 创建主分区

步骤 5：当程序问“是否要使用最大的可用空间作为主分区”时，回答“N”然后按 Enter 键。

步骤 6：选择“N”后，按 Enter 键，进入如图 4-26 所示的界面，设置主要主分区的大小。

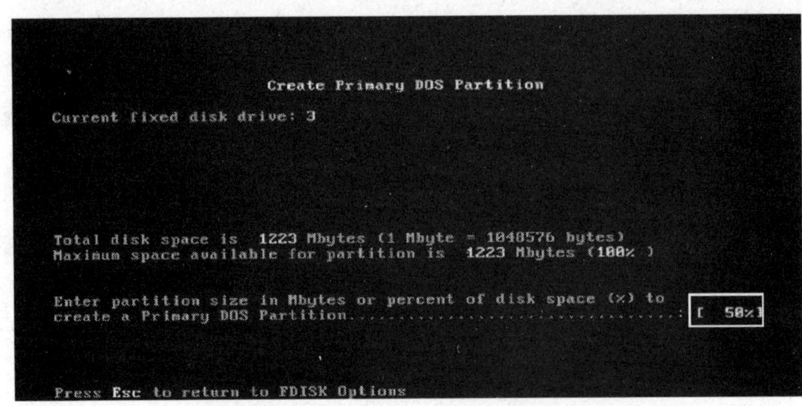

图 4-26 设置主分区大小

以 MB 为单位输入主要 DOS 分区的容量或输入其所占硬盘总空间的百分比，然后按 Enter 键开始创建主要 DOS 分区。

步骤 7：在扩展磁盘分区中创建逻辑驱动器。

返回到步骤 3 图 4-24 所示的界面。选择“3”后，按 Enter 键，进入如图 4-27 所示的界面，设置第 1 个逻辑驱动器的容量。

输入所要分出的下一个逻辑驱动器所占扩展 DOS 分区的百分比或磁盘空间量(在此要将剩余的磁盘空间全部划分为 E 盘，所以直接按 Enter 键；否则可以选择百分比，以划分更多的逻辑盘)，表示逻辑 DOS 驱动器创建完毕。

步骤 8：使用 DOS 系统的 Format(格式化磁盘)命令对硬盘各分区进行格式化。

在命令提示符 A:\>后输入“Format C:”命令。系统显示提示，要求确认是否要确实格式化硬盘。输入“Y”后，按 Enter 键，开始格式化。

经过一段时间，出现要求用户输入硬盘卷标的提示信息界面。根据需要输入硬盘卷标，或按 Enter 键不设置磁盘卷标，出现选择是否要格式化其他硬盘界面。选择“N”后完成 C 盘格式化，并提示相关的信息。

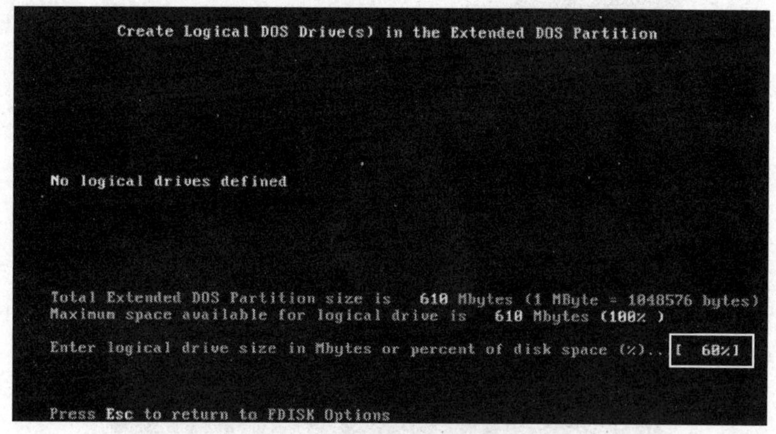

图 4-27 设置逻辑分区大小

格式化 C 盘后,格式化 D 和 E 盘。在 A:\>下分别输入"Format D:"和"Format E:"命令,然后执行与格式化 C 盘相同的步骤。

(3) 操作系统的安装

步骤 1:把 Windows XP 安装光盘放入光驱启动电脑并开始安装操作系统,安装程序启动后将首先检测电脑的硬件设备。系统检测硬件完成后,进入 Windows XP 安装界面,如图 4-28 所示。

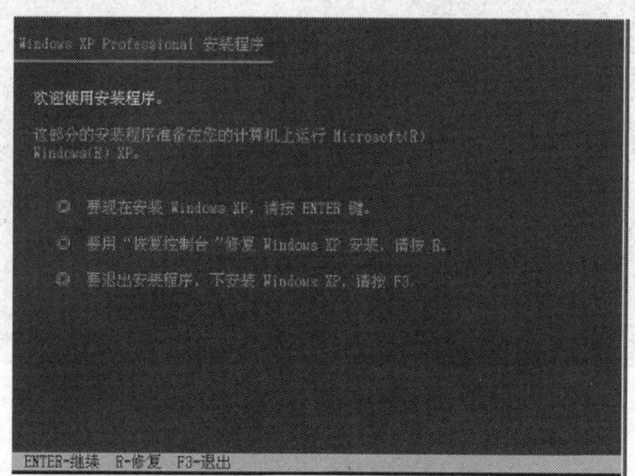

图 4-28 Windows XP 安装界面

步骤 2:按照 Windows XP 安装界面提示按 Enter 键后进行 Windows XP 的安装,系统会检测硬盘空间的大小,然后显示 Windows XP 许可协议,如图 4-29 所示。如果尚不能确定安装 Windows XP,按 Esc 键退出安装。

按照提示按 Page Down 键逐页阅读许可协议内容,然后按 F8 键同意其内容后,进入 Windows XP 的下一步安装。

步骤 3:接受 Windows XP 的许可协议后,Windows XP 安装程序显示当前硬盘的磁盘分区信息及未划分的空间信息。提示用户按 Enter 键将在当前所选的磁盘分区上安装 Windows XP,按 C 键将在尚未划分的空间中创建新的磁盘分区,按 D 键将删除所选的磁盘

图 4-29　Windows XP 许可协议

分区，如图 4-30 所示。用户可以根据自己的实际情况选择安装 Windows XP 的磁盘分区，这里假设选择直接在所选磁盘分区上安装 Windows XP 系统，如图 4-31 所示。

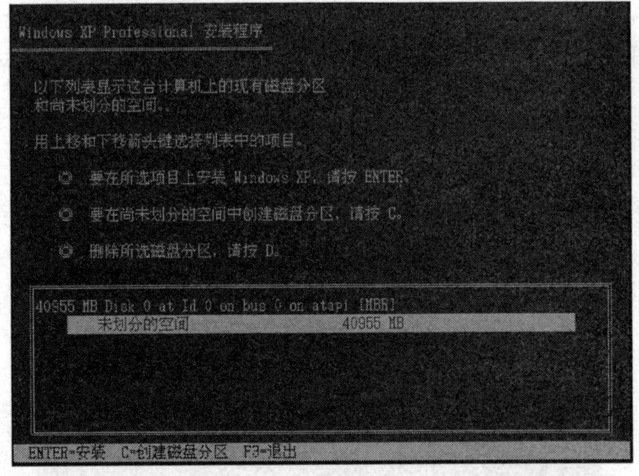

图 4-30　创建分区 1

步骤 4：如图 4-32 所示，选择“用 NTFS 文件系统格式化磁盘分区(快)”选项，然后按 Enter 键将该磁盘分区格式化为 NTFS 分区。系统提示该磁盘分区上所有的数据将会丢失，确认后按下 F 键格式化。一般建议用户将 Windows XP 单独分配一个磁盘分区，如果用户要在有数据的磁盘分区上安装 Windows XP，可以保留该分区的 FAT32 格式或选择“将磁盘分区转换为 NTFS”选项保留该磁盘分区上原来的数据。格式化后系统自动开始将系统安装所必需的文件复制到 Windows 安装文件夹。

步骤 5：复制文件后，安装程序将初始化 Windows XP 配置。初始化结束后系统自动重新启动。重新启动后，安装程序进入正式 Windows XP 安装过程(见图 4-33)。之后会要求用户设置区域和语言选项、用户信息以及 Windows XP 的产品密钥(见图 4-34)，通常产品密钥在 Windows CD 包装背面的黄色不干胶纸上。接下来进入设置管理员账户界面，如图 4-35 所示。

图 4-31　创建分区 2

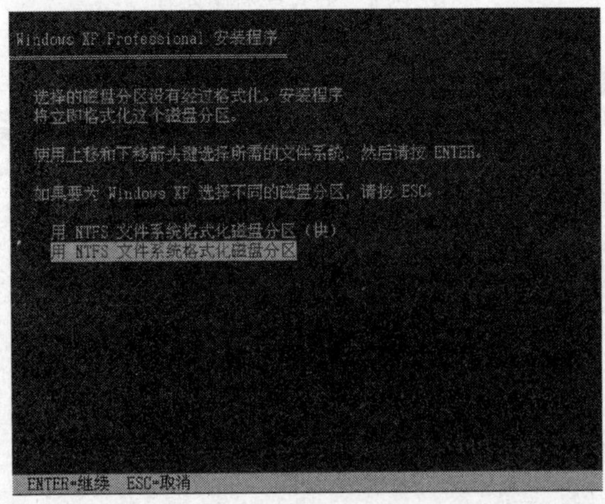

图 4-32　分区格式化

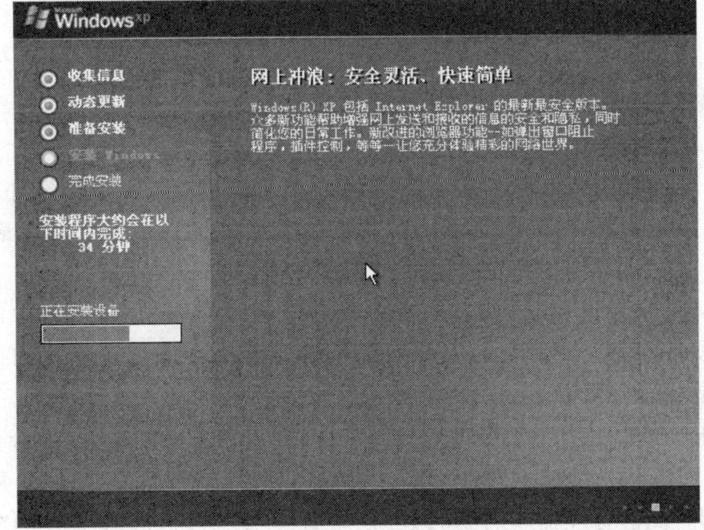

图 4-33　安装进程界面

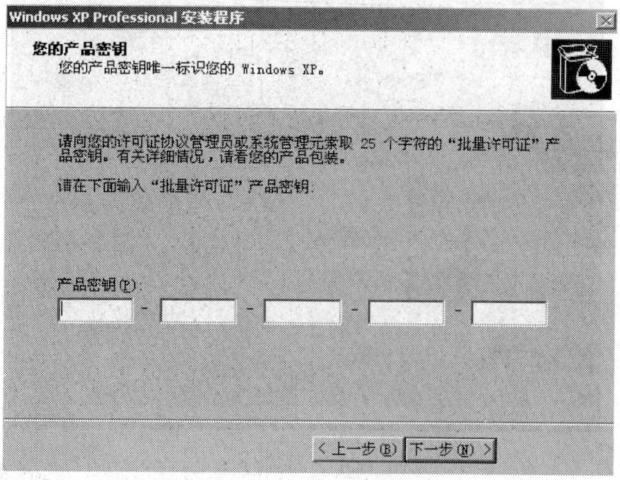

图 4-34 输入产品序列号

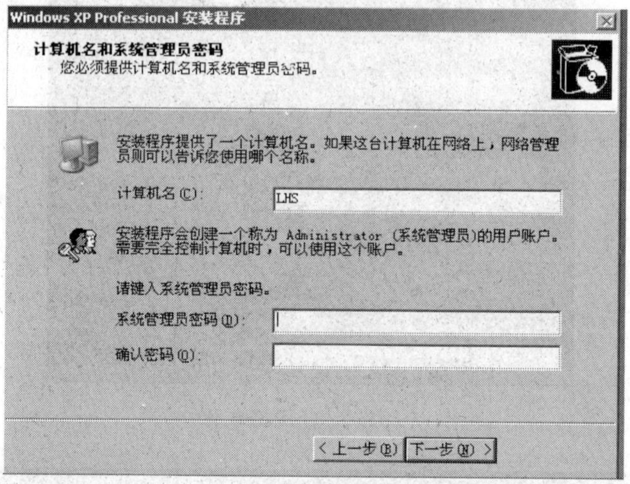

图 4-35 设置管理员账户

步骤 6：安装结束后，Windows XP 会自动调整的屏幕分辨率。

(4) 安装驱动程序

一般情况来说，安装 Windows XP 操作系统后，大部分的硬件都已经处于正常的工作状态下。但为了可以更好地发挥显卡、声卡等设备的功能，建议用户安装最新版本的驱动程序。

由于 Windows XP 可以识别所有即插即用设备，所以 Windows XP 中没有“从头安装”的概念，对所有设备，都是“更新”驱动程序。下面以为一款声卡“更新”(如果未能正确识别声卡，则实际上是安装)为例。

步骤 1：单击“开始”按钮，打开“开始”菜单，右击“我的电脑”图标，在弹出的快捷菜单中选择“属性”命令，打开“系统属性”对话框，切换到“硬件”选项卡，如图 4-36 所示。

步骤 2：单击“设备管理器”按钮，打开“设备管理器”窗口，展开其中的“声音、视频和游戏控制器”选项，并选中声卡选项，如图 4-37 所示。

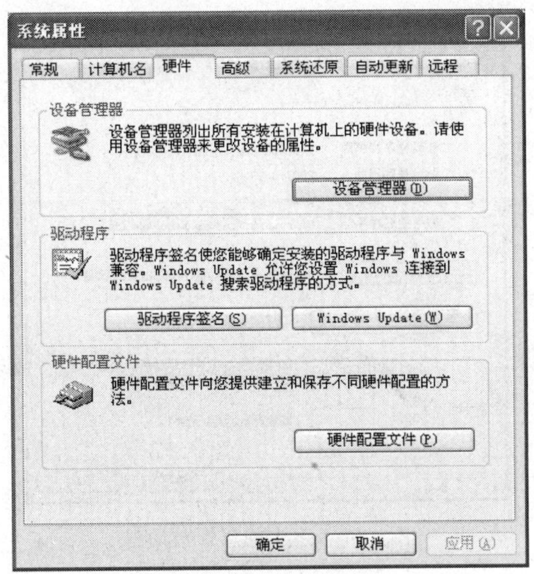

图 4-36 “系统属性”对话框

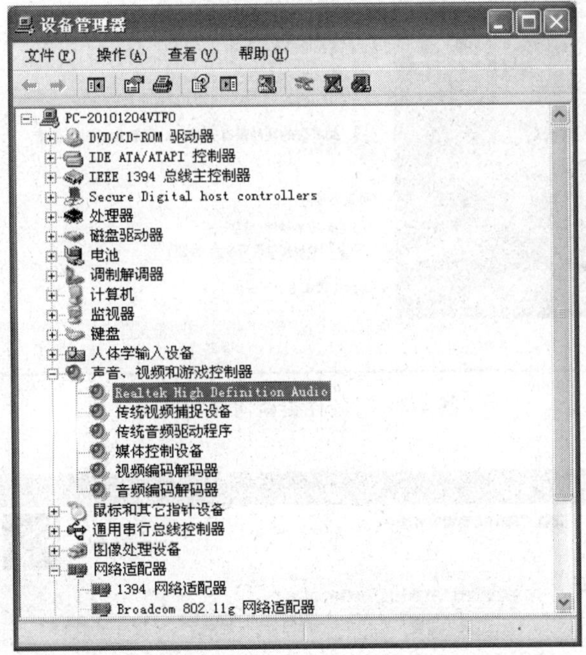

图 4-37 “设备管理器”窗口

步骤 3：在声卡选项上右击，从弹出的快捷菜单中选择“属性”命令，打开声卡的属性对话框，如图 4-38 所示。

步骤 4：单击“更新驱动程序”按钮，打开“硬件更新向导”对话框，如图 4-39 所示。

步骤 5：选中“从列表或指定位置安装(高级)”单选按钮，单击“下一步”按钮，打开“请选择您的搜索和安装选项”对话框，如图 4-40 所示。

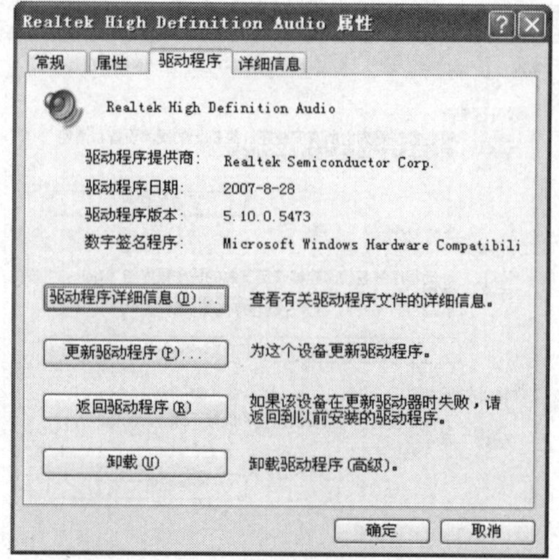

图 4-38 声卡的属性对话框

图 4-39 “硬件更新向导”对话框

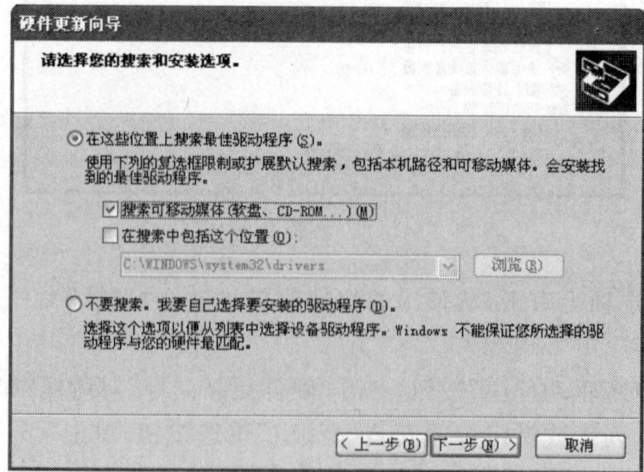

图 4-40 选择安装位置

选中“在这些位置上搜索最佳驱动程序”单选按钮和“搜索可移动媒体(软盘、CD-ROM...)”复选框,将驱动程序光盘或软盘插入驱动器。

单击“下一步”按钮,打开“向导正在搜索,请稍候...”对话框,开始从用户在上一步指定的位置搜索最新的驱动程序。

如果用户插入的驱动程序光盘或软盘的确含有正确的驱动程序,Windows XP将搜索到并开始驱动程序的安装工作,如图4-41所示。文件复制完成后,显示“完成硬件更新向导”对话框。

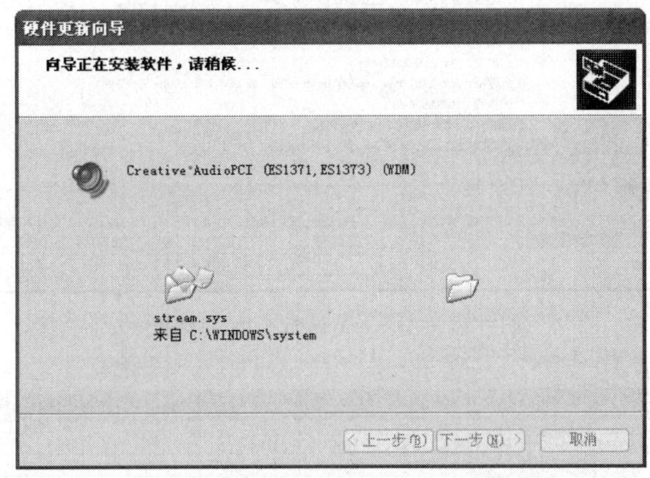

图4-41　复制驱动文件

单击“完成”按钮,重新启动电脑后,新的驱动程序即可正常运行。

(5) 硬件的DirectX性能测试

DirectX是一套Windows平台上的多媒体驱动程序体系,为多媒体软件和电脑游戏提供高性能的图像、动画、声音和音频性能。DirectX套件包括DirectDraw、Direct3D、DirectSound、DirectInput、DirectMusic、DirectPlay、DirectShow和DirectAnimation。Windows XP带有较新的DirectX 8.1,并提供了其驱动程序及API支持。追求高性能的用户也可以从网上下载最新的DirectX 9.0b。

选择“开始”→“运行”命令,在打开的“运行”对话框中输入命令“dxdiag”。

打开“DirectX诊断工具”对话框,在默认打开的“系统”选项卡中显示了当前电脑的一些系统重要信息,如图4-42所示。

打开“显示”选项卡,如图4-43所示。其中显示了当前显卡的一些重要信息,用户可以单击窗口右侧的两个测试按钮,分别测试系统中DirectDraw和Direct3D的性能,还可以对声卡、网路等设备测试。

(6) 系统备份与还原

许多计算机用户都会有这样的经历,在使用电脑过程中按错了一个键,几个小时,甚至是几天的工作成果便会付之东流。就是不出现操作错误,也会因为病毒、木马等软件的攻击,使电脑无缘无故地出现死机、运行缓慢等症状。随着计算机和网络的不断普及,确保系统数据信息安全就显得尤为重要。在这种情况下,系统软件数据备份和恢复就成为平时日

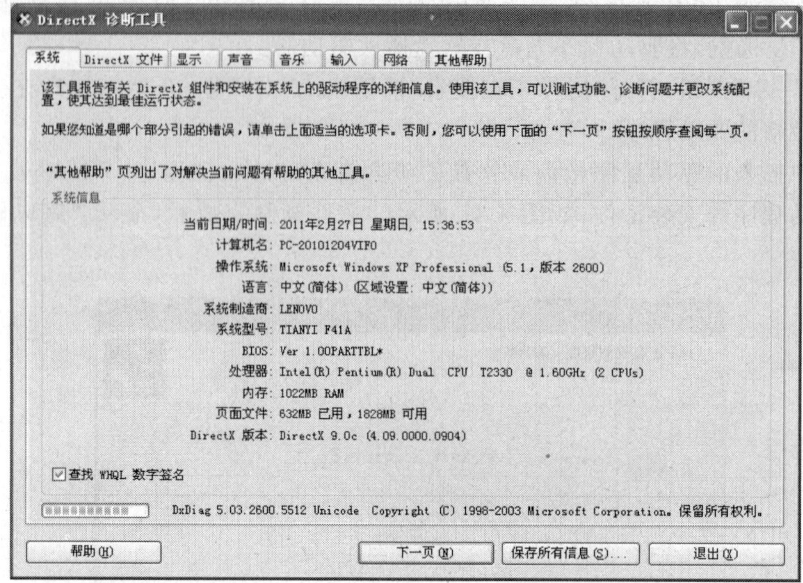

图 4-42 “DirectX 诊断工具”对话框

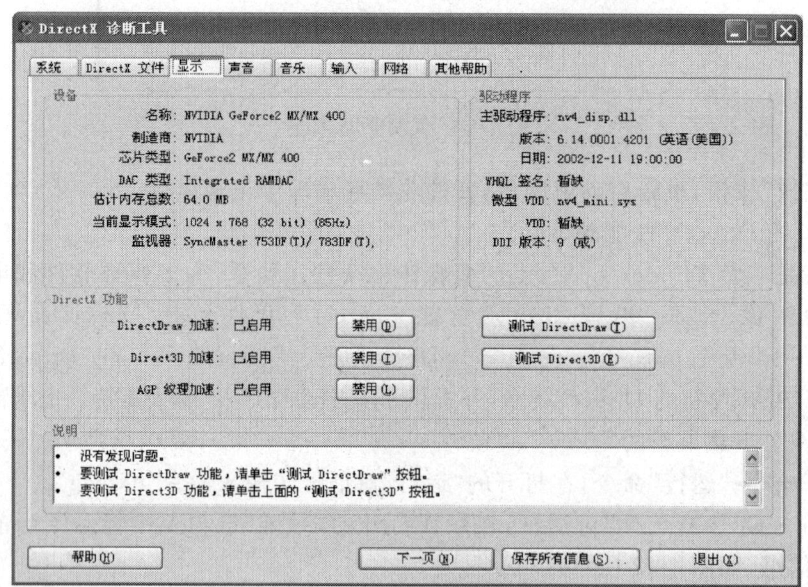

图 4-43 DirectX 显卡测试

常操作中一个非常重要的措施。本书从系统软件备份和恢复、常用软件备份和恢复两个方面提供完整的解决方案。

① Windows XP 系统备份/恢复方案。

a. 创建还原点。使用系统还原的第一步是创建系统还原点。

使用前提：为了确保系统还原功能的有效性，安装 Windows XP 系统分区不能关闭系统还原功能，但可以调整用于系统还原的磁盘空间。

方法：选择“控制面板”中的“系统属性”对话框的“系统还原”选项卡，确保“在所有驱动器上关闭系统还原”复选项不被勾选；再确定“可用的驱动器”下的 Windows XP 分区状态是否为“监视”，如图 4-44 所示；最后单击“设置”按钮打开“设置”对话框，根据分区剩余磁盘空间情况拖动滑块确定“要使用的磁盘空间大小”。

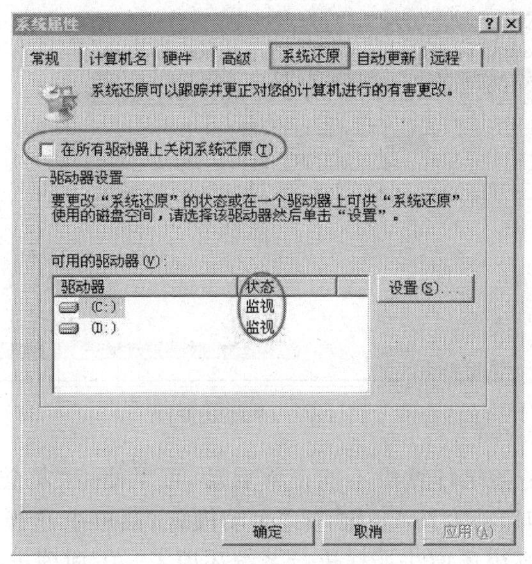

图 4-44 “系统还原”选项卡

提示：非系统分区一般情况下是不需要启动系统还原功能的，为了节约磁盘空间，可以选择“关闭这个驱动器上的‘系统还原’”选项即可。

创建还原点：第一次创建还原点最好在系统安装完驱动程序和常用软件之后，以后可以根据需要不定期地创建还原点。

方法：选择“开始”→“所有程序”→“附件”→“系统工具”→“系统还原”命令，在“系统还原向导”对话框中创建一个还原点，单击“下一步”按钮，在“还原点描述”中输入说明信息，单击“创建”按钮完成还原点的创建。

提示：由于 Windows XP 安装驱动程序等软件的同时会自动创建还原点，所以安装软件之后是否创建还原点要视实际情况而定。特别是在安装不太稳定的共享软件之前，为了防止万一，还是先创建还原点比较稳妥。

在创建系统还原点时务必确保有足够的磁盘可用空间，否则会导致创建失败。

b. 使用还原点恢复。一旦 Windows XP 出现了故障，可以利用先前创建的还原点使用下面几种办法对系统进行恢复。

系统还原法：如果 Windows XP 出现了故障，但仍可以正常模式启动，可以使用系统还原法进行恢复。

方法：选择“开始”→“所有程序”→“附件”→“系统工具”→“系统还原”命令，打开系统还原向导，然后选择“恢复我的计算机到一个较早的时间”选项，单击“下一步”按钮，在日历上单击黑体字显示的日期选择系统还原点(见图 4-45)，单击“下一步”按钮即可进行系统还原。还原结束后，系统会自动重新启动，所以执行还原操作时不要运行其他程序，以防文件丢失或还原失败。

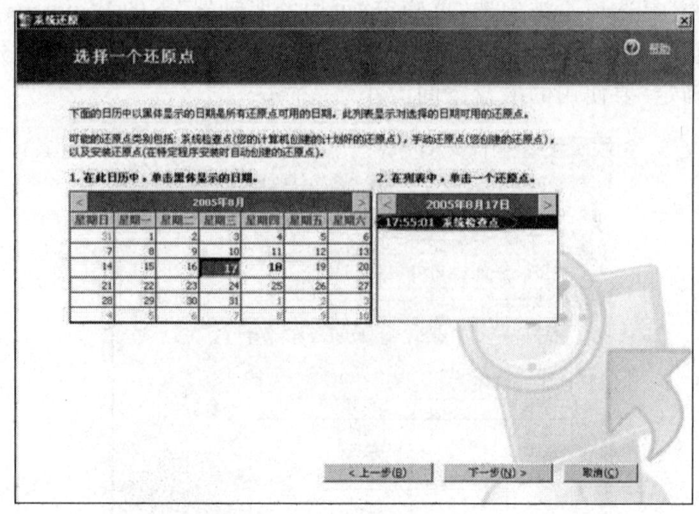

图 4-45　系统还原

"安全模式"还原法：如果计算机不能正常启动，可以使用"安全模式"或者其他启动选项来启动计算机，在电脑启动时按 F8 键，在"启动模式"菜单中选择"安全模式"，进入安全模式以后就可以像上述系统还原法那样进行系统还原了。下面列出了 Windows XP 的高级启动选项的说明。

基本安全模式：仅使用最基本的系统模块和驱动程序启动 Windows XP，不加载网络支持，加载的驱动程序和模块用于鼠标、监视器、键盘、存储器、基本的视频和默认的系统服务，在安全模式下也可以启用启动日志。

带网络连接的安全模式：仅使用基本的系统模块和驱动程序启动 Windows XP，并且加载了网络支持，但不支持 PCMCIA 网络，带网络连接的安全模式也可以启用启动日志。

启用启动日志模式：生成正在加载的驱动程序和服务的启动日志文件，该日志文件命名为 Ntbtlog.txt，被保存在系统的根目录下。

启用 VGA 模式：使用基本的 VGA（视频）驱动程序启动 Windows XP，如果导致 Windows XP 不能正常启动的原因是安装了新的视频卡驱动程序，那么使用该模式非常有用，其他的安全模式也只使用基本的视频驱动程序。

最后一次正确的配置：使用 Windows XP 在最后一次关机是保存的设置（注册信息）来启动 Windows XP，仅在配置错误时使用，不能解决由于驱动程序或文件破坏或丢失而引起的问题，当用户选择"最后一次正确的配置"选项后，则在最后一次正确的配置之后所做的修改和系统配置将丢失。

目录服务恢复模式：恢复域控制器的活动目录信息，该选项只用于 Windows XP 域控制器，不能用于 Windows XP Professional 或者成员服务器。

调试模式：启动 Windows XP 时，通过串行电缆将调试信息发送到另一台计算机上，以便用户解决问题。

提示：虽然系统还原支持在"安全模式"下使用，但是计算机运行在安全模式下，"系统还原"不创建任何还原点。所以当计算机运行在安全模式下时，无法撤销所执行的还原操作。

还原驱动程序：由于 Windows XP 在安装驱动程序时会自动建立还原点，如果在安装或者更新了驱动程序后，发现硬件不能正常工作了，可以使用驱动程序的还原功能还原。

方法：在“控制面板”中打开“设备管理器”窗口，选择所需恢复的驱动程序硬件名称，右击打开“属性”对话框，选择“驱动程序”选项卡(见图 4-46)，然后单击“返回驱动程序”按钮按提示操作即可。

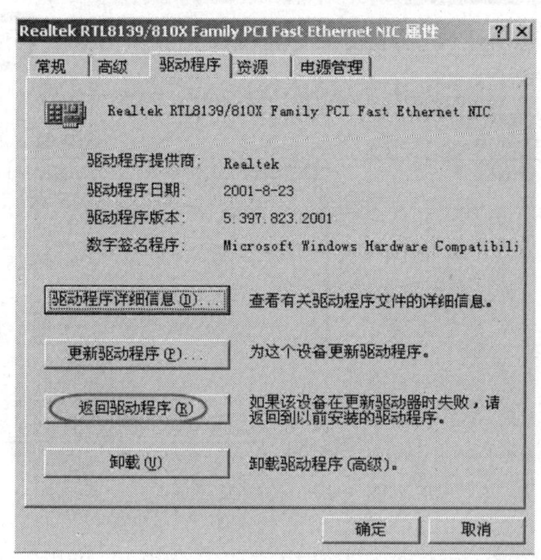

图 4-46　驱动程序还原

c. 使用紧急恢复盘修复系统。如果“安全模式”和其他启动选项都不能成功启动 Windows XP 系统，可以考虑使用故障恢复控制台。要使用恢复控制台，必须使用操作系统安装 CD 重新启动计算机。当在文本模式设置过程中出现提示时，按 R 键启动恢复控制台，按 C 键选择“恢复控制台”选项，如果系统安装了多操作系统，选择要恢复的那个系统，然后根据提示输入管理员密码，并在系统提示符后输入系统所支持的操作命令。从恢复控制台中可以访问计算机上的驱动程序，然后可以进行以下更改，以便启动计算机：启用或禁用设备驱动程序或服务；从操作系统的安装 CD 中复制文件，或从其他可移动媒体中复制文件，如可以复制已经删除的重要文件；创建新的引导扇区和新的主引导记录(MBR)，如果从现有扇区启动存在问题，则可能需要执行此操作。故障恢复控制台适用于所有 Windows XP 版本。

d. 自动系统故障恢复。常规情况下应该创建自动系统恢复(ASR)集(即通过创建紧急恢复盘来备份的系统文件)，作为系统出现故障时整个系统恢复方案的一部分。ASR 应该是系统恢复的最后手段，只有在已经用尽其他选项(如安全模式启动和最后一次正确的配置)之后才使用，当在设置文本模式部分中出现提示时，可以通过按 F2 键访问还原部分。ASR 将读取其创建的文件中的磁盘配置，并将还原启动计算机所需的全部磁盘签名、卷和最少量的磁盘分区(ASR 将试图还原全部磁盘配置，但在某些情况下，ASR 不可能还原全部磁盘配置)，然后 ASR 安装 Windows 简装版，并使用 ASR 向导创建的备份自动启动还原。

e. 还原常规数据。当 Windows XP 出现数据破坏时，选择“开始”→“所有程序”→“附件”→“系统工具”→“备份”命令，在“备份”工具的还原向导中还原整个系统或还原被破坏的数据。要还原常规数据，选择“备份”工具窗口的“欢迎”选项卡，然后单击“还原”按钮，进入“备份或还原向导”对话框，单击“下一步”按钮，打开“还原项目”对话框(见图 4-47)，选择还原文件或还原设备之后，单击“下一步”按钮继续向导即可。

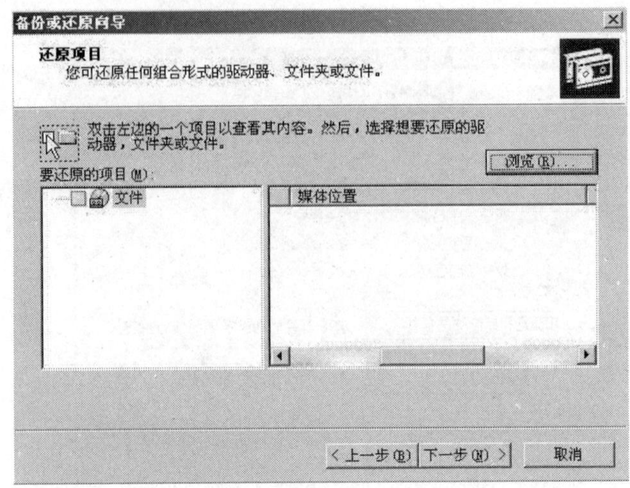

图 4-47 备份或还原

如果系统故障非常严重，无法进入正常模式或安全模式，可以按照上面介绍的方法进入启动模式菜单，选择“带命令行提示的安全模式”，用管理员身份登录，进入“%systemroot%\windows\system32\restore”目录，直接运行其中的 rstrui. exe 文件，按照提示进行还原。

如果用完了上述的方法后，系统还是不能正常恢复的话，那就只能重装系统了，这是最彻底、最坚决的解决方法。

② 用 Ghost 备份与恢复系统。Ghost 硬盘备份工具可以把一个磁盘上的全部内容复制到另一个磁盘上，也可以把磁盘内容复制为一个磁盘的镜像文件，当计算机出现问题或者系统损坏时，可以用镜像文件创建一个原始磁盘的副本。该工具可以最大限度地减少用户每次安装系统的时间。

Ghost 能在 DOS 下运行，并可以从一张 DOS 引导盘上运行，支持从 NTFS 中恢复镜像文件(但不要将程序安装在 NFTS 分区内，否则在 DOS 下无法运行 Ghost)。Ghost. exe 可以在 DOS 下运行，而 Ghost32. exe 能在 Windows 2000/Windows XP 下运行。

下面以 Symantec Ghost 8.0 为例，主要介绍在 Windows XP 操作系统下使用 Ghost 实现备份系统、恢复系统等操作。

a. 备份系统。

步骤 1：在安装 Ghost 文件夹下，双击打开 Ghost. exe，启动 Ghost。如果光盘上带有 Ghost 工具，可以选择直接运行。

步骤 2：主程序有 4 个可用选项，即 Quit(退出)、Help(帮助)、Options(选项)和 Local(本地)。在菜单中选择 Local(本地)项，在右面弹出的菜单中有 3 个子项，其中 Disk 表示备份整个硬盘(即硬盘克隆)；Partition 表示备份硬盘的单个分区；Check 表示检查硬盘或备份的文件，查看是否可能因分区、硬盘被破坏等造成备份或还原失败。这里要对本地磁盘进行操作，应选 Local。默认是选中 Local(字体变白色)，按→键展开子菜单，用向上或向下方向键选择，依次选择：Local(本地)→Partition(分区)→To Image(产生镜像)(这步一定不要选错)，如图 4-48 所示。

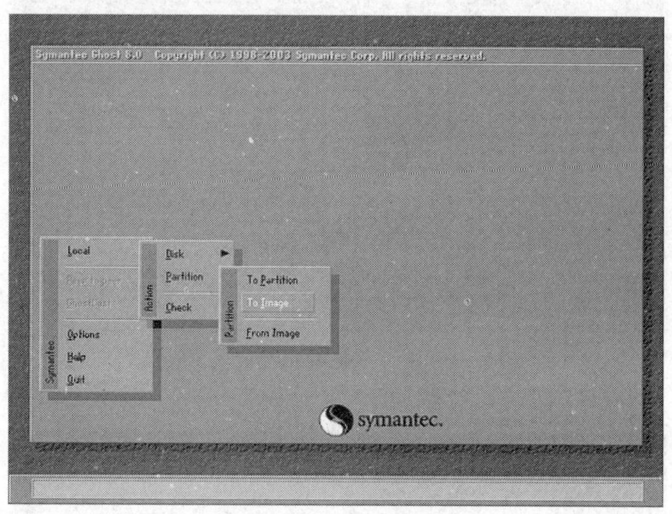

图 4-48 Ghost 备份系统

步骤 3：确定 To Image 被选中(字体变白色)，然后按 Enter 键。弹出硬盘选择窗口，如图 4-49 所示。因为这里只有一个硬盘，所以不用选择了，直接按 Enter 键。

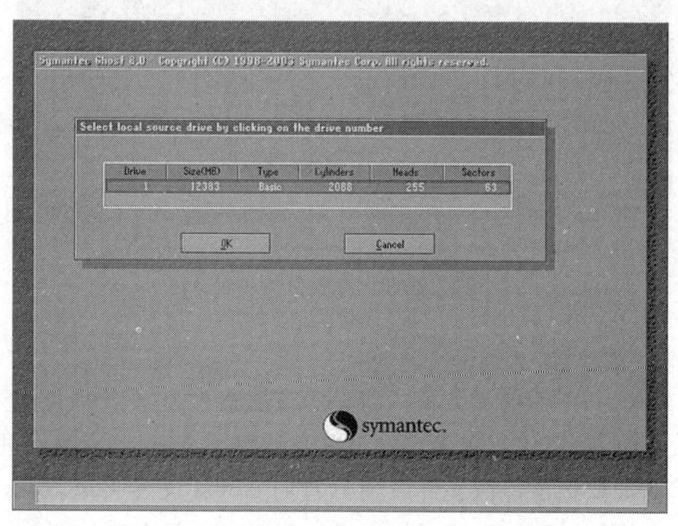

图 4-49 选择磁盘

步骤 4：选择要操作的分区，可用键盘进行操作。按方向键选择第一个分区(即 C 盘)后按 Enter 键，这时 OK 按钮由不可操作变为可用，如图 4-50 所示。按 Tab 键切换到 OK 按钮(字体变白色)，然后按 Enter 键进行确认。

步骤 5：按方向键选择要存放镜像文件的磁盘，如图 4-51 所示。如选择最后一个磁盘

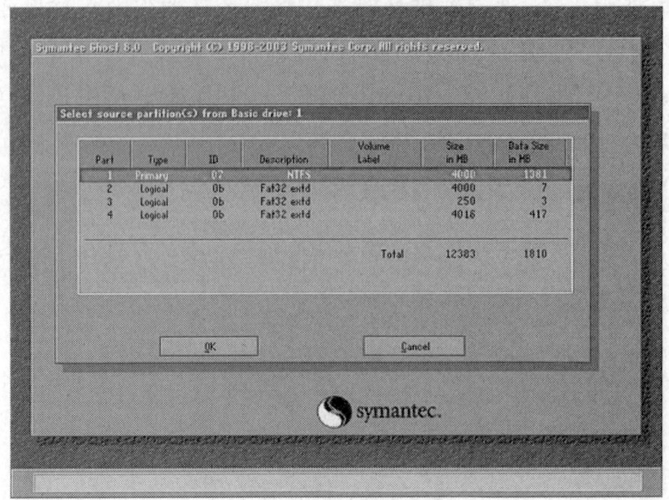

图 4-50 选择需要备份的磁盘分区

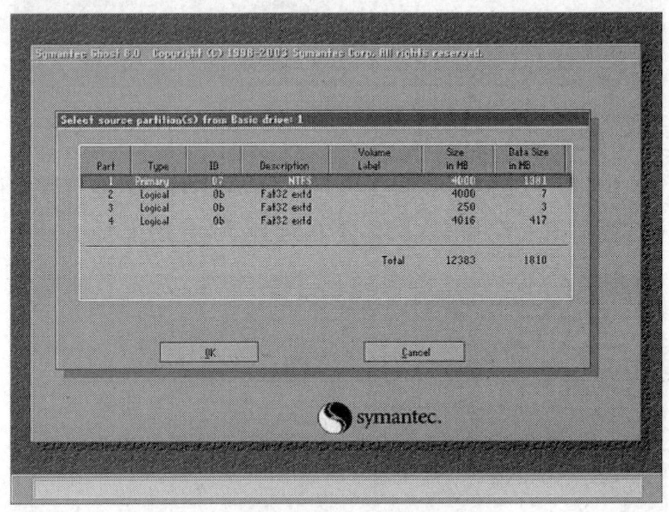

图 4-51 选择保存备份的磁盘分区

E 盘,选中后按 Enter 键。

步骤 6:选择磁盘后,下面的大方框内将显示该磁盘根目录下的文件夹,可以选择要存放该镜像文件的文件夹,也可以直接保存在该磁盘的根目录下,以后可以进系统后再去移动该镜像文件。这里假如要将该镜像文件放到 E 盘的 Ghost 文件夹里,那么现在按方向键上下移动到 Ghost 文件夹,然后按 Enter 键,即进入到 Ghost 文件夹内,此时只需要按 Tab 键,让光标移动到 File name 按钮上,后面的对话框边框将会变成白色,表示被选中。此时只需要在对话框内输入要保存的镜像文件的名字就可以了,如取名为"cxp.GHO",如图 4-52 所示,输入完文件名后,按 Tab 键将光标切换到 Save 按钮上,按 Enter 键保存。

步骤 7:现在系统将对 C 盘进行备份,创建镜像文件,这个过程一般在 5~10min 左右,如图 4-53 所示。

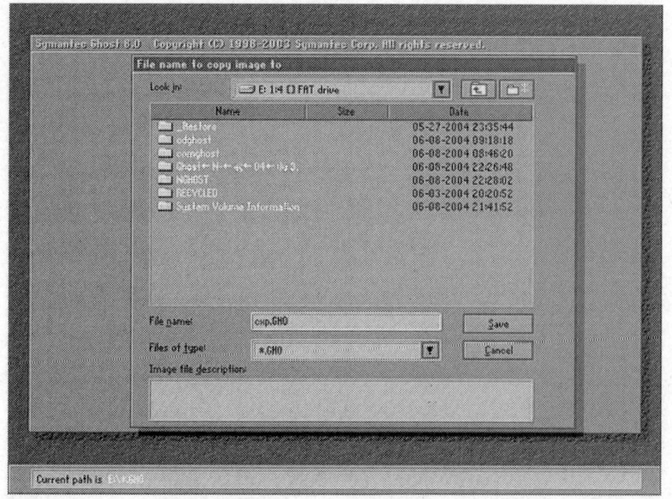

图 4-52　选择保存备份的文件夹

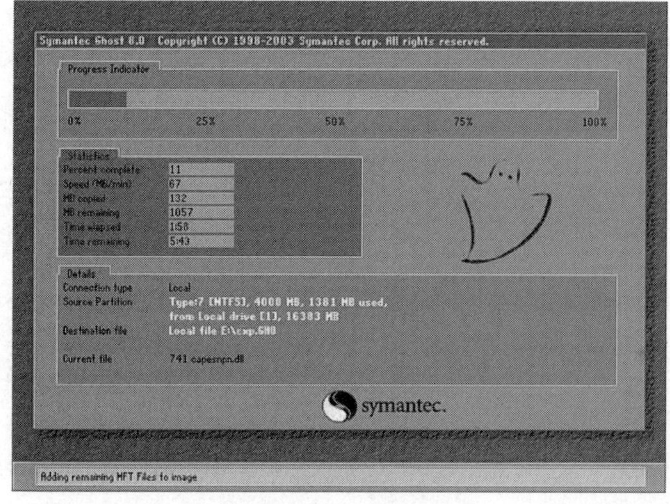

图 4-53　备份进程

b. 恢复系统。

步骤 1：启动 Ghost，如图 4-54 所示，选择 Local→Partion→From Image 命令。

步骤 2：选择镜像文件，选择镜像文件存放的分区（如 E 盘），然后选择镜像文件 cxp.GHO，再选择恢复到的磁盘，如 C 盘，单击“确认”按钮即将恢复，如图 4-55 所示。

3. 任务实施

(1) 任务场景

张亮同学的电脑开机进入 Windows XP 系统出现蓝屏，然后张亮打电话向电脑公司求助。电脑公司李工告诉张亮可能是系统出现故障，要恢复系统。

(2) 实施步骤

① 接受任务。

a. 客户接待：接到张亮同学的电话，首先听取张亮同学讲述故障现象，并提出几种方

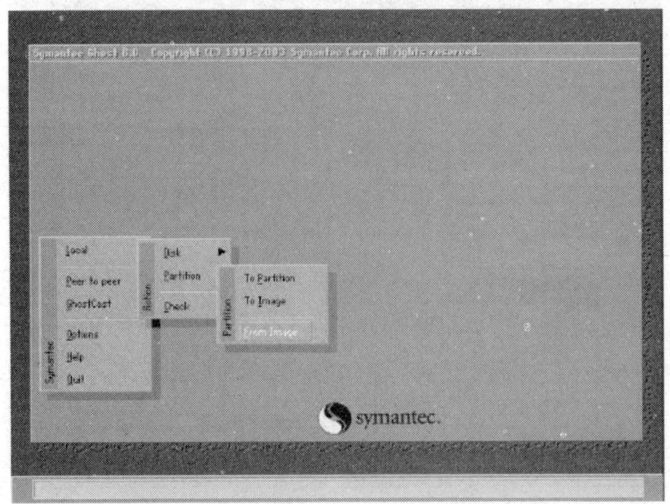

图 4-54 恢复系统

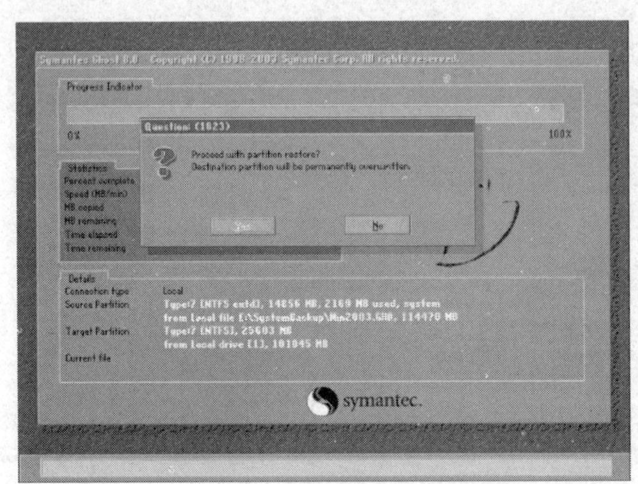

图 4-55 恢复进程

法要张亮同学测试，然后把测试结果回馈。

b. 确定任务：经过张亮同学对故障的陈述和故障测试结果，初步确定两种情况：一是操作系统被损坏，二是硬盘被损坏。

c. 材料准备：带磁性的梅花螺丝刀、螺丝；Windows XP 系统光盘、Ghost XP 11.0 恢复光盘、硬盘。

② 操作步骤。

步骤 1：利用 Windows XP 还原点对系统进行恢复，然而恢复完后，重启电脑故障依然。

步骤 2：利用 Ghost XP 11.0 恢复光盘重新恢复一个新系统，然而恢复完后，重启电脑故障依然。

步骤 3：上面两种方法都不行，只有使用纯 Windows XP 系统光盘安装，花了近 1h 安装完，故障解决。

步骤4：为了防止系统再次损坏，李工利用Ghost XP 11.0恢复光盘备份操作系统到D盘。

(3) 交付客户

① 用户体验：李工指导张亮同学利用Ghost XP 11.0恢复光盘恢复新系统，并教其利用Ghost XP 11.0恢复光盘恢复已备份在D盘的系统。

② 交付确认：客户满意后在维修单上签字确认。

4.1.3 计算机常见硬件故障及其排除

1. 任务背景

随着电脑的普及，家庭拥有电脑的越来越多，使用电脑办公的企业员工也越来越多。公司、家庭的电脑常常遇到如搬家时，把电脑搬到新家后开不了机；在上网时突然死机，然后再开机进不了系统，诸如此类的事情。

2. 相关知识

(1) 计算机故障原因

① 硬件本身质量不佳。粗糙的生产工艺、劣质的制作材料、非标准的规格尺寸等都是引发故障的隐藏因素。由此常常引发板卡上元件焊点的虚焊脱焊、插接件之间接触不良、连接导线短路断路等故障。

② 人为因素影响。操作人员的使用习惯和应用水平也不容小觑，例如，带电插拔设备、设备之间错误的插接方式、不正确的BIOS参数设置等均可导致硬件故障。

③ 使用环境影响。这里的环境可以包括温度、湿度、灰尘、电磁干扰、供电质量等方面。每一方面的影响都是严重的，例如，过高的环境温度无疑会严重影响设备的性能等。

④ 其他影响。设备的正常磨损和硬件老化也常常引发硬件故障。

⑤ 误操作。操作人员使用过程中不小心，删除或者破坏系统文件，而导致系统瘫痪。

⑥ 病毒影响。由于各类病毒的攻击致使电脑系统瘫痪。

(2) 检修规范

① 检测的基本原则。

a. 先软件后硬件：电脑发生故障后，一定要在排除软件方面的原因（如系统注册表损坏、BIOS参数设置不当、硬盘主引导扇区损坏等）后再考虑硬件原因，否则很容易走弯路。

b. 先外设后主机：由于外设原因引发的故障往往比较容易发现和排除，可以先根据系统报错信息检查键盘、鼠标、显示器、打印机等外部设备的各种连线和本身工作状况。在排除外设方面的原因后，再来考虑主机。

c. 先电源后部件：作为电脑主机的动力源泉，电源的作用很关键。电源功率不足、输出电压电流不正常等都会导致各种故障的发生。因此，应该在首先排除电源的问题后再考虑其他部件。

d. 先简单后复杂：目前的电脑硬件产品并不像想象的那么脆弱、那么容易损坏。因此在遇到硬件故障时，应该从最简单的原因开始检查。如各种线缆的连接情况是否正常、各种插卡是否存在接触不良的情况等。在进行上述检查后而故障依旧，这时方可考虑部件的电路部分或机械部分存在较复杂的故障。

② 检修的基本方法。

a. 软件排障：由于软件设置方面的原因导致硬件无法工作很常见，这时可以采取的方法有还原 BIOS 参数至默认设置（开机后按 Del 键进入 BIOS 设置窗口→选中 Load Optimized Defaults 项→按 Enter 键后按 Y 键确认→保存设置退出）、恢复注册表（开机后按 F8 键→在启动菜单中选择 Command prompt only 方式启动至纯 DOS 模式下→输入 scanreg /restore 命令→选择一个机器正常使用时的注册表备份文件进行恢复）、排除硬件资源冲突（右击“我的电脑”→选择“属性”命令→在“设备管理器”选项卡下找到并双击标有黄色感叹号的设备名称→在“资源”选项卡下取消“使用自动的设置”选项并单击“更改设置”按钮→找到并分配一段不存在冲突的资源）。

b. 用诊断软件测试：及时用专门检查、诊断硬件故障的工具软件来帮助查找故障的原因，如 Norton Tools（诺顿工具箱）等。诊断软件不但能够检查整机系统内部各个部件（如 CPU、内存、主板、硬盘等）的运行状况，还能检查整个系统的稳定性和系统工作能力。如果发现问题会给出详尽的报告信息，便于寻找故障原因和排除故障。

c. 直接观察：即通过看、听、摸、嗅等方式检查比较明显的故障。例如，根据 BIOS 报警声或 Debug 卡判断故障发生的部位；观察电源内是否有火花、异常声音；检查各种插头是否松动，线缆是否破损、断线或碰线；电路板上的元件是否发烫、烧焦、断裂、脱焊、虚焊；各种风扇是否运转正常等。有的故障现象时隐时现，可用橡皮榔头轻敲有关元件，观察故障现象的变化情况，以确定故障位置。

d. 插拔替换：初步确定发生故障的位置后，可将被怀疑的部件或线缆重新插拔，以排除松动或接触不良的原因。例如，将板卡拆下后用橡皮擦擦拭金手指，然后重新插好；将各种线缆重新插拔等。如果经过插拔后不能排除故障，可使用相同功能型号的板卡替换有故障的板卡，以确定板卡本身已经损坏或是主板的插槽存在问题。然后根据情况更换板卡。

e. 系统最小化：最严重的故障是机器开机后无任何显示和报警信息，应用上述方法已无法判断故障产生的原因。这时可以采取最小系统法进行诊断，即只安装 CPU、内存、显卡、主板。如果不能正常工作，则在这 4 个关键部件中采用替换法查找存在故障的部件。如果能正常工作，再接硬盘……以此类推，直到找出引发故障的罪魁祸首。

f. 逐步添加/移除法。

添加法：从最小系统环境开始，一次添加一个部件，并查看故障现象的变化；从单一的操作系统开始，一次添加一个软件，查看故障现象的变化。

移除法：从原始配置开始，一次移除一个部件，查看故障现象的变化；从现有的用户应用环境开始，一次移除或屏蔽一个软件，查看故障现象的变化。

g. 升降温法：降低计算机的通风能力来升温；用电风扇对着故障机吹来降温速；选择环境温度较低的时段来降温；使计算机停机 12～24h 以上来降温。

③ 检修的步骤。对电脑进行检修，应遵循如下步骤。

a. 了解情况，即在服务前与用户沟通，了解故障发生前后的情况，进行初步的判断。如果能了解到故障发生前后尽可能详细的情况，将使现场维修效率及判断的准确性得到提高。了解用户的故障与技术标准是否有冲突。

向用户了解情况,应借助第二部分中相关的分析判断方法,与用户交流。这样不仅能初步判断故障部位,也对准备相应的维修备件有帮助。

b. 复现故障,即在与用户充分沟通的情况下,确认:用户所报修故障现象是否存在,并对所见现象进行初步的判断,确定下一步的操作;是否还有其他故障存在。

c. 判断、维修,即对所见的故障现象进行判断、定位,找出产生故障的原因,并进行修复的过程。

d. 检验。维修后必须进行检验,确认所复现或发现的故障现象解决,且用户的电脑不存在其他可见的故障。电脑整机正常的标准参见《联想台式电脑整机检验规范》,必须按照《××维修检验确认单》所列内容,进行整机验机,尽可能消除用户未发现的故障,并及时排除。

(3) 常见故障及其排除

① BIOS自检与开机故障处理。

a. BIOS自检代码的含义。

CMOS battery failed(CMOS电池失效)

CMOS check sum error-Defaults loaded

Press ESC to skip memory test

HARD DISK INSTALL FAILURE(硬盘安装失败)

Secondary slave hard fail(检测从盘失败)

Hard disk(s) diagnosis fail (硬盘诊断失败)

Floppy Disk(s) fail 或 Floppy Disk(s) fail(80)或 Floppy Disk(s) fail(40)

Keyboard error or no keyboard present(键盘错误或者未接键盘)

Memory test fail (内存检测失败)

Override enable-Defaults loaded

BIOS ROM checksum error-System

b. BIOS报警声响的含义(见表4-1和表4-2)。

表4-1 Award BIOS报警声响的含义

自检响铃	自检响铃含义
1短	系统正常启动。这是每天都能听到的,也表明机器没有任何问题
2短	常规错误,进入CMOS Setup,重新设置不正确的选项
1长1短	RAM或主板出错,换一条内存试试。若问题依在,只好更换主板
1长2短	显示器或显卡错误
1长3短	键盘控制器错误,检查主板
1长9短	RAM或EPROM错误,BIOS损坏。换块Flash RAM试试
不断地响(长声)	内存条未插紧或损坏,重插内存条。若问题依在,只有更换一条内存
不停地响	电源、显示器未和显卡连接好,检查问题所在所有的插头
重复短响	电源问题
无声音、无显示	电源问题

表 4-2 AMI BIOS 报警声响的含义

自检响铃	自检响铃含义
1 短	内存刷新失败,更换内存条
2 短	内存 ECC 校验错误。在 CMOS Setup 中将有关内存 ECC 校验的选项设为 Disabled 就可以解决,不过最根本的解决办法还是更换一条内存
3 短	系统基本内存(第 1 个 64 KB)检查失败,换内存
4 短	系统时钟出错
5 短	中央处理器(CPU)错误
6 短	键盘控制器错误
7 短	系统实模式错误,不能切换到保护模式
8 短	显示内存错误。显示内存有问题,更换显卡试试
9 短	BIOS 检验和错误
1 长 3 短	内存错误,内存损坏,更换即可
1 长 8 短	显示测试错误,显示器数据线未插好或显卡未插牢

c. 判断 BIOS 是否已经损坏。判断 BIOS 是否正常比较困难,因为如果没有编程器等测试工具,则无法通过感官来判断 BIOS 文件或芯片是否正常。对于普通用户而言,只有寻找维修商来解决。

如果屏幕显示"BIOS ROM checksum error-System halted"(BIOS ROM 校验和错误—系统终止)的提示时,应是读取 BIOS 时校验和出错,因此无法启动机器。这种问题通常是因为 BIOS 程序代码更新不完全,解决方法是重新刷写主板的 BIOS。

② 主板常见故障与排除。主板是整个电脑的关键部件,在电脑起着至关重要的作用。主板产生故障将会影响到整个 PC 系统的工作。下面就一起来看看主板在使用过程中最常见的故障有哪些。

故障一:主板散热不良引起死机,电脑运行一段时间后,常在出现 Windows 启动画面后死机,用 Windows 启动盘启动,故障依旧。

故障检测与排除办法:

a. 从故障现象来看,似乎是该电脑某些硬件接触不良,运行一段时间后,一些插卡松动,可以打开机箱,将主板上的插卡重装一遍,再重新启动电脑。如果故障仍未排除,说明系统的运行不正常。而直接影响系统运行的主要有两个方面,CPU 超频或 CPU 温度过高、内存不稳定。

b. 首先检查主板上 CPU 的频率设定情况,发现 CPU 工作正常但是非常烫,这应该是 CPU 的超频造成的温度太高,短时间难以散热出去。将 CPU 频率降回原频率,恢复正常。对 CUP 超频的同时,应该注意 CPU 的电压设定和 CPU 风扇的连接。

故障二:电脑能正常开机,但开机后不能通过自检。

故障检测与排除办法:

a. 这类故障一般都会有错误提示信息,因此在排除这类故障时,主要应根据该提示信息找出故障原因。故障原因一般是由于主板的某个部件损坏引起,多数属于硬件故障,但也不排除软件故障引起的可能。

b. 针对软件故障的排查,可以依照以下顺序进行。

第一步，检查硬件，主要是针对连接在主板上的所有板卡、连接线和其他连接设备的检查。检查是否有短路、插接方法是否正确，以及接触是否良好，可以通过重新插拔来解决一些故障。

第二步，检查部件的后挡板尺寸是否合适，可以通过去掉后挡板来检查。另外，对于有一些部件可以换个插槽和连接头使用。

第三步，检查 BIOS 设置，首先可以尝试清除 CMOS，看故障是否消失。

第四步，检查 BIOS 中的设置是否与现实的配置不相符，如磁盘参数、内存类型、CPU 参数、显示类型、温度设置、启动顺序等。

故障三：电脑突然无法启动，BIOS 自检不显示有关硬盘的参数。

故障检测与排除办法：

a. 出现这类情况有 4 种可能，第一种，可能是因为 BIOS 里设置不正确；第二种，可能是连接硬盘的数据线出现问题；第三种，可能是主板 IDE 接口出现问题；第四种，可能是硬盘本身故障。分析了可能发生的故障后，此时就可以按照排除法一步一步地排除。

b. 启动电脑后，按 Del 键进入 CMOS 设置，选择 HDD IDE AUTO DETECTION 项，观察 BIOS 能否检测到硬盘。如果检测不到硬盘，可以将硬盘拆下来，挂到无故障的其他电脑上。直接开机进入 Windows 环境，如果不能在其电脑上看到新增的硬盘，就可以确定是硬盘本身有问题。如果硬盘在别的电脑上可以正常读/写，则可能是主板或硬盘数据线故障。可以先换一条数据线试试；如果仍然不行，可能是某个 IDE 接口甚至主板有故障，可以换一个 IDE 接口试试；再不行就只能更换主板了。

故障四：电脑开机自检能通过，主板的 BIOS 提示发现光驱，但是在执行 Config. sys 文件中的光驱驱动程序时，屏幕上显示“Supporting the following units：”，然后死机，只能按复位热键启动，复位后故障现象依旧。

故障检测与排除办法：

a. 遇到这种情况时，首先通过杀毒盘检查是否中毒了，在排除系统感染病毒的情况下，发现产生上述故障的原因是 BIOS 中的 SYSTEM BIOS CACHEABLE(系统 BIOS 缓存)项设置为 Enabled。将该项设置为 Enabled 后，会与运行速度较慢的光驱驱动程序速度不匹配而引起死机故障，兼容机中该问题尤为突出。

b. 将 BIOS 中的 SYSTEM BIOS CACHEABLE 项设置为 Disabled 后，故障即可排除。

故障五：电脑连接电源线以后，只要打开插线板上的电源开关，电脑就会自动开机。

故障检测与排除办法：

a. 查看主板上的 Soft Power On 接脚是否短路，这导致激活后方 Power 开关就直接激活电源。不同主板的 CMOS 设置项目可能会有一些差异。

b. 开机后按 Del 键，进入 CMOS 设置，进入 Power Management Setup，将 Soft-off by PWR-BTTN 设为 Instant-off。也有的主板可能是 Sytem After AC Back 项目，将它设为 soft-off 即可。

故障六：电脑已经使用了很长一段时间，由于平时没有对主机内部做过清洁，最近电脑经常出现蓝屏、非法操作或死机的故障，但这些问题出现的时间没有规律，而且随着时间的推移，死机越来越频繁。

故障检测与排除办法：

a. 从故障的描述来看，一定是长期使用电脑，电脑机箱内灰尘过多，导致主板原件之间的短路引起频繁死机。

b. 用小毛刷和无水酒精对主板进行清理。这里要注意的是，使用小毛刷将主板上的灰尘轻轻刷落，用力不可太大，否则可能导致主板上的元件损坏。如果使用无水酒精清理主板，则一定要将其完全干燥后才能使用。

故障七：电脑开机经常出现“CMOS checksum error-Defaults loaded”的提示，屏幕下方显示按 F1 键继续，或是按 Del 键重新设置 CMOS。如果选择 F1，计算机开机后时间会被调整为一个较老的日期。

故障检测与排除办法：一般情况下，更换 CMOS 电池后问题即可解决。如果问题依然存在的话，最好送修或返回原厂处理。

③ CPU 常见故障与排除。

故障一：CPU 损坏导致电脑不断地重启，其表现为有时刚刚出现启动画面即重启，或者进入系统后不久就重启。

故障检测与排除办法：

a. 查杀病毒排除病毒原因，如故障依旧则进行 b。

b. 格式化硬盘重新安装操作系统，如故障依旧则进行 c。

c. 对 CPU 风扇进行清理，并在 BIOS 里查看 CPU 温度，看温度是否过高。如故障依旧则进行 d。

d. 更换新电源，如故障依旧则进行 e。

e. 采用“最小系统法”，保留系统启动必备的硬件进行故障排查，结果电脑依然不断重启，不过这就圈定了引起故障的嫌疑范围。接着使用“换件大法”，直到更换 CPU 并安装良好后，故障才消失，系统重启的元凶显然是 CPU。

故障二：CPU 针脚接触不良，导致机器无法启动，开机屏幕无显示信号输出。

故障检测与排除办法：

a. 检查显示器无问题。

b. 用替换法检查后，发现显卡无问题。

c. 拔下插在主板上的 CPU，仔细观察并无烧毁痕迹，但就是无法点亮机器。后来发现 CPU 的针脚均发黑、发绿，有氧化的痕迹和锈迹(CPU 的针脚为铜材料制造，外层镀金)，便用牙刷对 CPU 针脚做了清洁工作，电脑又可以加电工作了。

④ 内存常见故障与排除。内存作为电脑中重要的配件之一，主要担负着数据的临时存取任务。由于内存条的质量参差不齐，所以其发生故障的几率比较大。当出现电脑无法正常启动、无法进入操作系统或运行应用软件、无故经常死机等故障时，大部分都是内存条出现问题惹的祸。

故障一：开机后显示器黑屏，电脑无法正常启动，机箱报警喇叭出现长时间的短声鸣叫，或是打开主机电源后电脑可以启动但无法正常进入操作系统，屏幕出现“Error：Unable to Control A20 Line”的错误信息后并死机。

故障检测与排除办法：以上故障多数由内存与主板的插槽接触不良引起，处理方法是打开机箱后拔出内存，用酒精和小号细毛刷擦拭内存的金手指和内存插槽，并检查内存插槽是否有损坏的迹象，擦拭检查结束后将内存重新插入，一般情况下问题都可以解决。如果还是无法开机，则将内存拔出插入另外一条内存插槽中测试，如果此时问题仍存在，则说明内存已经损坏，此时只能更换新的内存条。

故障二：自检通过。在DOS下运行应用程序因占用的内存地址冲突，而导致内存分配错误，屏幕出现"Memory Allocation Error"的提示。

故障检测与排除办法：因Confis. sys文件中没有用Himem. sys、Emm386. exe等内存管理文件设置Xms. ems内存或者设置不当，使得系统仅能使用640KB基本内存，运行的程序稍大便出现"Out of Memory"(内存不足)的提示，无法操作。这些现象均属软故障，编写好系统配置文件Config. sys后重新启动系统即可。

故障三：Windows运行速度明显变慢，系统出现许多有关内存出错的提示。

故障检测与排除办法：

a. 在Windows下运行的应用程序非法访问内存、内存中驻留了太多应用程序、活动窗口打开太多、应用程序相关配置文件不合理等原因均可以使系统的速度变慢，更严重的甚至出现死机。

b. 这种故障必须采用清除内存驻留程序、减少活动窗口、调整配置文件(INI)来解决，如果在运行某一程序时出现速度明显变慢，那么可以通过重装应用程序的方法来解决；如果在运行任何应用软件或程序时都出现系统变慢的情况，那么最好的方法便是重新安装操作系统。

故障四：Windows系统中运行DOS状态下的应用软件(如DOS下运行的游戏软件等)时出现死机花屏的现象。

故障原因及处理方法：这种故障一般情况是软件之间分配、占用内存冲突造成的，一般表现为黑屏、花屏、死机，解决的最好方法是退出Windows操作系统，在纯DOS状态下运行这些程序。

故障五：内存被病毒程序感染后驻留内存中，CMOS参数中内存值的大小被病毒修改，导致内存值与内存条实际内存大小不符，在使用时出现速度变慢、系统死机等现象。

故障检测与排除办法：先采用最新的杀毒软件对系统进行全面的杀毒处理，彻底清理系统中的所有病毒。由于CMOS已经被病毒感染，因此可以通过对CMOS进行放电处理后恢复其默认值。方法是先将CMOS短接放电，重新启动机器，进入CMOS后仔细检查各项硬件参数，正确设置有关内存的参数值。

故障六：电脑升级进行内存扩充，选择了与主板不兼容的内存条。

故障检测与排除办法：在升级电脑的内存条之前一定要认真查看主板主使用说明，如果主板不支持2GB以上大容量内存，即使升级后也无法正常使用。如果主板支持，但由于主板的兼容性不好而导致的问题，那么可以升级主板的BIOS，看看是否能解决兼容问题。

对于购买的超过主板默认频率的内存，如主板支持DDR266的内存，并不支持DDR400的内存，可以通过降低内存的频率来获得更高的兼容性。另外就是很多使用双内存条的朋友，并不一定是主板兼容所造成的，也可能是两条内存的兼容性不好而导致的电脑故障。因此如果是这样的话，那么便只能使用一条最大容量的内存，或是直接更换其他型号或品牌的内存条了。

⑤ 硬盘常见故障与排除。

故障一：无法找到C盘，电脑开启时提示“disk I/O error”，无法启动系统。用软盘启动后发现C盘里什么都看不到了，而其他盘却正常。

故障检测与排除办法：

a. 从故障现象来看，很可能是主引导记录MBR被破坏或系统文件因意外被病毒破坏了。

b. 如果只是主引导记录和系统文件损坏，可以从软盘启动。首先查一下有无病毒，执行“A:\>FDISK/MBR”命令，再执行“SYS A:”命令，C盘上数据或许还能挽救，如果是FAT表或数据本身被破坏，那就没有多少修复的可能了。

故障二：系统无法发现硬盘的存在，开机自检完成时提示错误信息“HDD controller failure Press F1 to Resume”，甚至有时用CMOS中的自动检测功能也无法发现硬盘的存在。

故障检测与排除办法：

a. 出现此类状况多半是由与硬盘有关的电源线、数据线的接口出现松动、接触不良、反接甚至损坏等情况造成的，也有可能是由硬盘上的主从跳线设置错误引起的。

b. 重新插拔硬盘电源线、数据线或者将数据线改插其他DIE接口进行替换试验。按照硬盘的跳线要求重新设置硬盘主从跳线。

故障三：系统能通过自检，但无法启动，分区信息丢失或C盘目录丢失或使用Format命令格式化C盘时屏幕上提示“Track 0 Bad”。用Fdisk等分区软件分区时找不到硬盘，也有可能是硬盘零磁道损坏。

故障检测与排除办法：通常处理硬盘零磁道损坏的思路是“以1代0”，即在划分硬盘分区时重新定义0磁道，将原来的“1”磁道定义为逻辑上的0磁道，避开已损坏的0磁道。

故障四：硬盘格式化无法完成。

故障检测与排除办法：

a. 在BIOS设置界面中将硬盘相关的速度调整到最低的状态试试。如果还不能解决，则很可能是硬盘出现坏道。

b. 建议将这块硬盘安装到其他电脑上，并在DOS环境下格式化。如果仍然如此，可以用DM程序对硬盘进行低级格式化，这样问题一般都能解决。

故障五：使用磁盘扫描程序无法修复，也无法对硬盘进行低级格式化。

故障检测与排除办法：

a. 出现此类情况多半是硬盘出现了坏道，使用磁道扫描程序无法修复。此时想对硬盘进行低级格式化，但使用Fdisk程序和Partition Magic都找不到低级格式化的选项。

b. 当硬盘出现大量逻辑坏道并且使用其他软件无法修复时，可以使用硬盘低级格式化工具DM和Lformat，通过低级格式化来重新划分扇区，从而修复逻辑坏道。

故障六：硬盘平时读取时没有出现怪声。只有在刚开机时、关机后，或是在睡眠状态后再恢复使用时，硬盘总是会发出“咔”的一声。

故障检测与排除办法：

a. 一般新式硬盘的磁头都有自动校正归位的功能，而操作系统的关闭也可以将硬盘关闭起来，当然唤醒时又会因校正读取头的关系发出声音，通常这种情形属于正常现象。

b. 如果硬盘的声音是一直持续地发出声音不会停止，那么有可能就是硬盘有问题了。如果还在质保期间就尽快去更换，如果过了质保期就要考虑送修了。

故障七：开机时总会显示“Primary master hard disk fail”，根据提示信息按F1键后将显示“DISK BOOTFAIL...”，不能进入Windows系统。

故障检测与排除办法：

a. 从上述现象可以看出是硬盘引导错，出现这种故障的原因可能是硬盘主引导记录被破坏，或者是引导分区的引导扇区被破坏。

b. 把故障硬盘作为第二个硬盘挂到其他计算机上，看看能否正常读/写。如果能够正常读写，说明分区表本身是好的，可以用FDISK命令修复。

提示：FDISK命令有3个未公布的参数，分别为/MBR、/PRI、/EXT，其作用分别为重写主引导记录、重写DOS基本分区引导记录和DOS扩展分区引导记录。

如果分区表损坏，可以利用Nirton磁盘修复软件进行恢复，也可以用FDISK命令重新分区，但是这样操作之前先对盘中原有的数据作备份，否则盘中原有的数据会被彻底破坏。

故障八：格式化硬盘到100%时，PC喇叭一直响个不停，并在屏幕上显示：“!!! WARNING!!! Disk Boot sector isto be modified Type“Y”to accept any key to abort Award Software,Inc”的信息。

故障检测与排除办法：重新启动电脑并进入BIOS设置程序，在BIOS Features Setup（高级BIOS特征设置）菜单中将Virus Warning选项设置为Disable，保存设置并重新启动，上述问题即被排除。

故障九：每次开机完成内存自检后，就会出现“Primary IDE Channel no 80 conductor cable installed”的提示信息。

故障检测与排除办法：将该机箱打开，检查一下数据线是否有折角或是弯曲损坏，或更换一条ATA/66/100专用数据线即可。

故障十：开机后无法进入Windows系统，却出现如下提示：“Disk I/O error Replace the disk,and then press any key”，按任意键还是出现此信息。

故障检测与排除办法：可能是硬盘损坏了，这个时候可能要检查一下硬盘是否可以修复，如果不行只有换块新的硬盘了；可能是CMOS设置中的硬盘设置值错误；可能是硬盘的数据线有问题，如果是数据线的问题，更换一条数据线试试即可；可能是硬盘有病毒，导致硬盘的分区表被破坏；可能是硬盘没有设置开机的磁盘，如果是这种情况，用启动盘启动计算机，运行Fdisk.exe，选择2，再设置C盘为引导盘即可。

故障十一：电脑开机一切正常，并且能顺利进入系统，但使用时间长了就容易死机，尤其运行大型程序时死机更频繁，将硬盘安装到其他电脑上使用时则没有这个现象。

故障检测与排除办法：

a. 该问题可能与硬盘散热不好有关。现在主流硬盘的转速越来越高，相应带来的发热量也增加很多，如果硬盘散热不好，很有可能造成硬盘读/写时莫名其妙死机。

b. 加大硬盘的散热量，如在机箱上安装散热风扇直接对硬盘吹风。如果使用7200r/min以上的高速硬盘，最好为硬盘加装散热风扇。

一般来说，硬盘底部预留有6个螺丝孔，把风扇通过螺丝安装在硬盘底部即可。

⑥ 声卡常见故障与排除。

故障一：重新安装 Windows XP 后声卡工作不正常。

故障状况：在未装 Windows XP 时，声卡工作正常，而安装后就死机。

故障原因：这是因为 Windows XP 系统会对主板 BIOS 中有关声卡的 IRQ 和 DMA 设置内容进行自动修改，这样修改后的 IRQ、DMA 有可能会与系统的中断产生冲突，上述故障可能就是因此而产生的。

排除故障：用声卡驱动程序组内自带的有关程序，修改 PnP BIOS 的相关内容即可解决。

故障二：声卡时好时坏。

故障状况：声卡听久后就会声变，而且重新启动计算机后，声卡无声。

故障原因：可能是音箱接触不良导致的问题，也有可能是声卡本身问题。

排除故障：建议先用正常的声音试音，如果没有声音，这时再检查一下设备管理器，看看声卡的驱动是否正常，如果没有异常，可能就是声卡本身的问题了。

故障三：无法安装声卡驱动程序。

故障状况：在各种操作系统下，声卡安装都不正常，而声卡在别的电脑上安装正常。

故障原因：无法安装声卡驱动可能是病毒引起的，也有可能是 BIOS 中对声卡的设置不当造成的，当然声卡与主板的兼容性不好也会出现此类问题。

排除故障：首先检查电脑是否染上了病毒，用最新的杀毒软件查一查。在排除了染上病毒影响的因素后，主要考虑 CMOS 设置不当和各个硬件之间的冲突问题，应该再仔细看一下 CMOS 中各项设置是否合适，着重于 IRQ 和 PnP 的设置。保证所有的 IRQ 设置为 PCI/ISA PnP。检查是否显卡与声卡不兼容的问题，换一块显卡试试，因为它与声卡最容易出现资源冲突。如果这样还不成功，那就是主板与声卡间存在着不兼容性问题，只能找到经销商换卡了。

故障四："设置音量"栏呈灰色。

故障状况：电脑右下角的任务栏只有一个输入法标志，"音量控制"图标没有了，在"声音和音频设备属性"对话框中的"设置音量"栏是灰色的，滑块在最左端，"将音量图标放入任务栏"前的复选框已选中。

故障原因：确认声卡驱动安装是否正确，声卡是否能发声，如果声卡驱动程序没有安装正确，那么音量调节图标是不会出现的。

排除故障：安装声卡的公版驱动程序，最好是 WDM 的，或者是经过微软的 WHQL 认证的。注意的是有些厂商提供的驱动程序存在兼容性问题，造成不能正确调节音量。

故障五：安装声卡驱动后任务栏没有音量控制图标。

故障状况：正确安装了声卡驱动程序，在任务栏上却没有出现音量调节的图标。

故障原因：如果安装了声卡附带的音频处理软件，喇叭图标可能被这个软件屏蔽了。

排除故障：将这个软件反安装，应该就会出现喇叭图标了。如果还不出现，在"控制面板"中双击"声音和音频设备"图标，在"音量"选项卡下方选择"将音量图标放入任务栏"复选框即可。

故障六：六声道声卡只有 2 个声道发声。

故障状况：播放 DVD 影碟时，总是只有 2 个音箱能发出声音，其他音箱却没有声音。

故障原因：出现此类问题多半是音箱线没连接正确或系统里的设置不正确造成的。

排除故障：在确定音箱连接线正确、线路无故障的情况下，一般通过更改系统设置即可解决。单击桌面"开始"菜单并选择"控制面板"命令。然后选中"多媒体"图标，在"音频"回放栏中的"高级属性"选项里找到"扬声器设置"选项栏，在随后弹出的下拉列表框中选中"环绕声扬声器"选项后，单击"确定"按钮保存退出。打开DVD播放软件，在其中的"内容"或"设定"选项中，将"音效"选项的参数改为"六声道"即可。

⑦ 显卡常见故障与排除。

故障一：电脑开机后显示器不能显示。

解决方法：如果开机后，显示器无显示(信号指示灯闪烁)，并且主机在开机后发出一长两短的蜂鸣声，可以推断可能是以下原因造成的：一是显卡接触不良，重新插好就可以了；二是显卡损坏，换一个新的显卡；三是对于一些显卡集成的主板，可以插上另外一块显卡。

故障二：死机，感觉电脑比以前慢了很多。

解决方法：出现此类故障多见于非Intel芯片的主板与显卡不兼容或主板与显卡接触不良，显卡与其他扩展卡不兼容也会造成死机。对于不兼容造成的问题，可以先进入CMOS，将设置恢复成出厂默认值，然后保存后退出，再看电脑正常不正常。

如果还不正常的话，就尽量找到这个主板和显卡的最新驱动和补丁安装，现在的主板和显卡厂商如果发现产品有问题就会马上更新驱动来解决。当显卡与其他扩展卡不兼容造成死机时，可以把其他的扩展卡换一个插槽，直到正常为止。还有就是主板的AGP插槽供电不足造成故障，一般都是采取换大功率电源解决，还不行的话只有换主板或显卡了。

故障三：开机启动后屏幕上显示的是乱码。

解决方法：此类故障主要有以下原因。

a. 显卡的质量不好，特别是显示内存质量不好。这样只有换显卡了。

b. 系统超频，特别是超了外频，导致PCI总线的工作频率由默认的33MHz超频到44MHz，这样就会使一般的显卡负担太重，从而造成显示乱码。把频率降下来即可解决问题。

c. 主板与显卡接触不良，重新插好就可以了。

d. 刷新显卡BIOS后造成的。因为刷新错误，或刷新的BIOS版本不对，都可以造成这个故障。只有找一个正确的显卡BIOS版本，再重新刷新。

故障四：屏幕出现异常杂点或图案，甚至花屏。

解决方法：此类故障一般是显卡质量不好造成的，在显卡工作一段时间后(特别是在超频的情况下)，温度升高，造成显卡上的质量不好的显示内存、电容等元件工作不稳定而出现问题。如果电脑是超频状态下(有些发烧友可是CPU和显示卡同时超频)而出现问题，建议还是降回来。另外也可能是显卡与主板接触不良造成的，可以清洁一下显卡的金手指，然后重新插上试试。

⑧ 显示器常见故障与排除。

故障一：屏幕无显示，前面板的指示灯闪烁。

解决办法：检查显示器与计算机的信号线连接是否牢固，并检查信号线的接插口是否有插针折断、弯曲。

故障二：显示形状失真的校正。

解决办法：现今的显示器都是数字控制，用户可以通过控制选单进行倾斜、梯形、线形、幅度等校正。高档次显示器可以进行聚焦、汇聚、色彩等校正。

故障三：屏幕黑屏并显示“信号超出同步范围”（以三星显示器为例，各种品牌显示的内容不同）。

解决办法：当计算机发出的信号超出显示器的显示范围，显示器检测到异常信号停止工作。用户可以先关闭显示器，再打开，然后重新设置计算机的输出频率。

故障四：关机时屏幕中心有亮点。

解决办法：这种现象是显示器电路或显像管本身问题造成的，虽然当时不影响使用，但时间一长，显像管被灼伤，中央出现黑斑，此时再修理，保修期已过，用户利益受到损失。

故障五：屏幕显示有杂色。

解决办法：通过显示器的前面板的消磁控制功能进行消磁，但不要在半小时内重复消磁。

故障六：色彩种类不能上到32位。

解决办法：显卡问题，检查显卡是否具有此项性能及显卡的驱动程序是否安装。

故障七：分辨率/刷新率上不去。

解决办法：多数情况下是使用问题。先检查显卡及显示器的驱动程序是否已安装（如果厂家提供的话），然后根据使用说明书检查显卡及显示器是否可以达到所要求的性能。如果一切正常，那就是显示器故障，只能联系维修中心送修了。

故障八：液晶显示器白屏。

故障检测与排除：

a. 出现白屏现象表示背光板能正常工作，首先判断主板能否正常工作，可按电源开关查看指示灯有无反应，如果指示灯可以变换颜色，表明主板工作正常。检查主板信号输出到屏的连接线是否有接触不良（可以替换连接线或屏）；检查主板各个工作点的电压是否正常，特别是屏的供电电压；用示波器检查行、场信号和时钟信号（由输入到输出）。

b. 如指示灯无反应或不亮，表明主板工作不正常。检查主板各工作点的电压，要注意EPROM的电压（4.8V左右）、复位电压（高电平或低电平，根据机型不同）、CPU电压，如出现电源短路，要细心查找短路位置，会有PCB板铜箔出现短路的可能；查找CPU各脚与主板的接触是否良好；检查主板芯片和CPU是否工作，可用示波器测量晶振是否起振；必要时替换CPU或对CPU进行重新烧录。

故障九：液晶显示器黑屏。

故障检测与排除：

a. 首先要确定是主板问题还是背光板问题，可查看指示灯有无反应，如果连指示灯都不亮，则要查看主板电源部分。用万用表测量各主要电源工作点，保险丝是否熔断。断开电源，用电阻挡测量各主要电源工作点有无短路，出现短路就要仔细找线（是否线路板铜箔短路）和各个相关元器件（是否损坏，是否连锡）；如无短路现象，则可参照白屏现象维修，保证各工作点电压和信号的输入与输出处于正常工作状态。

b. 如果主板的工作状态都正常，就要检查背光板。检查主板到背光板的连接有无接触不良；用万用表测量背光的电压，要有12V的供电电压、3.3～5V的开关电压和0～5V的背光调节电压，背光的开关电压最为重要，如果出现无电压或电压过低，要检查 CPU 的输出电平和三极管的工作状态是否正常，注意有无短路现象，必要时替换各元器件。

故障十：液晶显示器缺色。

故障检测与排除：

a. 检查主芯片到连接座之间有无短路、虚焊（注意芯片脚、片状排阻和连接座，特别是扁平插座）。

b. 检查屏到主板的连接线如扁平电缆之间有无接触不良。

c. 必要时更换主板、连接线甚至屏，找出问题所在。

d. 测量各个按键的对地电压，如出现电压过低或为 0，则检查按键板到 CPU 部分线路有无短路、断路，上拉电阻有无错值和虚焊，座和连接线有无接触不良。

e. 注意按键本身有无损坏。

故障十一：液晶显示器双色指示灯不亮或只亮一种颜色。

故障检测与排除：

a. 检查指示灯部分线路，由 MCU 输出到指示灯控制的三极管电平是否正常，通常为一个高电平 3.3V 和一个低电平 0V，切换开关机时，两电平会变为相反，如不正常检查电路到 MCU 之间有无短路、虚焊。

b. 检查三极管的供电电压（5V）是否正常，三极管输出是否正常，可测量指示灯两端电压。

c. 检查主板插座到按键板之间有无接触不良，电路板有无对地短路。

d. 必要时替换指示灯。

故障十二：液晶显示器偏色。

故障检测与排除：

a. 检查主板信号 R/G/B 由输入到主芯片部分线路（有无虚焊、短路，电容、电阻有无错值）。

b. 进入工厂模式，进行白平衡调节，能否调出正常颜色。

c. 必要时替换 MCU 或对 MCU 进行重新烧录。

故障十三：液晶显示器花屏。

故障检测与排除：

a. 测量主板时钟输出是否正常。

b. 检查主板信号 R/G/B 由输入到主芯片部分线路（有无虚焊、短路，电容、电阻有无错值）。

c. 检查主板信号输出到屏的连接座部分线路有无虚焊、短路（IC 脚、排阻及座、双列插针，特别注意扁平插座）。

d. 必要时替换屏。

故障十四：液晶显示器无信号。

故障检测与排除：

a. 通电后出现无输入信号（NO VGA INPUT）：检查 VGA 电缆连接；检查主板由行、场输入（注意 VGA 母座的行、场与地之间有无短路）到反相器输出再到主芯片部分线路（有无虚焊、短路，电容、电阻有无错值）；检查主板各工作点电压（有可能是由于主芯片损坏）。

b. 通电后出现超出显示(VGA NOT SUPPORT 或者 FREQENCY OUT OFRANGE):检查电脑输入信号是否超出范围;检查主板各个工作点的电压(有可能是由于主芯片损坏)。

故障十五:液晶显示器画面闪(字抖动)。

故障检测与排除:

a. 用自动调节或用手动调节"相位"能否调好。

b. 检查主板各个工作点的电压(有可能是主芯片损坏)。

c. 检查锁相回路电容、电阻有无错值。

d. 检查主板由行、场输入到反相器输出再到芯片部分线路(有无虚焊、短路,电容、电阻有无错值)。

3. 任务实施

(1) 任务场景

一天张亮正上网玩游戏,突然出蓝屏,重启电脑,系统进入到一半时还是出现蓝屏,试了几次还是这样。

(2) 实施步骤

① 接受任务。

客户接待:接到张亮同学的电话,首先听取张亮同学讲述故障现象,并提出几种方法要张亮同学测试,然后把测试结果回馈。

确定任务:经过张亮同学对故障的陈述和故障测试结果,初步确定两种情况:一是操作系统损坏,二是硬盘损坏。

② 操作步骤。

步骤1:利用 Windows XP 还原点对系统进行恢复,然而恢复完后,重启电脑故障依然存在。

步骤2:利用 Ghost XP 恢复光盘重新恢复一个新系统,然而恢复完后,重启电脑故障依然存在。

步骤3:使用纯 Windows XP 系统光盘安装,安装到一半的时候,安装不下去,故此可以判断硬盘有问题。

步骤4:更换新硬盘安装系统后,故障消失。

步骤5:利用 Ghost XP 恢复光盘备份操作系统。

(3) 交付客户

① 客户体验:指导张亮安装硬盘,利用 Ghost XP 恢复光盘恢复和备份系统。

② 任务确认:向客户说明故障,并需更换硬盘,根据张亮同学的需求选择了320G的硬盘,并帮其安装好。客户满意后在账单上签字确认。

4.1.4 计算机常见软件故障及其排除

1. 任务背景

张亮昨天刚到学校网络中心申请开通校园网,起初只是浏览网页、上 QQ,后来迷上了在网上看电影,于是在网上到处找电影、下载电影。后来张亮发现自己的电脑越来越慢了,以为是网速慢,就没有管它,可有一天突然发现自己电脑的所有应用程序都打不开,这才发现自己的电脑中毒了。

2. 相关知识

(1) 计算机软件故障原因

① 软件与系统不兼容引起的故障。软件的版本与运行的环境配置不兼容,造成不能运行、系统死机、某些文件被改动和丢失等故障。

② 软件相互冲突产生的故障。两种或多种软件和程序的运行环境、存取区域、工作地址等发生冲突,造成系统工作混乱,文件丢失等故障。

③ 误操作引起的故障。误操作分为命令误操作和软件程序运行误操作,执行了不该使用的命令,选择了不该使用的操作,运行了某些具有破坏性的程序、不正确或不兼容的诊断程序、磁盘操作程序、性能测试程序等而使文件丢失、磁盘格式化等。

④ 计算机病毒引起的故障。计算机病毒将会极大地干扰和影响计算机使用,可以使计算机存储的数据和信息遭受破坏,甚至全部丢失,并且会传染上其他计算机。大多数计算机病毒可以隐藏起来像定时炸弹一样待机发作。

⑤ 不正确的系统配置引起的故障。系统配置故障分为3种类型,即系统启动基本CMOS芯片配置、系统引导过程配置的系统命令配置,如果这些配置的参数和设置不正确,或者没有设置,电脑也可能会不工作和产生操作故障。电脑的软故障一般可以恢复,不过在某些情况下有的软件故障也可以转化为硬件故障。

(2) 计算机常见软件故障

① Windows 2003/Windows XP 安装故障。

故障一:安装 Windows 2000 时提示内存不足。

故障现象:安装 Windows 2000 时提示没有足够的内存,导致安装不能继续。

解决方法:安装 Windows 2000 之前,必须保证计算机的硬件配置满足 Windows 2000 的要求,特别是内存与硬盘空间。Windows 2000 Professional 推荐最小内存为64MB,硬件要求至少有850MB的可用空间。显然这台电脑的内存太小,所以不能安装 Windows 2000,需要将内存加到64MB以上,这样就能顺利安装 Windows 2000 了。另一个需要考虑的是硬件兼容问题,在 Windows 2000 的安装光盘中可以查到 HCL 文件,即硬件兼容列表文件,看看的各个硬件是否在清单之内。

故障二:Windows 2003 与 Windows 2000 有冲突。

故障现象:安装完 Windows 2003 后,发现原来安装的 Windows 2000 没有了。

解决方法:这是因为在安装 Windows 2003 时,是在 Windows 2000 系统下直接选择"升级安装"导致的。如果既想安装 Windows 2003,又想保留原来安装的操作系统。那么在安装时就不要选择"升级到 Windows 2003(推荐)",而要选择"安装新的 Windows 2003(全新安装)"。

故障三:安装 Windows XP 时死机。

故障现象:安装 Windows XP 时,从复制完文件重新启动到提示按 Enter 键继续时死机。

解决方法:通常出现这种情况的是由于使用的是串口鼠标(串口鼠标通过一个九芯的扁平状接口和电脑串口连接),由于兼容性的问题导致安装程序将键盘死锁。换成 PS/2(小圆接口)的鼠标就可以顺利安装了。

② 电脑启动后不能进入系统。

电脑启动后不能进入系统，可以分为两大原因：电脑硬件故障，如硬件有物理性损伤等；电脑软性故障，可以通过更改设置或者使用工具软件来修复。

故障一：电脑启动后提示"DISK BOOT FAILURE, INSERT SYSTEM DISK AND PRESS ENTER"。

解决方法：

a. 电脑没有检测到硬盘。具体的操作是重新启动电脑，按 Del 键进入 CMOS 设置，选择 Standard CMOS Features 菜单，再自动检测硬盘。如果没有检测到硬盘，就关机检测硬盘数据线是否完好、跟硬盘和主板是否连接正常、硬盘电源线连接是否正常，硬盘跳线是否正确。如果这些都正常，但还是检测不到硬盘，就有可能是硬盘或主板坏了。

b. 硬盘上没有启动文件。如果 CMOS 中的硬盘参数设置正确，而且从软盘或光盘启动后能找到硬盘，那么是因为硬盘的主引导扇区被破坏或没有系统启动文件。硬盘的主引导扇区是硬盘中最为重要的一个扇区，其中的主引导程序用于检测硬盘分区的正确性并确定活动分区，负责把引导权移交给活动分区的操作系统。引导程序损坏将无法从硬盘引导，可以运行 DOS 的 fdisk/mbr 命令直接重写硬盘的引导程序。

c. 硬盘本身有故障。硬盘本身有故障了，如有坏道，造成硬盘上的系统数据读不出来，系统也启动不了。如果是这个原因的话，先把硬盘挂在其他正常的电脑上，把硬盘上能读出来的资料备份好，再用工具软件修复硬盘，修好硬盘后再重新安装系统。

故障二：启动时找不到引导文件。

故障现象：电脑启动后提示"Invalid system disk"。

解决方法：有可能是硬盘系统里面没有 io. sys 文件造成的。恢复的方法就是用 Windows 的 DOS 启动软盘或光盘启动电脑，然后在 DOS 下用"SYS C:"命令给硬盘的引导盘传一个启动系统就行了。

故障三：系统还没开始启动就死机。

故障现象：系统检测完硬件后就死机，硬盘灯长亮，没有提示任何启动信息。

解决方法：出现这种问题的原因很多，一般从硬盘的引导信息和分区表着手解决。

a. 有可能是硬盘分区表里面的主启动分区起始标识"01"被改变造成的，因为系统装在主引导分区里面，如果这个值被改变的话，那么电脑启动后就找不到主引导分区的启动文件，导致系统一直不停地找这个启动文件。知道原因后就可以用 Disk Edit 这个软件来修复。

b. 有可能是硬盘分区表里面的主启动分区类型值被改变造成的，因为系统装在主引导分区里面，这个值一旦被改变，那么电脑启动后找不到主引导分区，导致系统死机。同样，可以用 Disk Edit 软件来修复。

故障四：Windows XP 启动后蓝屏。

故障现象：Windows XP 启动后蓝屏。

解决方法：这是由于系统驱动出了问题。如显卡驱动、网卡驱动、声卡驱动等没有正确安装，导致系统在启动时要加载这些硬件的驱动，但是系统又找不到正确的驱动。出现这种情况，一般也很难判定是哪个设备的驱动出现了问题，最直接的解决办法就是重新安装 Windows。

故障五：改分辨率之后不能登录。

故障现象：改变了显示分辨率后就进入不了系统了。

解决方法：通常是因为把显示分辨率设得太高了，超过了显示器所能达到的最高标准；或者因为显卡的性能质量太差，导致开机后进入不了 Windows。这时只能重新启动，再选择“安全模式”。启动后系统会提示显示设置不对，要重新设置显示分辨率，最好看看显示器的说明书，那里有显示器能支持最大分辨率的参数，千万不要超过这个参数。

③ 进入系统后可能出现的问题。

故障一：启动后颜色不正常。

故障现象：计算机进入 Windows 后颜色不对。

解决方法：这是系统的显卡驱动没有装或装得不对造成的。把原来的驱动删除，再安装一个新的显卡驱动就可以了。如果显卡驱动安装了，颜色还是不对，那应该是在显示属性中没有把颜色设置好造成的，如只有16色或256色。重新设置成增强色(16位)或真彩色(32位)即可，如图4-56所示。

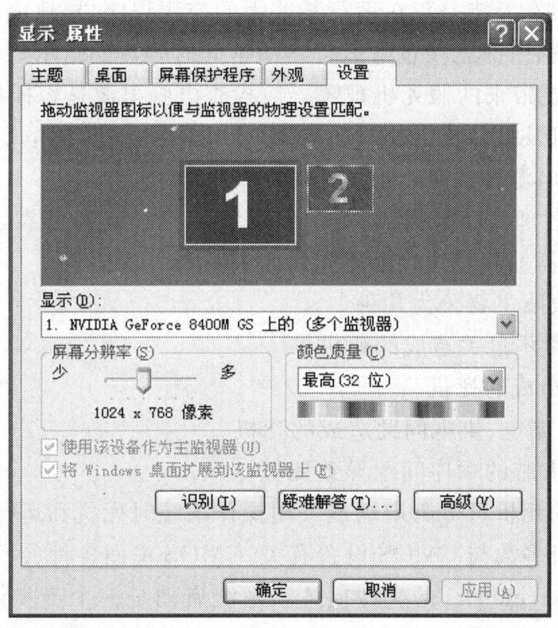

图4-56 显示属性设置

故障二：系统频繁提示安装某驱动程序。

故障现象：每次进入 Windows，系统就提示有某些设备的驱动没有装。

解决方法：这是电脑的某个硬件的驱动没有装好造成的。打开资源管理器，其中没有安装好的硬件前面都有个黄色的惊叹号，可以先把它卸载了，然后再按 F5 键刷新，这时系统就会重新查找没有安装驱动的硬件，找到后就可以给它安装驱动了。注意驱动一定要装正确，否则可能会引起蓝屏等错误。

故障三：系统没有声音。

故障现象：Windows 没有声音了。

解决方法：没有声音的现象可能由许多原因造成，下面列举一些常见的原因。

a. 首先看 Windows 桌面的右下角上有没有一个小喇叭。如果有,这个小喇叭上面有一个红色的圈和一个红色的斜杠,这就说明声卡一切正常,只是暂时被静音了,另外还要看看音量是不是调到最小了,那样也会没有声音。

b. 如果没有小喇叭的图标,那么就打开“控制面板”,双击“声音和多媒体”图标,再选择“音频”选项卡,看看“声音播放”、“录音”的“首选设备”栏里面有没有声卡的型号。如果有,就在“声音”栏里把最下面的“在任务栏显示音量控制”选中,这样在 Windows 任务栏里就会出现一个小喇叭的图标了,然后再查看是否静音或者音量设置得太低。

c. 如果在“声音播放”和“录音”的“首选设备”栏里面没有声卡的型号,是灰色不可选的,那么就说明声卡没有装好驱动或者电脑没有检测到声卡。这样的话根据先排除软件故障,再排除硬件故障的次序,先看看是不是声卡驱动或声卡跟其他配件有冲突。

④ 电脑死机。死机是一种电脑常见故障,死机的表现多为“非法操作”、“蓝屏”、用鼠标和键盘无法打开任何程序、画面“花屏”无反应等。首先要分清是“真死机”还是“假死机”。

a. 电脑处理速度很慢造成的假死现象。当一台电脑按下鼠标、键盘都没有反应后,会让人以为是死机了。很有可能是正在运行某些大的应用程序,导致电脑响应的速度变慢,感觉像是死机了,其实电脑内部还在正常运行。通常此时硬盘的指示灯会一直闪烁。

b. 排除因电源问题带来的假死机现象。应检查电脑电源是否插接好,电源插座是否接触良好,主机、显示器以及打印机、扫描仪、外置 Modem、音箱等的电源插头是否可靠地插入了电源插座,各设备的电源开关是否都置于了开(ON)的位置。

c. 检查电脑内部各部件间数据线、电源线是否连接正确和可靠,插头间是否有松动现象,尤其是主机与显示器的信号线接触不良常常造成黑屏的假象。

硬件引起的死机故障主要分为几种。

a. 电脑的硬件质量不过关造成的死机。

b. 因为接触问题造成的死机。

c. 电脑因为静电、漏电、供电问题造成的死机。

d. 主板上的配件安装的顺序问题导致死机。

由软件故障引起的死机可分为启动或关闭操作系统时死机和运行应用程序时死机。

启动系统时的死机多数与 CMOS 设置有关,CMOS 里面各种参数设置不当都会引起死机;另一个原因可能是 Windows 的文件损坏。系统启动是一个步步衔接的过程,哪一步出现问题,都会导致系统不能继续下去。

关闭系统时的死机多数是与某些操作设定或某些驱动程序的设置不当有关。系统在退出前会关闭正在使用的程序以及驱动程序,而这些驱动程序也会根据当时情况进行一次数据回写的操作或搜索设备的动作,如果设定不当就可能造成前面说到的无用搜索,形成死机。解决这种情况的方法是在下次开机后进入“控制面板”,双击“系统”图标,选择“设备管理器”选项卡,在这里一般能找到出错的设备(前面有一个黄色的问号或惊叹号),删除它之后再重装驱动程序即可解决问题。

运行应用程序时死机的原因有以下几个。

a. 可能是程序本身存在一些 BUG,也可能是应用软件与 Windows 的兼容性不好,存在冲突。

b. 不适当的删除操作可能会引起死机。这里的不适当指的是既没有使用应用软件自身的反安装程序卸载，也没有在"添加删除程序"窗口里删除这个软件，而是直接在资源管理器中把该软件的安装目录删除。

c. 有时候运行各种软件都正常，但是却忽然间莫名其妙地死机，重新启动后再运行这些应用程序又恢复正常了，这有可能是应用软件造成的假死机现象。出现此现象多是因为Windows的内存管理紊乱或发生冲突。

d. 病毒也可能导致死机。如果频繁死机，考虑一下是否被病毒感染，最好找一些比较新的杀毒软件检查有没有病毒。

e. 硬盘的剩余空间不足。在Windows运行的过程中，它需要将硬盘的一部分空间作为虚拟内存，如果硬盘剩余空间过小，相对而言，Windows所能用的虚拟内存空间就会变少，这就会导致计算机运行速度变慢，甚至会引起死机。

f. 系统的资源不足。如果在Windows中同时打开了几个大型的软件，如CorelDRAW、Photoshop、3D Max、AutoCAD等，有时会觉得计算机会奇慢无比，因为这些软件都占用了大量的系统资源，一旦当系统资源耗尽，很容易引起系统死机。

要想真正做到电脑不死机是不可能的，除非永远都不用它，不过可以采取一些方法让系统更稳定一些。

a. 及时安装Windows的补丁程序，尽管新的操作系统改善了以前操作系统的很多BUG，但是还是有问题的，也要及时打补丁。

b. 不要在同一个硬盘上安装很多操作系统。

c. Windows里面最好把不用的线程、服务、端口都关掉，以节约系统资源和减少被攻击的危险。

d. 应用软件最好使用正式版本的，或者下载该软件的补丁程序。

e. 尽量使用最新的杀毒软件，并及时更新病毒库。

f. 经常整理系统虚拟内存所在磁盘的磁盘空间，保证空间足够大且连贯。

g. 尽量保证系统没有资源冲突的发生。

h. 养成良好的卸载习惯，要用软件自带的卸载程序来卸载。

i. 电脑使用时不要同时打开很多应用程序，以免程序之间发生资源冲突。

j. 不要在Windows下直接按电脑上电源开关来关机。这样会给系统造成崩溃的隐患。

k. 在安装应用软件出现是否覆盖有些文件的提示时，最好不要覆盖。通常系统文件是最好、最稳定的。

l. 最好在"文件夹选项"对话框里面选择"不显示隐藏的文件和文件夹"复选框，再把系统文件和重要的文件都设置成隐含属性，以免因误操作而删除这些文件。

⑤ 电脑关机问题。

故障现象：Windows无法正常关机。

解决方法：造成这个故障的原因很多，主要有以下两个。

a. 电脑硬件的原因造成的。主板BIOS不能很好支持ACPI，建议升级主板的BIOS，一般就可以解决；电脑的电源质量不好导致了无法正常关机，建议换一个质量好的电源。

b. 电脑软件的原因造成的。检查Bootlog. txt文件，下面所列出的记录都可能造成电脑关机失败，可以根据自己电脑中启动盘根目录下的Bootlog. txt中所显示的情况，找出原因。

Terminate＝Query Drivers：驱动程序有问题。

Terminate＝Unload Network：不能加载网络驱动程序冲突。

Terminate＝Reset Display：显卡设置或显示卡驱动程序有问题。

Terminate＝RIT：声卡或某些旧的鼠标驱动程序和计时器有关的问题。

Terminate＝WIN32：某些 32 位应用程序锁定了系统线程。

检查是不是关机的时候已经把应用程序全部关闭了。如果没有关闭，可以关闭全部应用程序。因为有些应用软件可能没有正常关闭，而系统也不能正常结束该应用程序，从而导致出现故障。

3. 任务实施

(1) 任务场景

一天张亮打开电脑双击桌面上的 QQ 程序，提示该程序已被损坏，于是张亮再去双击桌面 Word 图标，也提示该程序已被损坏。

(2) 实施步骤

① 接受任务。

客户接待：接到张亮同学的电话，首先听取张亮同学讲述故障现象，并提出几种方法要张亮同学测试，然后把测试结果回馈。

确定任务：经过张亮同学对故障的陈述和故障测试结果，李工初步确定是中病毒了。

材料、设备准备：Windows XP 系统光盘、Ghost XP 恢复光盘、杀毒软件。

② 操作步骤。

步骤 1：首先在张亮同学电脑装了 360 杀毒软件，进行全面杀毒，重启电脑故障依然存在。

步骤 2：利用 Ghost XP 恢复光盘重新恢复一个新系统，然而恢复完后，重启电脑故障依然存在。

步骤 3：使用纯 Windows XP 系统光盘安装，安装到一半的时候，安装不下去，故此可以判断硬盘有问题。

步骤 4：更换新硬盘安装系统后，故障消失。

步骤 5：利用 Ghost XP 恢复光盘备份操作系统。

(3) 交付客户

① 客户体验：指导张亮同学利用 Ghost XP 恢复光盘恢复新系统，并教其利用 Ghost XP 恢复光盘恢复已备份在 D 盘的系统。

② 交付确认：向客户说明故障，并需更换硬盘，根据张亮同学的需求选择了 320GB 的硬盘，并帮其安装好了。客户满意后在账单上签字确认，交付使用。

英语技术文档

PC：个人计算机 Personal Computer

CPU：中央处理器 Central Processing Unit

CPU Fan：中央处理器的“散热器”(Fan)

MB：主机板 MotherBoard

RAM：内存 Random Access Memory，以 PC-代号划分规格，如 PC-133、PC-1066、

PC-2700

HDD：硬盘 Hard Disk Drive

FDD：软盘 Floopy Disk Drive

CD-ROM：光驱 Compact Disk Read Only Memory

DVD-ROM：DVD 光驱 Digital Versatile Disk Read Only Memory

CD-RW：刻录机 Compact Disk ReWriter

VGA：显卡(显卡正式用语应为 Display Card)

AUD：声卡(声卡正式用语应为 Sound Card)

LAN：网卡(网卡正式用语应为 Network Card)

MODEM：数据卡或调制解调器 Modem

HUB：集线器

WebCam：网络摄影机

Capture：影音采集卡

Case：机箱

Power：电源

Moniter：屏幕，CRT 为显像管屏幕，LCD 为液晶屏幕

USB：通用串行总线 Universal Serial Bus，用来连接外围装置

IEEE 1394：新的高速序列总线规格 Institute of Electrical and Electronic Engineers

Mouse：鼠标，常见接口规格为 PS/2 与 USB

KB：键盘，常见接口规格为 PS/2 与 USB

Speaker：喇叭

Printer：打印机

Scanner：扫描仪

UPS：不断电系统

IDE：指 IDE 接口规格 Integrated Device Electronics，IDE 接口装置泛指采用 IDE 接口的各种设备

SCSI：指 SCSI 接口规格 Small Computer System Interface，SCSI 接口装置泛指采用 SCSI 接口的各种设备

GHz：(中央处理器运算速度达)Gega 赫兹/每秒

FSB：指"前端总线(Front Side Bus)"频率，以 MHz 为单位

ATA：指硬盘传输速率 AT Attachment，ATA-133 表示传输速率为 133MB/s

AGP：显示总线 Accelerated Graphics Port，以 2×、4×、8×表示传输频宽模式

PCI：外围装置连接端口 Peripheral Component Interconnect

ATX：指目前电源供应器的规格，也指主机板标准大小尺寸

BIOS：硬件(输入/输出)基本设置程序 Basic Input Output System

CMOS：储存 BIOS 基本设置数据的记忆芯片 Complementary Metal-Oxide Semiconductor

POST：开机检测 Power On Self Test

OS：操作系统 Operating System

Windows：窗口操作系统，图形接口

DOS：早期文字指令接口的操作系统

fdisk：规划硬盘扇区——DOS指令之一

format：硬盘扇区格式化——DOS指令之一

setup.exe：执行安装程序——DOS指令之一

Socket：插槽，如CPU插槽种类有Socket A、Socket 478等

Pin：针脚，如ATA133硬盘排线是80Pin，如PC2700内存模块是168Pin

Jumper：跳线(短路端子)

bit：位(0与1这两种电路状态)，计算机数据最基本的单位

Byte：字节，等于8bit(8个位的组合，共有256种电路状态)，计算机一个文字以8bit来表示

KB：等于1024B

MB：等于1024KB

GB：等于1024MB

4.2 办公自动化设备安装与售后服务

知识目标：

(1) 熟悉各种办公自动化设备技术指标、结构、工作原理；

(2) 熟悉各种办公自动化设备的安装与调试；

(3) 熟悉各种办公自动化设备的使用操作；

(4) 熟悉各种办公自动化设备的检测与维修。

能力目标：

(1) 能熟练安装与调试各种办公自动化设备；

(2) 能熟练使用各种办公自动化设备；

(3) 掌握各种办公自动化设备故障的检测与维修。

4.2.1 打印机的安装与设置

1. 任务背景

黄先生办公室建立局域网，办公室打印文件一直都是到公司人事部去打印，随着办公室业务的不断增多，要打印的资料也越来越多，常常跑人事部去打印实在不方便，于是黄先生向公司申请购买一台激光打印机。

2. 相关知识

(1) 打印机的安装

打印机的安装分两个步骤：硬件安装和驱动程序安装。这两个步骤的顺序不定，视打印机不同而不同。如果是串口打印机，一般先接打印机，然后再装驱动程序；如果是USB口的打印机，一般先装驱动程序再接打印机(细看说明书要求)。

① 打印机硬件安装。实际上现在计算机硬件接口做得非常规范，打印机的数据线只有

一端在计算机上能接，所以不会接错。这部分略。

② 驱动程序安装。如果驱动程序安装盘是以可执行文件方式提供，则最简单直接运行SETUP. exe就可以按照其安装向导提示一步一步完成。

如果只提供了驱动程序文件，则安装相对麻烦。这里以Windows XP系统为例介绍。

a. 首先打开控制面板，然后双击面板中的打印机和传真图标，如图4-57所示。

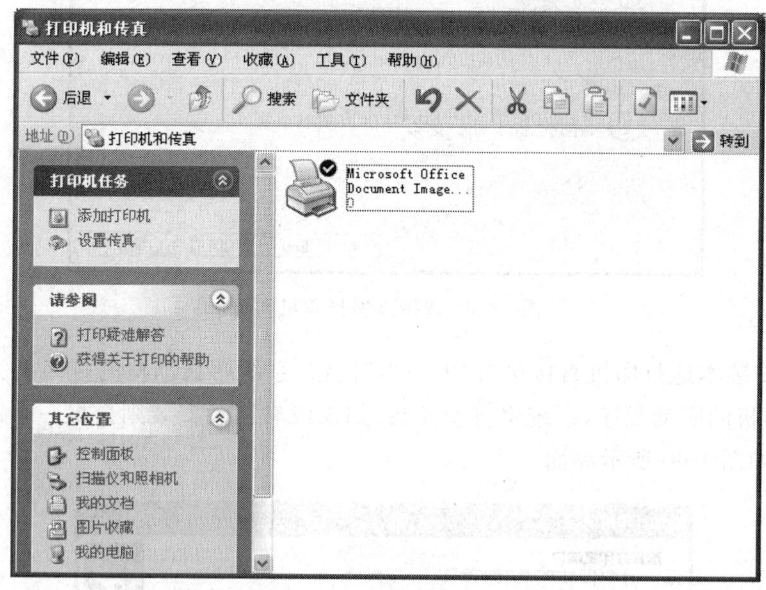

图4-57　添加打印机

b. 这个窗口将显示所有已经安装了的打印机(包括网络打印机)。安装新打印机直接单击左边的“添加打印机”按钮，接着弹出“添加打印机向导”对话框，如图4-58所示。

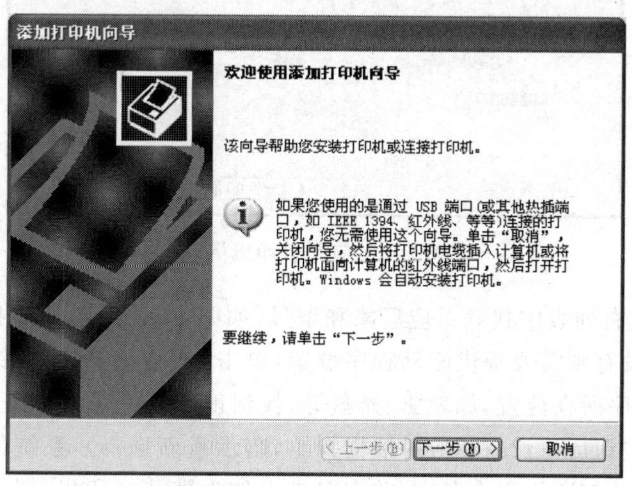

图4-58　打印机安装向导

c. 单击“下一步”按钮，出现如图4-59所示窗口询问是安装本地打印机还是网络打印机，默认是安装本地打印机。

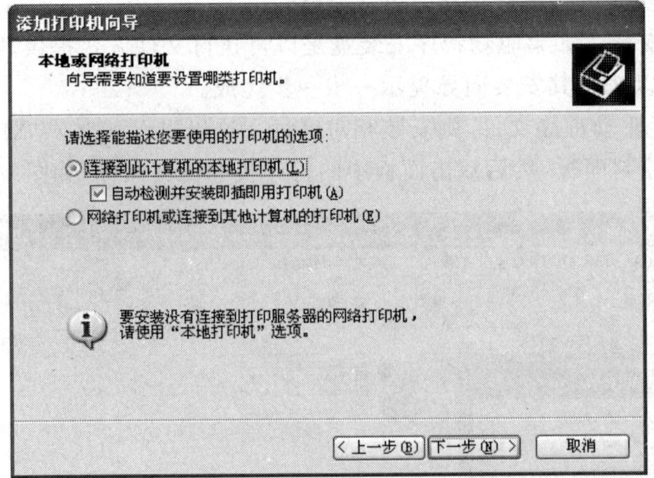

图 4-59　选择添加打印机类型

d. 如果安装本地打印机直接单击"下一步"按钮,系统将自动检测打印机类型。如果系统里有该打印机的驱动程序,系统将自动安装;如果没有自动安装则会报一个错,单击"下一步"按钮出现如图 4-60 所示界面。

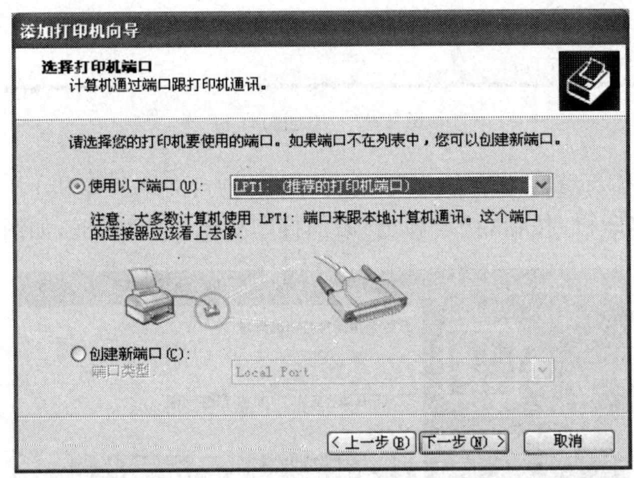

图 4-60　选择打印机端口

e. 如果能在左右列表中找到对应厂家和型号,如图 4-61 所示,则直接选中然后单击"下一步"按钮。如果没有则需要提供驱动程序位置,单击"从磁盘安装"按钮,然后在弹出的对话框中选择驱动程序所在位置,如软驱、光盘等,找到正确位置后单击打开(如果提供位置不正确,单击"打开"按钮后将没有相应对话框弹出,暗示重新选择),系统将开始安装,然后系统提示给正在安装的打印机起个名字,并询问是否作为默认打印机(即发出打印命令后,进行响应的那一台),如图 4-62 所示。

f. 选择后单击"下一步"按钮,然后出现如图 4-63 所示界面,询问是否打印测试页,一般新装的打印机都要测试。单击"下一步"按钮,确定完成整个安装过程。

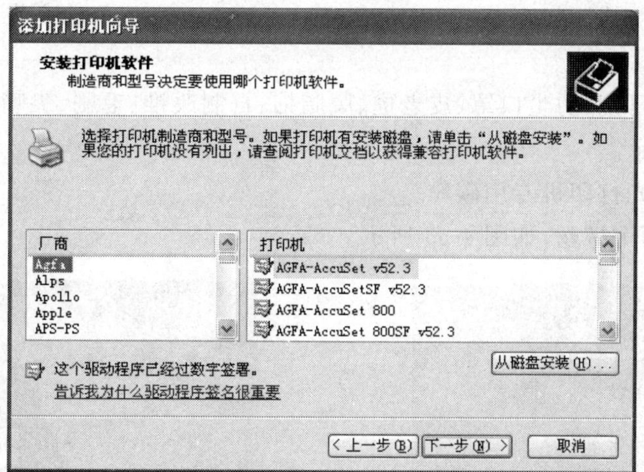

图 4-61　选择打印机制作商和型号

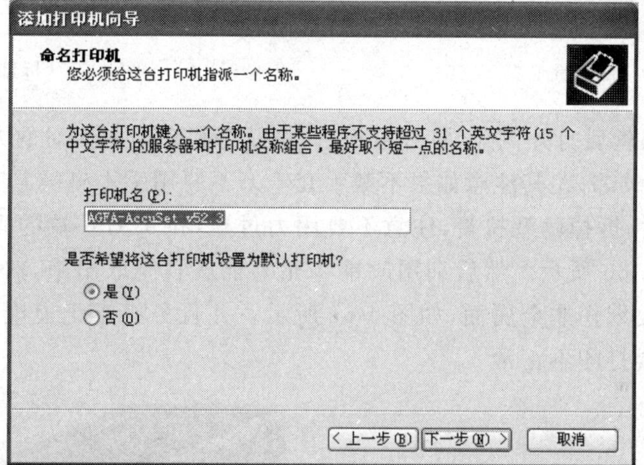

图 4-62　指派打印机名称

图 4-63　打印测试页

(2) 打印机碳粉的加装

① 准备工作。

准备工具：护目镜、防尘口罩、皮老虎、脱脂棉、自制改锥、毛刷、尖嘴钳、电动起子、橡胶手套，如图 4-64 所示。

碳粉：一瓶激光打印机专用碳粉。

② 拆掉右侧两个螺丝，如图 4-65 所示。

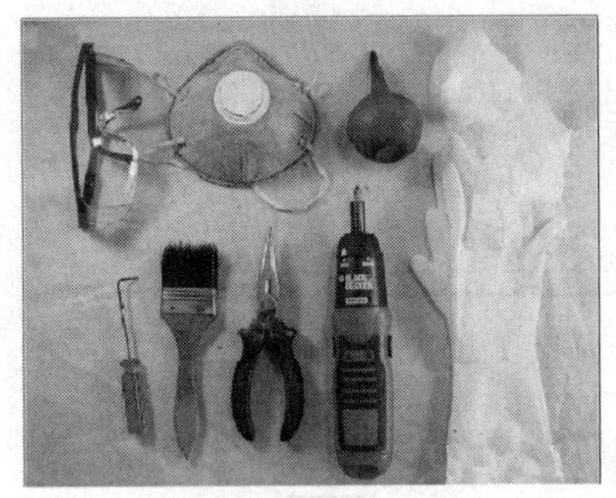

图 4-64 加碳粉工具

图 4-65 拆卸螺丝

③ 卸掉两个螺丝后打开侧盖，打开盖板后，将鼓芯轻轻地向面对的方向拉，注意在拉动的过程中小心划伤鼓芯，尤其注意如果不戴手套千万不要用手去碰鼓芯感光面。

④ 卸掉鼓芯后，拆掉硒鼓拉簧，注意不要用力过猛，拉簧另一端的固定塑料非常脆弱，很容易断掉，如图 4-66 所示。然后利用改锥将充电辊从右侧取出来，然后横向将充电辊拉出来即可，主要不要划伤非金属面，如图 4-67 所示。并且务必牢记充电辊两侧皮圈的安装方向，安装不正确会打印不正常。

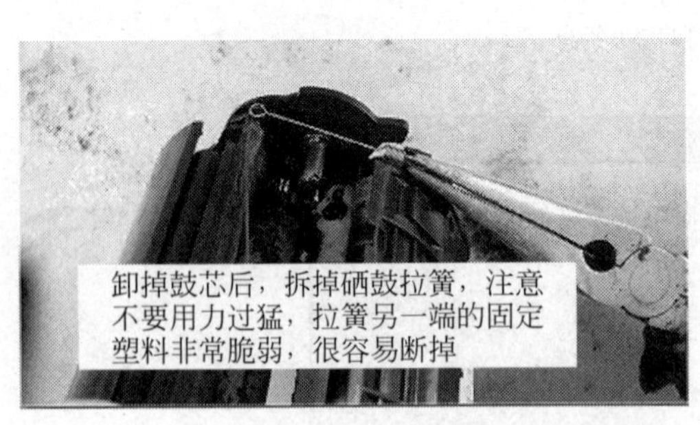

图 4-66 拆掉硒鼓拉簧

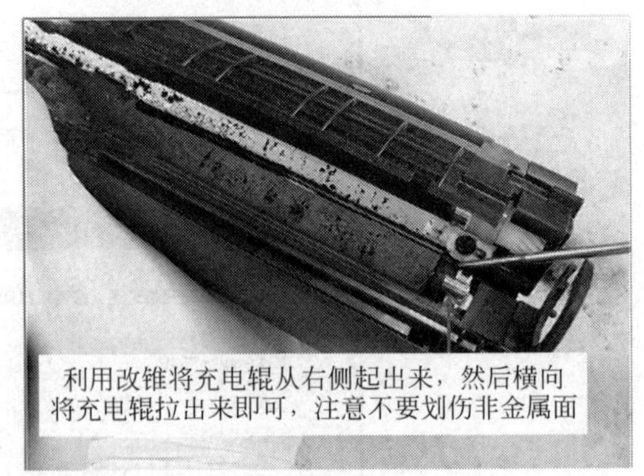

图 4-67 拉出充电辊

⑤ 拆掉充电辊后开始拆硒鼓内两侧的销钉。拆完后，用改锥或细长的螺丝刀将销钉从内向外顶出。用尖嘴钳把销钉拔出后，将硒鼓分成两片，左侧为粉仓，右侧为废粉仓，如图 4-68 所示。

⑥ 打开废粉刮板后清理废粉仓的废粉。用皮老虎将各个角落尽量吹干净，否则会给打印机内部带来污染损害打印机，如图 4-69 所示。然后安装好废粉刮板，用脱脂棉将刮板处

图 4-68 左右粉仓

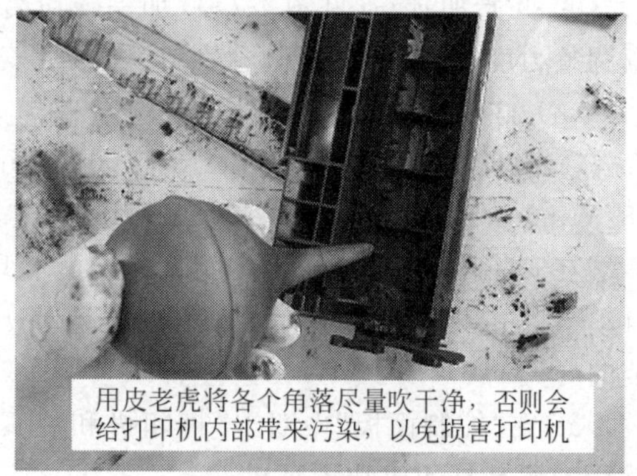

图 4-69 清理废粉仓

清理干净。将充电辊也用脱脂棉清理干净，如图 4-70 所示。再将干净的充电辊安装在废粉仓上。

⑦ 使用脱脂棉将鼓芯完全清理干净(见图 4-71)，注意不戴手套不要用手直接碰触鼓芯，否则可能会损坏鼓芯，然后将废粉仓鼓芯保护滑板安装上，再将鼓芯安装至废粉仓上，如图 4-72 所示。

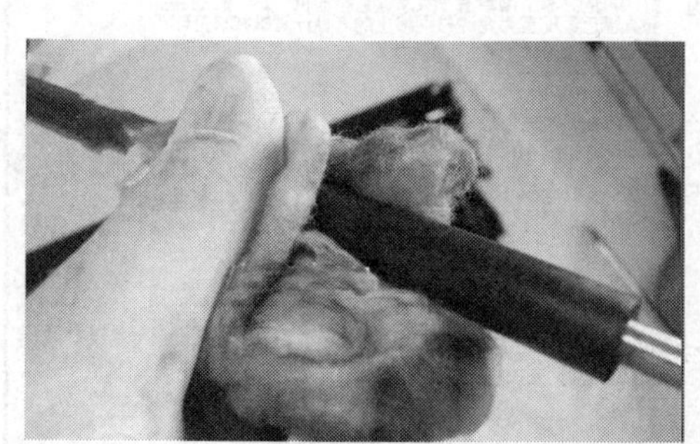

图 4-70 清理充电辊

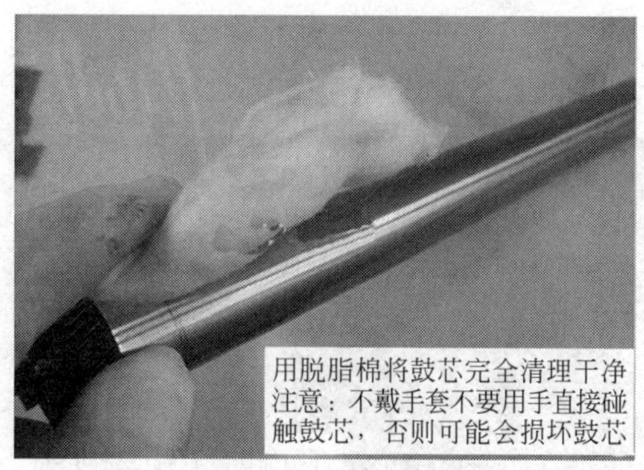

图 4-71 清理鼓芯

⑧ 拆掉粉仓口处的螺丝，拆掉盖板，打开粉仓封口，如图 4-73 所示。

图 4-72 安装鼓芯

图 4-73 打开粉仓口

⑨ 开始加碳粉(见图 4-74),加完碳粉后将粉仓盖上,再将粉仓与废粉仓合并,合并时注意调整力度,将销钉从两侧分别钉入,最后安上拉簧。

(3) 打印机的共享与使用

① 打印机共享。在 Windows 2000/Windows XP 中设置共享打印机时,将把 Windows 98/Windows Me/Windows 2000/Windows XP 驱动程序安装至打印服务器中。因此,当客户端在安装该共享打印机时,将无须再为打印机提供驱动程序光盘,而是直接从打印服务器自动下载并安装,需要注意的是,在 Windows XP 中设置打印共享前,也必须先运行"网络安装向导"。

a. 在"控制面板"中双击"打印机和传真"图标,在"打印机和传真"窗口,列出已经安装就绪的所有打印机和传真机。

b. 右击欲设置为共享打印机的打印机图标,并在显示的快捷菜单中选择"共享"命令,显示如图 4-75 所示"打印机属性"对话框,选择"共享这台打印机"单选框,将该打印机设置为共享打印机。然后,在"共享名"文本框中为该打印机命名,以区别其他共享打印机。这时应该可以看到打印机的图标与其他共享设置一样,都会在图标上加了一只小手。如果看到了打印机的小手,那就说明打印机已经共享成功。

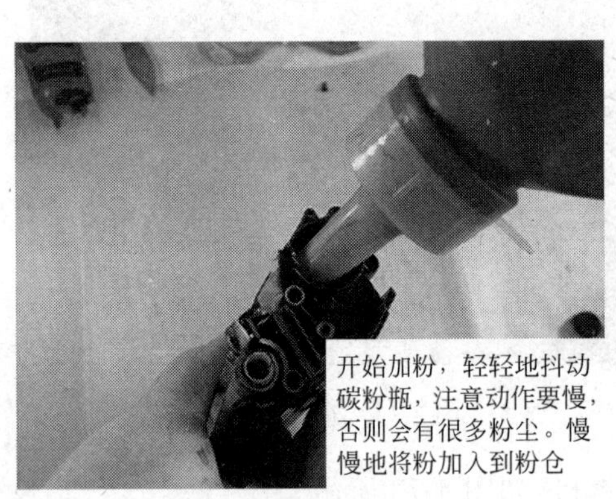

图 4-74 加碳粉

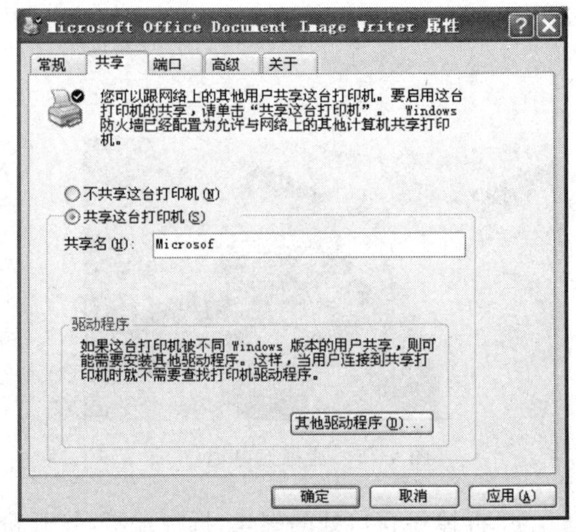

图 4-75 共享打印机

② 配置网络共享协议。为了能够进行共享打印,局域网中的电脑都必须安装"文件和打印机的共享协议"。

a. 右击桌面上的"网上邻居"图标,打开"网络"对话框,再单击"文件及打印机共享"按钮。

b. 在弹出的"文件及打印机共享"对话框中,分别选中"允许其他用户访问我的文件(F)"和"允许其他计算机使用我的打印机(P)"的复选框,然后单击"确定"按钮。

c. 系统会提示插入 Windows 的系统安装盘,指定好安装目录后,便会开始自动安装文件和打印机的共享协议。安装完成后,系统自动要求重新启动计算机,重启后新的共享设置生效。

③ 客户机的安装与配置。直接安装打印机的电脑上的工作已经基本全部完成,下面就

要对需要共享打印机的客户机进行配置了。在网络中每台想使用共享打印机的电脑都必须安装打印驱动程序。

a. 选择"开始"→"设置"→"打印机"命令，然后双击"添加打印机"图标，来启动"添加打印机向导"对话框，如图4-76所示，单击"下一步"按钮。当向导询问计算机与该打印机的连接方式时，选择"网络打印机或连接到其他计算机的打印机"单选按钮，如图4-77所示，单击"下一步"按钮。

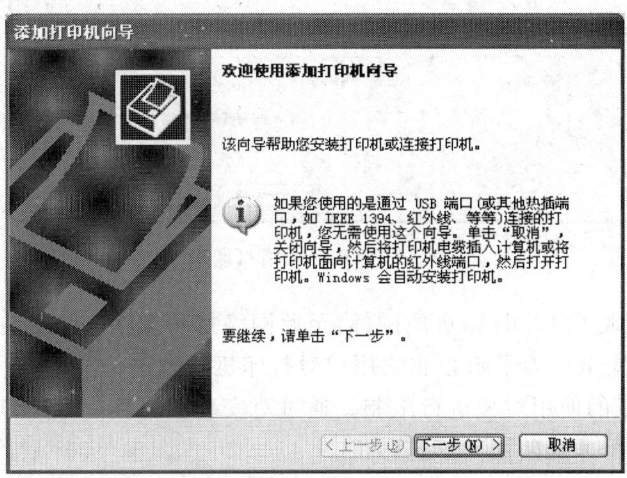

图4-76　打印机安装向导

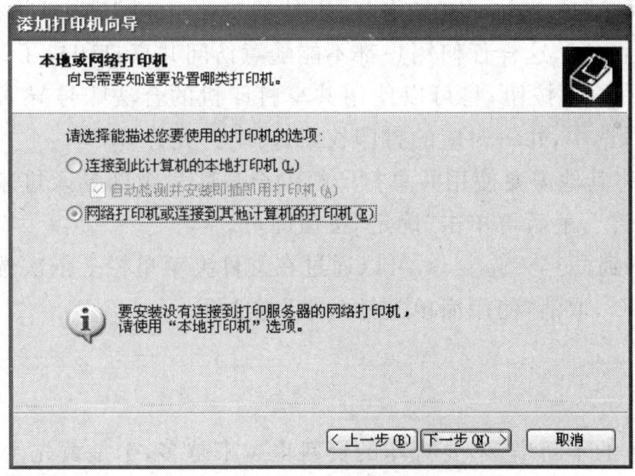

图4-77　安装网络打印机

b. 下面输入打印机的网络路径。这里可以使用访问网络资源的"通用命名规范"(UNC)格式输入共享打印机的网络路径"\\0A\hp"。也可以单击"浏览"按钮，在工作组中查找共享打印机，选择已经安装了打印机的电脑，如图4-78所示。在选择打印机后单击"确定"按钮，选定好打印机的网络路径，单击"下一步"按钮。

c. 这时系统将要再次输入打印机名，输完后单击"下一步"按钮，接着单击"完成"按钮，如果主机设置了共享密码，这里就要求输入密码。最后可以看到在客户机的"打印机和传

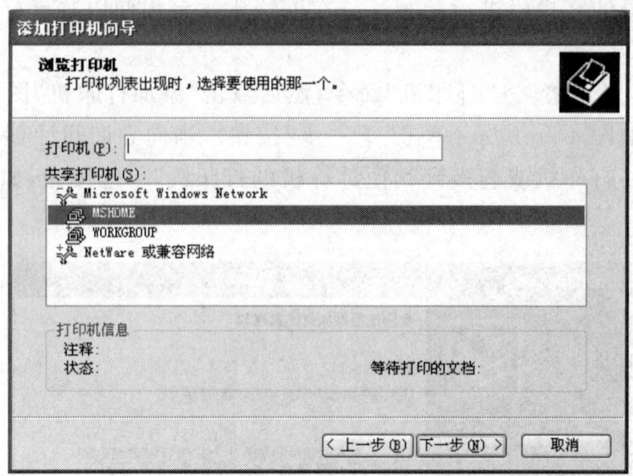

图 4-78 选择网络打印机

真”文件夹内已经出现了共享打印机的图标，至此网络打印机就已经安装完成了。

④ 让打印机更安全。为了阻止非法用户对打印机随意进行共享，有必要通过设置账号使用权限来对打印机的使用对象进行限制。通过对安装在主机上的打印机进行安全属性设置，指定只有合法账号才能使用共享打印机。

a. 在主机的“打印机和传真”文件夹中，右击其中的共享打印机图标，从菜单中选择“属性”命令，在接着打开的“共享打印机属性”对话框中，选择“安全”选项卡。

b. 在其后打开的选项卡中，将“名称”列表处的“everyone”选中，并将对应“权限”列表处的“打印”选择为“拒绝”，这样任何用户都不能随意访问共享打印机了。

c. 接着再单击“添加”按钮，将可以使用共享打印机的合法账号导入到“名称”列表中，再将导入的合法账号选中，并将对应的打印权限选择为“允许”即可。

d. 重复 c 即可将其他需要使用共享打印机的合法账号全部导入进来，并依次将它们的打印权限设置为“允许”，最后再单击“确定”按钮即可。

提示：如果找不到“安全”选项卡，可以通过在文件夹菜单栏上依次选择“工具”→“文件夹选项”→“查看”命令，取消“使用简单文件共享”复选框。

3. 任务实施

(1) 任务场景

随着办公室业务的不断增多，要打印的资料也越来越多，于是黄先生向公司申请购买一台激光打印机。

(2) 实施步骤

① 接受任务。

客户接待：接到黄先生的业务后，首先向黄先生询问办公室主要业务范围，然后根据黄先生办公室业务范围以及黄先生申请的购买的资金数提供几款产品，并对其一一做介绍，供黄先生参考。

确定任务：经过销售人员对各产品性能、价格、售后服务等方面的介绍，黄先生根据实际情况选择了 A 款打印机。

材料准备：带磁性的梅花螺丝刀、护目镜、防尘口罩、皮老虎、脱脂棉、自制改锥、毛刷、尖嘴钳、电动起子、橡胶手套、碳粉一盒、A 打印机一台、驱动光盘一张、相关线缆两根。

② 操作步骤。

步骤 1：打印机碳粉的安装。

步骤 2：打印机硬件安装，将打印机连接在电脑 USB 接口。

步骤 3：把随机带的驱动光盘放入电脑光驱，安装打印机驱动程序。

步骤 4：共享打印机。

步骤 5：设置办公室其他电脑的网络打印机。

步骤 6：分别在主机和客户机打印测试。

(3) 交付客户

① 客户体验：打印几张纸，检验一下打印效果。指导黄先生处理简单故障，如卡纸怎么办，怎么判断没有墨了等常见问题。

② 交付确认：客户满意后在账单上签字确认，交付使用。

4.2.2 打印机故障诊断与维修

1. 任务背景

随着办公业务的不断增多，打印的资料越来越多，现在除了办公室有打印机外，很多个人家庭也配置了打印机。打印机使用过程经常会出现一些问题，特别时间一长问题更多，如黄先生刚买打印机不久就发现时常夹纸，使用了一年后发现经常会打印不了。

2. 相关知识

(1) 打印机的工作原理

① 针式打印机的基本工作原理。针式打印机是与传统手写较为接近的一类打印机。针式打印机的打印头是由打印针构成的，不同厂家的针式打印机只是电路设计和内含的单片机软硬件不同而已，其基本工作原理基本相同，即打印机在自身微处理器(主控电路)的控制下，启动字车执行横向位移，与此同时，装载在字车上的打印头也产生横向微步移动，打印头中排成一列、两列或三列的打印针每移动一步，机子便按照机内字符库中的字形编码矩阵格式激励出打印针进行打印，形成字符。其具体工作原理是：加电后，按“进纸”键，机子执行进纸动作，按“联机”键，接口电路接收主机发送来的打印控制命令、字符打印命令和图形打印命令；打印机及微型计算机根据送来的信息进行相应的处理，从字符库或汉字库中调出相对应的字符或图形编码首列地址(正向打印时)或末列地址(反向打印时)，按送来的信息一列一列找出相对应的字符或图形编码，经驱动电路送到打印头，激励打印针出针，击打色带后，在打印纸上打印出相应的字符或图形。字符库和汉字库都是事先存在打印机微型计算机内部的 EPROM 芯片内的，由不同的点阵组成不同的字符或汉字，并事先分配好地址。针式打印机打印汉字时，实际上是打印字符或图形的点阵，通过点阵的密集，形成字符或图形的线条或图块。

② 喷墨打印机的基本工作原理。喷墨打印机是借助于内置的墨水喷头，在打印信号的驱动下向打印纸喷射墨水来实现字符及图形打印的。根据墨水喷射方式的不同，喷墨打印机又分为连续式和按需式两种。

连续式喷墨打印机的工作方式为电荷调制式，其墨水连续地从喷头中喷出，喷射的墨水滴受到字符集点阵调制的控制进行充电，利用偏转电极来改变墨水滴的前进方向，选出的点阵墨水滴到纸上形成图案。其主要特点是打印速度快，易实现彩色打印且打印纸可使用普通纸。其不足之处是对墨水需要进行加压，还需要专用墨水回收装置回收多余的墨滴，从而浪费大量的墨水。

按需式喷墨打印机的结构简单，其墨水从喷头中喷出是随机的，与连续式喷墨打印机相比，没有回收装置和加压装置。根据其墨水喷射驱动方式的不同可分为压电式喷墨打印机和热喷墨打印机。压电喷墨打印机是将许多小的压电陶瓷放置在喷墨打印机的打印头喷嘴附近，利用它在电压作用下会发生形变的原理，使喷头中的墨汁喷出，在打印纸表面形成图案。用压电喷墨技术制作的喷墨打印头成本比较高，为了降低成本，生产厂家将此类打印喷头和墨盒设计成分离式结构，更换墨水时不必更换打印头。它对墨滴的控制力强，容易实现高精度的打印。

③ 激光打印机的基本工作原理。激光打印机的图像生成系统和定影系统的工作原理与复印机相似，也是采用激光束将电信号调制成光信号，经过激光束照射到充有正电荷的硒鼓表面进行曝光，使硒鼓表面的正电荷与基层的负电荷中和，未曝光部分形成与点阵信息对应的字符潜像，带正电荷。当硒鼓转动时，正电潜像吸附碳粉，形成墨粉字符。当硒鼓不断地转动到打印纸的上方时，由于打印纸的下方装有静电棒，又由于静电棒的吸附作用，将墨粉吸附到打印纸上形成色粉像，依靠静电吸附在纸的表面，此时的色粉像很容易被擦掉。为此，激光打印机还采用加热或加压的方法将激光显影粉固定在纸上。由上、下两定影辊构成定影机构，其中，下辊为主动辊，辊轴处部包着一层较厚的具有高强度弹性的硅橡胶，硅橡胶表面黏附着一层很薄且光滑耐磨的有机材料；上辊为加热辊，辊的外部套着一层厚约0.2mm的桶形外套，它将打印纸与静止的内轴隔离，起到保护加热板条和避免印字变形的作用。上鼓有内轴，主要由电阻丝加热板条、串联式过热保护器和辊架构成，支撑着桶形外套，使桶套能准确地绕轴转动，并与下辊同步转动。激光打印机采用加热的方式定影，定影温度一般选在纸的燃点。当下辊转动时，带动桶形外套绕静止的上辊内心轴转动，上鼓的热量通过上下两辊传送到打印纸上，打印纸的表层温度瞬间达到设定温度，使激光显影粉牢固地溶入打印纸，达到定影的目的。

(2) 打印机故障维修流程

打印机是使用十分频繁的外设，当打印机无法打印时，会给工作带来很多不便。因此最好能自己掌握打印机的基本维修方法，当打印机出现故障时，可以按照如图4-79所示的流程进行检修。

(3) 打印机常见故障原因

① 驱动程序问题。

② 打印电缆线松脱、损坏。

③ 打印机的数据端口损坏。

④ 电脑主板上的打印端口损坏。

⑤ 打印机内部机械发生故障。

⑥ 打印机磁头故障。

⑦ 病毒造成的故障等。

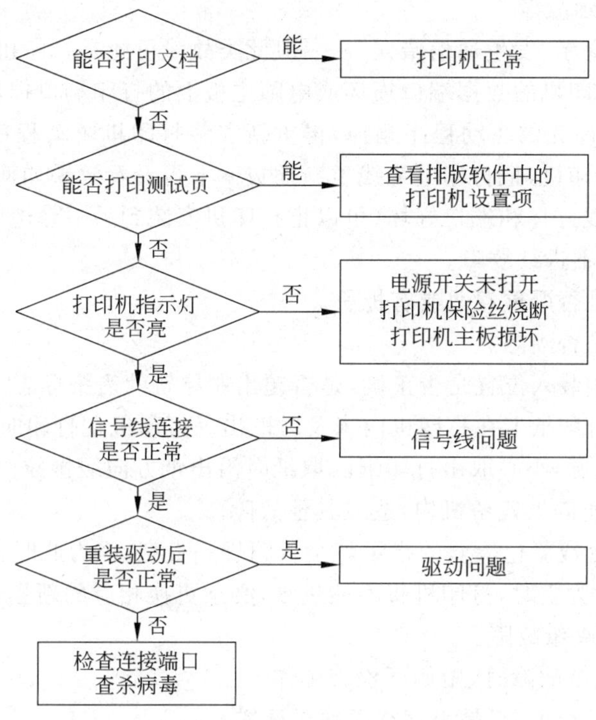

图 4-79　打印机故障维修流程图

(4) 打印机故障检测与维修

故障一：打印机不能打印。

打印机不能打印的故障原因有硬件和软件两个方面,发生故障时,可按如下步骤进行检修。

① 首先检查打印机电源线连接是否可靠或电源指示灯是否点亮,然后再次打印文件。

② 如仍不能打印,接着检查打印机与电脑之间的信号电缆连接是否可靠,检查并重新连接电缆,试着打印一下。

③ 如不能打印,则换一条能正常工作的打印信号电缆,然后重新打印,如仍不能打印,检查下一项。

④ 检查串口、并口的设置是否正确,将BIOS中打印机使用的端口打开,即将打印机使用的端口设置为Enable,检查BIOS中打印端口模式设置是否正确,将打印端口设置为ECP+EPP或Normal方式,然后正确配置软件中打印机端口。

⑤ 如不能打印,接着检查打印机驱动程序是否正常,如果未使用打印机原装驱动程序,也会出现不能打印的故障,这时需要重新安装打印机驱动程序。

⑥ 如不能打印,接着检查应用软件中打印机的设置是否正常,如在WPS、Word办公软件中将打印机设置为当前使用的打印机,如果仍不能打印,检查下一项。

⑦ 检查是否是病毒原因,用查毒软件查杀病毒后试一试。

⑧ 如经过以上处理还不能打印,则可能是打印机硬件出现故障,最好将打印机送专业人员检修。

故障二：错误提示故障。

打印机不打印，提示“发生通信错误”。一般此类故障可能是打印机驱动程序问题，打印电缆线松脱、损坏，打印机的数据端口损坏或电脑主板上的打印端口损坏等所致。

维修方法：先把原先的驱动程序删掉，再重新安装打印机驱动程序，然后试一试；如不行接着关掉电脑和打印机，把打印电缆线重新插拔一下再看看效果如何；如不行换根好的数据线，测试一下数据线好坏和端口好坏（可以把打印机安装到另一台电脑上测试）。

故障三：打印机不进纸故障。

① 检查打印纸是否严重卷曲或有折叠。

② 检查打印纸是否潮湿。

③ 检查打印纸的装入位置是否正确，是否超出左导轨的箭头标志。

④ 检查是否有打印纸卡在打印机内未及时取出。打印机在打印时如果发生夹纸情况，必须先关闭打印机电源，小心取出打印纸。取纸时沿出纸方向缓慢拉出夹纸，取出后必须检查纸张是否完整，防止碎纸残留机内，造成其他故障。

⑤ 检查黑色墨盒或彩色墨盒的指示灯是否闪烁一直亮，因为此时提示墨水即将用完或已经用完。在有墨盒为空时，打印机将不能进纸，必须更换相应的新墨盒才能继续打印。

故障四：打印机夹纸故障。

当打印机出现夹纸故障时，做如下检查工作。

① 检查打印纸是否平滑，是否存在卷曲或褶皱。

② 在装入打印纸之前，将纸叠成扇形后展开，防止纸张带的静电使多张纸张粘连。

③ 检查装入的打印纸厚度是否超出左导轨的箭头标志。

④ 检查打印纸表面是否干净，有无其他胶类等附着物。

⑤ 调整左导轨的位置，使纸槽的宽度适合放入的纸张。

⑥ 打印纸张的克数是否过轻，造成使用的打印纸过薄，打印时走纸困难，造成夹纸。

故障五：打印速度慢故障。

打印机打印过程过长，打一张文稿要花几十分钟或打印一会儿停一会儿，不能连续打印的故障，维修方法如下：

① 检查主机系统是否满足打印机的最低要求。

② 检查打印机的驱动程序安装是否正确。

③ 关闭所有正在运行的应用程序。

④ 降低打印图像分辨率，在打印机驱动程序设置中打开 High Speed 选项，关闭 Micro Weave 选项。

⑤ 如果文件不包含彩色设置，选择“黑色”打印，同时在 Half toning 中选择 No Half toning 选项。

故障六：打印机出现严重的打印头撞击声，打印错位。

出现此故障时，必须马上关闭打印机电源，防止造成故障扩大。如果通过打印机电源开关无法关闭打印机电源，立即拔掉打印机电源线。确定打印机断线后，检查打印机内部的包装材料是否已经完全去除，确定打印机内部没有异物，检查打印机的小车导轨是否过于脏污。

故障七：打印机墨盒故障。

故障现象：墨盒装机后打印不出来。

故障原因：此故障可能是未撕去墨盒顶部导气槽的黄色封条，墨盒内有小气泡，打印头堵塞，打印头老化或损坏所致。

解决方法：先将黄色封条标签完全撕去，再清洗打印头1～2次，如不行，更换打印头。

故障八：打印不出文字(打空白页)。

故障现象：激光打印机在正常打印时，进纸正常，但打印后纸上没有任何信息，打印机连接电脑主机没有异常现象。

故障原因：因打印机连接电脑主机没有异常现象，打印机正常打印，应排除主机的故障，可初步判断是激光打印机有问题；接着检查打印机粉盒，发现粉盒正常，安装到位，接触良好，没有异常；检查打印机硒鼓，发现硒鼓表面上有文档信息的墨粉痕迹，可确定打印机显影阶段没有故障，初步判定问题出在排版信息从感光鼓向纸转移阶段；检查转印电极组件上的电极丝，发现电极丝并无断开，但在电极丝的前后左右有大量的漏粉，由此判断出现此故障的原因是大量的带电漏粉致使电极丝无法发生正常的电晕放电，或发生的电晕放电电压过低，无法把带负电的显影墨粉吸到纸上，造成纸上无打印文档信息。

解决方法：用棉花蘸少量甲基乙基酮，在关机状态下，轻轻擦除转印电极组件上电极丝周围的碳粉，再用棉花蘸少量酒精重新擦拭一遍，等酒精挥发干净后，再开机使用，故障排除。

故障九：激光打印机开机进入自检/预热状态时，Read/Wait指示灯出现时好时坏现象。

故障现象：激光打印机开机后，进入自检/预热状态，电源指示灯亮，而Read/Wait指示灯不亮，打印机不能工作，而有时Read/Wait指示灯又正常，打印机也能正常工作。

故障原因：因纸盒、硒鼓都安装到位，应排除此部件引起的此类故障；因Read/Wait指示灯时好时坏，打印机有时工作有时不工作，应排除控制主板的故障；初步判定是打印机预热过程可能有问题。打印机的预热过程是在定影部位，只有达到一定的温度才能使打印机正常工作，因此故障可能出现在定影附件上。把定影附件从打印机中取出，去掉两侧的塑料盖，打开前面的挡板，发现热敏电容和电阻上都有很多纸屑、灰尘和烤焦的废物，原来是这些东西妨碍了热敏部件的温控作用。

解决方法：用棉花蘸少许酒精，轻轻把测温元件上的废物擦掉，再用棉花擦干净，按原样装在定影附件上，然后将定影附件安装在打印机上，试机，打印机工作正常，故障排除。

故障十：打印字迹无法辨认。

故障现象：打印时墨迹稀少，字迹无法辨认。

故障原因：该故障多数是由于打印机长期未用或其他原因，造成墨水输送系统障碍或喷头堵塞。

解决方法：如果喷头堵塞得不是很厉害，那么直接执行打印机上的清洗操作即可。如果多次清洗后仍没有效果，则可以拿下墨盒(对于墨盒喷嘴非一体的打印机，需要拿下喷嘴，仔细检查)，把喷嘴放在温水中浸泡一会(注意，一定不要把电路板部分也浸在水中，否则后果不堪设想)，用吸水纸吸走沾有的水滴，装上后再清洗几次喷嘴就可以了。

故障十一：行走小车错位碰头。

故障现象：打印时打印机的行走小车错位碰头。

故障原因：喷墨打印机行走小车的轨道是由两只粉末合金铜套与一根圆钢轴的精密结

合来滑动完成的。虽然行走小车上设计安装有一片含油的毡垫以补充轴上润滑油，但因生活的环境中到处都有灰尘，时间一久，空气的氧化、灰尘的破坏使轴表面的润滑油老化而失效，这时如果继续使用打印机，就会因轴与铜套的摩擦力增大而造成小车行走错位，直至碰撞车头造成无法使用。

解决方法：出现此故障应立即关闭打印机电源，用手将未回位的小车推回停车位。找一小块海绵或毡，放在缝纫机油里浸饱油，用镊子夹住在主轴上来回擦。最好是将主轴拆下来，洗净后上油，这样的效果最好。

故障十二：打印不完全。

故障现象：打印文档时，打印不完全。

故障原因：此类故障一般由软件引起。

解决方法：更改打印接口设置即可。选择“开始”→“设置”→“控制面板”→“系统”→“设备管理”→“端口”→“打印机端口”→“驱动程序”→“更改驱动程序”→“显示所有设备”命令，将“ECP打印端口”选项改成“打印机端口”选项，单击“确定”按钮。

故障十三：无法打印大文件。

故障现象：打印机无法打印大的文件。

故障原因：这种情况在激光打印机中发生得较多，主要是软件故障，与硬盘上的剩余空间有关。

解决方法：首先清空回收站，然后再删除硬盘无用的文件释放硬盘空间，故障排除。

故障十四：连续打印时丢失内容。

故障现象：文件前面的页面能够打印，但后面的页面会丢失内容，而分页打印时又正常。

故障原因：可能是该文件的页面描述信息量较大，造成打印内存不足。

解决方法：添加打印机的内存，故障排除。

故障十五：选择打印后打印机无反应。

一般遇到这种情况时，系统通常会提示“请检查打印机是否联机及电缆连接是否正常”。一般原因可能是打印机电源线未插好；打印电缆未正确连接；接触不良；计算机并口损坏等情况。解决的方法主要有以下几种。

① 如果不能正常启动（即电源灯不亮），先检查打印机的电源线是否正确连接，在关机状态下把电源线重插一遍，并换一个电源插座试一下看能否解决。

② 如果按下打印电源开关后打印机能正常启动，则进BIOS设置里面去看一下并口设置。一般的打印机用的是ECP模式，也有些打印机不支持ECP模式，此时可用ECP＋EPP或Normal方式。

③ 如果上述的两种方法均无效，就需要着重检查打印电缆，先把电脑关掉，把打印电缆的两头拔下来重新插一下，注意不要带电拔插。如果问题还不能解决的话，换个打印电缆试试，或者用替代法。

3. 任务实施

（1）任务场景

黄先生的打印机使用了一年后，打印的纸不时有黑边，且字迹不清楚。

(2) 实施步骤

① 接受任务。

客户接待：接到黄先生的电话，听取了黄先生故障描述情况，通知技术人员，并和黄先生约好上门维修的时间。

材料准备：带磁性的梅花螺丝刀、护目镜、防尘口罩、皮老虎、脱脂棉、自制改锥、毛刷、尖嘴钳、电动起子、橡胶手套、碳粉一盒、鼓芯。

② 操作步骤。

步骤 1：故障再现。

步骤 2：故障检测与分析。

步骤 3：清洁鼓芯、废粉板与粉板。

步骤 4：故障依旧，检查鼓芯，发现鼓芯有划痕，漏粉。

步骤 5：更换零部件。

步骤 6：测试故障消失。

(3) 交付客户

① 客户体验：打印几张纸，检验一下打印效果。

② 交付确认：检验更换的零件；客户满意后在账单上签字确认，交清货款。

4.2.3　复印机故障检测与维修

1. 任务背景

某学校文印室原来只有一台复印机，主要用于复印各类文件，而试卷、教材等教学资料都拿到外面复印。而随着学校规模的扩大，复印的教学资料越来越多，学校领导觉得到外面复印价格高，不合算。而原来那一台复印机买了 4 年多，而且经常出问题。于是打算再新购买 1 台复印机。

2. 相关知识

(1) 复印机故障检测与步骤

复印机出现故障后，总有一种是主要的故障，抓住这个主要的故障进行分析，即可找到故障原因和排除的方法，一般可通过以下几条途径来查出故障的原因并排除之。检修时应遵循先易后难的原则并逐步缩小范围，最后集中于某一点上。

复印机出现故障后的检查与维修步骤如下：

① 了解情况。维修机器前首先应认真询问操作者有关情况，如机器使用了多久，上次维修(保养)是在什么时间，维修(保养)效果如何，此次是什么情况下出现的故障。还要认真翻阅机器有关维修记录，注意近期更换过哪些部件和消耗材料，有哪些到了使用期限而仍未更换过的零部件。

② 检查机器。情况了解清楚以后，即可对机器进行全面检查，除了机内短路、打火等故障外，都可接通机器电源，复印几张，以便根据其效果进行进一步分析。对于操作者提供的故障现象应特别注意，并在试机时细心观察。

③ 准备工具。在对机器进行检查的基础上，一般可对故障现象有个大致的了解，即可知道维修时需要哪些常用的专用工具，准备好将要使用的工具和材料后即可进行检查维修工作。

④ 机器故障自检。目前绝大多数复印机都装有彩色液晶显示面板，并设有卡纸等故障自检功能，一旦机器某一部件失灵或损坏，都能以字母数字告诉操作者。比较常见的是故障代码，如 NP 系列复印机的故障代码为"E0～E8"等，理光系列则以"U"加数字为代码。这些代码一出现分别表示印制电路板、传感器、开关、接插件等工作状态异常，需要进行调整或更换。

作为机器的使用者，见到这些故障代码，应立即停机，关掉电源，请维修人员进行检修。如果是自己修理，则必须找到与所使用机器型号相同的维修手册或维修说明书，在书中查到故障代码所表示的内容，再检查相应的零部件、电路板或电子元件。

（2）常见故障的检测与维修

由于复印机的种类和型号繁多，各制造厂生产的复印机各不相同，即使是同一个生产厂家生产的不同型号复印机也不完全一样。因而在使用中所出现的故障现象还是有一些差别，这里仅对共性的、一般常见的故障及其成因和排除方法加以介绍。

本书中所列举的故障，对于各种复印机并非一律如此，即使同一故障在不同类型的机器中，其成因可能并不相同。因此，这里更重要的是提供方法和思路。

故障一：复印机复印出的复印件全黑。

故障现象：经过复印后，复印件上全黑，没有图像。

故障原因与排除方法：

① 曝光灯管损坏。首先观察曝光灯是否发光，不发光时可检查灯脚接触是否良好，是否为曝光灯管损坏、断线或灯脚与灯座接触不良等原因。

② 曝光灯控制电路故障。曝光灯控制电路出现故障，检查各处电压是否正常，无电压时应检查控制曝光灯的电路是否有故障，必要时更换此电路板。

③ 光学系统故障。复印机的光学系统被异物遮住，使曝光灯发出的光线无法到达感光鼓表面，清除异物，反光镜太脏或损坏，以及反光角度改变，光线偏高，无法使感光鼓曝光，清洁或更换反光镜，调整反光角度。

④ 充电部件故障。二次充电部件故障（仅限 NP 复印法），检查充电电极的绝缘端是否被放电击穿，电极与金属屏蔽罩连通（有烧焦痕迹），造成漏电。

故障二：复印件全白。

复印件全白故障分为感光鼓上有图像和感光鼓上无图像两种情况。

① 感光鼓上有图像。

故障原因与排除方法：

a. 转印电极丝接触不良，重新接通。

b. 转印电极丝断路，更换电极丝。

c. 转印电极高压发生器损坏或高压线接触不良，检修更换高压发生器或重新接通高压线。

② 感光鼓上无图像。

故障原因与排除方法：

a. 充电电极接触不良或电极丝断路，重新接通充电电极或更换电极丝。

b. 充电电极高压发生器损坏或高压线接触不良，检修更换充电高压发生器或重新接通高压线。

c. 控制显影器的离合器老化或损坏，更换离合器。

d. 显影器脱位或驱动齿轮损坏，重新安装到位或更换驱动齿轮。

e. 感光鼓安装不到位，重新安装。

故障三：复印件图像时有时无。

故障现象：复印件图像时有时无。

故障原因：原因在于充电或转印电极到高压变压器的连线或高压变压器本身损坏。

排除方法：检查时可打开机器后盖，拆下电极插座。按复印开始键后，用电极插座的金属部分碰触机器金属架，如发现放电打火现象，证明此电极是好的；如没有放电打火，则高压变压器输出端不良，需要更换；如果两个电极插座均有放电打火现象，说明高压变压器无问题，而是插座与电极的连接不良，或是电极本身有漏电、接触不良的现象，应进行修复。

故障四：复印件背景上不均匀灰屑或脏迹。

故障现象：复印件背景上不均匀灰屑或脏迹。

故障原因与排除方法：

① 清洁刮板的压力不够或刮板的释放机构动作不够灵活，调整刮板及刮板释放机构。

② 清洁毛刷转动不正常。清洁装置被严重污染，清洁检修清洁装置。

③ 清洁刮板前端的刀口面不够平直，更换刮板。

④ 曝光灯、反射罩、反光镜、防尘玻璃或消电灯滤光片被污染。

⑤ 曝光灯调节器输出电压不准，重新调整。

⑥ 显影剂已年久失效，应更换。

故障五：复印后复印件颜色淡，对比度不够。

故障现象：复印后复印件颜色淡，对比度不够。

故障原因与排除方法：

① 感光鼓表面充电电位过低，造成曝光后表面电位差太小，即静电潜像的反差小。调整充电电位或调整充电电极丝与感光鼓的距离。

② 复印机工作的环境湿度过大，纸张含水率过大造成。

③ 由于复印纸的理化指标没有达到要求，如纸张厚度、光洁度和密度等。

④ 机电方面的原因有：转印电极丝太脏，粘有墨粉、灰尘、纸屑，影响转印电压；转印电极丝距离感光鼓表面(纸张)太远，转印电流太小，不能使纸背面带有足够的转印电荷，影响转印效果。清洁转印电极丝或调整转印电极丝与感光鼓的距离。

⑤ 显影器中墨粉不足，无法充分显影造成显影对比度不够。

⑥ 由于在液干法显影中显影液陈旧失效，造成载体缺少或疲劳失效，带电性减弱，使得显影不足。

故障六：复印件图像错位和丢失。

故障现象：复印件图像错位和丢失。

故障原因与排除方法：

① 输纸定时与光学系统的时序不同步，如搓纸离合器调整不当，造成进纸时间过早或过晚。在大多数机器中，进纸时间是可以调整的，一般是调整该离合器的位置。

② 对位辊离合器打滑，运转不均匀，使感光鼓与纸张的接触时间改变，需要对离合器进行清洁。

③ 如果感光鼓上的图像也少一段，而充电、显影、曝光灯、稿台钢丝均正常，则故障可能是驱动马达、传动链条松动的缘故，松动会使光学部件的扫描与感光鼓的转动不同步，需要反复调整。

故障七：复印件图像上有污迹。

故障现象：复印件图像上有污迹。

故障原因与排除方法：

① 感光鼓上的感光层划伤。

② 感光鼓污染，如油迹、指印、余落杂物等。

③ 显影辊上出现固化墨粉。

④ 采用热辊定影的机器，由于加热辊表面橡胶老化脱落、有划痕，或定影辊清洁刮板缺损使辊上局部沾上污物，形成污迹。

⑤ 搓纸辊上受墨粉污染，搓纸造成污迹。

⑥ 显影器中墨粉漏出洒落在纸上或感光鼓上。

故障八：复印件图像上出现白色斑点。

故障现象：复印件图像上出现白色斑点。

故障原因与排除方法：

① 显影偏压过高。调整显影偏压。

② 感光鼓表面光层剥落、碰伤，清洁研磨或更换感光鼓。

③ 由于转印电极丝电压偏低，造成转印效率低所致。

④ 复印低局部受潮也可能出现白斑。

故障九：复印件图像浓度不均匀。

故障现象：复印件复印出的图像不均匀分两种情况：一种是有规则的不均匀；另一种是无规则的不均匀。

故障原因与排除方法：

① 出现有规则的不均匀故障原因与排除方法。

a. 电极丝与感光鼓不平行，造成转印电晕不均匀。

b. 曝光窄缝两边不平行，造成曝光量不均匀。

c. 机内有乱反射光的干扰。

d. 显影辊与感光鼓表面不平行；液干法显影中挤料辊与感光鼓不平行；显影间隙两端不等，均会造成上述的不均匀。

② 出现无规则的不均匀故障原因与排除方法。

a. 复印纸局部受潮。

b. 曝光灯管、稿台玻璃等光学部件受污染，影响光反射和透射的均匀。

c. 充电和转印电极丝污染，造成放电的不均匀。为防止此种情况，应经常保持电极清洁使放电均匀。

d. 采用热辊定影的机器，由于加热辊表面橡胶老化脱落、有划痕，或定影清洁刮板缺损使辊上局部沾上污物，形成污迹。

e. 搓纸辊上受墨粉污染，搓纸造成污迹。

f. 显影器中墨粉漏出撒落在纸上或感光鼓上。

故障十：复印后复印件出现底灰。

故障现象：复印件上有深度不等的底灰。

故障原因及排除方法：

① 曝光不足，原因包括曝光灯老化、照度下降；光缝开得太小、曝光量小。调整曝光电压、光缝或更换曝光灯。

② 原稿反差太小。

③ 复印纸受潮。

④ 显影偏压过低或无显影偏压；调整显影偏压、检修显影偏压电路。

⑤ 显影器中载体比例小，墨粉比例过高，造成均匀的底灰，而且比较浓。原因是游离的墨粉过多，载体难以吸附。这时要重新调整载体与墨粉的配比。

⑥ 墨粉、载体受潮，电阻率下降，墨粉与载体的带电性变差，造成显影效果不良，更换墨粉或载体。

⑦ 载体疲劳（包括湿法显影和干法显影）使载体对墨粉（或油墨）的吸附能力下降，容易使墨粉游离，而被残余电位（明区）吸附，产生底灰。

⑧ 墨粉与载体不匹配，不为同一机型所作用。

⑨ 感光鼓疲劳，清洁或更换感光鼓。

⑩ 所接机器电源过低，应保证电压不低于220V。

故障十一：复印件上沿复印件输出方向出现白色线条（纵向白线条）。

故障现象：复印件上沿复印件输出方向出现白色线条（纵向白线条）。

故障原因与排除方法：

① 由于色粉黏结在电极丝上造成充电电极丝局部污染和转印电极丝局部污染。

② 充电电晕装置上有线状悬挂物影响感光鼓表面。

③ 显影装置密封垫局部污染或粘有异物。

故障十二：复印件上沿复印件输出方向出现明显的纵向黑色线条。

故障现象：复印件上沿复印件输出方向出现明显的纵向黑色线条。

故障原因与排除方法：

① 由于清洁装置入口处的聚酯薄膜密封片翘起、转印/分离电极导杆松动或变形等原因引起感光鼓表面被划伤。更换密封片或调整更换转印/分离电极导杆。

② 定影辊表面有划伤。

③ 定影装置出口滚轮损伤或分离爪损坏。

④ 感光鼓表面上有色粉黏附，清洁感光鼓。

故障十三：复印件黑色图像上出现有实心白斑。

故障现象：复印件黑色图像上出现有实心白斑（通常为横向拉状）。

故障原因与排除方法：

① 纸屑、粉末和灰尘等黏附在转印/分离电极丝上造成。

② 转印/分离电极丝严重损坏。

故障十四：复印件出现空白。

故障现象：复印件出现空白。

故障原因与排除方法：复印纸受潮或皱折，从纸盒里取走潮湿、皱折的纸。

故障十五：复印机卡纸。

故障现象：复印时卡纸。

故障原因与排除方法：

① 纸卡在输纸道内。

a. 输纸离合器失控，调整、更换输纸离合器。

b. 输纸道内有异物，清除异物。

c. 纸走偏堵塞，清除被卡复印纸。

② 纸卡在分离器处。

a. 分离带松、掉、断，或气吸分离、吸纸力不足，使纸粘在鼓上或进入清洁箱内，撤换分离带，调整气吸量和气位置。

b. 纸走偏，排除纸走偏的故障。

③ 清洁器频繁卡纸。有些复印机的清洁器与感光鼓接触的部分装有一个栅状条，它由塑料制成，作用是防止复印纸进入清洁器，正常复印时，即使有纸卡在此部分，纸张也很容易取出，但栅状条损坏时，纸张就会进入清洁器，卡得很紧难以取出。这时需使清洁器离开感光鼓，必要时将其从机内取出，清除卡纸修复或更换栅状条后，才能继续作用。

④ 纸卷到鼓上(纸经常卷到鼓上)，则检查下列项目。

a. 鼓分离爪、分离带是否良好。

b. 分离高压充电是否良好。

c. 纸的一面挺度是否比另一面挺度差，如果是，可反过来看，或尽量购买双面挺度均好的纸。

⑤ 纸停在传输部(如果纸经常停在中间传输部)，则检查下列项目。

a. 传输皮带是否松动、老化、皮带张紧装置是否良好。

b. 机器底部吸气风扇工作是否良好。

c. 定影器前导引板角度是否合适，是否干净。

d. 中部纸路检测开关或传感器是否灵敏。

⑥ 经常卡纸在定影部或出纸口处。

a. 定影辊压力是否太大。

b. 定影辊传动齿轮固定是否不好。

c. 定影辊硅油是否太多(硅油太多使纸容易卷到辊上)。

d. 定影辊是否脏污(如脏污也会使纸卷到辊上)。

e. 排纸口路检测开关或传感器是否灵敏。

⑦ 复印机偶尔卡纸。卡纸后，面板上的卡纸信号会点亮，可根据面板上所显示出卡纸的位置打开机门或左(定影器)右(进纸部)侧板，取出卡住的纸张。一些高档机可显示出卡纸张数，以“P1、P2”等表示，“P0”表示主机内没有卡纸，而是分页器中卡了纸。取出卡纸后，应检查纸张是否完整，不完整时应找到夹在机器内的碎纸。分页器内卡纸时，需将分页器移离主机，压下分页器进纸口，取出卡纸。

⑧ 定影器卡纸。

a. 定影器内有异物，清除定影器中异物。

b. 弹簧输送钢丝脱落或损坏，检修和调换钢丝。

c. 热辊定影两端压力不匀，调整辊两端的压力。

⑨ 复印时出现频繁卡纸。出现此种现象很可能是搓纸轮磨损，一般表现为频繁卡纸，纸张卡住的部位多在进纸口处，连续复印时也会卡住数张纸，有时还会由于搓纸无边造成纸张与感光鼓不同步，转印偏后，纸上只有一半图像，并在图像前端留下一条黑色边，判定搓纸轮是否已到寿命期限的方法是，用棉花蘸酒精或清水擦拭搓纸轮表面，去掉灰尘、纸毛等，然后马上进行连续复印，可印30张，这时如果卡纸现象有所减轻，则说明搓纸轮磨损较为严重，需要换；如果仍然和以前一样频繁卡纸，则应考虑其他部分的原因。

⑩ 卡纸显示灯亮，但机内无卡纸。出现此种情况多为纸路检测开关脏污、不灵敏所致，例如，施乐2080大型工程图纸复印机，经常显示"Paper Jan Side"（卡纸在中部），而不能继续复印，检查机内并无任何卡纸，这一情况多为中部纸路检测光电传感器Q5和Q6受到墨粉的污染造成的。

有的机型则需要调整，如U-Bin3300MR在更换主控板后，较易出现"卡纸⑦"信号，但机内并无卡纸，这时，应调整主控板微调VR1，使TP8对TP0的电压为7.2V，"卡纸⑦"显示随即消失，平时如出现此种情况，处理的方法也不一样。

故障十六：按"复印"键机器不工作。

故障现象：按"复印"键机器不工作，没有任何反应。

故障原因与排除方法：

① 复印键微动开关工作不正常，调整和更换按钮微动开关。

② 主电动机故障，检查风机如工作，说明主电机故障，如风机不转，说明电源不通，调整和调换主电机。

③ 控制线路中的继电器发生故障，检查、修复和更换继电器。

故障十七：纸盒不能供纸。

故障现象：按"复印"键后，纸盒不能送纸。

故障原因与排除方法：复印机的搓纸轮大多数靠电磁线圈的动作来控制。检查时需使机器处于有纸状态，可用透明胶纸将检测有无纸盒的开关粘住，使无纸信号不出现，将一小块纸放在检测纸盒的光电传感器上，按"开始复印"键后，大约1～2s后，控制搓纸轮的电磁线圈的衔铁应有吸合动作，如果无此动作，则应检查电磁线圈与线路板间的连线接触是否良好；如果有此动作，则应考虑搓纸离合器内的弹簧是否损坏、生锈，必要时应更换离合器。

故障十八：不扫描。

故障现象：按"复印"键后，光扫描器没反应。

故障原因：

① 主电机损坏。

② 控制线路失灵。

③ 正程离合器失灵。

④ 离合器电刷不良。

排除方法：检修或调换主电机；检修控制线路；检修或调换正程离合器；检修或调换电刷。

故障十九：开机后操作面板指示灯全不亮。

故障现象：电源开关打开后，操作面板指示灯全不亮，机器无任何运作。

故障原因与排除方法：

① 首先用万用表(置于 AC 500V 挡)检查电源插座是否有交流 220V 市电，如果没有，检查电源保险丝是否断了；如断了，更换电源插座；有交流 220V 市电，则往下检查。

② 打开复印机后盖板，找到电源线路保险管(一般为 10A 或 15A)将复印机电源开关关掉，用表笔将保险管拨开。用万用表欧姆挡检查保险管是否断，如果没有断，根据该机电路图检查 AC 供电系统；如果断了，更换长度和标称值相同的保险管。如果更换新保险后，继续被烧断，说明电源电路有短路的地方。这时，需要彻底检查电源电路，找出短路原因。除上述检查方法外，还要考虑到机型的本身特点，如 NP-400 的维修总开关 SW1 是否打开；EP-450Z 的前门板或上下机体是否合好；U-Bix3300MR 的定影器是否插接好，定影灯热保险是否断了；等等。

3. 任务实施

(1) 任务场景

市一中领导决定试卷、校内教材等教学资料全部由自己学校文印室印刷。现在使用的那台复印机老出问题，于是打算再新购买 1 台新的复印机。

(2) 实施步骤

① 接受任务。

客户接待：公司销售人员张强接待了市一中文印室黄先生，听取了黄先生购买新复印机的需求。张强了解到黄先生也想要公司派人去帮助检修一下现用的那台老复印机，于是把售后服务技术人员李工叫来，黄先生把老复印机这段时间出现的一些故障描述给李工。李工了解情况，和黄先生约好上门送货和维修的时间。

材料准备：带磁性的梅花螺丝刀、自制改锥、毛刷、尖嘴钳、电动起子、橡胶手套等，复印机 1 台、相关附属设备。

② 操作步骤。

步骤 1：连接新复印机相关线缆。

步骤 2：调试新复印机相关设置。

步骤 3：测试复印机。

步骤 4：让老复印机再现故障。

步骤 5：故障检测与分析。

步骤 6：确定故障。

步骤 7：解决故障。

(3) 交付客户

① 客户体验：分别测试新老复印机，复印几十张纸，检验一下复印效果。技术员向学校文印室的操作人员介绍处理复印机常见故障的方法。

② 交付确认：检查新复印机相关设备，如老复印机有更换零件，检验更换的零件；客户满意后在维修单上签字确认，交付使用。

4.2.4 传真机故障检测与维修

1. 任务背景

黄先生公司规模壮大，今年来公司对外业务越来越多，需要通过传真机收发的文件也越来越多，目前整个公司只有黄先生(总经理)办公室1台，公司的所有文件都是通过该台传真机收发。而这台传真机已买多年，经常出现故障，严重影响公司业务进展。所以黄先生打算新购置两台传真机，1台放置销售部门，1台更换总经理办公室原来那台，原传真机进行整修后放置公司大厅。

2. 相关知识

(1) 传真机的工作原理

传真机的工作原理其实相对简单，首先将需要传真的文件通过光电扫描技术将图像、文字转化为采用霍夫曼编码方式的数字信号，经V.27、V.29方式调制后转成音频信号，然后通过传统电话线进行传送。接收方的传真机接到信号后，会将信号复原然后打印出来，这样，接收方就会收到一份原发送文件的复印件。总结一下就是发送时扫描图像→生成数据信号→对数字信息压缩→调制成模拟信号→送入电话网传输；接收时接收来自电话网的模拟信号→解调成数字信号→解压数字信号成初始的图像信号→打印。

不同类型的传真机在接收到信号后的打印方式是不同的，它们的工作原理的区别也基本上在这些方面。现在市场上主要有两种传真机，即热敏纸传真机和喷墨/激光传真机。

热敏纸传真机是通过热敏打印头将打印介质上的热敏材料熔化变色，生成所需的文字和图形。热转印从热敏技术发展而来，它通过加热转印色带，使涂敷于色带上的墨转印到纸上形成图像。最常见的传真机中应用了热敏打印方式。

激光式普通纸传真机是利用碳粉附着在纸上而成像的一种传真机，其工作原理主要是利用机体内控制激光束的一个硒鼓，凭借控制激光束的开启和关闭，从而在硒鼓产生带电荷的图像区，此时传真机内部的碳粉会受到电荷的吸引而附着在纸上，形成文字或图像图形。喷墨式传真机的工作原理与点矩阵式列印相似，是由步进马达带动喷墨头左右移动，把从喷墨头中喷出的墨水依序喷布在普通纸上完成打印的工作。

另外，现在市场上还有一种平板式喷墨多功能一体机，虽然自身硬件并未提供传真功能，但它们可使用相关软件来实现电脑收发传真。

(2) 传真机的使用

① 发送传真。

a. 连接好传真机连线，并接通电源。

b. 将要发送的文稿放在原稿台上的适当位置，并轻推进机内。注意原稿的正反面朝向。

c. 拿起话筒(或按免提键)拨打对方号码，拨通后按“传真启动”键，发送传真。

d. 发送结束后，传真机发出结束音，至此发送完毕。

② 接收传真。

a. 安装传真纸，如图4-80所示。按“开盖”按钮打开机盖，安装热敏记录纸卷，注意热敏记录纸的正反面朝向；将热敏记录纸的引导边缘插入感热头上面的入口，并将其拉出机外；向下按两端，牢固地关好机盖。

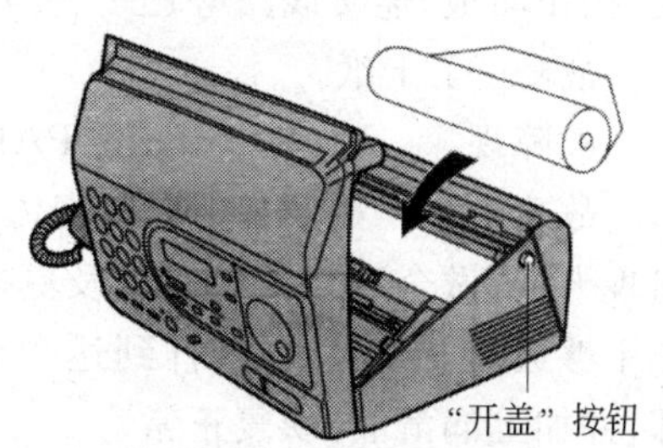

图4-80 安装传真纸

b. 连接好传真机连线，并接通电源。

c. 人工接收时，当电话铃响时，拿起话筒应答。

d. 当对方要求传真时，按“传真启动”键，然后将电话挂上，机器开始接收传真。

e. 接收完毕后，传真机自动恢复至待机状态。

(3) 传真机使用注意事项

① 使用环境。传真机要避免受到阳光直射、热辐射、强磁场、潮湿、灰尘多的环境，或是接近空调、暖气机等容易被水溅到的地方。同时要防止水或化学液体流入传真机，以免损坏电子线路及器件。为了安全，在遇有闪电、雷雨时，传真机应暂停使用，并且要拔去电源及电话线，以免雷击造成传真机的损坏。

② 放置位置。传真机应当放置在室内的平台上，左右两边应和其他物品保持一定的空间距离，以免造成干扰，不利于通风，前后方应保持 30cm 的距离，以方便原稿与记录纸的输出操作。

③ 不要频繁开关机。因为每次开关机都会使传真机的电子元器件发生冷热变化，而频繁的冷热变化容易导致机内元器件提前老化，每次开机的冲击电流也会缩短传真机的使用寿命。

④ 尽量使用标准的传真纸(热转印系列)。尽量使用推荐的传真纸(“森宝”传真纸)，劣质传真纸的光洁度不够，使用时会对感热记录头造成磨损。优质传真纸涂层均匀、感热效果好，能有效保护传真机热敏头。而且记录纸不要长期暴露在阳光或紫外线下，以免记录纸逐渐褪色，造成复印或接收的文件不清晰。

⑤ 不要在打印过程中打开合纸舱盖。打印中不要打开纸卷上面的合纸舱盖，如果真的需要必须先按“停止”键以避免危险。同时打开或关闭合纸舱盖的动作不宜过猛。因为传真机的感热记录头大多装在纸舱盖的下面，合上纸舱盖时动作过猛，轻则会使纸舱盖变形，重则会造成感热记录头的破裂和损坏。

⑥ 定期清洁。要经常使用柔软的干布清洁传真机，保持传真机外部的清洁。对于传真机内部，原稿滚筒经过一段时间使用后会逐渐累积灰尘，最好每半年清洁保养一次。当擦拭原稿滚筒时，必须使用清洁的软布或蘸酒精的纱布，需要小心的是不要将酒精滴入机器中。

(4) 传真机常见故障及维修

如果传真机还能打印，赶快打印错误报告(Error Report)、系统报告(System Report)、维修报告(Service Report)、转储协议报告(Protocol Dump)，根据维修手册查出故障原因；如果不能打印了，检查是否有 Service Call，或查看维修功能中的 Error Code(进入维修模式请见维修手册)；如果的传真机没有显示了，并且什么反应也没有了，那么只能从电源、主控板、操作面板、连接线路等逐一检查了，并小心地测试。

故障一：卡纸。

故障现象：显示“CHECK PAPER SIZE”，出现卡纸。

故障排除：复印或接收多张传真机稿件，打印出一张后，显示“CHECK PAPER SIZE”，出现卡纸，做全清等常规调试及更换所有电路板均无效，检查记录纸边缘传感器，发现其动作不够灵活，当传感器拨杆到达一定位置时卡住不能复位，拆下其主件，稍微打磨拨杆的轴部，并加上润滑液，恢复正常。

故障二：输出纸张有竖白线。

故障现象：复印或接收文件中有一条或数条竖白线。

故障排除：通常是热敏头(TPH)断丝或沾有污物。传真机有专门测试热敏头的程序，若有断丝，则应更换相同型号的热敏头；若有污物可用棉球清除。一般情况下断一条丝不会影响使用。

故障三：双方传真机不能通信。

故障现象：接收双方都接收不到对方的传真信号。

故障排除：

① 双方是否能通话，若不能通话则为线路故障。

② 双方机器设定的通信密码不一致。

③ 双方传真操作程序是否正确，当发机收到收机的DIS信号(被叫用户标识信号)后应按"传真启动"键(START)。

④ 发机的发送电平设置是否合适。一般来说，为了适应线路的需要，发送电平可以在0～15dB范围内通过软件设置。当线路状况不好时，可适当提高发送电平。

⑤ 本机与其他机器通信是否正常，若不正常，将速率降至24Kb/s，如仍不能通信，则可能是线路通话质量太差，另外就是本机有故障。

故障四："死机"。

故障现象：操作所有键都不起作用，即"死机"。

故障排除：

① 首先检查按键是否有被锁定的，有则应解除锁定。然后重新打开电源，让传真机再一次进行复位检测，以清除某些死循环程序。

② 若进行以上操作后仍无法恢复正常，则可能是操作面板或主控板电路损坏，需检修或更换。

故障五：开机后发出报警声。

故障现象：传真机接通电源后，"哔、哔"报警声响个不停。

故障排除：出现报警声通常是主电路板检测到整机有异常情况，可按下列步骤处理。

① 检查纸仓里是否有记录纸，且记录纸是否放置到位。

② 纸仓盖、前盖等是否打开或者合上时不到位。

③ 各个传感器是否完好。

④ 主控板是否有短路等异常情况。

故障六：开机后液晶显示器无显示。

故障现象：开机后液晶显示器无任何显示，电源指示灯也不亮。

故障排除：

① 首先应检查电源保险丝是否烧毁，如未烧毁，再查各组输出电压是否正常，尤其注意+5V。

② 电源至主板的连接线是否插好。

③ 如各组电压正常，线扎也连接完好，则有可能是液晶显示器本身损坏，另一个可能是主板有故障。

故障七：传真或打印时，纸张为全白。

故障现象：传真或打印时，纸张为全白。

故障排除：如果传真机为热感式传真机，则有可能是记录纸正反面安装错误，将记录纸反面放置再重新试一试。热感式传真机所使用的传真纸只有一面涂有化学药剂。因此安装错了在接收传真时不会印出任何文字或图片。如果传真机为喷墨式传真机，则有可能是喷嘴头堵住，清洁喷墨头或更换墨盒。

故障八：纸张出现黑线。

故障现象：复印、发送文件中有一条(或几条)竖黑线。

故障排除：当对方发送的文件或自己在复印时打印的文件出现一条或数条黑线。如果是CCD传真机，可能是反射镜头脏了；如果是CIS传真机，可能是透光玻璃脏了。根据“传真机使用手册”说明，用棉球或软布蘸酒精擦清洁即可。

故障九：传真或打印时纸张出现白线。

故障现象：传真或打印时纸张出现白线。

故障排除：通常这是由于热敏头(TPH)断丝或沾有污物。如果是断丝，则应更换相同型号的热敏头；如果有污物，可用棉球清除。

故障十：无法收发传真。

故障现象：电话正常使用，无法收发传真。

故障排除：如果电话与传真机共享一条电话线，检查电话线是否连接错误。将电信局电话线插入传真机标示“LINE”插孔，将电话分机插入传真机标示“TEL”插孔。

3. 任务实施

(1) 任务场景

因公司业务的需要，黄先生公司决定新购买两台传真机，并且对原传真进行一次大维修。

(2) 实施步骤

① 接受任务。

客户接待：销售人员张强接待了黄先生公司设备管理部门的林小姐，听取了林小姐购买新复印机的需求。张强了解到黄先生也想要公司派人去帮助检修一下现用的那台老传真机，于是把售后服务技术人员李工叫来，林小姐把老传真机这段时间出现的一些故障描述给李工。李工了解情况后，和林小姐约好上门送货和维修的时间。

② 操作步骤。

步骤1：连接新传真机相关线缆。

步骤2：调试新传真机相关设置。

步骤3：测试传真机。

步骤4：检测老传真机。

步骤5：确定故障。

步骤6：解决故障。

(3) 交付客户

① 客户体验：测试新老传真机，分别使用它们收发一份传真，检验一下传真功能与效果。技术员向公司的操作人员介绍处理传真机常见故障的方法。

② 交付确认：检查新传真机相关设备，检验老传真机更换的零件；客户满意后在维修单上签字确认，并付清货款。

4.2.5 扫描仪故障检测与维修

1. 任务分析

黄先生在某公司档案室工作，档案室有大量的文件资料需要扫描存档。最近一段时间档案室这台扫描仪老出问题，不是扫描不清晰，就是扫出来的图像里面有点线，有时候甚至根本就没有反应。考虑到这台扫描仪使用的年数较长，而且这台扫描仪功能、性能也已满足不了图像存档文件的要求了，于是黄先生打算再买台新的扫描仪，用于扫描一些比较重要的存档文件，而对原来那台进行一次大维修，使用它扫描一些常用文件。

2. 相关知识

(1) 扫描仪日常使用注意事项

扫描仪作为图像输入设备，已经普及到千家万户，那么在使用中怎样正确地去维护保养也是值得注意的问题。本书就为大家介绍一下扫描仪日常维护保养要注意的地方。

① 不要随意热插拔数据传输线。一般家用扫描仪都是EPP接口，在扫描仪通电后，如果随意热插拔接口的数据传输线，会损坏扫描仪或计算机的接口，更换起来就比较麻烦了，尽管试了一下没有出现问题也不要这样做。

② 不要经常插拔电源线与扫描仪的接头。这样经常插拔电源线与扫描仪的接头会造成连接处的接触不良，导致电路不通，维修起来也是十分麻烦。正确的电源切断应该是拔掉电源插座上的直插式电源变换器。

③ 不要中途切断电源。由于镜组在工作时运动速度比较慢，当扫描一幅图像后，它需要一部分时间从底部归位，所以大家在正常供电的情况下不要中途切断电源，等到扫描仪的镜组完全归位后，再切断电源。现在有一些扫描仪为了防止运输中的震动，还对镜组部分添加了锁扣，可见镜组的归位对镜组的保护有多么重要。

④ 放置物品时要一次定位准确。有些型号的扫描仪是可以扫描小型立体物品的，在使用这类扫描仪时应当注意：放置物品时要一次定位准确，不要随便移动以免刮伤玻璃，更不要在扫描的过程之中移动物品。

⑤ 不要在扫描仪上面放置物品。因为办公或家庭空间的限制，而扫描仪又比较占地方，所以有些用户常将一些物品放在扫描仪上面，时间长了，扫描仪的塑料遮板因中空受压将会导致变形，影响使用。

⑥ 长久不用时要切断电源。一些扫描仪并没有在不使用时完全切断电源开关的设计，当长久不用时，扫描仪的灯管依然是亮着的，由于扫描仪灯管也是消耗品，所以建议用户在长久不用时切断电源。

⑦ 建议不要在靠窗的位置使用扫描仪。由于扫描仪在工作中会产生静电，时间长了会吸附灰尘进入机体内部影响镜组的工作，所以尽量不要在靠窗或容易吸附灰尘的位置使用扫描仪，另外要保持扫描仪使用环境的湿度，减少浮尘对扫描仪的影响。

⑧ 机械部分的保养。扫描仪长久使用后，要拆开盖子，用浸有缝纫机油的棉布擦拭镜组两条轨道上的油垢，擦净后，再将适量的缝纫机油滴在传动齿轮组及皮带两端的轴承上面，最后装机测试，会发现噪声小了很多。

(2) 扫描仪的安装与使用

扫描仪的安装大致可分两个步骤：硬件连接和软件安装。

① 硬件连接。扫描仪按照其接口的不同，连接方式也不一样，目前市场上流行的接口技术对扫描仪来说也是十分重要的技术之一，直接影响到扫描仪的工作效率。目前 PC 的扫描仪接口有 EPP、SCSI 和 USB 3 种。其中，SCSI 接口传输速度最快，达到 40Mbps，但一般计算机上并没有 SCSI 接口，因此需要额外添加一块 SCSI 卡，这不但增加了扫描仪的成本，而且安装复杂，只有专业机型采用。与 SCSI 接口相比，EPP 接口扫描仪避免了拆机、装机的烦恼及诸如硬件地址冲突等问题，一插即用，适合普通消费者，但是其传输速度慢。USB 接口作为新兴的行业标准，综合了 SCSI 和 EPP 的优点，在传输速度、易用性及兼容性方面均有较好的表现，因此 USB 接口已成为扫描仪最为流行的接口。除此之外，还出现了最新的接口方式 IEEE 1394，不过 IEEE 1394 目前大都在高档 Mac 机上使用。

EPP 接口具体的连接步骤如下：

a. 将扫描仪从包装中小心地取出，放置在平坦的地方(如桌面等)，且尽量靠近待连接的计算机。另外，由于扫描仪特殊的工作方式，所以要确保扫描仪的工作空间尽可能宽敞，这样便于扫描仪的操作使用。

b. 参照使用说明书，找到扫描仪的锁定装置(通常位于扫描仪的底座上)，将此装置拨至打开状态。

锁定装置用来保护扫描仪内部光学元件。通常，扫描仪在出厂的时候，此装置都处于锁定状态，即确保内部光学器件不会随意滑动，这样就能够有效地避免扫描仪因搬运等因素而使内部光学器件损坏的问题。

c. 锁定装置打开后，取出数据连接线，按照说明书所给出的指示，分别找到扫描仪和计算机的数据接口，将对应于计算机并口的连接端接入计算机，另一端接入扫描仪，并确保连接牢固。

在这里需要注意的是，连接数据连线时最好使用扫描仪自带的数据连接线，因为自带的连线不论从安全性上还是从数据传输的速度方面都应该是最佳的选择。

d. 取出扫描仪的电源线，将其接入电源接入口，完成最后连接。在连接电源线的时候，与数据线连接类似，尽量使用扫描仪自带的电源线。

e. 接通电源，打开扫描仪，即完成了整个硬件连接的工作。在接通电源前需要认真阅读说明书，确定扫描仪的电压适用范围，因为各国所使用的电压标准不尽相同，电压使用不当，很可能会造成扫描仪的损坏。例如，日本所使用的电压标准为 110V，在 220V 电压环境下使用时则需要外接一个变压器。

至此，使用并行接口与计算机的连接方式就基本完成了，但是通常计算机的 EPP 接口只有一个，而打印机一般都采用此接口进行连接，因此就需要避免设备之间的使用冲突。通常扫描仪除了自身的连接端口外，另外还有一个并行接口，此接口可以用来连接其他的并口设备。

作为 SCSI 接口的设备，因为多了块 SCSI 卡，比 USB 接口方式的扫描仪在安装上要略显复杂。一般随机附带的 SCSI 卡是 PCI 接口，在 Windows 98 中都能自动引导安装。扫描仪背面还提供了标准 50 针的 SCSI 接口，可以同其他的 SCSI 设备进行连接，一边接口为标准 50 针 SCSI 接口，另一边为 SCSI 扫描仪通用接口。具体安装步骤如下：

a. 将扫描仪平稳、妥善地放置在安全平面上。一般如果是支持 SCSI 连接的扫描仪都会自带一块与之匹配的 SCSI 卡。

b. 切断计算机及其他连接设备的电源，打开计算机的机箱，先找到主板上提供的相应扩展槽，选择一个空闲插槽，然后将机箱挡板除去。

c. 将扫描仪附带的SCSI卡小心地插入除去挡板的空闲插槽中，用螺丝将SCSI卡固定在机器中。

d. 取出SCSI数据连接电缆。按照说明书的指示，将接入SCSI卡的数据电缆一端小心地与SCSI卡上的接口相连，并固定(通常此连接端都附带螺丝，只需将附带螺丝拧紧即可)。

e. 将连接电缆的另一端接入扫描仪的相应接口。通常，此接口两侧分别设计有一个固定卡子，需要先将两个卡子分别向两侧掰开。然后待连接妥当后，再将卡子掰回原位。需要注意的是，一定要使用扫描仪自带的连接电缆，因为不同的SCSI标准所使用的电缆会有所不同；更要注意不要使用非SCSI电缆，否则会出现连接故障。

f. 打开扫描仪的锁定装置，很多厂商都设计了一个锁定机构，用于锁定扫描仪的镜头组件。刚买回来的扫描仪是上了锁的，不开锁便无法工作。妥善连接扫描仪电源线，注意扫描仪的适用电压范围。

g. 为扫描仪设置相应的ID号。前面已经介绍过，SCSI属于系统级接口，它是按照一定的逻辑关系与CPU进行信息传递的。以SCSI-I标准为例，此类SCSI总线一条可以附带8个SCSI设备，通常计算机本身会占去1个，所以最多连接的外设是7个。这7个外设采用链式连接，即数据连接电缆的一端连接在计算机上，另一端连接第一台SCSI外设，第二台SCSI外设则通过另一根数据连接电缆连接到第一台SCSI设备上，以此类推。

h. 打开扫描仪电源，等到状态指示灯停止闪烁并保持常亮。打开计算机电源，等到计算机启动完毕。

i. 安装扫描仪TWAIN驱动程序。一般情况下，Windows系统会自动检测出新增的SCSI卡，对于有些SCSI卡会自动识别并进行自动安装；对不能识别的SCSI卡，会弹出提示对话框，引导用户安装相应的驱动程序(SCSI卡附带)。

这里需要注意的是扫描仪作为最后一个SCSI设备时，最好连接终结器。另外扫描仪的光学部分最为精密，是成像质量优劣的关键所在，光学部分的细微差异都可能严重影响扫描质量。在搬运、安装和调试扫描仪时，务必轻拿轻放，以免损伤光学部件。

安装USB接口扫描仪的一般方法如下：

a. 将扫描仪信号电缆线一端连接到计算机背面的USB接口。将USB线的一端与电脑连接妥当，再把扫描仪的电源线接好就可以了。如果这时接通电源，扫描仪会先进行自身的自动测试。测试成功后，它上面的LCD指示灯将保持绿色状态，表示扫描仪已经准备好。由于USB接口都有防反插设计，所以不用担心连线会接反。

b. 将扫描仪信号电缆线另一端连接到扫描仪背面的USB接口。

c. 打开扫描仪锁(部分扫描仪没有锁)。安装扫描仪之前，首先要做的就是打开它的保护开关。开关的位置一般在扫描仪底部或顶部靠前的一个角落，它的作用是用来保护扫描仪的光学组件在搬运过程中免受震动移位而造成的损害。准备使用扫描仪的时候，务必先要将此开关推到开锁的位置，若要运输，则要将此开关锁住。

d. 将稳压电源连接到扫描仪上，并使稳压电源插到合适的电源输出插座(有些扫描仪不需要稳压电源，则没有电源线)。

e. 安装扫描仪驱动程序和软件。由于 USB 具有即插即用的特性，当连接扫描仪并打开电源后，只要再次启动计算机，那么它就可以自动检测到该扫描仪。如果在重启之前没有安装 USB 驱动程序，那么计算机会在此提示安装相应的驱动程序和扫描软件，然后就可以使用了。

在连接时值得注意的是，由于 USB 接口是近几年才出现的，因此在老式的计算机上很难找到 USB 接口，这时该如何连接 USB 接口扫描仪，在这里可以使用 USB 接口卡来实现添加 USB 接口的目的。具体做法是将计算机机箱打开，然后将 USB 接口卡插入到计算机的相应扩展槽中。

② 扫描仪软件的安装。硬件安装好以后，扫描仪还不能够工作，必须安装驱动程序，扫描仪才能够正确使用。扫描仪的驱动程序必须符合 TWAIN 标准。扫描仪驱动程序的具体安装步骤如下：

a. 确认扫描仪的硬件连接是否完成，检查扫描仪的电源连接是否安全，是否在允许电压范围内。待一切确认正常，将扫描仪电源打开。

b. 待扫描仪电源指示灯处于常亮状态后，启动计算机电源。进入操作系统后，取出扫描仪随机附带的驱动程序安装光盘(通常此光盘有明显的说明标记)，将光盘放入光盘驱动器中(一定要保证光盘驱动器正常)。

c. 通常此类光盘都属于自启动光盘，即插入光驱后，自动可以运行。如果没有自启动功能，可以直接单击装有光盘的光盘驱动器图标，进入光盘目录列表，从中双击 Setup. exe。

也可以选择“开始”→“运行”命令，在弹出的“运行”对话框中输入“Setup”，然后单击“确定”按钮同样可以启动驱动安装程序。

d. 启动安装程序后即可按照其指导步骤进行安装，方法大同小异，在此不再赘述。

e. 最后还需要安装专用的扫描仪软件，每款扫描仪都会自带一张光盘，盘内装有 3～5 种扫描专用软件，其中包括图像扫描、处理及文字识别等软件，可根据需要进行安装。此外还应安装一些非常著名的图像处理软件，例如 Adobe 公司的 Photoshop 等。

(3) 扫描仪常见故障检测与排除

故障一：整幅图像只有一小部分被获取。

故障现象：整幅图像只有一小部分被获取。

故障排除：聚焦矩形框仍然停留在预览图像上；只有矩形框内的区域被获取。在做完聚焦后，单击去掉聚焦矩形框，反复试验以获得图像。

故障二：图像中有过多的图案。

故障现象：图像中有过多的图案(噪声干扰)。

故障排除：扫描仪的工作环境湿度超出了它的允许范围(也许是扫描仪在允许范围外被存放或运输了)。让扫描仪工作在允许范围内，关掉计算机，再关掉扫描仪，然后先打开扫描仪，再打开计算机，以重新校准扫描仪。

故障三：原稿颜色与屏幕颜色差别太大。

故障现象：原稿颜色与屏幕颜色差别太大。

故障排除：

① 检查屏幕的色度、亮度、反差的设定是否合乎正常要求。

② 检查 ColorLinks 的屏幕设定选项是否正确。

③ 如果 FotoLook 是外挂在 Photoshop 下执行的，检查 File-Preferences Monitor Setup、Printing Links Setup 和 Separation Setup 是否正确。

④ 假设上述设置皆正确时，可以做一下扫描仪与显示屏之间的色彩校正。

故障四：扫描出的整个图像变形或出现模糊。

故障现象：扫描出的整个图像变形或出现模糊。

故障排除：

① 扫描仪玻璃板脏污或反光镜条脏污，用软布擦拭玻璃板并清洁反光镜条。

② 扫描原稿文件未能始终平贴在文件台上，确保扫描原稿始终平贴在平台上。

③ 确保扫描过程中不要移动文件。

④ 扫描过程中扫描仪因放置不平而产生震动，注意把扫描仪放于平稳的表面上。

⑤ 调节软件的曝光设置或 Gamma 设置。

⑥ 若是并口扫描仪发生以上情况，可能是传输电缆存在问题，建议使用 IEEE 1284 以上的高性能电缆。

故障五：出现丢失点线的现象。

故障现象：扫描的图像在屏幕显示或打印输出时总是出现丢失点线的现象。

故障排除：

① 检查扫描仪的传感器是否出现了故障或文件自动送纸器的纸张导纸机构出现故障，找专业人员进行检查维修。

② 对扫描仪的光学镜头做除尘处理，用专用的小型吸尘器效果最好。

③ 检查扫描仪外盖上的白色校正条是否有脏污，需及时清洁。

④ 检查一下稿台玻璃是否脏了或有划痕，可以定期彻底清洁扫描仪或更换稿台玻璃来避免该情况的发生。后一种情况应与当地授权技术服务中心联系。

故障六：扫描印刷品时，龟纹(交叉影像)出现在图像的特定区域内。

故障现象：扫描印刷品时，龟纹(交叉影像)出现在图像的特定区域内。

故障排除：首先来了解一下彩色印刷品成像的简单原理。试着拿放大镜观察一下一般的彩色印刷品，其实任何图文都是通过 4 种颜色来组成，就是经常提及的青色、品红色、黄色与黑色。这些颜色是很细小的墨点，利用墨点的排列组合方式让眼睛产生错觉，比如某一区红色的墨点比较多，人脑的视觉系统就会以为这一区偏红色。这样细小的网点，在扫描的时候会被灵敏的感光组件所侦测出来，于是扫描的结果会让整张图片有各种纹路出现，严重影响扫描图像的品质。可以采用以下几种方案来避免龟纹的产生。

① 在“图像类型”对话框中选择“彩色照片”(去网纹)项，或在“图像类型”对话框中选“去网纹”项。

② 在文件和稿台间放置一张透明页，使图像散焦。

③ 正确定位图像。

④ 可稍调小图像尺寸。

⑤ 在扫描仪的 TWAIN 中选择“清除边缘清晰化”复选框。

故障七：找不到扫描仪。

故障现象：开启电源后，发现电脑里面找不到扫描仪。

故障排除：先用观察法看看扫描仪的电源及线路接口是否已经连接好，然后确认是否先开启扫描仪的电源,然后才启动计算机。如果不是,可以单击 Windows“设备管理器”的“刷新”按钮,查看扫描仪是否有自检,绿色指示灯是否稳定地亮着。假若答案肯定,则可排除扫描仪本身故障的可能性;如果扫描仪的指示灯不停地闪烁,表明扫描仪状态不正常,这时候可以再重新安装最新的扫描仪程序。同时,还应检查“设备管理器”中扫描仪是否与其他设备冲突,若有冲突就要进行更改。记住,这类故障无非就是线路问题、驱动程序问题和端口冲突问题。

故障八:扫描仪没有准备就绪。

故障现象:打开扫描仪电源后,若发现 Ready(准备)灯不亮。

故障排除:打开扫描仪电源后,若发现 Ready(准备)灯不亮,先检查扫描仪内部灯管。若发现内部灯管是亮的,可能与室温有关,解决的办法是让扫描仪通电半小时后关闭扫描仪,一分钟后再打开它,问题即可迎刃而解。若此时扫描仪仍然不能工作,则先关闭扫描仪,断开扫描仪与电脑之间的连线,将 SCSI ID 的值设置成 7,大约一分钟后再把扫描仪打开。在冬季气温较低时,最好在使用前先预热几分钟,这样就可避免开机后 Ready 灯不亮的现象。

故障九:扫描出来的画面颜色模糊。

故障现象:扫描出来的画面颜色模糊。

故障排除:首先通过观察法看看上的平板玻璃是否脏了,如果是的话,将玻璃用干净的布或纸擦干净,注意不要用酒精之类的液体来擦,那样会使扫描出来的图像呈现彩虹色。如果不是玻璃的问题,检查扫描仪使用的分辨率是多少,如 300dpi 的扫描仪扫 1200dpi 以上的影像会比较模糊,因为 300dpi 的扫描仪扫 1200dpi 相当于将一点放至四倍大。另外,检查显示器设置是否为 16 位色或以上。如果是扫描一些印刷品,有一定的网纹造成的模糊是可以理解的。可以用扫描仪本身自带的软件,也可以用 Photoshop 等图像软件加以处理。

故障十:输出图像色彩不够艳丽。

故障现象:输出图像色彩不够艳丽。

故障排除:这也属于软件故障,可以先调节显示器的亮度、对比度和 Gamma 值。Gamma 值是人眼从暗色调到亮色调的一种感觉曲线。Gamma 值越高,感觉色彩的层次就越丰富。当然,为了求得较好的效果,也可以在 Photoshop 等软件中对 Gamma 值进行调整,但这属于“事后调整”,可以根据扫好的照片的具体情况进行 Gamma 值的调整。在扫描仪自带的软件中,如果是普通用途,Gamma 值通常设为 1.4;若是用于印刷,则设为 1.8;网页上的照片则设为 2.2。还有就是扫描仪在使用前应该进行色彩校正,否则就极可能使扫描的图像失真;此外还可以对“扫描仪程序”对话框中的“亮度/对比度”选项进行具体调节。

3. 任务实施

(1) 任务场景

因公司档案室图像存档文件的要求越来越高,档案室原来那台扫描仪已不能满足要求了,况且老出故障,于是黄先生决定新购买 1 台扫描仪,并且对原扫描仪进行一次大维修。

(2) 实施步骤

① 接受任务。

客户接待:销售人员张强接待了黄先生,向黄先生推荐了几款扫描仪,供黄先生参考。张强同时了解到黄先生想要公司派人去帮助检修一下现用的那台老扫描仪,于是把售后服务技术人员李工叫来,黄先生把老扫描仪这段时间出现的一些故障描述给李工。李工了解情况,和黄先生约好上门送货和维修的时间。

材料准备:带磁性的梅花螺丝刀、尖嘴钳、电动起子、扫描仪1台、相关附属设备。

② 操作步骤。

步骤1:根据扫描仪说明进行硬件连接。

步骤2:安装扫描仪驱动程序。

步骤3:测试新扫描仪的扫描效果。

步骤4:测试使用老扫描仪。

步骤5:检测老扫描仪故障原因。

步骤6:确定故障。

(3) 交付客户

① 客户体验:测试新老扫描仪,指导档案室操作员使用不同效果测试扫描。技术员向公司的操作人员介绍处理扫描仪常见故障的方法。

② 交付确认:检查新扫描仪相关设备,检验老扫描仪更换的零件;客户满意后在维修单上签字确认,并付清货款。

4.3 常用网络设备售后服务

知识目标:

(1) 了解计算机网络相关概念;

(2) 掌握局域网组建技术;

(3) 掌握各类网络设备的安装配置。

能力目标:

(1) 能组建对等网络;

(2) 能组建局域网络、无线局域网络;

(3) 能安装、配置各类网络设备;

(4) 具有一定的中小型网络规划设计的能力。

4.3.1 组建对等网

1. 任务背景

随着电脑价格的不断降低,人们家中现在一般都拥有几台电脑,但各电脑中的资源往往经常用移动磁盘复制来复制去,非常麻烦,复制频繁了,移动磁盘常常被损坏。

2. 相关知识

(1) 网线的制作

① 网线的标准。双绞线做法有两种国际标准:EIA/TIA 568A和EIA/TIA 568B,而双绞线的连接方法也主要有直通线缆和交叉线缆两种。直通线缆的水晶头两端都遵循568A或568B标准,双绞线的每组线在两端是一一对应的,颜色相同的在两端水晶头的相应槽中保持一致。而交叉线缆的水晶头一端遵循568A,而另一端则采用568B标准,即A水晶头的1、2对应B水晶头的3、6,而A水晶头的3、6对应B水晶头的1、2,如表4-3所示。

表 4-3 T568A 标准和 T568B 标准线序表

标准	1	2	3	4	5	6	7	8
T568A	白绿	绿	白橙	蓝	白蓝	橙	白棕	棕
T568B	白橙	橙	白绿	蓝	白蓝	绿	白棕	棕
线对	同一线对		与6同一线对		同一线对		同一线对	

② 网线的制作。

a. 剪断：利用压线钳的剪线刀口剪取适当长度的网线。

b. 剥皮：用压线钳的剪线刀口将线头剪齐，再将线头放入剥线刀口，稍微握紧压线钳慢慢旋转，让刀口划开双绞线的保护胶皮，剥下胶皮(注意：剥与大拇指一样长就行了)。

提示：网线钳挡位离剥线刀口长度通常恰好为水晶头长度，这样可以有效避免剥线过长或过短。剥线过长一则不美观，另一方面因网线不能被水晶头卡住，容易松动；剥线过短，因有包皮存在，太厚，不能完全插到水晶头底部，造成水晶头插针不能与网线芯线完好接触，当然也不能制作成功了。

c. 排序：剥除外包皮后即可见到双绞线网线的4对8条芯线，并且可以看到每对的颜色都不同。每对缠绕的两根芯线是由一种染有相应颜色的芯线加上一条只染有少许相应颜色的白色相间芯线组成。4条全色芯线的颜色为：棕色、橙色、绿色、蓝色。每对线都是相互缠绕在一起的，制作网线时必须将4个线对的8条细导线一一拆开、理顺、捋直，然后按照规定的线序排列整齐。

d. 排列水晶头8根针脚：将水晶头有塑料弹簧片的一面向下，有针脚的一方向上，使有针脚的一端指向远离自己的方向，有方型孔的一端对着自己。此时，最左边的是第1脚，最右边的是第8脚，其余依次顺序排列。

e. 剪齐：把线尽量抻直(不要缠绕)、压平(不要重叠)、挤紧理顺(朝一个方向紧靠)，然后用压线钳把线头剪平齐。这样，在双绞线插入水晶头后，每条线都能良好接触水晶头中的插针，避免接触不良。如果以前剥的皮过长，可以在这里将过长的细线剪短，保留的去掉外层绝缘皮的部分约为14mm，这个长度正好能将各细导线插入到各自的线槽。如果该段留得过长，一来会由于线对不再互绞而增加串扰，二来会由于水晶头不能压住护套而可能导致电缆从水晶头中脱出，造成线路的接触不良甚至中断。

f. 插入：一手以拇指和中指捏住水晶头，使有塑料弹片的一侧向下，针脚一方朝向远离自己的方向，并用食指抵住；另一手捏住双绞线外面的胶皮，缓缓用力将8条导线同时沿RJ-45头内的8个线槽插入，一直插到线槽的顶端。

g. 压制：确认所有导线都到位，并透过水晶头检查一遍线序无误后，就可以用压线钳制RJ-45头了。将RJ-45头从无牙的一侧推入压线钳夹槽后，用力握紧线钳(如果的力气不够大，可以使用双手一起压)，将突出在外面的针脚全部压入水晶并头内。

h. 测试：在把水晶头的两端都做好后即可用网线测试仪进行测试，如果测试仪上8个指示灯都依次为绿色闪过，证明网线制作成功。如果出现任何一个灯为红灯或黄灯，都证明存在断路或者接触不良现象，此时最好先对两端水晶头再用网线钳压一次再测。如果故障依旧，再检查一下两端芯线的排列顺序是否一样，如果不一样，剪掉一端重新按另一端芯线排列顺序制作水晶头；如果芯线顺序一样，但测试仪在重做后仍显示红色灯或黄色灯，则表明其中肯定存在对应芯线接触不好。此时没办法了，只好先剪掉一端按另一端芯线顺序重做一个水晶头了，再测，如果故障消失，则不必重做另一端水晶头；否则还得把原来的另一端水晶头也剪掉重做，直到测试全为绿色指示灯闪过为止。制作的方法不同，测试仪上的指示灯亮的顺序也不同，如果是直通线，测试仪上的灯应该是依顺序地亮；如果做的是交叉线，则测试仪的一段的闪亮顺序应该是3、6、1、4、5、2、7、8。

③ 网线制作的互连方法。

a. PC—PC：使用交叉线。

b. PC—HUB：使用直连线。

c. HUB普通口—HUB普通口：使用交叉线。

d. HUB普通口—HUB级联口：使用直连线。

e. PC—路由器：使用交叉线。

f. 路由器—路由器：使用交叉线。

g. PC—交换机：使用直连线。

h. 路由器—交换机：使用直连线。

i. 交换机普通口—交换机Uplink口：使用直连线。

j. 交换机普通口—交换机普通口：使用交叉线。

k. 交换机Uplink口—交换机Uplink口：使用交叉线。

(2) 网络模式概述

组网模式有3种：对等网模式、客户机/服务器(C/S)模式和浏览器/服务器(B/S)模式。

① 对等网模式：指网络中没有专用的服务器(Server)，每一台计算机的地位平等，既可充当服务器又可充当客户机(Client)的网络工作模式，如图4-81所示。

② C/S(Client/Server)与B/S(Browser/Server)模式：网络中的计算机被分为服务器与客户机两种，服务器负责为全体客户提供有关服务(如WWW服务、邮件服务、FTP服务等)；而客户机是一种单用户工作站，负责向服务器发送服务请求并处理相关的事务。C/S模式中用户请求的任务由服务器端程序与客户端应用程序共同完成，不同的任务要安装不同的客户端软件，如图4-82所示。而B/S模式中，客户端只需安装浏览器(如IE浏览器)，用户通过浏览器向服务器发送请求，然后服务器接收并处理相应请求将结果返回给浏览器显示，如图4-83所示。互联网上一个用户通过浏览器访问一个网站(实际是访问WWW服务器，它为全球用户提供WWW服务)即是一种标准的B/S模式。

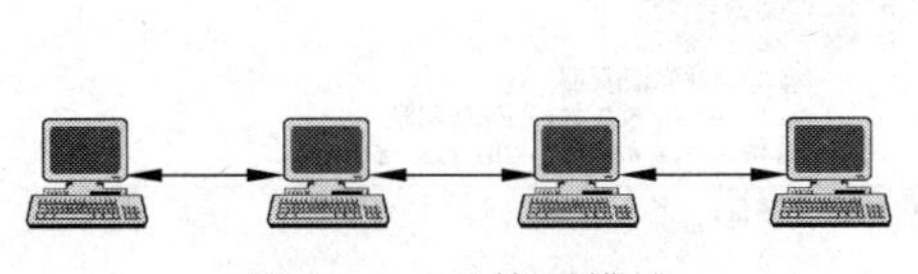

图4-81 对等网模式

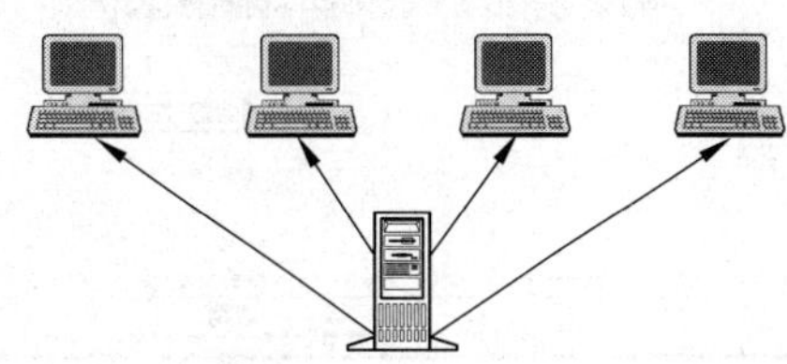

图4-82 C/S示意图

(3) 用Windows 2003组建对等网

① 安装网卡驱动程序。选择“开始”→“设置”→“控制面板”命令，在“控制面板”窗口中双击“系统”图标。在弹出的“系统属性”对话框中，选择“硬件”选项卡，如图4-84所示。

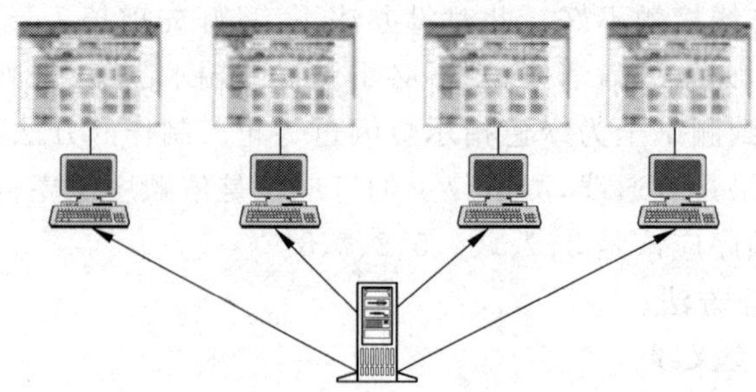

图 4-83　B/S示意图

在“硬件”选项卡中，单击“硬件配置文件”按钮，打开“添加/删除硬件向导”对话框。

根据网卡制造商和型号进行设备驱动程序的安装。将存有网卡驱动程序的软盘或光盘放入驱动器，单击“从磁盘安装”按钮，系统将读取网卡驱动程序，并把它们安装到特定的文件夹下。

按照系统提示重新启动计算机，完成安装。

② 检查网卡是否正常工作。单击图 4-84 中的“设备管理器”按钮，从弹出的“设备管理器”对话框中单击设备目录树中“网卡”对应的节点“＋”号，将其展开，找到已安装的网卡，如图 4-85 所示。如果刚才安装的网卡出现在“网卡”的目录下且有一绿色的网卡图标，表明网卡驱动程序已成功安装，可以继续进行后面的网卡配置。如果网卡图标上有一带黄色圆圈的“!”符号，则说明系统找到了网卡，但网卡不能正常工作；如果网卡前面有一红色“×”符号，则说明系统无法识别出网卡。

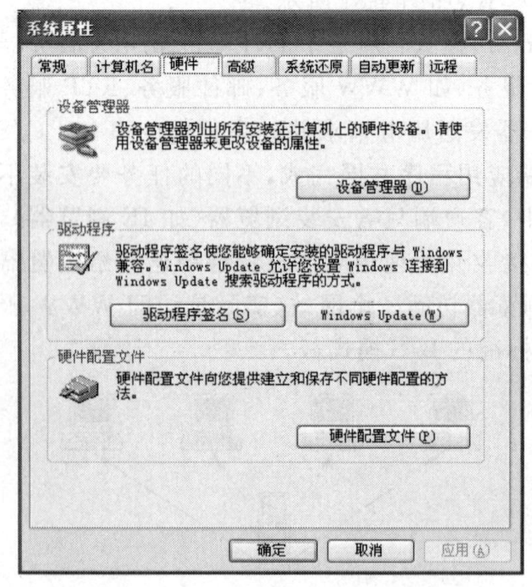

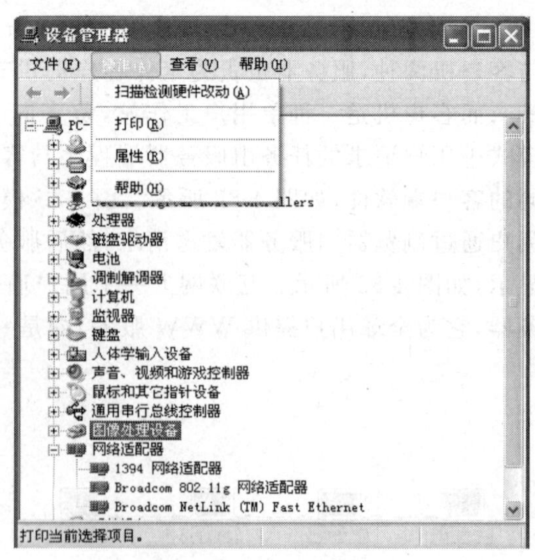

图 4-84　“系统属性”对话框　　　　图 4-85　设备管理器

③ 安装协议。检查 TCP/IP 协议是否安装。

右击桌面“网上邻居”图标，在弹出的快捷菜单中选择“属性”命令，打开“网络和拨号连接”窗口。右击“本地连接”，在弹出快捷菜单中选择“属性”命令。在弹出的“本地连接 属性"对话框中检查 TCP/IP 协议是否已经选中,如图 4-86 所示;如果没有,选择即可,不必重新启动系统。

④ 配置 TCP/IP 协议。NetBEUI 与 IPX/SPX 协议安装之后无须设置即可使用。TCP/IP 协议安装之后一般要进行配置,具体方法如下。

在"本地连接 属性"对话框中,选择"Internet 协议(TCP/IP)"选项,单击"属性"按钮,弹出"Internet 协议(TCP/IP) 属性"对话框,如图 4-87 所示,在此对话框中设置相应的 IP 地址、子网掩码。如果 IP 地址采用自动分配,可以选择"自动获取 IP 地址"单选按钮。以上配置完成后,单击"确定"按钮即可,无须重新启动系统。

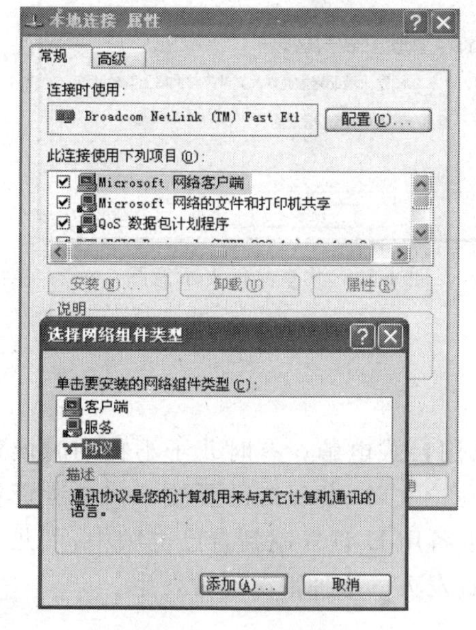

图 4-86　安装协议

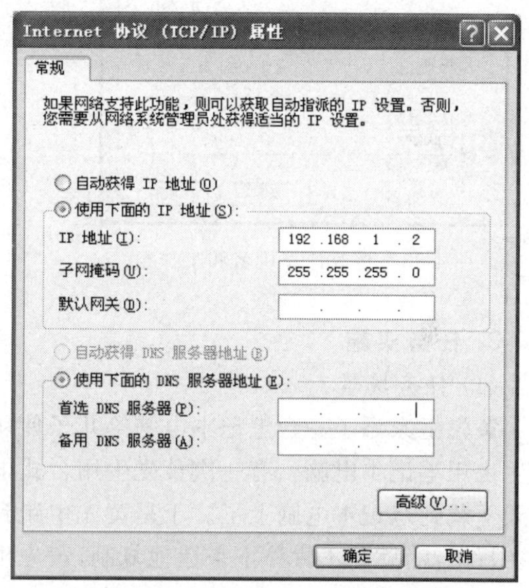

图 4-87　配置 IP 地址

⑤ 计算机名称及分组。右击"我的电脑"图标,在弹出的快捷菜单中选择"属性"命令,在弹出的"系统属性"对话框中选择"网络标识"选项卡,单击"属性"按钮,打开"计算机名称更改"对话框,如图 4-88 所示。

⑥ 网络检测。通过系统提供的 ping 命令来检测网络的配置是否正确,ping 对方电脑的 IP 地址。

⑦ 对等网的使用。

a. 设置共享资源。找到要共享的文件夹,右击,在弹出快捷菜单中选择"共享"命令,如图 4-89 所示,选择"在网络上共享这个文件夹"复选框,并设置该文件夹的共享名。如允许别人更改此文件,则选择"允许网络用户更改我的文件"复选框。

b. 通过映射网络驱动器共享资源。映射网络驱动器的方法如下:双击桌面上的"网上邻居"图标,在"网上邻居"窗口中打开目标计算机,右击共享的文件夹图标,在弹出的快捷菜单中选择"映射网络驱动器"命令,在弹出的对话框中选择驱动器盘符,单击"确定"按钮。

若想断开网络驱动器,操作如下:在"我的电脑"窗口中,右击网络驱动器图标,在弹出的快捷菜单中选择"断开网络驱动器"命令。

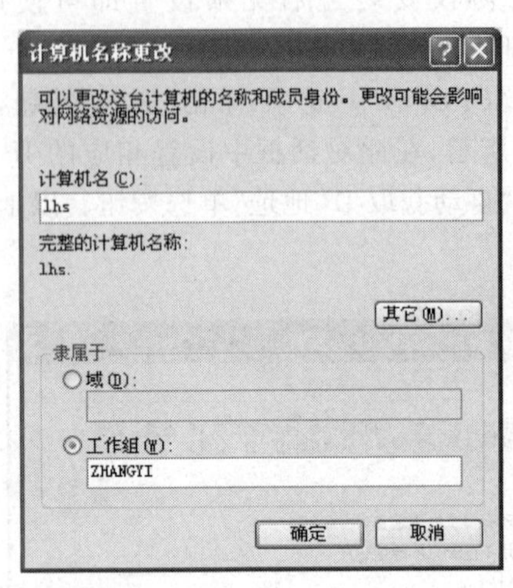

图 4-88　更改计算机名和工作组

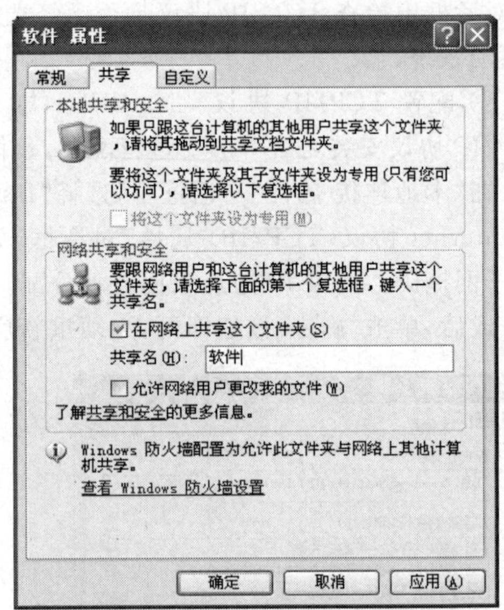

图 4-89　共享文件夹示意图

3. 任务实施

(1) 任务场景

黄先生家添了一台笔记本电脑给儿子使用，自己用台式电脑。有时儿子不在的时候黄先生也用笔记本电脑。有一次黄先生用台式电脑时写论文时，发现自己要的一些参考资料白天下载到笔记本电脑上了。于是黄先生跑到楼上准备用U盘复制到自己电脑中，可儿子正在玩游戏，就是不肯停下来让他复制，黄先生急得直发火。这种情况经常发生。

(2) 实施步骤

① 接受任务。

客户接待：黄先生于是打电话向电脑公司咨询，接到黄先生电话后，先听取黄先生的需求，然后向黄先生介绍完成该任务的详细情况。

该需求可通过将两台机器互连，组成简单的对等网络环境，实现两台电脑的资源共享。两台机器可使用串、并口互连，IEEE 1394互连，USB线互连，交叉双绞线互连实现。此任务选择使用双绞线实现双机互连。

② 操作步骤。

步骤1：制作双绞线。根据两台电脑的距离，布好双绞线。然后按照双绞线制作标准，在布好的双绞线两头安装水晶头。排布顺序是一头为A，另一头为B。

步骤2：物理连接双机。把双绞线两头分别插入两台计算机网卡的RJ-45接口中，即可连接好网络。

步骤3：检查网卡驱动程序。网卡安装后，系统已内置许多厂商的网卡驱动程序，系统启动后即可检测到硬件，然后安装相应的驱动程序，真正实现"即插即用"。安装成功后，显示如图4-85所示的"设备管理器"窗口。如果设备管理器中的网络适配器下面显示的网卡有黄色的感叹号，表示网卡驱动没有安装好，需要手动安装驱动程序。

步骤4：设置TCP/IP。物理连接好双机后，还需要对每台计算机配置TCP/IP的IP地址。要实现双机通信，两台计算机的IP地址必须在同一网段中，局域网中都用私有IP地址。本例中，用C类地址中的192.168.1.0网段，如表4-4所示。由于本例不访问外网，所以不需要设置默认网关，不用域名访问服务器，也无需设置DNS服务器。

表4-4 计算机IP地址配置表

计 算 机	台式电脑	笔记本电脑
IP地址	192.168.1.2	192.168.1.3
子网掩码	255.255.255.0	255.255.255.0
默认网关	不需设置	不需设置
首选DNS服务器	不需设置	不需设置

(3) 交付客户

① 客户体验：黄先生把台式机中的"歌曲文件夹"共享，然后用笔记本搜索台式机的IP地址，即看到了台式机电脑，进入后可以把歌曲文件夹中的歌曲复制到笔记本上。

② 交付确认：售后服务员指导黄先生清点材料，有双绞线5m，水晶头2个。材料与账单表上一致，黄先生在账单上签字确认，然后交清货款。

4.3.2 利用硬件路由器实现共享网络

1. 任务背景

随着电脑价格的不断降低，现在人们家中一般都拥有几台电脑，基本都通过电话线上网，原则上只能一台电脑可以上网。可后来买的电脑也要上网，如再向电信申请开个账户，价格太贵了。但如果后面买的电脑不能上网那又觉得可惜。

2. 相关知识

(1) ADSL拨号上网

ADSL是一种通过现有普通电话线为家庭、办公室提供宽带数据传输服务的技术。ADSL即非对称数字信号传送，它能够在现有的铜双绞线，即普通电话线上提供高达8Mb/s的高速下行速率，远高于ISDN速率；而上行速率有1Mb/s，传输距离达3～5km。ADSL技术的主要特点是可以充分利用现有的铜缆网络(电话线网络)，在线路两端加装ADSL设备即可为用户提供高宽带服务。ADSL的另外一个优点在于它可以与普通电话共存于一条电话线上，在一条普通电话线上接听、拨打电话的同时进行ADSL传输而又互不影响。随着网络的发展，ADSL技术已经慢慢走入寻常人家，为了充分利用宽带资源，人们不禁想到了ADSL共享。

在小型网络上，共享ADSL接入可以通过软件或者路由器硬件等多种方案实现，网络内计算机的数量决定所使用的方案：一般两台计算机的环境下采用双网卡连接，通过ICS或者SyGate等共享软件实现Internet共享，Windows 2000或者Windows XP也可以用其自带的共享功能实现网络共享；计算机较多的网络采用集线器或者交换机连接，结合共享软件实现共享；性能要求较高的小型企业网络则采用集线器方案或者交换机结合路由器实现。在共享Internct连接时，不仅要设置各机器的IP地址，还要有一台作为服务器的电脑一直开着，不仅麻烦，而且耗费资源。使用宽带路由器可以轻松方便地共享Internet连接了。

（2）宽带路由器配置

① 在配置宽带路由器前，一定要向技术人员了解相关的参数，因为宽带路由器提供了 3 种上网配置模式，分别为静态 IP、动态 IP 和 PPPoE 方式。现在所用的是 ADSL 需要选择 PPPoE 方式，并记住用户名和密码。

② 参照《用户手册》上面的图示，将 ADSL MODEM、路由器、电脑连接起来。TL-R4××系列路由器的管理地址出厂默认：IP 地址为 192.168.1.1，子网掩码为 255.255.255.0（TL-R400 和 TL-R400＋两款的管理地址默认为 192.168.123.254，子网掩码为 255.255.255.0）。用网线将路由器 LAN 口和电脑网卡连接好，因为路由器上的以太网口具有极性自动翻转功能，所以网线采用直连线或交叉线都可以，需要保证的是网线水晶头的制作牢靠稳固、水晶头铜片没有生锈等。

③ 在桌面上右击“网上邻居”图标，选择“属性”命令，在弹出的对话框中双击打开“本地连接”对话框，在弹出的窗口中单击“属性”对话框，然后找寻“Internet 协议（TCP/IP）”选项，双击弹出“Internet 协议（TCP/IP）属性”对话框；在这个对话框中选择“使用下面的 IP 地址”单选按钮，然后在对应的位置填入：IP 地址为 192.168.1.×（×范围为 2～254）、子网掩码为 255.255.255.0、默认网关为 192.168.1.1，填完以后单击“确定”按钮两次即可。

④ 进入路由器管理界面。如图 4-90 所示，打开 IE 浏览器，在地址栏输入 192.168.1.1 并按 Enter 键，正常情况下会出现要求输入用户名和密码的对话框。用户名和密码默认都是“admin”。

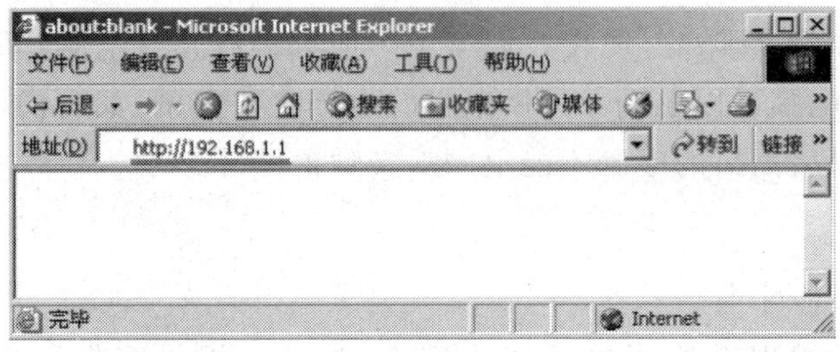

图 4-90　浏览器中输入路由器 IP

刚进入路由器管理界面，会弹出一个类似图 4-91 所示的“设置向导”界面。

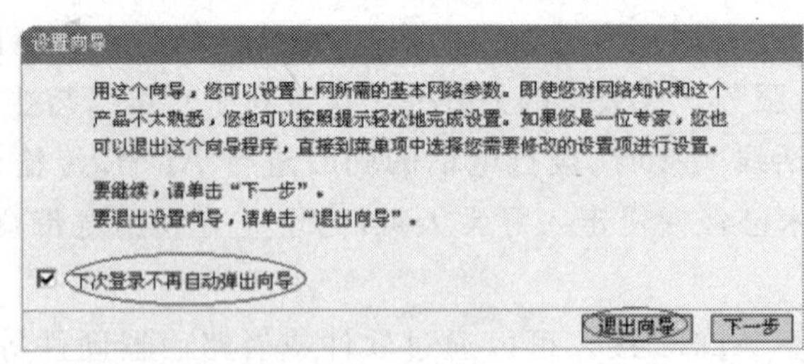

图 4-91　设置向导

⑤ 路由器配置菜单。在管理员页面左侧菜单栏里，共有 8 个菜单，单击某个菜单项即可进行相应功能设置，如图 4-92 所示。

运行状态：本页显示路由器工作状态，供了解路由器的运行情况，不需要做任何设置。

设置向导：只能进行简单的上网所需的基本参数设置，后面将进行详细介绍，本处不再做说明。

图 4-92　路由器配置菜单

网络参数：本菜单下共有“LAN 口设置”、“WAN 口设置”和“MAC 地址克隆”3 个子项，可进行相应功能设置。

a. LAN 口设置。MAC 地址是路由器对局域网的 MAC 地址(见图 4-93)，不能更改；IP 地址是路由器对局域网的 IP 地址，可根据需要更改，但更改本 IP 地址后，必须用新的 IP 地址才能登录管理界面，并且家中所有的电脑默认网关也必须更改为该 IP；子网掩码一般使用默认设置，也可以根据需要进行选择，家中所有电脑的子网掩码必须与之相同。

b. WAN 口设置。根据上网的方式选择 WAN 口连接类型，如果上网的方式为“动态 IP”(如小区宽带用户)，不需要填写任何内容即可直接上网，管理页面将会显示从 ISP 的 DHCP 服务器动态得到的 IP 地址、子网掩码、网关、DNS 服务器等信息；如果上网方式为“静态 IP”，则要求输入 ISP 提供的 IP 地址、子网掩码、网关、DNS 服务器等信息(可以询问的小区物业管理人员)；PPPoE 即虚拟拨号方式(ADSL 就属于这种方式)，是目前家庭用户用得最多的方式，需要填写 ISP 提供的上网账号、口令(如果 ISP 指定了 IP 也需要填写，不过这种情况较少)，如果是包月上网用户，可以选择“自动连接”模式，如果是非包月用户，可以选择“按需连接”或者“手动连接”模式，并且输入自动断线等待时间，防止忘记断线而浪费上网时间(见图 4-94)。

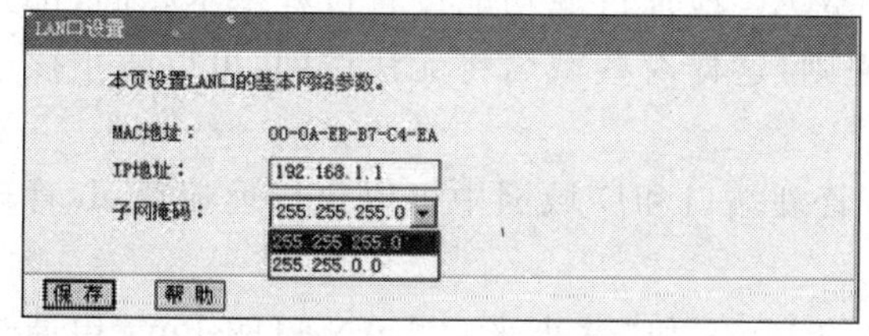

图 4-93　LAN 口设置

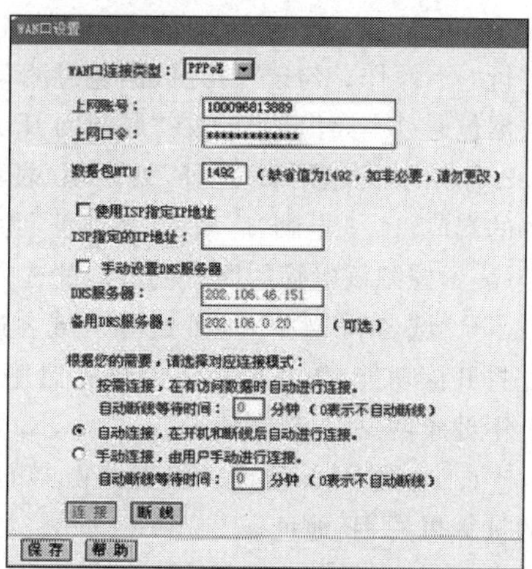

图 4-94　WAN 口设置

c. MAC地址克隆。MAC地址是路由器对广域网的MAC地址。有些ISP可能会对MAC地址进行绑定以便进行管理，这就需要在MAC地址栏中输入ISP提供的值，单击“保存”按钮更改本路由器对广域网的MAC地址(如图4-95所示)。“当前管理PC的MAC地址”框中显示的是当前进行管理操作电脑网卡的MAC地址，如果在购买路由器前，ISP绑定了当前网卡的MAC地址，那可以单击“克隆MAC地址”按钮，把当前管理PC的MAC地址填入到“MAC地址栏”中，把它指定给路由器的MAC地址，这样的路由器才能上网。

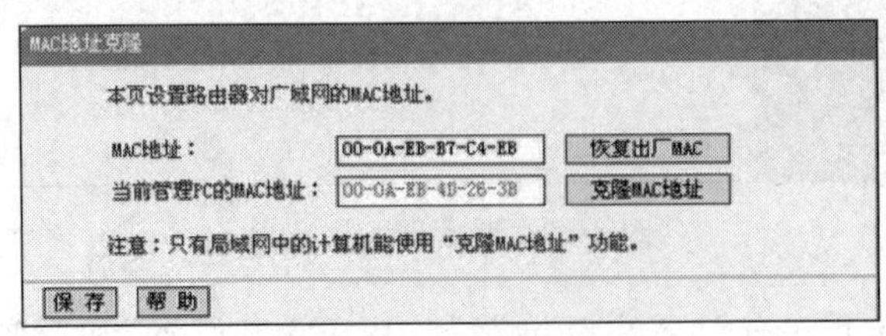

图4-95 MAC地址设置

提示：单击“恢复出厂MAC”即可，在作了更改后，路由器将自动重启一次以便让新参数生效。

DHCP服务器：包括“DHCP服务”、“客户端列表”和“静态地址分配”3个子项。在“DHCP服务”中，启动DHCP服务器功能，确定地址池开始和结束地址，在网关中填入路由器LAN口的IP地址，默认域名、主DNS服务器和备用DNS服务器根据具体的情况填写。“客户端列表”中显示的是所有DHCP获得IP的主机的信息。“静态地址分配”可以对家中电脑的IP地址进行有效控制，静态地址分配表可以为具有MAC地址的电脑预留静态IP地址，每当此计算机请求DHCP服务器获得IP地址时，DHCP服务器将给它分配此预留的IP地址，每次设置后需重启路由器让更改生效。

转发规则：有“虚拟服务器”、“特殊应用程序”和“DMZ主机”3个子项。

安全设置：此项包括防火墙设置、域名和MAC地址过滤、远程Web管理、Ping功能共4个子项。

a. 防火墙设置。如果想禁止家中IP地址为192.168.1.2的计算机收发邮件，IP地址为192.168.1.3的电脑不能访问IP地址为123.456.789.000的网站，对其他电脑不做限制，要进行一下操作。勾选“打开数据包过滤”项，启用数据包过滤功能；勾选“允许下表中未出现的数据包通过本路由器”项，在“局域网IP地址”中分别填入192.168.1.2和192.168.1.3。其中1.2电脑的“广域网IP地址”处不填(表示对整个广域网进行控制)，端口处填25，110(收发邮件的端口)；1.3电脑“广域网IP地址”为123.456.789.000(表示仅对该IP进行控制)，端口为空(表示控制该电脑的所有端口)，都选中“启用”项，单击“保存”按钮完成设置。

b. 域名和MAC地址过滤。域名过滤和MAC地址过滤功能设置过程基本相同，都是先打开该功能，填入要过滤的项并启用相应规则，这样有些域名将无法访问，可以防止孩子上不健康网站。

c. 远程Web管理。设置路由器的Web管理端口和广域网中可以执行远端Web管理的计算机的IP地址。

d. Ping功能。选中“忽略来自WAN口的Ping”和“禁止来自LAN口的Ping包通过路由器”项后，黑客将均无法ping到路由器，还可有效防范冲击波病毒。

路由功能：该功能下只有一个子项“静态路由表”，设置也比较简单，在目的IP地址中输入欲访问主机的IP地址，子网掩码中填入子网掩码（一般为255.255.255.0），网关中填入数据包被发往的路由器或者主机的IP地址并选中启用即可。

系统工具：这是针对路由器本身的一些设置，在这里可以对路由软件进行升级、修改登录口令等。

3. 任务实施

(1) 任务场景

黄先生家里原有一台计算机，通过电话拨号上网。后来家里又添置了一台笔记本电脑，两台计算机通过双机互连。现在上网的网线只插入了原来那台台式电脑，如果笔记本要上网，就只能把上网的网线从台式机拔出插入笔记本电脑网卡，但这样台式机又不能上网了。

(2) 实施步骤

① 接受任务。

客户接待：接到黄先生的业务需求后，向黄先生介绍实现ADSL共享上网的方式，且需要的购买的设备。

经过销售人员业务实现方式介绍后，黄先生结合自己的实际情况，确定业务实现方案，然后确定任务。

此任务使用ADSL共享上网，需要网线、水晶头、宽带路由器等设备。

② 操作步骤。

步骤1：制作3条直通双绞线。

步骤2：物理连接，把从调制解调器出来的双绞线插入到宽带路由器的WAN口，然后两台电脑网卡出来的网线插在宽带路由器的两个不同的LAN口。

步骤3：利用其中一台电脑登录宽带路由器，对宽带路由器进行配置。

步骤4：配置两台电脑的IP地址，如表4-5所示。

表4-5 路由器、电脑IP分配

设备名称	IP	子网掩码	网 关	DNS
路由器	192.168.1.1	255.255.255.0		按当地电信配置
台式电脑	192.168.1.*	255.255.255.0	192.168.1.1	按当地电信配置
笔记本电脑	192.168.1.*	255.255.255.0	192.168.1.1	按当地电信配置

提示：IP地址栏的“*”代表2～254，但台式电脑和笔记本电脑的“*”取值不能相同。DNS按当地电信给的配置。

步骤5：分别测试两台电脑能否打开IE浏览网页。

(3) 交付客户

① 客户体验：黄先生打开两台电脑的IE浏览器，输入“www.hao123.com”，都能打开浏览网页，接着黄先生再打开QQ，并都可以聊天。

黄先生把两台电脑都关机，然后再打开。不拨号直接打开IE浏览器浏览网页，都能正常打开网页，还不用每次都拨号。

② 交付确认：黄先生清点了相关设备，宽带路由器1台、网线3条。最后技术人员向黄先生讲解配置宽带路由器的方法以及常见故障处理方法。黄先生满意后在账单上签字确

认,交清货款。

4.3.3 组建办公局域网

1. 任务分析

黄先生公司网络环境跟随网络技术的发展,进行了几次更新换代。

(1) 2001年以前,公司只有黄先生办公室里原有一台计算机,通过电话拨号上网。

(2) 2003年,由于工作所需,技术部办公室也各添置了一台计算机,两台计算机通过双机互连,组成简单的对等网络环境,共享ADSL上网。

(3) 2004年,黄先生觉得双机互连速度过慢,购买了一台8端口的集线器升级了网络。

(4) 2006年,黄先生公司电脑已经增加到6台了。上网速度相当慢,于是使用16口普通交换机改进了网络。

(5) 2008年,公司规模扩大,整个大厦二层都是黄先生公司的,拥有电脑50台。于是黄先生想拉一条光纤改善公司网络。

2. 相关知识

(1) 认识局域网

① 局域网属于私有(Private)网络,具有高带宽、低延时、低差错率和网内广播(Broadcast)能力。局域网内的节点位置一般在比较小的地理范围内。局域网的种类有以太网(Ethernet)、快速以太网(Fast Ethernet)、千兆位以太网(Gigabit Net)、令牌环网(TokenRing Net)和光纤分布式数据接口FDDI(Fiber Distributed Data Interface)。

局域网具有如下的一些主要优点。

a. 能方便地共享昂贵的外部设备、主机以及软件、数据,从一个站点可访问全网。

b. 便于系统的扩展和逐渐演变,各设备的位置可灵活调整和改变。

c. 提高了系统的可靠性、可用性和残存性。

图4-96 星型网络拓扑结构示意图

② 网络拓扑结构。局域网基本的拓扑结构有星型、总线型、环型等,如图4-96～图4-98所示。

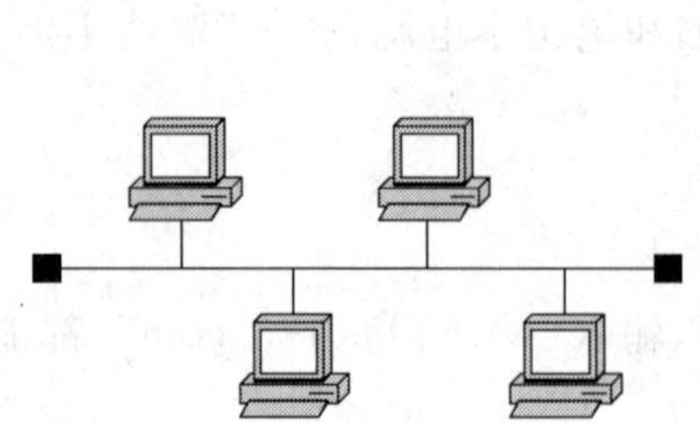

图4-97 总线型网络拓扑结构示意图

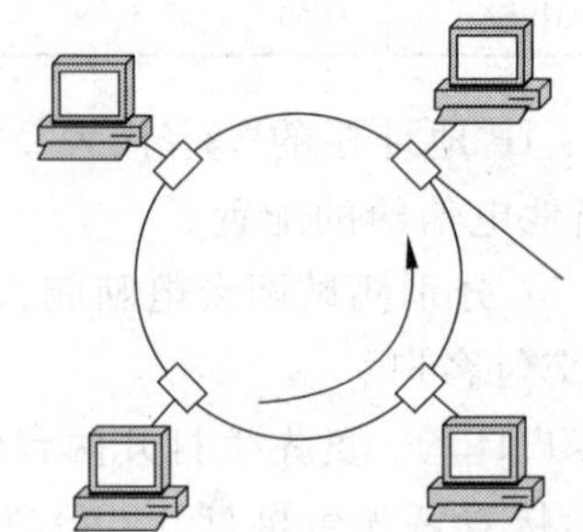

图4-98 环型网络拓扑结构示意图

a. 星型拓扑结构。星型结构是最古老的一种连接方式,大家每天都使用的电话属于这种结构。星型结构是指各工作站以星型方式连接成网。网络有中央节点,其他节点(工作站、服务器)都与中央节点直接相连,这种结构以中央节点为中心,因此又称为集中式网络。

这种结构便于集中控制,因为端用户之间的通信必须经过中心站。由于这一特点,也带来了易于维护和安全等优点。端用户设备因为故障而停机时也不会影响其他端用户间的通信。同时它的网络延迟时间较小、传输误差较低。但这种结构非常不利的一点是中心系统必须具有极高的可靠性,因为中心系统一旦损坏,整个系统便趋于瘫痪。对此中心系统通常采用双机热备份,以提高系统的可靠性。

b. 总线拓扑结构。总线结构是使用同一媒体或电缆连接所有端用户的一种方式,也就是说,连接端用户的物理媒体由所有设备共享,各工作站地位平等,无中心节点控制,公用总线上的信息多以基带形式串行传递。其传递方向总是从发送信息的节点开始向两端扩散,如同广播电台发射的信息一样,因此又称广播式计算机网络。各节点在接收信息时都进行地址检查,看是否与自己的工作站地址相符,相符则接收网上的信息。

使用这种结构必须解决的一个问题是确保端用户使用媒体发送数据时不能出现冲突。在点到点链路配置时,这是相当简单的。如果这条链路是半双工操作,只需使用很简单的机制便可保证两个端用户轮流工作。在一点到多点方式中,对线路的访问依靠控制端的探询来确定。然而,在LAN环境下,由于所有数据站都是平等的,不能采取上述机制。对此,研究了一种在总线共享型网络使用的媒体访问方法:带有碰撞检测的载波侦听多路访问,英文缩写成CSMA/CD。

c. 环型网络拓扑结构。环型结构在LAN中使用较多。这种结构中的传输媒体从一个端用户到另一个端用户,直到将所有的端用户连成环型。数据在环路中沿着一个方向在各个节点间传输,信息从一个节点传到另一个节点。这种结构显而易见消除了端用户通信时对中心系统的依赖性。

环型结构的特点是:每个端用户都与两个相邻的端用户相连,因而存在着点到点链路,但总是以单向方式操作,于是便有上游端用户和下游端用户之称;信息流在网中是沿着固定方向流动的,两个节点仅有一条道路,故简化了路径选择的控制;环路上各节点都是自举控制,故控制软件简单;由于信息源在环路中是串行地穿过各个节点,当环中节点过多时,势必影响信息传输速率,使网络的响应时间延长;环路是封闭的,不便于扩充;可靠性低,一个节点故障,将会造成全网瘫痪;维护难,对分支节点故障定位较难。

(2) 用集线器组建办公室网络

① 集线器。集线器是多口中继器,主要功能是对接收到的信号进行再生整形放大,以扩大网络的传输距离,连接不同结构的网络,同时把所有节点集中在以它为中心的节点上。它把一个端口接收的全部信号向所有端口分发出去。

② 集线器的工作原理。集线器(Hub)的基本的工作原理是使用广播技术,就是集线器从任一个端口收到一个信息包后,它都将此信息包广播发送到其他的所有端口,如图4-99所示。

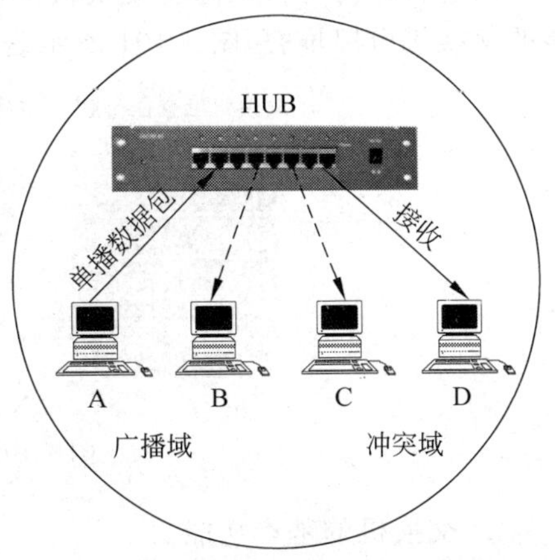

图4-99 HUB上的广播域、冲突域示意图

冲突:在以太网中,当两个数据帧同时被发到物理传输介质上并完全或部分重叠时,就发生了数

据冲突，当冲突发生时，物理网段上的数据都不再有效。

冲突域：在同一个冲突域中的每一个节点都能收到所有被发送的帧。

影响冲突产生的因素：冲突是影响以太网性能的重要因素，由于冲突的存在，使得传统的以太网在负载超过40%时，效率将明显下降。产生冲突的原因很多，如同一冲突域中节点的数量超多，产生冲突的可能性就越大。此外，诸如数据分给的长度（以太网的最大帧长度为1518B）、网络的直径等因素也会影响冲突的产生。

广播：在网络传输中，向所有连通的节点发送消息称为广播。

广播域：网络中能接收任何一设备发出的广播帧的所有设备的集合。

广播和广播域的区别：广播网络指网络中所有的节点都可以收到传输的数据帧，不管该帧是否是发给这些节点。非目的节点的主机虽然收到该数据帧但不做处理。

③ 用集线器组建办公室网络。集线器10Base-T网络有"5-4-3"规则限制，即在10Mbps以太网中，一个网段中最远端不得超过5条连接电缆、4台集线器，且5条电缆中只有3条可连接服务器和工作站，如图4-100所示。

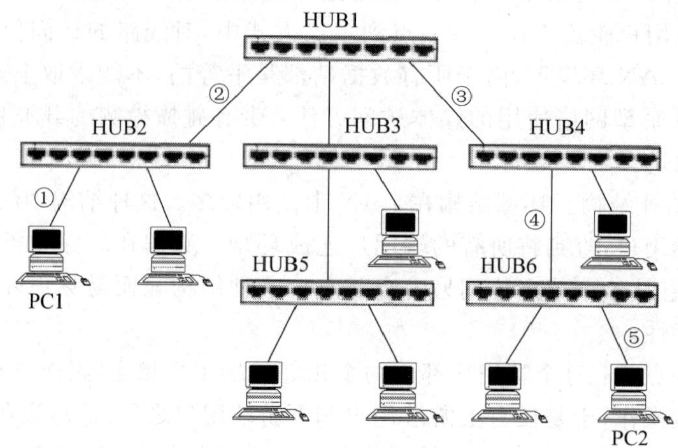

图4-100　办公室网络示意图

(3) 利用交换机改进办公室网

① 交换机。交换机是一种高性能的集线设备。用交换机组成的交换式网络，传输速率可以高达吉比特每秒。随着交换机价格的不断降低，它已经逐渐取代集线器。具有堆叠功能的交换机可以堆叠，图4-101所示是交换机堆叠的连接图。

图4-101　交换机堆叠的连接图

② 交换机的基本功能。

a. 地址学习功能。交换机是一种基于MAC地址识别，能完成封装转发数据包功能的网络设备。交换机将目的地址不在交换机MAC地址对照表的数据包广播发送到所有端口，并把找到的这个目的MAC地址重新加入到自己的MAC地址列表中，这样下次再发送到这个MAC地址的节点时就直接转发，交换机的这种功能就称为“MAC地址学习”功能。

b. 转发或过滤选择。交换机根据目的MAC地址，通过查看MAC地址表，决定转发还是过滤。如果目标MAC地址和源MAC地址在交换机的同一物理端口上，则过滤该帧。

c. 防止交换机形成环路。物理冗余链路有助于提高局域网的可用性，当一条链路发生故障时，另一条链路可继续使用，从而不会使数据通信中止。但是如果因冗余链路而让交换机构成环路，则数据会在交换机中无休止地循环，形成广播风暴。多帧的重复复制导致MAC地址表不稳定，解决这一问题的方法就是使用生成树协议。

③ 交换机的特点。

a. 在OSI中的工作层次不同。

b. 数据传输方式不同。

c. “地址学习”功能。交换机是一种基于MAC地址识别，能完成封装转发数据包功能的网络设备。

d. 独享端口带宽。交换机还有一个重要特点就是它不像集线器一样所有端口共享带宽，它的每一端口都是独享交换机总带宽的一部分，这样在速率上对于每个端口来说有了根本的保障。集线器不管有多少个端口，所有端口都共享相同的带宽，在同一时刻只能有两个端口传送数据，其他端口只能等待。而交换机在同一时刻可进行多个端口对之间的数据传输，每一端口都是一个独立的冲突域，连接在其上的网络设备独享带宽，无须同其他设备竞争使用，提高了网络的传输速度。

e. 网络“分段”。通过对照地址表，交换机只允许必要的网络流量通过交换机，这就是后面将要介绍的VLAN（虚拟局域网）。通过交换机的过滤和转发，可以有效地隔离广播风暴，减少误包和错包的出现，避免共享冲突，提高了网络的安全性。

(4) 交换机的基本配置

① 连接配置终端。

配置口：交换机提供了一个RS-232异步串行配置口（COM），通过这个接口用户可完成对交换机的配置。

配置口电缆：配置口电缆是一般是一根8芯屏蔽电缆，一端是RJ-45插头，插入交换机的COM口；另一端则同时带有一个DB9（母）和一个DB25（母）连接器，可根据实际情况选择其中之一插入电脑的串口。

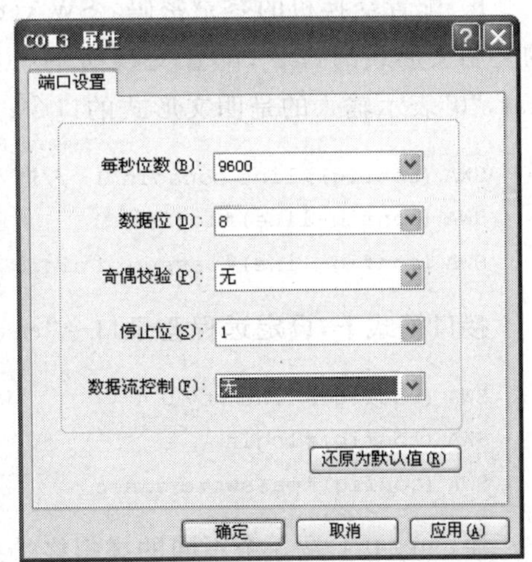

图4-102　超级终端配置图

首次对交换机进行配置，一般需要将计算机连接到设备的Console口上进行初始配置。从包装箱中找到交换机随机附带的Console线，一头与PC的串口连接，一头插在交换机的Console口上。超级终端配置如图 4-102 所示。

② 交换机基本配置。交换机有以下几种配置模式。

a. 普通用户模式。开机直接进入普通用户模式，在该模式下只能查询交换机的一些基础信息，如版本号(Show Version)。提示信息：switch>。

b. 特权用户模式。在普通用户模式下输入"switch>enable"命令即可进入特权用户模式，在该模式下可以查看交换机的配置信息和调试信息等。提示信息：switch#。

c. 全局配置模式。在特权用户模式下输入"switch#configure terminal"命令即可进入全局配置模式，在该模式下主要完成全局参数的配置。提示信息：switch(config)#。

d. 接口配置模式。在全局配置模式下输入"switch(config)#interface interface-list"即可进入接口配置模式，在该模式下主要完成接口参数的配置。提示信息：switch(config-if)#。

e. VLAN 配置模式。在全局配置模式下输入"switch(config)#vlan database"即可进入 VLAN 配置模式，该配置模式下可以完成 VLAN 的一些相关配置。提示信息：switch(vlan)#。

从下层返回上一模式输入"exit"，从子模式下直接返回特权模式输入"end"。

注意：在使用命令行进行配置的时候，不可能完全记住所有的命令格式和参数，交换机提供了强有力的帮助功能，在任何模式下均可以使用"?"来帮助完成配置。使用"?"可以查询任何模式下可以使用的命令，或者某参数后面可以输入的参数，或者以某字母开始的命令。如在全局配置模式下输入"?"或"show ?"或"s?"。

交换机名称、口令设置如下：

a. 通过超级终端进入交换机，并进入全局模式，输入命令：

```
Switch(config)#hostname SWA
SWA(config)#
```

b. 配置交换机的登录密码：SWA(config)#enable secret level 1 0 star，"0"表示输入的是明文形式的口令；配置交换机的特权密码：SWA (config)#enable secret level 15 0 star，"0"表示输入的是明文形式的口令；接口模式下，设定控制台终端的登录口令"cisco"。

```
SWA (config)#line console 0  //进入接口模式
SWA (config-line)#login
SWA (config-line)#password cisco
```

接口模式下，设定远程登录口令"cisco"。

```
SWA (config)#line vty 0 4
SWA (config)#login
SWA (config)#password cisco
```

注：vty 0 4 是 5 个不同的虚拟终端连接。

c. 查看、保存命令。可以使用 show running-config 命令查看命令配置，可以在特权模式下使用 copy running-config startup-config 命令保存配置。

3. 任务实施

(1) 任务场景

黄先生公司规模不断扩大，到 2008 年公司已有 15 个办公室，分布到大厦的 3、4 层，公司拥有电脑 50 台，原来利用普通交换机+集线器的网络已经变得越来越慢，于是黄先生想升级公司网络，提高网络速度。

(2) 实施步骤

① 接受任务。

客户接待：了解黄先生公司的业务需求后，张工程师对黄先生公司办公网络做了规划设计，提出了两个可选方案供黄先生参考。

黄先生根据张工对两个方案的讲解，并结合公司实际情况，选择了方案 1，并和公司签约项目合同。

② 操作步骤。

步骤 1：实际考察黄先生公司办公室分布状况，画出网络拓扑图。

步骤 2：根据网络拓扑图以及公司办公室实际环境进行综合布线。

步骤 3：IP 地址规划。

步骤 4：交换机配置。

步骤 5：网络测试。

步骤 6：网络试运行。

(3) 交付客户

① 客户体验：通过试运行，让公司人员体验升级后的网络效果。

② 交付确认：按照公司网络规划设计方案中的设备清单进行设备性能、参数、数量的检验。公司技术人员为黄先生公司网管人员进行了有关公司网络的结构、网络的配置与管理等技术培训。黄先生公司满意后在账单上签字确认，交付使用。

4.4 常用数码产品售后服务

知识目标：

(1) 熟悉各种常用数码设备的技术指标、结构、工作原理；

(2) 熟悉各种常用数码设备的安装与调试；

(3) 熟悉各种常用数码设备的使用操作；

(4) 熟悉各种常用数码设备的检测与维修。

能力目标：

(1) 能熟练安装与调试各种常用数码设备；

(2) 能熟练使用各种常用数码设备；

(3) 掌握各种常用数码设备故障的检测与维修；

(4) 具有技术培训、现场技术指导的能力。

4.4.1 数码相机售后服务

1. 任务背景

随着工作压力的增大,放假了人们总喜欢带着家人或者和朋友一起出去旅游,放松一下自己的心情。外出旅游就总喜欢把自己经历的、看到的美好事物拍摄下来。所以数码相机成了外出旅游必备的工具。

2. 相关知识

(1) 认识数码相机

① 数码相机的组成。数码相机由镜头、CCD、A/D(模/数转换器)、MPU(微处理器)、内置存储器、LCD(液晶显示器)、PC 卡(可移动存储器)和接口(计算机接口、电视机接口)等部分组成,通常它们都安装在数码相机的内部,一些专业的数码相机的液晶显示器与相机机身是分离的。

a. 镜头(见图 4-103):几乎所有的数码相机镜头的焦距都比较短,当观察数码相机镜头上的标识时也许会发现类似"f=6mm"的字样,它的焦距仅为 6mm。其实,这个焦距和传统相机还是有所区别的。f=6mm 相当于普通相机的 50mm 镜头(因相机不同而不同)。原来的标准镜头、广角镜头、长焦镜头以及鱼眼镜头都是针对 35mm 普通相机而言的。它们分别用于一般摄影、风景摄影、人物摄影和特殊摄影。各种镜头的焦距不同使得拍摄的视角不同,而视角不同产生的拍摄效果也不相同。但是焦距决定视角的一个条件是成像的尺寸,35mm 普通相机成像尺寸是 24mm×36mm(胶卷),而数码相机中 CCD 的成像尺寸小于这个值两倍甚至十倍,在成像尺寸变小、焦距也变小的情况下,就有可能得到相同的视角,所以说上面提及的 6mm 镜头相当于普通相机 50mm 焦距镜头。因此在选购数码相机时,不用关心数码相机的实际焦距是多少,而只要参考换算到 35mm 相机镜头的焦距就可以了。

b. CCD(见图 4-104):数码相机使用 CCD 代替传统相机的胶卷,因此 CCD 技术成为数码相机的关键技术,CCD 的分辨率为评价数码相机档次的重要依据。CCD(Charge Couple Device,光电荷耦合器件)是利用微电子技术制成的表面光电器件,可以实现光电转换功能,在摄像机、数码相机和扫描仪中广泛使用。摄像机中使用的是点阵 CCD,扫描仪中使用的是线阵 CCD,而数码相机中既有使用点阵 CCD 的又有使用线阵 CCD 的,而一般数码相机都使用点阵 CCD,专门拍摄静态物体的扫描式数码相机使用线阵 CCD,它牺牲了时间换取可与传统胶卷相媲美的极高分辨率(可高达 8400×6000)。CCD 器件上有许多光敏单元,它们可以将光线转换成电荷,从而形成对应于景物的电子图像,每一个光敏单元对应

图 4-103 数码相机镜头

图 4-104 数码相机 CCD

图像中的一个像素，像素越多图像越清晰，如果想增加图像的清晰度，就必须增加CCD的光敏单元的数量。数码相机的指标中常常同时给出多个分辨率，如640×480和1024×768。其中，最高分辨率的乘积为786 432(1024×768)，它是CCD光敏单元85万像素的近似数。因此当看到“85万像素CCD”的字样，就可以估算该数码相机的最大分辨率。CCD本身不能分辨色彩，它仅仅是光电转换器。实现彩色摄影的方法有多种，包括给CCD器件表面加以CFA(Color Filter Array，彩色滤镜阵列)，或者使用分光系统将光线分为红、绿、蓝3色，分别用3片CCD接收。

c. A/D转换器：A/D转换器又称为ADC(Analog Digital Converter)，即模拟数字转换器，它是将模拟电信号转换为数字电信号的器件。A/D转换器的主要指标是转换速度和量化精度。转换速度是指将模拟信号转换为数字信号所用的时间，由于高分辨率图像的像素数量庞大，因此对转换速度要求很高，当然高速芯片的价格也相应较高。量化精度是指可以将模拟信号分成多少个等级。如果说CCD是将实际景物在X和Y的方向上量化为若干像素，那么A/D转换器则是将每一个像素的亮度或色彩值量化为若干个等级。这个等级在数码相机中称为色彩深度。数码相机的技术指标中无一例外地给出了色彩深度值，那么色彩深度对拍摄的效果有多大的影响？其实色彩深度就是色彩位数，它以二进制的位(bit)为单位，用位的多少表示色彩数的多少，常见的有24位、30位和36位。具体来说，一般中低档数码相机中每种基色采用8位或10位表示，高档相机采用12位。3种基色红、绿、蓝总的色彩深度为基色位数乘以3，即8×3=24位、10×3=30位或12×3=36位。数码相机色彩深度反映了数码相机能正确表示色彩的多少，以24位为例，三基色(红、绿、蓝)各占8位二进制数，也就是说红色可以分为$2^8=256$个不同的等级，绿色和蓝色也是一样，那么它们的组合为256×256×256=16 777 216，即1600万种颜色，而30位可以表示10亿种，36位可以表示680亿种颜色。色彩深度值越高，就越能真实地还原色彩。

d. MPU(微处理器)：数码相机要实现测光、运算、曝光、闪光控制、拍摄逻辑控制以及图像的压缩处理等操作必须有一套完整的控制体系。数码相机通过MPU(Microprocessor Unit)实现对各个操作的统一协调和控制。和传统相机一样，数码相机的曝光控制可以分为手动和自动，手动曝光就是由摄影者调节光圈大小、快门速度。自动曝光方式又可以分为程序式自动曝光、光圈优先式曝光和快门优先式曝光。MPU通过对CCD感光强弱程度的分析调节光圈和快门，又通过机械或电子控制调节曝光。

e. 存储设备：数码相机中存储器的作用是保存数字图像数据，这如同胶卷记录光信号一样，不同的是存储器中的图像数据可以反复记录和删除，而胶卷只能记录一次。存储器可以分为内置存储器和可移动存储器，内置存储器为半导体存储器，安装在相机内部，用于临时存储图像，当向计算机传送图像时须通过串行接口等接口。它的缺点是装满之后要及时向计算机转移图像文件，否则就无法再往里面存入图像数据。早期数码相机多采用内置存储器，而新近开发的数码相机更多地使用可移动存储器。这些可移动存储器可以是3.5英寸软盘、PC(PCMCIA)卡、CompactFlash卡、SmartMedia卡等，使用方便，拍摄完毕后可以取出更换，这样可以降低数码相机的制造成本、增加应用的灵活性，并提高连续拍摄的性能。存储器保存图像的多少取决于存储器的容量(以MB为单位)，以及图像质量和图像文件的大小(以KB为单位)。图像的质量越高，图像文件就越大，需要的存储空间就越多。显然，存储器的容量越大，能保存的图像就越多。一般情况下，数码相机能保存10～200幅图像。

f. LCD(液晶显示器)：LCD(Liquid Crystal Display)为液晶显示屏，数码相机使用的LCD与笔记本电脑的液晶显示屏工作原理相同，只是尺寸较小。从种类上讲，LCD大致可以分为两类，即DSTN-LCD(双扫扭曲向列液晶显示器)和TFT-LCD(薄膜晶体管液晶显示器)。与DSTN相比，TFT的特点是亮度高，从各个角度观看都可以得到清晰的画面，因此数码相机中大都采用TFT-LCD。LCD的作用有3个，一为取景，二为显示，三为显示功能菜单。

g. 输出接口：数码相机的输出接口主要有计算机通信接口、连接电视机的视频接口和连接打印机的接口。常用的计算机通信接口有串行接口、并行接口、USB接口和SCSI接口。若使用红外线接口，则要为计算机安装相应的红外接收器及其驱动程序。如果数码相机带有PCMCIA存储卡，那么可以将存储卡直接插入笔记本电脑的PC卡插槽中。软盘是最常见和最经济的存储介质，有些数码相机就使用软盘作为存储介质。直接把软盘从数码相机中取出，插入计算机软盘驱动器即可把图像文件传送到计算机中。

② 数码相机的工作原理。数码相机的工作原理如图4-105所示。当按下快门时，镜头将光线会聚到感光器件CCD(电荷耦合器件)上，CCD是半导体器件，它代替了普通相机中胶卷的位置，把光信号转变为电信号，这样就得到了对应于拍摄景物的电子图像。但是它还不能马上被送去计算机处理，还需要按照计算机的要求进行从模拟信号到数字信号的转换，ADC(模数转换器)器件用来执行这项工作。接下来MPU(微处理器)对数字信号进行压缩并转化为特定的图像格式，如JPEG格式。最后，图像文件被存储在内置存储器中。至此，数码相机的主要工作已经完成，剩下要做的是通过LCD(液晶显示器)查看拍摄到的照片。有一些数码相机为扩大存储容量而使用可移动存储器，如PC卡或者软盘，此外，还提供了连接到计算机和电视机的接口。

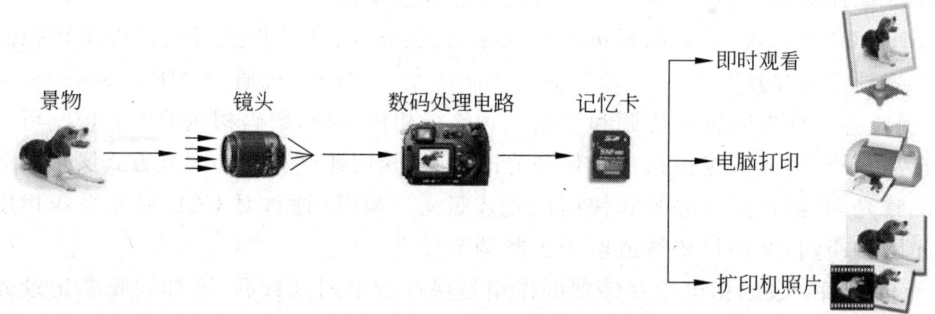

图4-105 数码相机工作原理流程图

③ 数码相机的简单操作。数码相机的操作参考随机说明书，这里以索尼SONY DSC-P10数码相机为例，简单介绍其拍摄使用过程。

a. 拍摄。准备拍摄：按住相机电源开关数秒后，电源指示灯亮，此时镜头会自动伸出，调节相机“功能”旋钮，其分别是“PLAY”、“STILL”、“MOVIE”等状态，其作用分别是播放、照相与活动电影，拍摄时选为“STILL”状态。

取景构图：选择被拍摄的对象，调节变焦按钮“W/T(缩小/放大)”，通过取景器窗口或屏幕显示窗口，选择合适构图。

拍摄：先将“快门”按钮按一半，此时处于自动对焦状态，停顿一下，再按“快门”按钮，当光线不足时，相机会自动启动闪光。

b. 欣赏照片。拍摄完成后，把“模式”旋钮上的“播放或编辑影像”图标对准基线，结合控制按钮的“前”、“后”键来欣赏所拍影像。

c. 拍摄活动电影。将功能旋钮选为“MOVIE”状态进行活动电影拍摄。

(2) 数码相机的日常保养

数码相机这种精密仪器，可不比传统相机那么坚固耐用。有一些使用者会把数码相机放置在日光下的密闭汽车当中，高温不仅会使塑料壳变形，同时也会缩减数码相机的使用寿命。另外，下起雨来，也要做好防护措施，因为一旦电路板渗入太多雨水会引发短路。

① 数码相机固件升级。需要不时地对电脑主板BIOS进行升级来获得更稳定的性能，数码相机也一样，通过固件(Firmware)的升级，可以提高系统的性能并改善其功能。数码相机的固件和电脑主板BIOS一样，是烧录在芯片上的。目前，大部分数码相机的固件采用了可擦写芯片，只需要利用一个简单的工具软件以及相应的数据，就可以对数码相机的固件进行升级。

以佳能的PowerShot G2为例，可以首先从佳能公司的网站上查看和下载升级用的固件软件包。解压缩后就会获得一个“.fir”文件，这个文件就是G2的最新固件程序。接下来把这个文件复制到的G2相机的存储卡中。可以先通过读卡器复制文件到存储卡上，然后再将卡插到相机上。也可以用USB数据线把电脑和相机连接起来，将相机的模式转盘选择到播放挡，再运行固件升级软件包中的UPLOADFIRMWARE.EXE就可以把文件传输到存储卡中。

复制文件后，不需要连接电脑，将相机模式转盘保持在播放挡，同时确保数码相机有充足的电力支持，可以考虑接上外接电源来保证足够的电能。打开可以在相机上调出播放挡的菜单，选择菜单里多出来的“Firm Updated”选项，按“确认”键，固件升级就开始执行了。约几十秒后，相机升级完毕，之后会伴随一声清脆的启动声音，液晶显示屏上会出现一个升级成功的提示“Updated already”，重新启动相机，整个固件升级工作就完成了。

② 镜头的清洁技巧。相机镜头是非常精密的部件，其表面做了防反射的涂层处理，一定要注意不能直接用手去摸，因为这样就会粘上油渍及指纹，这对涂层非常有害，而且对数码相机拍摄出来的照片质量影响也很大。

相机使用后，镜头多多少少也会沾上灰尘，最好的方法是用皮老虎吹掉，或者是用软毛刷轻轻刷掉。如果吹不去也刷不掉，那就要使用专用的镜头布或者镜头纸轻轻擦拭，但要记住一个原则，那就是不到万不得已不要擦拭镜头。千万不要用纸巾等看似柔软的纸张来清洁镜头，这些纸张都包含有比较容易刮伤涂层的木质纸浆，一不小心会严重损害相机镜头上的易损涂层。在擦拭之前，要确保表面无可见的灰尘颗粒，以避免灰尘颗粒磨花镜头。擦拭时轻轻地沿着同一个方向擦拭，不要来回反复擦，以避免磨伤镜片。如果这样还是不行，市面上也有相机专用清洗液，但要注意，使用清洗液时，应该将清洗液沾在镜头纸上擦拭镜头，而不能够将清洗液直接滴在镜头上。

另外，绝对不能随便使用其他化学物质擦拭镜头，而且只有在非常必要时才使用清洗液，平时注意盖上镜头盖和使用相机包，以减少清洗的次数，清洗液多少还是会对镜头有害而且有可能带来一些潮湿问题。

③ 液晶屏的保护。彩色液晶显示屏是数码相机重要的特色部件，不但价格很贵，而且

容易受到损伤，因此在使用过程中需要特别注意保护。首先要注意避免彩色液晶显示屏被硬物刮伤，彩色液晶显示屏的表面有的有保护膜，有的没有，没有保护膜的彩色液晶显示屏非常脆弱，任何刮伤都会留下痕迹。可以考虑使用掌上电脑屏幕使用的保护贴纸，这对保护彩色液晶显示屏有一定的作用。

另外，要注意不要让彩色液晶显示屏表面受重物挤压，同时还要特别注意避免高温对彩色液晶显示屏的伤害，随着温度的升高，彩色液晶显示屏会变黑，达到一定的温度后，即使温度降到正常的状态，彩色液晶显示屏也无法恢复。而有些彩色液晶显示屏显示的亮度会随着温度的下降而降低，温度相当低时，液晶显示屏显示的亮度将会很低，一旦温度回升，亮度又将自动恢复正常，这属于正常现象。

此外，彩色液晶显示屏的背后有一个无法从表面看到的灯，如果彩色液晶显示屏显示的影像变暗，或显示的影像上有斑斑点点，或根本就不能显示影像，多半是灯泡老化所致，遇到这种情况，一般更换相应的灯泡即可。如果彩色液晶显示屏表面脏了，可以清洁，清洁完后，应该用干燥的棉布擦干。

④ 存储卡的维护和保养。对于数码摄影而言，存储卡在摄影过程中扮演着相当重要的角色。但是，由于存储卡的使用比较简单，经常会由于用户漫不经心地使用、处理而导致存储卡损坏。

保护存储卡的首要原则是，永远只在数码相机已经关闭的情况下安装和取出存储卡。使用者常犯的错误是，急着要将储存卡从相机中取出，虽然电源已经关闭，但有些相机的储存速度较慢，或是图档较大要花较长的时间，相机也许看起来已经处于停止状态，但事实上储存动作仍在继续，这时存到一半的档案毁了不说，还可能造成储存卡的永久毁损。因此，建议关闭相机后等一会儿或注意相机的亮灯完全熄灭后再取出储存卡。

其次，平时不要随意格式化存储卡，在使用相机格式化存储卡时，注意相机是否有足够的电量；在使用电脑格式化存储卡时，注意选择准确的格式。如果使用 Windows XP 之类的操作系统，需要注意，系统格式化时，默认的 FAT32 格式是不正确的，一般数码相机都采用 FAT 格式。

同时，还需要注意避免在高温、高湿度下使用和存放存储卡，不要将存储卡置于高温和直射阳光下，避免重压、弯曲、掉落、撞击等物理伤害，远离静电、磁场、液体和腐蚀性的物质。在拆卸存储卡时，避免触及存储卡的存储介质。如果长期使用后，存储卡插槽的接触点脏了，导致存储、读取信息的故障，这时可以使用压缩空气去吹，而千万不要用小的棍棒伸进去擦，否则可能引起更大的问题。

⑤ 电池的使用和保养。数码相机和传统相机不同，数码相机对电力的需求特别大。因此，锂电池和镍氢电池这些可重复使用且电量也较大的电池越来越受到数码相机用户的欢迎。但不论是锂电池还是镍氢电池，各种电池的使用、保存、携带都有很多要注意的地方。

镍氢电池有记忆效应，这种效应会降低电池的总容量和使用时间。随着时间的推移，存储电荷会越来越少，电池也就会消耗得越来越快。因此，应该尽量将电力全部用完再充电。如果使用的是专用的锂电池或锂离子电池，记忆效应的问题就不需要怎么考虑了。

在日常使用过程中，要注意保持电池绝缘皮的完整性，一旦发现有破损，应该用透明胶布粘牢。检查电池的电极是否出现氧化的情况，轻度氧化将其擦拭掉就可以，但如果是严重的氧化或脱落的情形，应该立即更换新的电池。同时，为了避免电量流失，需要保持电池两端的接触点和电池盖子内部的清洁，如有需要，可以使用柔软、清洁的干布轻轻地拂拭电池。用小的橡皮擦（如铅笔头上的那种）伸到电池匣里清洁金属触点，但绝不能使用清洁剂等具有溶解性的清洁剂。

另外，当长时间不使用数码相机时，必须将电池从数码相机中或是充电器内取出，并将其完全放电，然后存放在干燥、阴凉的环境中，而且不要将电池与一般的金属物品存放在一起，这点对于非充电电池尤其重要。

⑥ 数码相机的机身清洁。数码相机在使用过程中，要注意防烟避尘，外界的灰尘、污物和油烟等污染可导致相机产生故障，甚至还会增加相机的调整开关与旋钮的惰性。在使用过程中，机身不可避免地会被灰尘、污物和油烟等污染物所污染，所以需要特别注意机身的清洁。

清洁机身可以使用橡皮吹球将表面的灰尘颗粒吹走，然后将50%的镜头清洁液滴到柔软的棉布上进行擦拭。使用橡皮吹球时，注意机身的细缝是清洁的重点，而擦拭时也需要注意避免液体从细缝渗入相机内部。而且需要特别注意，千万不能轻易使用其他化学物质，酒精等许多用户都会使用的化学物质都会腐蚀机身表面。

部分用户会使用压缩空气来吹走机身细缝中的灰尘，但压缩空气在使用时会引起制冷效果，甚至在镜头表面凝聚形成水汽，所以，在使用压缩空气时需要特别注意。此外，在清洁后，应该将相机放置在干燥通风且无阳光直射的地方，待其干燥后，才可以继续使用或储存。

⑦ 温度对相机的影响。数码相机有严格并且局限的操作温度，不适于在寒冷环境和高温环境下进行拍摄。持续的高温会影响黏合光学透镜的黏合剂，也会影响照相机内GX8的其他部件。而在寒冷的环境下，相机也容易出现润滑剂凝固、机件运转失灵、电池效率降低等问题。因此，应该使数码相机远离热源和冷源，如暖气片以及其他发热或者制冷设备、被太阳晒得炙热的汽车等都是需要远离的。

另外，如果不可避免地要身处阳光下，可以用一块有色但不是深颜色的毛巾或带有锡箔之类能够阻挡阳光的工具来避光，最好将照相机包在浅色的、不掉绒毛的柔软的旧毛巾内，这样既通风又防晒，还能在一定程度上防震。如果要在寒冷的环境下使用数码相机拍摄，在低温下可能需要更多的电量来启动，同时在寒冷的环境下，电池的效率也较低，需要携带额外的电池，同时注意保持电池的温度。

此外，温度骤然变化对数码相机是非常有害的，特别是将相机从低温处带到高温处时，除了可能由于温度的变化产生结露现象引起潮湿甚至发生电路短路问题以外，而且还会使相机出现一些压缩现象，肉眼不易看出但相机内部已经受到伤害。如果数码相机刚从温差很大的地点拿过来，如在冬天从寒冷的室外拿到温暖的室内，或者在夏天从炎热的室外拿到有空调的室内，应该放置一会儿，等数码相机略微适应温差后再开机，否则有可能出现开机故障。

⑧ 数码相机的防水防潮。对于数码相机来说，潮湿是大敌之一。潮湿的环境会使照相机镜头等光学部件和照相机其他部位滋生霉菌或产生锈斑，而数码相机都装备着集成电路等电气设备，潮湿的环境对电气设备有较大影响，可导致数码相机的电器件发生失灵等严重问题。

如果不得不在潮湿的环境中使用数码相机，可以考虑为相机选购防水罩，例如，使用的相机是佳能的PowerShot A70，就可以选购配套的WP-DC700防水罩，这样就可以使得相机能够在最深40m的水下使用。

在阴雨天或在湿热环境中使用数码相机以后，应该及时用干净细软的绒布轻轻地揩去黏附在照相机表面的水滴或水汽，再用橡皮吹球将各部位的细缝吹一次，将照相机放在干燥通风且无阳光直射的地方，待干燥后测试相机有没有故障，再放入密封的容器内储存。

储存容器内可放置一些干燥剂，或者选购简易型的密封防潮箱。干燥剂有用完丢弃式和循环使用的两种，前者吸水后会膨胀并粉碎，后者即所谓水玻璃防潮剂，开始使用时为蓝色的，当吸水变成粉红色时即失效，可以经由晒干、台灯照射或是微波炉烤干，变回蓝色后再使用。若长期储存，密封防潮箱是不错的容器，较高级的电子防潮箱还可以控制要达到的湿度，但要注意防潮箱的湿度并不是越低越好，一般来说，最适合相机存放的湿度大约在40%～50%，调得太低的话，数码相机上有些零件上的润滑剂有可能会干涸。

⑨ 数码相机的长期保存。数码相机准备长时间不使用时，除了按照上面的提示对机身和镜头等重要部件做仔细的清洁、做好各个重要部件的保养工作和储存准备以外，还应该把相机与皮套分开，避免皮套发霉影响相机。相机已上紧的快门、自拍机等部件，应予以释放，不使这些机构长时间处于疲劳状态。镜头光圈宜设定在最大挡位，调焦距离应设定在无限远。若是双焦距镜头或变焦距镜头的照相机，还应把伸出的镜头退缩回原来的位置，再放置到能够保持干燥的存储容器中。

数码相机最理想的收藏环境首推中高档电子温控防潮箱。另外，如果长时间储存，还应该选择天气较好的日子，取出相机，取下镜头保护盖，开大镜头光圈，放在干燥通风且无阳光直射的地方透透气，而且在透气的过程中，要调换几次角度，使照相机各部位都舒张一下。

(3) 数码相机常见故障检测与维修

故障一：液晶屏显示图像不正常。

故障现象：液晶屏显示图像扭曲、偏色、模糊、混乱，甚至黑屏。拍照和摄像都是如此。

故障原因：CCD问题。时间长了后CCD内部引线脱焊导致故障。

解决办法：直接更换CCD，或者把故障CCD上的玻璃封装拆下来，对引线重新焊接后再封回去。

故障二：输出图像、图片不正常。

故障现象：照片上布满横纹，曝光过度，摄像正常。

故障原因：快门损坏，一直打开而不能闭合，或是快门排线坏。

解决办法：检查快门组件和排线，一般是排线损坏，直接更换即可。

故障三：室外拍摄曝光。

故障现象：室内拍摄正常，室外曝光过度。

故障原因：光圈组件损坏，或排线坏。

解决办法：更换光圈组件或者排线。

故障四：取景和拍摄照片全黑。

故障现象：相机操作一切正常，但取景和拍摄照片全黑。

故障原因：对着镜头看，看按"快门"按钮一瞬间快门是否关闭后又打开。如果快门开合正常，一般为CCD或主板问题；如果快门无动作，则为快门故障，快门一直闭合无法打开。

解决办法：使用新CCD或主板测试，再更换。

故障五：SIM 卡既无法删除旧照片，也无法再保存新照片。

故障现象：数码相机使用的是外接电源，没有使用电池进行连接，在使用时不小心碰掉了外接电源的插头，当再次开机使用时，发现相机中的 SIM 卡既无法删除旧照片，也无法再保存新照片。

故障原因：可能是由于 SIM 卡正在使用时突然断电导致写入数据错误或存储卡数据系统紊乱，从而导致无法删除和保存照片。

解决办法：使用读卡器重新格式化 SIM 卡后即可解决问题。

故障六：相机自动关闭。

故障现象：数码相机在拍照时突然自动关闭。

故障原因：

① 如果数码相机突然自动关闭，首先应该想到的是电池电力不足。因为数码相机是个耗电大户，由于电池电力不足而自动关闭的现象经常出现。可在更换电池后，数码相机仍然无法启动。

② 此时感到数码相机比较热，由此明白是由于连续使用相机时间过长，造成相机过热而自动关闭。

解决办法：停止使用，使其冷却后再使用即可排除故障。

故障七：液晶显示器显示图像时有明显瑕疵或出现黑屏。

故障现象：液晶显示器加电后能正常显示当前状态和功能设定，但是不能正常显示图像，而且画面有明显瑕疵或出现黑屏现象。

故障原因：这种现象多数是 CCD 图像传感器存在缺陷或损坏导致的。

解决办法：更换 CCD 图像传感器即可排除故障。

故障八：照片出现暗角现象。

故障现象：数码相机一直使用正常，但最近发现在相同的光线亮度环境下拍摄，最终成像的四角出现明暗不一的现象。

故障原因：暗角现象与镜筒组件的位置结构有一定的关系，相机中的镜头光轴与 CCD 中心相对应，这样的结构使得 CCD 四周的光量与中心相比虽然暗一点，可是并没有明显的暗角；如果 CCD 往镜筒左上角偏移，越靠近镜筒边缘入射光量就变得越少，于是暗角现象会慢慢凸显，直到 CCD 左上角完全没有了光线入射，此时暗角就会比较明显。

解决办法：

① 在拍摄照片时将相机设置为光圈优先模式。

② 先使用最小光圈拍摄蓝天，接着一挡一挡开大光圈进行拍摄。

③ 在电脑中应该使用看图软件浏览照片，检查周围是否有明显差异。

④ 如果出现的暗角比较明显，应该送维修站纠正 CCD 与镜筒口径位置，或更换镜筒组件。

故障九：无法对焦。

故障现象：无法对焦，拍摄的照片全部是模糊的。

故障原因：可能是对焦组件出现故障，对焦电机排线断，也可能是镜头摔过、磕过，使里面的镜片移位。

解决办法：查到故障后对应解决。如果镜片移位，可矫正后用 502 胶水粘好。

故障十：闪光灯损坏。

故障现象：闪光不能用，损坏。

故障原因：如果闪光灯使用不多，本身一般不会坏。检查主板上的相应电路，检查闪光灯振荡电路、闪光电容和触发电路。一般故障原因是脱焊和某些元件(三极管等)烧坏，某些相机有单独的闪光板，容易发生脱焊，应仔细检查。

解决办法：把脱焊的地方重新焊接一遍，检查和更换损坏元件。

故障十一：按键失灵。

故障现象：某个或某几个按键失灵。

故障原因：首先用万用表检查按键有无损坏，要求按键接触良好且无漏电。某些时候一个按键受潮漏电可导致几个按键甚至整个相机失灵。如果按键无问题，则检查主板、排线、插座等。

解决办法：对于按键受潮或损坏，可用无水酒精擦洗，然后用吹风机吹干。主板问题需仔细检查解决。

故障十二：液晶屏黑屏。

故障现象：液晶屏黑屏或显示错乱，照片正常。

故障原因：液晶屏排线损坏，旋转 LCD 的机器中多见这种故障。

解决办法：更换排线。

故障十三：不识别卡。

故障现象：不识别卡，或读/写错误。

故障原因：首先换个卡试试。排除卡的问题之后，一般是相机的卡槽坏了。CF 卡中多见这种故障，一般为野蛮插拔导致。

解决办法：更换卡插槽。由于卡槽下方一般有各种电路和芯片，更换务必非常小心。

3. 任务实施

(1) 任务场景

黄强 3 个月前买了个数码相机，当时用过一次，后来一直没用。今天他参加“数学建模研讨会”时想拍些照片做个留念，拍完后放在计算机观看时发现照片全是很模糊的，起初黄强以为是自己没有拍好，于是他拿着相机再拍了几张，但还是很模糊。

(2) 实施步骤

① 接受任务。

客户接待：技术人员张强接到黄先生的电话，黄先生把照相机这段时间出现的一些故障进行描述。

确定任务：经过黄先生故障的描述后，张技术员基本初步了解故障原因，因此和黄先生约好维修的时间。

② 操作步骤。

步骤 1：拍摄测试效果，并与其他照相机拍摄照片相比较。发现是无法对焦，拍摄的照片全部是模糊的。

步骤 2：故障原因分析，可能是对焦组件出现故障，对焦电机排线断，也可能是镜头摔碰过，使里面的镜片移位。

步骤 3：更换对焦组件重新测试拍摄效果，照片清晰。

(3) 交付客户

① 客户体验：黄先生在不同光线的情况下拍摄，然后观看照片清晰度。技术员向黄先生介绍数码照相机日常保养技巧与方法。

② 交付确认：黄先生检验更换的对焦组件零件；客户满意后在维修单上签字确认，交付使用。

4.4.2 数码摄像机售后服务

1. 任务背景

随着人们生活水平的提高，数码摄像机已越来越多地走进普通家庭，用它来拍摄一些家庭聚会、生活细节、旅游游记等录像，待闲暇时拿出来看看，其乐无穷。但是，对于一般爱好者来说，要用好数码摄像机，拍摄较完美的数码影片还有一定难度。在平时使用中由于误操作或者使用不当，常常引起一些故障。

2. 相关知识

(1) 认识数码摄像机

① 数码摄像机的组成。概括地说，数码摄像机主要由5个部分组成，即取景系统、控制系统、成像系统、存储系统和电源系统等组成。

a. 取景系统。取景系统是由数码摄像机获取图像的相关部件构成的，其作用是使拍摄者通过它们看到所拍摄的影像。数码摄像机可以通过镜头和取景器取景，另外还可以用液晶显示屏取景。

镜头：摄像机是用镜头来摄取美丽的景物的。客观存在的场景实际上是一种光学信息，它包含着不同亮度的光谱(即颜色)信息。不论是数码摄像机还是传统摄像机，首先接收的都是景物的光学信息，这些信息必须经过光学镜头才能成像到感光器件上。

电子取景器：电子取景器就是把一块微型LCD放在取景器内部，由于有机身和眼罩的遮挡，外界光线照不到这块微型LCD上，也就不会对其显示造成不利影响。它的优点是可以避免因开启液晶显示屏而过度消耗电量，从而增长拍摄时间和电池的使用寿命。在室外拍摄时，它还可以避免因显示屏反光导致的取景误差，用起来非常方便。

液晶显示屏：彩色液晶显示屏是取景系统的另一种形式，通常位于数码摄像机的旁边。它从图像传感器CCD或CMOS中直接提取图像信息，所拍图像通过LCD直接显示出来，是数码摄像机的一个突出优点。它不仅能用于取景，还能够查看所拍摄的图像，用于显示“菜单”。它的缺点是耗电量很大，且易受环境光的影响，在电源电压不足的时候尤为明显。

b. 控制系统。控制系统是由数码摄像机的可操作控制的部件构成的，其作用是通过对其操控使图像聚焦更清晰、曝光更准确、色彩更真实，并将其完整保存下来。

聚焦环和聚焦键：是调整摄像机聚焦的控件，当需要进行手动聚焦时，就要调整这两个控件。使用时在Camera方式下，轻按Focus键，这时手动调焦指示出现，然后转动聚焦环使用聚焦清晰即可。

逆光键(Back Light)：当所拍摄的对象背后有光源时，这时就需要使用逆光键了，它能够解决因背光带来的曝光的问题，需要使用时只需按一下该键即可。

菜单键(Menu)：按这个键后，在取景器将出现菜单设置画面，在这里可以转动Sel/Push Exec拨盘进行各种各样的设置。如果需要退出菜单，只需再按一次该键即可。

曝光键(Exposure)：一般摄像机都是自动曝光的，但是如果在拍摄对象逆光、拍摄对象明亮而背景暗或者要如实地拍摄黑暗图像时，这个功能就非常有用了。使用时首先按一下曝光键，然后转动拨盘调整亮度到需要的程度即可。

电动变焦杆：使用电动变焦杆能够快速准确地调整聚焦，稍微移动电动变焦杆能够进行较慢的变焦，大幅度地移动它则进行快速的变焦，适当使用变焦功能可以获得更好后的摄像。“T”侧用于望远拍摄，即将拍摄对象拉近，而“W”将拍摄对象推远。

电源开关：它是控制摄像机开启的总管，一般摄像机都是采用限位式操作的。这款摄像机的电源开关有 VCR(录像查看状态)、Off(摄像机关机)、Camera(摄像机拍摄)以及 Memory(静态图像拍摄)四种状态，如果需要转换状态，只需按住电源开关上的小绿键，然后转换开关到相应的位置即可。

Start/Stop 键：这是摄像机开始拍摄和结束拍摄键。在什么都准备好的情况下，按 Start/Stop 键摄像机开始拍摄，Rec 指示出现，位于摄像机前面的摄像指示灯亮，如果要停止摄像，再按一次 Start/Stop 键即可。

播放键：主要有播放、快进、停止、暂停、快速前进、快速倒带等按钮。

c. 成像系统。成像系统由数码摄像机的接收、浏览和保存图像的部件组成，它担负着为数码摄像机捕捉影像的任务，是数码摄像机最重要的部件之一，也是与传统摄像机最本质的区别。它的质量水平(像素多少和面积大小)不仅决定了数码摄像机的成像品质，而且也能反映出数码摄像机的档次和性能。

d. 存储系统。存储系统可分为两部分，一是用于录像的录像带，录像带亦即视频磁带，是高密度的信息储存与转换媒体。目前数码摄像机一般都使用 8mm 规格的录像带，录像带对磁性记录与重放过程中的记录与重放信号的优劣有直接的影响。在摄录像记录媒体中，录像磁带一直是主流产品，但目前也有部分摄像机采用 DVD-RAM、硬盘等新型记录媒体。二是用于记录数码相片的存储卡，这是数码摄像机用来拍摄静物用的，与数码相机的存储卡一样，能够用来拍摄相片，需要时可以用摄像机附带的 USB 电缆与电脑等其他装置交换图像数据。

e. 电源系统。摄像机所用的直流电源均为封闭型蓄电池。这种完全封闭式的蓄电池避免了漏液及逸出气体等问题，而且使用起来十分安全，同时由于可以反复充电 300 次以上，所以使用寿命较长，使用起来灵活、方便，可免除使用交流电源时电源连接线的限制，使之拍摄更加随意自由。特别在外携拍摄时，充电电池更是必备的电源。

② 数码摄像机的工作原理。摄像机是一种把景物光像转变为电信号的装置。其结构大致可分为三部分：光学系统(主要指镜头)、光电转换系统(主要指摄像管或固体摄像器件)以及电路系统(主要指视频处理电路)。

光学系统的主要部件是光学镜头，它由透镜系统组合而成。这个透镜系统包含着许多片凸凹不同的透镜，其中凸透镜的中间比边缘厚，因而经透镜边缘部分的光线比中央部分的光线会发生更多的折射。被摄对象经过光学系统透镜的折射，在光电转换系统的摄像管或固体摄像器件的成像面上形成“焦点”。光电转换系统中的光敏原件会把“焦点”外的光学图像转变成携带电荷的电信号。这些电信号的作用是微弱的，必须经过电路系统进一步放大，形成符合特定技术要求的信号，并从摄像机中输出。

光学系统相当于摄像机的眼睛，与操作技巧密切相关。光电转换系统是摄像机的核心，摄像管或固体摄像器件便是摄像机的“心脏”。由于家用摄像机大多将摄像部分和录像部分合为一体,下面再概述一下录像部分的工作原理。

当摄像机中的摄像系统把被摄对象的光学图像转变成相应的电信号后,便形成了被记录的信号源。录像系统把信号源送来的电信号通过电磁转换系统变成磁信号,并将其记录在录像带上。如果需要摄像机的放像系统将所记录的信号重放出来,可操纵有关按键,把录像带上的磁信号变成电信号,再经过放大处理后送到电视机的屏幕上成像。

从能量的转变来看,摄像机的工作原理是一个光→电→磁→电→光的转换过程。

(2) 数码摄影机的日常保养

DV只有在良好的保养、合理的使用以及科学的维护下才能更好地发挥它的效能,让拍摄更有质量,更加精彩。

① 镜头以及滤光镜。当不使用摄像机的时候或在拍摄的间隙时,应盖好镜头的防护罩,以免灰尘粘在镜头上。发现镜头上沾上了灰尘,就用擦眼镜或擦照相机镜头那样柔软的布,轻轻地把镜头上的灰尘擦去。对于粘在镜头边缘部位等不容易用柔布擦去的灰尘,就用“吹尘器”或细棉花棒擦去。

② 视频磁头保养。视频磁头是DV的核心器件,它关系到录像、放像的图像回放质量。视频磁头要定期进行清洗,将平常积累的污垢、磁带脱落下来的磁粉清洗掉。一般来说,当看见图像的颜色变浅、无色,或是图像的雪花点明显增多的时候,那就是磁头需要清洗的时候了。清洁磁头主要有清洁带自动清洗和用清洁液手工清洗这两种方式。

③ 专用清洗带清洗。清洁带其实是一种非磁性的带子,它在磁带上涂了一层非磁性的、很细很均匀的颗粒状物质,其性质类似于非常细的砂纸。在使用清洗带时,首先将它和普通摄像带一样放置到DV中去。需要注意的是,使用清洗带要遵照“即装即用”的原则,清洗带一经使用就要连续播放到带尾,中间不要停止,也不要“快进”和“快倒”,让它按正常时间运转。通常清洗时间为3～5min。

在使用清洗带时还需要注意限制单次使用时间,因为清洗带属于精细研磨带,所以对磁头多少也有一点损伤。此外,DV正处于准备状态的时候,不要将清洗带放到DV里面去,因为这时DV虽然不工作但处于“全穿带”状态,此时磁带、磁头和磁鼓紧密接触,随着机器的震动,有可能对磁头造成不必要的磨损。

④ 清洗液清洗。手动清洗这种办法也是不错的。在清洗前切断电源,用蘸有无水酒精或石油醚或专用清洗液的鹿皮、不起毛的布靠在磁头鼓的圆柱面上,轻轻地擦磁头。清洗时需要注意,只能沿水平方向轻擦,不能沿垂直方向擦动,只能用手慢慢转动磁头,而不能打开电源让磁头电机转动。此外,在擦拭时不要将清洗液滴在橡胶元件上,否则就容易引起老化或龟裂。在清洗之后,必须等到清洗液完全蒸发再开机使用。

⑤ 液晶屏幕的保护。液晶显示屏是DV十分重要的配件,它不但价格昂贵而且容易受到损伤,因此在使用过程中特别需要注意和保护。

a. 在使用和存放时,要注意不让LCD屏幕表面受到挤压,更要防止脱手将DV摔到地上,将LCD摔坏。屏幕表层脏了只能用干净的软布轻轻擦拭,千万不要用有机溶剂去擦洗。

b. 在使用过程中,一些LCD的显示亮度会随着温度的下降而下降,这属于正常现象,一旦温度回升,亮度又会恢复正常。但如果显示屏显示的影像变暗,或是显示影像上有斑斑点点,或者是干脆就看不见影像了,那么多半是LCD背后的灯泡老化所致。遇到这种情况,就要到维修站去更换相应的灯泡了。

⑥ 电池的保养。在使用过程中，当电池还有残余电量的时候，尽可能不要重复充电，以确保电池的使用寿命，否则就会降低电池的续航能力，也就是人们常说的充电电池具有"记忆效应"。所以，用户在平时给电池充电时应该尽可能地将电池中的残电耗尽，然后一次性将电充足。一般一块电池的充电时间不能小于3个小时。此外，使用原厂的充电器对电池进行充电有助于电池使用寿命的延长。

如果长时间地将电池放在DV上而不去使用，则可能会造成电池漏电，并且损坏DV本身。所以，如果准备有相当长的一段时间不去使用DV，那么就应该将电池从DV上取下，将其完全放电，存放到一个干燥、阴凉的地方去，避免和一般的金属物品放在一起。为了避免电池发生短路，在不用时，应以保护盖将其保存。存放已经充足电的电池时，更要特别小心，尤其是放在皮包、衣袋、手提袋或是其他装有金属物品的容器中时，更是不容疏忽。

⑦ 外壳保护。现在DV的外壳愈来愈花样翻新，很多DV的外形简直就是一个艺术品，而且色彩也日新月异、层出不穷，数码摄像机的外壳，尤其家庭用的DV摄像机外壳已经成为了数码摄像机的一个重要卖点，所以使用DV首先也是始终都要注意的就是数码摄像机的外壳维护。保护外壳主要注意以下3个方面。

a. 最重要的也是最常规的，平时使用时要做到小心。在拍摄时候，要注意摄像机不要碰到比较硬的物体，如桌子、栏杆、墙、树等，这些物体都可能将DV的外壳轻易划出一道道伤痕。解决方法就是在拍摄时要事先看看环境，避免在取景中将机位靠在这些东西的附近。

b. 避免在雨雪天气拍摄。这里只是从DV的外壳损坏方面谈，雨雪天气会把摄像机的外壳弄湿，而且其中夹杂着许多沙土，在擦拭的过程中极易将摄像机的外壳造成损坏。

c. 平时保管时要做到精心、小心。平时的摄像机一定要妥善保管，不要放在有腐蚀性的物品旁边，因为现在摄像机的外壳就是两种，一种是塑料，另一种是金属，都极易被腐蚀，造成外壳原材料变形或是锈迹斑斑，很不美观。保管时也不要将摄像机放在有明显棱角的物品的附近，以防止不小心碰到这些物品，造成碰撞，致使外壳损坏。最好的方法也是最简单的方法，就是配一个合适的摄像包，拍摄之后将机器马上装在包里。

⑧ 使用注意事项。

a. 拍摄时避免镜头直对阳光以免损害CCD板。

b. 寒冷的冬天，从室外进入室内机器容易结露，像人戴的眼镜一样。正确的方法应该是放置在密封的塑料袋中，待机器与室内温度一致时再取出。

c. 拍摄完毕保存时一定要取出磁带和卸下电池。

d. 尽量避免在雨天雪天拍摄，如要拍摄，要更加妥善防护。

e. 避免在低温下长时间拍摄，防止机器提前老化。

f. 保存时应该尽量放置在干燥的地方，避免机器受潮。

g. 镍铬电池充电时，一定要先使用完再充电，防止产生记忆效应，锂电器不在此列。

h. 一定要定期清洗磁头，一般拍摄三五十小时后清洗一次，要使用专用清洗带，清洗时不要超过十秒。

(3) 数码摄影机常见故障检测与维修

故障一：数码摄像机的摄像键不起作用。

故障原因：常见的原因是使用者没有把模式转盘拨到"摄像挡"，或者是录像带已经用完了；比较麻烦的原因是湿气凝结造成摄像带与摄像机的磁鼓粘连，摄像机自动保护，摄录按钮暂时失效，无法继续拍摄。前两种原因都可以对症解决，如果是最后一种原因，那么就需要将摄像带退出带仓，把摄像机放在干燥通风的地方插电1h以上，一般都可以解决问题。

故障排除：简要地谈一下如何避免湿气凝结。当把数码摄像机从寒冷的地方拿到比较温暖的地方时，或者在雨后和高温高湿的环境下使用数码摄像机时，就很容易使机器发生湿气凝结，所以使用时一定要注意避免这种情况的发生，以免自己心爱的机器受损。如果条件所限，必须要把数码摄像机从寒冷的地方拿到比较温暖的地方，那么可以先将数码摄像机装在塑料袋中，然后密封，当袋内空气的温度达到周围环境温度时（一般为1h左右）再取下塑料袋，这样就可以有效地防止湿气凝结现象的发生。

故障二：数码摄像机无法正常开启。

故障原因：电池组已经放电、电量低或未装在摄像机内。

故障排除：这时首先要检查电源，将已经充电的电池组装入摄像机或者使用交流适配器并连接至电源插座，如果电源设定为开启时摄像机也无法操作，那么就要断开交流适配器与电源插座的连接或取出电池组，约1min后重新连接。如果此功能仍然无法工作，则使用尖头物体按Reset按钮，一般就可以解决问题了。

故障三：使用取景器取景时看到的影像模糊不清。

故障原因：一般的原因是使用者未调整取景器设置。

故障排除：如果观察仔细，就会发现取景器的两侧其实有一个小小的调节旋钮，可以根据使用者的视力情况进行调节，经过这样一番调整，取景器中的影像就会变得十分清楚了。

故障四：拍摄很亮或者很黑的背景前的景物时出现竖条。

故障原因：这是因为拍摄对象和背景之间对比度太大，不属于机器本身的故障。

故障排除：为了避免这种情况，在拍摄时要尽量避免拍摄对象与背景反差过大，如果有条件，可以适当地进行补光以解决这种问题。

故障五：回放的图像上有横线或短暂的马赛克出现，有时声音也出现中断现象。

故障原因：这种情况一般是数码摄像机的视频磁头拍摄时间过长，磁带的磁粉脱落或是外界灰尘造成磁头污损所致。

故障排除：解决办法是使用专门的清洁带清洁磁头，或者使用棉球蘸取无水酒精来轻轻地擦洗磁头，擦拭时，切记不可用手或其他硬物触摸磁头，以免弄脏或划伤磁头。建议每使用数码摄像机拍摄10h左右就要清洁一次视频磁头，这样可以保证一直获得满意、清晰的拍摄效果。当数码摄像机使用了很长时间后，清洁带也不起什么作用时，可能是磁头已经磨损得比较严重了。

故障六：无法从带仓中取出数码摄像带。

故障原因：电源问题或者带仓的机械故障。

故障排除：常见的原因是由于未接通电源或者是充电电池没电了，只要及时“补充”电力就可以了。

故障七：电池充电时充电指示灯不亮。

故障原因：常见的故障原因是电源与电池组安装、设置有误，电源插座没有电，或者是电池充电过程已经完成。

故障排除：将数码摄像机的电源Power开关向上滑动至Off，并保证将电池组正确安装在摄像机上，如果还不能解决问题，多半是因为电池本身的故障了。

故障八：取景器中的图像消失，但是液晶显示屏有图像。

故障原因：这是许多新手的一个误解，其实，当液晶显示面板处于打开时，取景器中是不显示图像的，这并不是什么故障的。

故障排除：关闭机器的液晶显示显示屏面板，这时就可以在取景器里面看到所要拍摄的景物了。

故障九：机器的自动聚焦功能失灵。

故障原因：检查数码摄像机的手动聚焦功能是否打开，因为在手动聚焦功能打开的情况下，机器的自动聚焦功能是不起作用的，所以此时才会发生"失灵"现象。

故障排除：解决的方法很简单，只要关闭手动聚焦功能就可以了，这个时候自动聚焦功能会"自动"地重新发挥作用。

3. 任务实施

(1) 任务场景

再过一个星期，黄强的弟弟要结婚了，黄强准备用自己的数码摄像机把弟弟结婚的整个过程拍摄下来。想到自己的摄像机好久没用了，于是他拿出来试试机，发现开机后没反应，可能是没有电了。于是取出电池充电，可插上电源线，发现充电指示灯不亮。试了好一段时间，还是不亮。

(2) 实施步骤

① 接受任务。

客户接待：技术人员张强接到黄先生的电话，黄先生把摄像机这段时间出现的一些故障进行描述。

确定任务：经过黄先生故障的描述后，张技术员基本初步了解故障原因，因此和黄先生约好维修的时间。

② 操作步骤。

步骤1：张技术员把电池拆下，装进摄像机中，发现电源确实没有电，开机没有一点反应。

步骤2：公司张技术员拆下电池，重新安装了一下，发现充电指示灯还是不亮，于是换了个充电插座，故障依旧。

步骤3：于是张技术员更换了一块电池放入摄像机，可以开机了，于是张技术员确定是电池因放置时间过长而损坏。

步骤4：张技术员建议其购买一块新的电池。

(3) 交付客户

① 客户体验：黄先生在不同光线的情况下拍摄，然后与其他摄像机相比较。技术员向黄先生介绍数码摄像机日常保养技巧与方法。

② 交付确认：黄先生检验更换的零件；客户满意后在维修单上签字确认，交付使用。

4.4.3 数码播放机售后服务

1. 任务背景

随着 MP3/MP4 播放器成本的降低，慢慢地成为高级玩具的它进入了寻常百姓家，在这种大环境下，街上越来越多挂着MP3、戴着耳机悠然自得的人们。下面介绍MP3/MP4在日常的使用中会经常碰到的一些问题。

2. 相关知识

(1) 数码播放机组成与工作原理

MP3播放器是利用数字信号处理器(Digital Sign Processer，DSP)来完成处理传输和解码MP3文件的任务的。DSP掌管随身听的数据传输、设备接口控制、文件解码回放等活动。能够在非常短的时间里完成多种处理任务，而且此过程所消耗的能量极少(这也是它适合于便携式播放器的一个显著特点)。

一个完整MP3播放机要分几个部分：中央处理器、解码器、存储设备、主机通信端口、音频DAC和功放、显示界面和控制键。其中中央处理器和解码器是整个系统的核心。这里的中央处理器通常称为MCU(单片微处理器)，简称单片机。它运行MP3的整个控制程序，也称为fireware(或者固件程序)。控制MP3的各个部件的工作：从存储设备读取数据送到解码器解码；与主机连接时完成与主机的数据交换；接收控制按键的操作、显示系统运行状态等任务。解码器是芯片中的一个硬件模块，或者说是硬件解码(有的MP3播放机是软件解码，由高速中央处理器完成)，它可以直接完成各种格式MP3数据流的解码操作，并输出PCM或I2S格式的数字音频信号。

存储设备是MP3播放机的重要部分，通常的MP3随身听都是采用半导体存储器(Flash Memory)或者硬盘(HDD)作为储存设备的。它通过接收储存主机通信端口传来的数据(通常以文件形式)，回放的时候MCU读取存储器中的数据并送到解码器。数据的存储是要有一定格式的，众所周知，PC管理磁盘数据是以文件形式，MP3也不例外，最常用的办法就是直接利用PC的文件系统来管理存储器，微软操作系统采用的是FAT文件系统，这也是最广泛使用的一种。播放机其中一个任务就是要实现FAT文件系统，即可以从FAT文件系统的磁盘中按文件名访问并读出其中的数据。

主机通信端口是MP3播放机与PC交换数据的途径，PC通过该端口操作MP3播放机存储设备中的数据，剪切、删除、复制文件等操作。目前最广泛使用的是USB总线，并且遵循微软定义的大容量移动存储协议规范，将MP3播放机作为主机的一个移动存储设备。这里需要遵循几个规范：USB通信协议、大容量移动存储器规范和SCSI协议。

音频DAC是将数字音频信号转换成模拟音频信号，以推动耳机、功放等模拟音响设备。这里要介绍一下数字音频信号。数字音频信号是相对模拟音频信号来说的。声音的本质是波，人能听到的声音的频率在20Hz～20kHz之间，称为声波。模拟信号对波的表示是连续的函数特性，基本的原理是不同频率和振幅的波叠加在一起。数字音频信号是对模拟信号的一种量化，典型方法是对时间坐标按相等的时间间隔做采样，对振幅做量化。单位时间内的采样次数称为采样频率。这样，一段声波就可以被数字化后变成一串数值，每个数值对应相应抽样点的振幅值，按顺序将这些数字排列起来就是数字音频信号了，这是ADC(模拟-数字转换)过程。DAC(数字-模拟转换)过程相反，将连续的数字按采样时候的频率顺序转换成对应的电压。MP3解码器解码后的信息属于数字音频信号(数字音频信号有不同的格式，最常用的是PCM和I2S两种)，需要通过DAC转换器变成模拟信号才能推动功放，被人耳所识别。

MP3播放机的显示设备通常采用LCD或者OLED等来显示系统的工作状态。控制键盘通常是按钮开关。键盘和显示设备合起来构成了 MP3 播放机的人机交互界面。

MP3 播放机的软件结构跟硬件是相对应的，即每一个硬件部分都有相应的软件代码，这是因为大多数的硬件部分都是数字可编程控制的。

（2）数码播放机保养方法

针对 MP3、MP4 的普及，很多用户在使用和维护方面进入了误区。只有作好平时保养，才提高播放器的性能和使用寿命。

① 不要在特别热、冷、多尘或潮湿的环境中使用播放器。

② 使用时不要让播放器摔落或与硬物摩擦撞击，否则可能会导致播放器表面磨花、电池脱落、数据丢失或其他硬件损坏，不要剧烈震动或撞击播放器，防止不正确使用导致损伤播放器。

③ 不要试图分解或改造播放器。

④ 不要用化学试剂或清洁试剂清洁播放器，这样会损伤播放器表面和腐蚀喷漆。

⑤ 将播放器远离强磁场，防止不正确使用导致损伤播放器。

⑥ 播放器在格式化或上传下载过程中不要突然断开连接，否则可能导致程序出错，丢失数据。

⑦ 对于存放在播放机中的个人数据资料建议及时地备份到的计算机中。

⑧ 不要在低电下使用播放器，致使锂电耗竭损坏硬件和软件。

⑨ 播放器在长时间不使用时，有以下两点注意事项。

a. 建议先用电脑 USB 接口对播放器进行一次完整的充电，维护整机性能。

b. 所有锂电机器建议一个月对其进行 1～2 次的正常充电。

（3）数码播放机故障检测与维修

故障一：播放 MP3 歌曲时出现跳过、死机现象的解决方法。

故障原因：因为某些 MP3 文件和 MP3 播放器支持的范围不同，容易出现跳过、死机的现象，一般有几个原因：采用频率不对，一般是 44.1kHz，有时 48kHz 的文件就不能用；压缩率，如 MP3 不支持该 MP3 的压缩率(太高或太低)；VBR 不支持；还有一个容易出现的问题，一些文件采用超级解霸压缩而来，默认的是压缩成 MP2 格式的，但显示的是 MP3 格式，大部分 MP3 机都不支持。

解决方法：可以删除或自己用软件重新转换一下，转成符合机器要求的格式即可。WMA 文件还有可能遇到版权保护的问题，这时就要用其他软件解除版权限制后才可以播放了。对于出现乱码的现象，如果语言设置没问题的话，一般是 ID3 标签没设置好，可以自己调整一下。

故障二：按“开机”键后，播放器没有显示。

故障原因：机器没装电池或电池没有电了或电池装反了。

解决方法：检查是否装电池；或更换电池；或取出电池，5s 后重新正确地装入机器中。

故障三：开机后，按按键，播放器没有反应。

故障原因：机器按键锁定。

解决方法：拨动 HOLD 键，解除按键锁。

故障四：播放文件时，没有声音。

故障原因：音量太小；或机器正与计算机连接；或机器中没有存放歌曲。

解决方法：调节音量大小；或给机器中下载歌曲。

故障五：自己压缩的MP3文件在播放器中无法播放。

故障原因：由于目前市场上的压缩格式不一样，而且压缩速率不同，因此压缩出来的歌曲压缩格式与播放器的压缩格式不兼容。播放器只支持标准的压缩格式，对非标准的压缩格式不支持。

解决方法：在压缩歌曲时，不要采取第一层或第二层压缩。

故障六：有些歌曲播放时显示时间比较乱。

故障原因：目前采用VBR格式压缩的MP3文件（即可变速率压缩的MP3文件）在播放时由于速率的变化会引起时间显示的变化，播放是正常的。

解决方法：再使用固定速率压缩一次，就可以解决时间显示乱的问题。

故障七：死机的故障分析和解决方法。

故障原因：同时按了几个键以及其他非法操作（如未关机拿掉电池；在传送文件时拔USB插头等）。

解决方法：①取出电池，5s后重新正确地装入机器中；②对机器进行格式化，特别注意要选择正确的文件格式FAT。

故障八：F9/V70不能正常开机。

故障原因：F9/V70的按键较紧。

解决方法：长按播放键5s以上即可开机。时间长了后就不会出现这个现象了。

故障九：有些MP3歌曲无法在播放器中正常播放。

故障原因：严格意义上，MP3是指MPEG-1、MPEG-2、LAYER-3标准压缩出的音乐文件，目前绝大多数MP3歌曲为这种格式，MP3播放器可以支持包含WMA在内的多种格式文件，但目前不能兼容采用MPEG-1第一层或第二层压缩以及多种标准混合压缩MP3歌曲，当播放器播放这种歌曲时，通常会跳过该歌曲。

解决方法：当遇到播放器无法兼容的MP3歌曲格式，可以从播放器中删除不兼容歌曲，保证播放器的正常操作功能，使用软件自行压缩时，要选择MPEG-1、LAYER-3的编码方式。

故障十：有时下载了歌曲而MP3却无法放音。

故障原因：下载的歌曲虽然存在了播放器中，但没有存在“AUDIOS”文件夹中的“MUSIC”文件夹中。

解决方法：在电脑中打开MP3播放器，可以看到MP3播放器中有一个“AUDIOS”文件夹，双击打开后可以看到一个“DVR”文件夹（专门用来存放录音文件）和一个“MUSIC”文件夹（专门用来存放音乐文件），歌曲只有存进“MUSIC”文件夹中才能够被识别，才能够正常播放。因此只要将歌曲移动至“MUSIC”文件夹中便能够放音了。

故障十一：液晶屏上显示“请格式化并更新程序”，但在电脑上去格式化不了。

故障原因：这是由于用户开机充电造成的Flash记忆。一定要切忌开机充电，充电时一定要把机器右侧的开关键拨至“OFF”。

解决方法：机器需返厂清空Flash，重新写入程序。

故障十二：开不了机。

故障原因：

① 这是由于用户未从电脑上断开 MP3 播放器，直接把 MP3 播放器从电脑上拔下来造成的 MP3 遗失程序。

② 这是由于用户对机器进行格式化造成的 MP3 遗失程序。

解决方法：把随机赠送的光碟上的程序或从生产 MP3 播放器的公司网站上下载程序到 MP3 中便可以正常工作了。

3. 任务实施

(1) 任务场景

黄先生是个音乐爱好者，经常挂着一个 MP3，最近发现液晶屏上显示"请格式化并更新程序"，但在计算机上却格式化不了。黄先生想到这个 MP3 也淘汰了，于是想买一个新的，且功能更多的 MP4。但这个 MP3 就这样扔掉又可惜，于是他想把这个维修好送给妹妹用。

(2) 实施步骤

① 接受任务。

客户接待：销售人员林小姐接待了黄先生，林小姐听取了黄先生对数码播放机的要求，于是拿出几个新款 MP4，并向他讲解它们的功能。同时黄先生将旧的 MP3 给林小姐，林小姐交给技术部张工进行检修。

确定任务：经过黄先生的选择，确定购买某款 MP4。张工通过黄先生对故障的描述以及检测，初步了解故障原因，确定维修方式以及价格。

② 操作步骤。

步骤 1：张工打开 MP3 发现液晶屏上显示"请格式化并更新程序"。

步骤 2：故障原因分析，这是由于用户开机充电造成的 Flash 记忆。一定要切忌开机充电，充电时一定要把机器右侧的开关键拨至"OFF"。

步骤 3：机器需返厂清空 Flash，重新写入程序更换零件测试。

(3) 交付客户

① 客户体验：黄先生下载不同格式的歌曲进行测试，并与新购买的 MP4 进行对比。技术员向黄先生介绍数码播放机日常保养技巧与方法。

② 交付确认：黄先生检验更换的零件；客户满意后在维修单上签字确认，交付使用。

4.4.4 移动存储器售后服务

1. 任务背景

随着技术平台的不断提升，在 PDA、DV 数码摄像机、蓝牙设备、笔记本电脑的不断催生下，大容量、小体积的移动存储介质已不足为奇，移动存储设备已越来越成人们工作中的必备品。

2. 相关知识

(1) 移动存储器的组成结构

① 移动硬盘。移动硬盘主要由外壳、PCB 板主控芯片、指示灯、连接线和连接口、电源 6 部分组成。

a. 外壳：硬盘外壳一般是铝合金或者塑料材质，一些厂商在外壳和硬盘之间填充了一些防震材质。好的硬盘外壳可以起到抗压、抗震、防静电、防摔、防潮、散热等作用。一般来说，金属外壳的抗压和散热性能比较好，而塑料外壳在抗震性方面相对更好一些。

b. PCB板：拆开移动硬盘就会看到PCB板。电路板分为两种，一种是小板结构，而另一种为大板结构。小板设计比较精简，节约成本，可以减小硬盘盒的厚度，市面上的移动硬盘大都采用小板设计。而大板设计则在布线上有很多的优势，各种元器件分散，有利于电路板上元件的散热，另外，大板设计更有利用硬盘的固定和保护。

c. 主控芯片：主控芯片是负责数据传输的桥梁，重要性不言而喻。一款硬盘的档次就由它来决定。一般来说，原装硬盘都使用新芯片，并且电路板经过特殊的设计，在使用相同的内部盘体时，价格自然比较高。而市场中的大部分组装移动硬盘采用的都是上市很久的芯片，在设计结构和电气性能上都有些落后，所以价格也相对便宜。

此外，USB 2.0的理论传输速率为480Mb/s，目前市场中的大多数产品都采用USB 2.0，还有少部分品牌支持1394接口，理论上讲，USB 2.0要比1394的传输速率快，但受到客观条件的限制，1394要比USB 2.0的表现好一些。

d. 指示灯：指示灯的作用是让用户一目了然地了解硬盘的工作情况。设计良好的指示灯位置明显，而且直观易懂。指示灯的设计一般有3种方案：双指示灯，一红一绿，在插上USB接口时，绿色灯亮，读/写数据时，红色灯亮；单指示灯单色光，类似于U盘的指示灯，不工作时不发光，在读/写数据时闪烁；单指示灯双色光，和第一种一样，也是红绿两种色光表示，比较直观。

e. 连接线和连接口：连接线是连接计算机与移动硬盘之间的通道。根据有无屏蔽线，可以将其分为两种。为了使高速数据快速地通过，通常要使用屏蔽的USB连接线，以保证外界对数据流的干扰最小。对于使用超常延长线的用户更是如此。

USB连接口的实际分为普通USB和mini USB两种。受到空间限制，很多产品使用了mini USB的连接口，就电气性能而言，两者区别不大，不过普通USB接口的通用性要好一点，能省去不少的麻烦。

f. 电源：现在的移动硬盘产品基本上都是采用2.5英寸的笔记本硬盘，已经不需要专用的电源，基本上只要将连接线插入到计算机USB接口就可以使用了。

在制定USB标准时，规定每个USB接口的供电电压5V，电流500mA，但现在主流容量的笔记本硬盘所要求的电流都接近1A，仅靠单个USB接口已经无法满足供电需要。现在常用的方式是两个USB接口共同取电，主要体现在连接线的一头会有两个USB接口，通常会有颜色或特殊记号的表示。

② U盘。USB闪存盘(以下简称"U盘")是基于USB接口、以闪存芯片为存储介质的无须驱动器的新一代存储设备。U盘的出现是移动存储技术领域的一大突破，其体积小巧，特别适合随身携带，可以随时随地、轻松交换资料数据，是理想的移动办公及数据存储交换产品。

U盘的结构比较简单，主要是由USB插头、主控芯片、稳压IC(LDO)、晶振、闪存(Flash)、PCB板、贴片电阻、电容、发光二极管(LED)等组成图4-106。

图4-106 U盘内部结构示意图

a. USB插头：容易出现和电路板虚焊，造成U盘无法被电脑识别，如果是电源脚虚焊，会使U盘插上电脑无任何反应。有时将 U 盘摇动一下电脑上又可以识别，就可以判断 USB 插口接触不良，只要将其补焊即可解决问题。

b. 稳压 IC：又称 LDO，其输入端 5V，输出 3V，有些劣质 U 盘的稳压 IC 很小，容易过热而烧毁。还有 USB 电源接反也会造成稳压 IC 烧毁。维修时可以用万用表测量其输入电压和输出电压。如无 3V 输出，可能就是稳压 IC 坏了。但有一种情况，输出电压偏低，且主控发烫，这时就是主控烧了。

还有些 U 盘会在 USB +5V 和稳压 IC 之间串一个 0Ω 的保护电阻，此时稳压 IC 没有 5V 输入电压就是坏了。

现在许多主控都将 LDO 集成到主控内部了，所以会看到许多 U 盘都没有外置 LDO 了，它们都是 USB +5V 电压直接输入。

c. 晶振：早期的 U 盘大多都是用 6MHz 的晶振，现在的 U 盘则普遍采用 12MHz 晶振。晶振不耐摔，所以它是 U 盘上的易损件，最好的维修方法就是用相同频率的晶振直接代换。

d. 主控芯片：主控制芯片负责闪存与 USB 连接，是 U 盘的核心，一般所说的 U 盘方案就是指主控芯片的型号。量产工具也是与它对应的。有些主控芯片还要输入 3V 的电压给 Flash 供电，保证闪存的正常工作。

e. Flash 焊盘：它的作用是固定闪存，使闪存与主控连接。受外力挤压，使闪存与焊盘容易接触不良，这时会造成电脑上的 U 盘打不开、无法存储文件等。只要将闪存的引脚补焊一下就可以修复，也即常说的拖焊。

U 盘的基本工作原理也比较简单：USB 端口负责连接电脑，是数据输入或输出的通道；主控芯片负责各部件的协调管理和下达各项动作指令，并使计算机将 U 盘识别为“可移动磁盘”，是 U 盘的“大脑”；Flash 芯片与电脑中内存条的原理基本相同，是保存数据的实体，其特点是断电后数据不会丢失，能长期保存；PCB 底板是负责提供相应处理数据平台，且将各部件连接在一起。当 U 盘被操作系统识别后，使用者下达数据存取的动作指令后，USB 移动存储盘的工作便包含了这几个处理过程。

(2) 移动存储器保养方法

① 移动硬盘的选购，在要买移动硬盘时，最好上网了解下移动硬盘，是组装还是买品牌。如果组装，用什么硬盘芯，用什么芯片的硬盘盒子；如果买品牌，要了解相应硬盘的详细参数。

② 移动硬盘虽然是可以移动的，但是不要经常带在身边到处跑，不必要时不要让其震动。

③ 在使用时一定要放到平稳、无震动的地方，使用过程中的剧烈震动可能对硬盘造成损害。

④ 用好的数据线，在市场上有些数据线质量实在不好，用好的数据线，这样供电充足，不容易损害硬盘。

⑤ 合理的分区，硬盘分区最好要合理，这样对硬盘是一种保护。

⑥ 在不进行数据复制时，应当拔下 U 盘或移动硬盘，不让其长时间工作。但也不要频繁插拔。

⑦ 最好不要对 U 盘或移动硬盘进行碎片整理。

⑧ 在别人电脑上使用最好插到主机主板上，因为电脑硬件不同，有时电脑知识不好的装机人员把 USB 前置线接错，容易烧坏 U 盘或移动硬盘。

⑨ 拔下前一定先停止设备，复制完文件就马上直接拔下 U 盘或移动硬盘很容易引起文件复制的错误，下次使用时就会发现文件复制不全或损坏的问题。有时候遇到停止不下来设备的时候可以关机后再拔下。

⑩ U 盘或移动硬盘同样需要好好保护，要注意防尘、防潮和防摔。

(3) 移动存储器故障检测与维修

故障一：U 盘插到机器上没有任何反应。

故障原因：可能是供电、时钟、主控出现问题。

解决办法：根据故障现象判断，U 盘整机没有工作，而 U 盘工作所要具备的条件也就是维修的重点。无论任何方案的 U 盘，想要工作都必须具备以下几个条件。

① 供电，分为主控所需的供电和 Flash 所需的供电，这两个是关键，而 U 盘电路非常的简单，如没有供电，一般都是保险电感损坏或 3.3V 稳压块损坏。稳压块有 3 个引脚，分别是电源输入(5V)、地、电源输出(3.3V)，工作原理就是当输入脚输入一个 5V 电压时，输出脚就会输出一个稳定的 3.3V。只要查到哪里是没有供电的根源，问题就会很好解决了。

② 时钟，因主控要在一定频率下才能工作，跟 Flash 通信也要用时钟信号进行传输，所以如果没有时钟信号，主控一定不会工作的。

而在检查这方面电路的时候，其实时钟产生电路很简单，只需要检查晶振及其外围电路即可，因晶振怕摔而 U 盘小巧很容易掉在地上造成晶振损坏，只要更换相同的晶振即可。注意：晶振是无法测量的，判断其好坏最好的方法就是代换一个好的晶振来判断。

③ 主控，如果上述两个条件都正常，那就是主控芯片损坏了，更换主控。

故障二：U 盘插入电脑，提示“无法识别的设备”。

故障原因：U 盘跟电脑通信方面有故障。

解决办法：对于此现象，首先的一点说明 U 盘的电路基本正常，而只是跟电脑通信方面有故障，而对于通信方面有以下几点要检查。

① U 盘接口电路，此电路没有什么特别元件就是两根数据线 D+、D−，所以在检查此电路时只要测量数据线到主控之间的线路是否正常即可，一般都在数据线与主控电路之间会串接两个小阻值的电阻，以起到保护的作用，所以要检查这两个电阻的阻值是否正常。

② 时钟电路，因 U 盘与电脑进行通信要在一定的频率下进行，如果 U 盘的工作频率和电脑不能同步，那么系统就会认为这是一个“无法识别的设备”了。这时就要换晶振了。

③ 主控，如果上述两点检查都正常，那就可以判断主控损坏了。

故障三：磁盘空间不对。

故障原因：可以认 U 盘，但打开时提示“磁盘还没有格式化”但系统又无法格式化，或提示“请插入磁盘”、打开 U 盘里面都是乱码、容量与本身不相符等。对于此现象，可以判断 U 盘本身硬件没有太大问题，只是软件问题。

解决办法：找到主控方案的修复工具进行修复就可以了。这个就要看 U 盘的主控是什么方案的来决定了。

故障四：无法停止通用卷。

解决方法一：把系统的预览功能关掉，这种问题就不会再出现了。操作办法：双击“我的电脑"图标，选择"工具"→"文件夹选项"命令，在"常规"选项卡中选择"使用 Windows 传统风格的文件夹"项，然后单击"应用"按钮，最后单击"确定"按钮。

解决方法二：先关闭存在于移动设备上的打开文件。进入其他硬盘分区做简单操作如"复制"、"粘贴"等，然后就可以停止了。

解决办法三：关闭计算机，待闪存盘的指示灯灭了以后，即可安全拔出；如果是没有指示灯的闪存盘，那么待计算机电源指示灯关闭熄灭后，即可安全拔出。

故障五：USB 移动硬盘在连接到电脑之后，系统没有弹出"发现 USB 设备"的提示。

故障原因：在 BIOS 中没有为 USB 接口分配中断号，从而导致系统无法正常地识别和管理 USB 设备。

解决办法：重新启动电脑，进入 BIOS 设置窗口，在 PNP/PCI CONFIGURATION 中将 Assign IRQ For USB 一项设置为 Enable，这样系统就可以给 USB 端口分配可用的中断地址。

故障六：移动硬盘在 Windows 2003 系统上使用时无法显示盘符图标。

故障原因：Windows 2003 是一个面向服务器的操作系统，对新安装的存储器必须手工为其添加盘符。

解决办法：进入"控制面板"窗口，打开"管理工具"窗口并打开"计算机管理"窗口，选择"磁盘管理"项，选择识别出来的移动硬盘右击，选择"更改驱动器名或路径"命令，然后为其选择一个盘符即可。

故障七：新买的 IBM 20GB USB 2.0 移动硬盘，在接入电脑后发现 USB 硬盘读/写操作发出"咔咔"的声音，经常产生读/写错误。

故障原因：USB 接口的设备需要＋5V、最大 500mA 供电，如果供电不足会导致移动硬盘读/写错误甚至无法识别。

解决办法：更换 USB 接口供电方式，从＋5VSB 切换为主板＋5V 供电；如果仍不能解决问题则考虑更换电源。某些 USB 移动硬盘也提供 PS/2 取电接口，也可尝试使用。

故障八：USB 移动硬盘能被操作系统识别，但却无法打开移动硬盘所在的盘符，及 USB 移动硬盘在操作系统中能被发现，但被识别为"未知的 USB 设备"，并提示安装无法继续进行。

故障原因：移动硬盘对工作电压和电流有较高的要求（＋5V，最大要求 500mA），如果主板上 USB 接口供电不足，会造成上述现象。

解决办法：选择带有外接电源的移动硬盘盒，或者使用带有外接电源的 USB HUB。

故障九：在华擎 P4I45D 主板上使用 USB 2.0 移动硬盘，在复制较大文件时容易出错并死机。

故障原因：未更新驱动程序导致操作系统和 USB 控制芯片产生兼容性的问题。

解决办法：更新该主板 USB 2.0 控制芯片 VIA VT6202 的驱动程序——VIA USB 过滤器补丁。下载地址：http://downloads.viaarena.com/drivers/USB/VIA_USB2_V258p3-L-M.zip。

故障十：USB 2.0 接口的移动硬盘无法在机箱的前置 USB 接口上使用，也不能使用 USB 1.1 接口延长线。

故障原因：通常机箱上的前置 USB 口和 USB 延长线都是采用 USB 1.1 结构，而 USB

2.0 接口的移动硬盘在 USB 1.1 集线器插座上使用则会不定时出错。即使有些前置 USB 接口是 2.0 标准,也可能因为重复接线的原因导致电阻升高,使得 USB 2.0 接口供电不足。

解决办法:尽量使用主板 I/O 面板上的 USB 2.0 接口。

故障十一:在 Windows 2000 或 Windows XP 系统中,移动硬盘无法在系统中弹出和关闭。

故障原因:系统中有其他程序正在访问移动硬盘中的数据,从而产生对移动硬盘的读/写操作。

解决办法:关闭所有对移动硬盘进行操作的程序,有必要尽可能在弹出移动硬盘时关闭系统中的病毒防火墙等软件。

故障十二:无法从移动硬盘引导系统。

故障原因:利用移动硬盘引导系统必须在 BIOS 的启动设置中,设置为从 USB 设备启动。

解决办法:将 BIOS 设置中的 Boot Device 设置为 USB-ZIP。如果 BIOS 不支持,必须更新 BIOS 版本到最新。

故障十三:操作系统中不出现移动硬盘的盘符。

故障原因:一块 30GB 移动硬盘(USB 2.0 接口)插入一台 IBM 台式机使用时,系统能自动找到 USB 移动存储设备,但"我的电脑"中无移动硬盘的盘符出现。

解决办法:观察移动硬盘,发现它的指示灯不停闪烁,并发出"咔嚓、咔嚓"的响声。将它拿到一台联想台式机和一台东芝笔记本电脑上去试,结果都能正常使用。难道是 IBM 机的 USB 接口损坏?于是插入其他 USB 接口(此机有 4 个 USB 接口),故障依旧。又用 U 盘在此机的 USB 接口上使用,读/写都正常。看来问题出在 IBM 机 USB 接口与移动硬盘的连接上。仔细观察移动硬盘,其轻微的"咔嚓、咔嚓"声好像是硬盘驱动器转不起来。难道是移动硬盘的供电不足,于是用移动硬盘带的 PS/2 接口线供电,这次,盘符出现了。

(4) 常用 U 盘维修工具软件介绍

① MyDiskTest。MyDiskTest 是一款 U 盘/SD 卡/CF 卡等移动存储产品扩容识别工具,可以方便地检测出存储产品是否经过扩充容量,以次充好;还可以检测 Flash 闪存是否有坏块、是否采用黑片;不破坏磁盘原有数据,可以测试 U 盘的读取和写入速度,是挑选 U 盘和存储卡必备的工具。

② ChipGenius。ChipGenius 是一款 USB 设备芯片型号检测工具,可以自动查询 U 盘、MP3/MP4、读卡器、移动硬盘等一切 USB 设备的主控芯片型号、制造商、品牌,并提供相关资料下载地址。当然也可以查询 USB 设备的 VID/PID 信息、设备名称、接口速度、序列号、设备版本等。

③ U 盘病毒免疫工具。U 盘免疫工具是专门针对 U 盘病毒传播快、易感染、查杀难、防范方法过于复杂而开发的自动化绿色免疫工具。用户不用掌握任何计算机专业知识,不用掌握任何 U 盘免疫技巧和办法,只需要单击按钮,就可以轻松打造出一款具有免疫 U 盘病毒能力的抗病毒 U 盘。

通过 U 盘免疫工具不仅可以快速地清除 U 盘中已经感染的病毒,还可以对尚未感染病毒的 U 盘进行免疫强化。

经过免疫强化后的 U 盘,能够有效地防御所有以 U 盘为传染渠道的病毒,在学校、办公室、打印店、冲洗店等各种容易遭到 U 盘病毒攻击的环境中,也可以放心无忧的使用 U 盘,永不担心中毒。

④ Superrecovery 超级硬盘数据恢复软件。Superrecovery 具有以下功能。

a. 恢复被 Shift+Del 删除或者经过回收站删除的文件目录。

b. 恢复卸载软件而丢失的文件目录。

c. 恢复杀毒后丢失的文件或者因为病毒删除的文件。

d. 恢复格式化的分区。

e. 适合恢复单个被格式化的分区,格式化前后这个分区大小未发生变化,若硬盘里面几个分区都同时格式化,建议选择下面的"恢复丢失的分区"。

f. 也适合于分区类型发生改变的情况,比如 FAT32→NTFS,或者 NTFS→FAT32。

g. 恢复丢失的分区。

h. 适合于删除分区的恢复。

i. 适合于重新分区后的恢复。

j. 适合于整个硬盘变成一个分区,其他分区丢了的恢复。

k. 适合于分区打不开,提示格式化的恢复。

l. 适合于 Ghost 安装系统后变成一个分区,或者 Ghost 自动把硬盘分成几个分区后,完全扫描恢复。

m. 适合于文件名被破坏后,无法根据文件名恢复的情况。

n. 适于定义扫描范围,只扫描硬盘中某部分范围,节省时间。

例如,格式化后,又存入部分新文件。重装系统后,要恢复原来 C 盘的数据。Ghost 误操作,把系统装到别的盘如 D 盘或者移动硬盘。

3. 任务实施

(1) 任务场景

黄先生在 2004 年时买了一个 256MB 的 U 盘,后来随着自己工作文件存储的越来越多,于是在 2007 年又买了一个 1GB 的读卡器式 U 盘。后来黄先生调到机房工作,机房有很多软件、系统需要复制,U 盘已不够用了。于是黄先生在买了移动硬盘来装各种操作系统和软件。可有一次黄先生出差期间复制了大量数据,回来后在几台电脑上使用都检测不到移动硬盘,硬盘指示灯也不亮。

(2) 实施步骤

① 接受任务。

客户接待:接待人员林小姐接待了黄先生,林小姐听取了黄先生对移动硬盘故障的描述,并记录下来,把故障描述单和硬盘捆绑在一起,存放起来,并和黄先生说会尽快找技术员帮助检测。

确定任务:经过技术员张工的检测,初步了解故障原因,确定维修方式以及价格。

② 操作步骤。

步骤 1:把移动硬盘插入电脑没有反应,硬盘指示灯不亮,说明问题可能出在移动硬盘本身。

步骤 2:拆开硬盘盒,盘身表面部件也无变色和异常现象;硬盘与硬盘盒的接口针脚也没有变形;又观察硬盘盒身,发现硬盘盒的上下面内凹,可能是在出差途中因挤压而变形。

步骤3：于是张工只用硬盘盒的接口模块连接硬盘而不装入盒内，插入电脑，移动硬盘又恢复了正常。再拔出装入硬盘盒内，移动硬盘又没了反应。

步骤4：可能是内凹的铁质盒身与硬盘表面部件有接触致使移动硬盘工作不正常。于是用工具将内凹的盒身整平，装好硬盘，插入电脑，又能使用了。

(3) 交付客户

① 客户体验：黄先生复制不同大小文件在移动硬盘中进行测试。技术员向黄先生介绍个移动硬盘日常保养技巧与正确使用方法。

② 交付确认：黄先生进行移动硬盘大小、外观等方面检查；客户满意后在维修单上签字确认，交付使用。

训 练 题

1. 联系当地电脑城，在其售后服务部门进行一至两个星期的见习(建议利用周末)，事后组织讨论会，总结见习所见所闻。

2. 由授课老师组织，联合学校学生团体进行全校范围内的计算机组装比赛和故障处理比赛。

3. 组织学生参加学校内的计算机维护小组(或成立维护小组)，为学校内师生解决计算机及常用IT设备的故障，并定期进行工作汇报和经验交流，为日后工作积累经验。

项目五 市场营销策略

岗位目标：IT产品销售员、销售主管

知识目标：

(1) 了解产品策略制订的过程；

(2) 掌握定价的基本方法；

(3) 掌握分销渠道决策；

(4) 掌握产品促销的基本方法。

能力目标：

(1) 能制订整合营销策略；

(2) 能根据市场进行产品定价；

(3) 能够初步建立分销渠道；

(4) 能够开展产品促销活动。

素养目标：

(1) 自觉遵守公司制度；

(2) 较强的专业知识；

(3) 有自信心；

(4) 勤奋、积极、主动的态度；

(5) 良好的团队协作精神；

(6) 明确任务目标；

(7) 普通话及地方语言好，具有良好的沟通能力。

市场营销策略是企业以顾客需要为出发点，根据经验获得顾客需求量以及购买力的信息、商业界的期望值，有计划地组织各项经营活动，通过相互协调一致的产品策略、价格策略、渠道策略和促销策略，为顾客提供满意的商品和服务而实现企业目标的过程。

通常，企业在营销过程中可以控制的主要因素包括产品(Product)、价格(Price)、渠道(Place)和促销(Promotion)。因此，针对特定目标市场，企业要制订的具体营销策略主要包括产品策略、价格策略、渠道策略和促销策略。这些具体策略的组合构成营销组合，即所谓的4P。

(1) 产品策略是企业为目标市场提供合适产品的有关策略，主要包括产品种类、质量、设计、性能、规格、产品线的宽度与深度、品牌名称、包装、说明书、服务、保修以及退货等具体因素的决策安排。

(2) 价格策略是企业提供给目标市场的产品与服务如何定价的策略，主要包括价格水平、折扣与折让、付款期限以及信用条件等具体因素的决策安排。

(3) 渠道策略是企业如何使产品到达目标市场顾客手中的有关策略，主要包括市场划分、覆盖面、分销渠道、存货、中间商类型、位置以及仓储与物流等具体因素的决策安排。

(4) 促销策略是向市场传播企业及其产品的相关信息以促进顾客购买产品等相关活动的策略，主要包括广告、人员推销、营业推广以及公共关系等具体内容的决策安排。

5.1　产品策略

知识目标：

了解产品策略制订的过程。

能力目标：

能制订整合营销策略。

5.1.1　产品整体概念

产品整体概念包含核心产品、有形产品、附加产品、期望产品和潜在产品5个层次。

1. 核心产品

核心产品是指消费者购买某种产品时所追求的利益，是顾客真正要买的东西，因而在产品整体概念中也是最基本、最主要的部分。消费者购买某种产品，并不是为了占有或获得产品本身，而是为了获得能满足某种需要的效用或利益。

2. 有形产品

有形产品是核心产品借以实现的形式，即向市场提供的实体和服务的形象。如果有形产品是实体品，则它在市场上通常表现为产品质量水平、外观特色、式样、品牌名称和包装等。产品的基本效用必须通过某些具体的形式才得以实现。市场营销者应首先着眼于顾客购买产品时所追求的利益，以求更完美地满足顾客需要，从这一点出发再去寻求利益得以实现的形式，进行产品设计。

3. 附加产品

附加产品是顾客购买有形产品时所获得的全部附加服务和利益，包括提供信贷、免费送货、质量保证、安装、售后服务等。附加产品的概念来源于对市场需要的深入认识。因为购买者的目的是为了满足某种需要，因而他们希望得到与满足该项需要有关的一切。美国学者西奥多·莱维特曾经指出："新的竞争不是发生在各个公司的工厂生产什么产品，而是发生在其产品能提供何种附加利益(如包装、服务、广告、顾客咨询、融资、送货、仓储及具有其他价值的形式)。"

4. 期望产品

期望产品是指购买者购买某种产品通常所希望和默认的一组产品属性和条件。一般情况下，顾客在购买某种产品时，往往会根据以往的消费经验和企业的营销宣传，对所欲购买的产品形成一种期望，如对于旅店的客人，期望的是干净的床、香皂、毛巾、热水、电话和相对安静的环境等。顾客所得到的是购买产品所应该得到的，也是企业在提供产品时应该提供给顾客的,但是如果顾客没有得到这些,就会非常不满意,因为顾客没有得到他应该得到的东西,即顾客所期望的一整套产品属性和条件。

5. 潜在产品

潜在产品是指一个产品最终可能实现的全部附加部分和新增加的功能。许多企业通过对现有产品的附加与扩展,不断提供潜在产品,所给予顾客的就不仅仅是满意,还能使顾客在获得这些新功能的时候感到喜悦。所以潜在产品指出了产品可能的演变,也使顾客对于产品的期望越来越高。潜在产品要求企业不断寻求满足顾客的新方法,不断将潜在产品变成现实的产品,这样才能使顾客得到更多的意外惊喜,更好地满足顾客的需要。

产品最基本的层次是核心利益,即向消费者提供的产品基本效用和利益,也是消费者真正要购买的利益和服务。消费者购买某种产品并非是为了拥有该产品实体,而是为了获得能满足自身某种需要的效用和利益。如洗衣机的核心利益体现在它能让消费者方便、省力、省时地清洗衣物。产品核心功能需依附一定的实体来实现,产品实体称一般产品,即产品的基本形式,主要包括产品的构造外形等。期望产品是消费者购买产品时期望的一整套属性和条件,如对于购买洗衣机的人来说,期望该机器能省时省力地清洗衣物,同时不损坏衣物,洗衣时噪声小、方便进排水、外形美观、使用安全可靠等。附加产品是产品的第四个层次,即产品包含的附加服务和利益,主要包括运送、安装、调试、维修、产品保证、零配件供应、技术人员培训等。附加产品来源于对消费者需求的综合性和多层次性的深入研究,要求营销人员必须正视消费者的整体消费体系,但同时必须注意因附加产品的增加而增加的成本,消费者是否愿意承担的问题。产品的第五个层次是潜在产品,潜在产品预示着该产品最终可能的所有增加和改变。

现代企业产品外延的不断拓展缘于消费者需求的复杂化和竞争的白热化。在产品的核心功能趋同的情况下,谁能更快、更多、更好地满足消费者的复杂利益整合的需要,谁就能拥有消费者、占有市场、取得竞争优势。不断地拓展产品的外延部分已成为现代企业产品竞争的焦点,消费者对产品的期望价值越来越多地包含了其所能提供的服务、企业人员的素质及企业整体形象的"综合价值"。若产品在核心利益上相同,但附加产品所提供的服务不同,则可能被消费者看成是两种不同的产品,因此也会造成两种截然不同的销售状况。美国著名管理学家李维特曾说过:"新的竞争不在于工厂里制造出来的产品,而在于工厂外能够给产品加上包装、服务、广告、咨询、融资、送货或顾客认为有价值的其他东西。"

5.1.2 产品生命周期

1. 产品生命周期

产品生命周期一般可以分成 4 个阶段:引入期、成长期、成熟期和衰退期。

(1) 引入期

新产品投入市场,便进入了引入期。此时顾客对产品还不了解,除了少数追求新奇的顾客外,几乎没有人实际购买该产品。在此阶段产品生产批量小、制造成本高、广告费用大,产品销售价格偏高,销售量极为有限,企业通常不能获利。

(2) 成长期

当产品进入引入期,销售取得成功之后,便进入了成长期。这是需求增长阶段,需求量和销售额迅速上升,生产成本大幅度下降,利润迅速增长。

(3) 成熟期

经过成长期之后，随着购买产品的人数增多，市场需求趋于饱和，产品便进入了成熟期阶段。此时，销售增长速度缓慢直至转而下降，由于竞争的加剧，导致广告费用再度提高，利润下降。

(4) 衰退期

随着科技的发展、新产品和替代品的出现以及消费习惯的改变等原因，产品的销售量和利润持续下降，产品从而进入了衰退期。产品的需求量和销售量迅速下降，同时市场上出现替代品和新产品，使顾客的消费习惯发生改变。此时成本较高的企业就会由于无利可图而陆续停止生产，该类产品的生命周期也就陆续结束，以至最后完全撤出市场。

产品生命周期是一个很重要的概念，它和企业制订产品策略以及营销策略有着直接的联系。管理者要想使产品有一个较长的销售周期，以便赚到足够的利润来补偿在推出该产品时所做出的一切努力和经受的一切风险，就必须认真研究和运用产品的生命周期理论，此外，产品生命周期也是营销人员用来描述产品和市场运作方法的有力工具。

2. 各阶段的营销策略

典型的产品生命周期的4个阶段呈现出不同的市场特征，企业的营销策略也就以各阶段的特征为基点来制订和实施。

(1) 引入期的营销策略

引入期的特征是产品销量少、促销费用高、制造成本高，销售利润很低甚至为负值。根据这一阶段的特点，企业应努力做到：投入市场的产品要有针对性；进入市场的时机要合适；设法把销售力量直接投向最有可能的购买者，使市场尽快接受该产品，以缩短引入期，更快地进入成长期。

在产品的引入期，一般可以由产品、分销、价格、促销4个基本要素组合成各种不同的市场营销策略。仅将价格高低与促销费用高低结合起来考虑，就有下面4种策略。

① 快速撇脂策略，即以高价格、高促销费用推出新产品。实行高价策略可在每单位销售额中获取最大利润，尽快收回投资；高促销费用能够快速建立知名度，占领市场。实施这一策略须具备以下条件：产品有较大的需求潜力；目标顾客求新心理强，急于购买新产品；企业面临潜在竞争者的威胁，需要及早树立品牌形象。一般而言，在产品引入阶段，只要新产品比替代的产品有明显的优势，市场对其价格就不会那么计较。

② 缓慢撇脂策略。以高价格、低促销费用推出新产品，目的是以尽可能低的费用开支求得更多的利润。实施这一策略的条件是：市场规模较小；产品已有一定的知名度；目标顾客愿意支付高价；潜在竞争的威胁不大。

③ 快速渗透策略。以低价格、高促销费用推出新产品。目的在于先发制人，以最快的速度打入市场，取得尽可能大的市场占有率；然后再随着销量和产量的扩大，使单位成本降低，取得规模效益。实施这一策略的条件是：该产品市场容量相当大；潜在消费者对产品不了解，且对价格十分敏感；潜在竞争较为激烈；产品的单位制造成本可随生产规模和销售量的扩大迅速降低。

④ 缓慢渗透策略。以低价格、低促销费用推出新产品。低价可扩大销售，低促销费用可降低营销成本，增加利润。这种策略的适用条件是：市场容量很大；市场上该产品的知名度较高；市场对价格十分敏感；存在某些潜在的竞争者，但威胁不大。

(2) 成长期市场营销策略

新产品经过市场介绍期以后,消费者对该产品已经熟悉,消费习惯业已形成,销售量迅速增长,这种新产品就进入了成长期。进入成长期以后,老顾客重复购买,并且带来了新的顾客,销售量激增,企业利润迅速增长,在这一阶段利润达到高峰。随着销售量的增大,企业生产规模也逐步扩大,产品成本逐步降低,新的竞争者会投入竞争。随着竞争的加剧,新的产品特性开始出现,产品市场开始细分,分销渠道增加。企业为维持市场的继续成长,需要保持或稍微增加促销费用,但由于销量增加,平均促销费用有所下降。针对成长期的特点,企业为维持其市场增长率,延长获取最大利润的时间,可以采取下面几种策略。

① 改善产品品质。如增加新的功能、改变产品款式、发展新的型号、开发新的用途等。对产品进行改进,可以提高产品的竞争能力,满足顾客更广泛的需求,吸引更多的顾客。

② 寻找新的细分市场。通过市场细分,找到新的尚未满足的细分市场,根据其需要组织生产,迅速进入这一新的市场。

③ 改变广告宣传的重点。把广告宣传的重心从介绍产品转到建立产品形象上来,树立产品名牌,维系老顾客、吸引新顾客。

④ 适时降价。在适当的时机,可以采取降价策略,以激发那些对价格比较敏感的消费者产生购买动机和采取购买行动。

(3) 成熟期市场营销策略

进入成熟期以后,产品的销售量增长缓慢,逐步达到最高峰,然后缓慢下降;产品的销售利润也从成长期的最高点开始下降;市场竞争非常激烈,各种品牌、各种款式的同类产品不断出现。

对成熟期的产品,宜采取主动出击的策略,使成熟期延长,或使产品生命周期出现再循环。为此,可以采取以下 3 种策略。

① 市场调整。这种策略不是要调整产品本身,而是发现产品的新用途、寻求新的用户或改变推销方式等,以使产品销售量得以扩大。

② 产品调整。这种策略是通过产品自身的调整来满足顾客的不同需要,吸引有不同需求的顾客。整体产品概念的任何一层次的调整都可视为产品再推出。

③ 市场营销组合调整,即通过对产品、定价、渠道、促销 4 个市场营销组合因素加以综合调整,刺激销售量的回升。常用的方法包括降价、提高促销水平、扩展分销渠道和提高服务质量等。

(4) 衰退期市场营销策略

衰退期的主要特点是:产品销售量急剧下降;企业从这种产品中获得的利润很低甚至为零;大量的竞争者退出市场;消费者的消费习惯已发生改变等。面对处于衰退期的产品,企业需要进行认真的研究分析,决定采取什么策略,在什么时间退出市场。通常有以下几种策略可供选择。

① 继续策略。继续沿用过去的策略,仍按照原来的细分市场,使用相同的分销渠道、定价及促销方式,直到这种产品完全退出市场为止。

② 集中策略。把企业能力和资源集中在最有利的细分市场和分销渠道上,从中获取利润。这样有利于缩短产品退出市场的时间,同时又能为企业创造更多的利润。

③ 收缩策略。抛弃无希望的顾客群体,大幅度降低促销水平,尽量减少促销费用,以增

加目前的利润。这样可能导致产品在市场上的衰退加速,但也能从忠实于这种产品的顾客中得到利润。

④ 放弃策略。对于衰退比较迅速的产品,应该当机立断,放弃经营。可以采取完全放弃的形式,如把产品完全转移出去或立即停止生产;也可采取逐步放弃的方式,使其所占用的资源逐步转向其他的产品。

5.1.3 品牌策略

一般认为,品牌是一种名称、术语、标记、符号或图案,或是它们的相互组合,用以识别某个销售者或某群销售者的产品或服务,并使之与竞争对手的产品和服务相区别。与品牌紧密联系的有如下一些概念。

(1) 品牌名:品牌中可以读出的部分——词语、字母、数字或词组等的组合。如海尔、红双喜 1999、TCL 等。

(2) 品牌标志:品牌中不可以发声的部分——包括符号、图案或明显的色彩或字体。如耐克的一勾造型,小天鹅的天鹅造型,IBM 的字体和深蓝色的标准色等。

(3) 品牌角色:用人或拟人化的标识来代表品牌的方式,如海尔兄弟、麦克唐纳、米老鼠、康师傅等。

(4) 商标:受到法律保护的整个品牌、品牌标志、品牌角色或者各要素的组合。当商标使用时,要用"R"或"注"明示,意指注册商标。

产品是否使用品牌是品牌决策要回答的首要问题。品牌对企业有很多好处,但建立品牌的成本和责任不容忽视,不是所有的产品都要使用品牌。如市场上很难区分的原料产品,地产、地销的小商品或消费者不是凭产品品牌决定购买的产品,可不使用品牌。第二,如果企业决定使用品牌,则面临着使用自己的品牌还是别人品牌的决策,如使用特许品牌或中间商品牌。对于实力雄厚、生产技术和经营管理水平俱佳的企业,一般都使用自己的品牌。使用其他企业的品牌的优点和缺点都很突出,得结合企业的发展战略来决策。第三,使用一个品牌还是多个品牌。对于不同产品线或同一产品线下的不同产品品牌的选择,有 4 种策略:个别品牌策略,即企业在不同的产品线上使用不同的品牌;单一品牌策略,企业所有的产品采用同一品牌;同类统一品牌策略,即对同一产品线的产品采用同一品牌,不同的产品线品牌不同;企业名称与个别品牌并行制策略,在不同的产品上使用不同的品牌,但每一品牌之前冠以企业的名称。

品牌延伸是企业将某一有影响力的品牌使用到与原来产品不同的产品上。品牌延伸既可大大降低广告宣传等促销费用,又可使新产品更容易被消费者接受,这一策略运用得当,有助于企业的发展。品牌延伸不当还会影响原品牌的形象。

5.1.4 产品包装决策

包装是为产品提供生产容器或包裹物及其设计装潢的行为。大多数有形产品在从生产领域转移到消费领域的过程中,都需要有适当的包装。因此,包装是整个产品生产的重要组成部分。

包装的作用有以下几个方面。

(1) 实现商品价值和使用价值,并是增加商品价值的一种手段。

(2) 保护商品，免受日晒、风吹、雨淋、灰尘沾染等自然因素的侵袭，防止挥发、渗漏、溶化、沾污、碰撞、挤压、散失以及盗窃等损失。

(3) 给流通环节储、运、调、销带来方便，如装卸、盘点、码垛、发货、收货、转运、销售计数等。

(4) 美化商品、吸引顾客，有利于促销。

(5) 比喻对人或物进行形象上的装扮、美化，是更具吸引力或商业价值。

包装按功能可进行以下分类。

(1) 周转包装，是介于器具和运输包装之间的一类容器，实质是一类反复使用的转运器具。

(2) 运输包装，以保护物品安全流通、方便储运为主要功能目的的包装。

(3) 销售包装，直接进入商店陈列销售，与产品一起到达消费者手中。

(4) 礼品包装，以馈赠亲友礼物表达情意为主要目的的配备的实用礼品包装。

(5) 集装化包装，也称集合包装，是适应现代机械自动化装运，将若干包装件或物品集中装在一起形成一个大型搬运单位的巨型包装。

通常企业可选择以下几种包装策略。

(1) 类似包装策略。企业对其各种产品，在包装上采用相近的图案、近似的色彩和共同的特征。采用该策略，可使消费者形成对企业产品的深刻印象，也可降低包装成本。但如果企业各种产品质量过于悬殊，则会形成负面影响。

(2) 等级包装策略。根据产品质量等级不同采取不同的包装。

(3) 配套包装策略。将不同类型和规格但有相互联系的产品置于同一包装中。如将系列化妆品包装在一起出售，便是典型的配套包装。

(4) 附赠品包装策略。在包装容器中附赠物品，以吸引消费者购买。如许多儿童食品的包装是采用此种策略。

(5) 复用包装策略。使用这种包装策略，购买者在使用完包装内的产品后，还可以将包装物用作其他用途。同时，包装的重复使用可以更好地宣传产品，加深购买者的印象。

5.1.5 产品服务决策

顾客服务是伴随主要提供物一起提供给消费者的附加利益与活动。顾客服务的目的是使消费者在购买和使用产品的过程中，获得更大的效用和满足。产品越复杂，消费者对各种附加服务依赖性越强。随着市场竞争的日趋激烈，仅凭技术因素是难以创造持久的竞争优势的。现今绝大多数产品的生产和制造成本不会超过最终价格的20%～30%，而周到的服务和完善的送货系统成本却占到70%～80%。可见，服务将成为企业之间竞争的主要手段。

为消费者提供的服务内容根据企业和产品特征而定。但总的宗旨是实施顾客满意服务战略，通常包括以下内容：接待来访和访问用户；提供业务技术咨询与服务；质量保证承诺；产品安装和调试；维修和备品配件供应；信用服务；定期为用户进行产品检查、维修和保养服务；还可根据用户的特殊要求提供服务。

案例：欢迎进入三星的数码世界

三星近几年来已经成为光彩夺目的明星。这个源自韩国的品牌，在全球企业史上几乎创造了一个神话。2003年，美国《商业周刊》刊登世界权威品牌咨询公司Interbrand评选的2003年度世界品牌价值排名100强名单，三星电子成为本次排行中最亮丽的一道风景。自2000年以来，三星品牌开始发力，从2000年的43位(52亿美元)，2001年的42位(64亿美元)，2002年的34位(83亿美元)，到2003年的25位(108亿美元)。三星2004年已经上升到22名，仅以1位之差排在索尼之后，成为亚洲第二大品牌。

此前，三星也曾一度是廉价货的代名词，模仿别人的技术，制造大量缺乏灵感的廉价产品；三星也曾采取过分追求规模化的产量以谋求价格制胜的经营方式，在国际市场上没什么地位和影响力。而此种境况，也是中国电子企业过去和现在的生存状态。那么，是什么改变了这一切？

三星电子的成功主要来自于三星电子在技术和营销方面所培养出来的核心竞争力。三星电子的所有产品特性都显而易见，那就是集科技化、时尚化、数字化于一身，进而全面领导潮流和把握未来。这个基本点在三星得以深入贯彻后，使三星电子遥遥领先对手，甚至有人认为，领先的不只是两三步，三星电子已经领先对手十步。

在中国，“三星电子的目的在于创造中国家庭高端数字化生活的未来，帮助中国人民实现生活数字化”，三星电子负责人曾表示，“我们希望能把计算机、消费类电子产品和通信产品结合起来，让消费者能把三星电子公司和出色的未来技术联系在一起。”

随着2002年世界杯的结束，三星电子公司又取代足球成为首尔的标志。在世界杯举办期间，从机场到首尔的路上，广告牌上全是三星电子的各种产品；在商业区，三星电子商店星罗棋布。首尔人的家中往往都有三星电子牌的电脑、电视和手机，可以说是三星电子把首尔人的生活数字化了。

据统计，三星电子2011年所获得的专利数量名列全球第五，仅次于IBM、NEC、佳能和Micron公司，但领先于松下、索尼、日立、三菱电气和富士通。

事实上，三星电子在中国也成为高技术的可信赖品牌。三星电子的产品在中国一直都被认为是高档货的象征，并且能吸引到大量购买者。在没有获准与本地企业合资生产手机以前，中国市场上甚至出现了大量走私的三星电子手机。

作为2002年全球彩电销量第一的行业老大，2003年更是结集“数字化力量”，创造出“自然”色彩，其法宝就是采用了最新的DNIE(数码自然影像技术)；配备了代表未来数字化传输趋势的DVI数字视频接口；采用CDI的尖端技术等。而“DNIE”技术全面装备三星电子的各种类型的电视，从薄如纤指的液晶电视、世界上最大的等离子电视到现在已经越来越普遍的背投彩电以及纯平电视，总计数十款型号电视，全面登陆中国的各大中城市，全面展示三星电子的技术优势。

当快速增长的中国经济使得富裕起来的城市年轻一代有条件购买时髦的电器时，三星电子很快抓住了这个机遇。它意识到不能再把中国作为过时产品的倾销市场，并及时地调整了在中国的销售战略，把重点放在几种核心产品上，如时尚的移动电话、高档的电视等。2001年，三星电子花了7亿美元打造自己的品牌，如做电视广告、零售促销等；2002年，它在这方面花了9亿美元。它的努力没有白费，它树立起一个三星品牌形象，即三星产品代表着欢乐和新潮。市场研究表明，三星品牌的追随者大都是20～30岁的年轻人。2002年，它在中国的销售额为18亿美元。

三星电子在1998年提出了宣传口号：“Samsung Digital Everyone's invited”，即“三星

数字世界欢迎您!”该口号代表了三星对广大客户和消费者的承诺。其中“三星数字世界”代表了所有时代、所有顾客和所有产品。同时,三星电子还期望通过这个口号传达出这样的含义:三星电子是一家充满开放意识并让人感受亲切的高端数字企业,通过开发新型、多功能产品,让每个人的生活变得更舒适便利、丰富多彩。

三星在大型城市建有精品店,用以展示三星电子的科技产品,像北京的海龙体验中心、天津的数码展示店都具有很大的规模和特色。另外,像电视机产品,在全国重点商场都有相当规模的展示场地。

三星电子不仅对重大体育赛事的赞助活动异常热衷,还积极推进一些区域为主的体育活动。如 2000 年 6 月 10 日由三星电子独家赞助的“三星电子百日迎奥运万人长跑”活动在天津组织举行。同时著名乒乓球运动员、国手刘国梁被邀请出任三星电子的奥运代言人。长跑活动后,三星电子的最新形象代言人陈慧琳小姐还现场主持抽奖活动,幸运者获得双人赴悉尼感受奥运的机会。活动在天津民园体育场举行,一万余名体育爱好者,八千多名观众参加。前奥运会长跑冠军王军霞亲临体育场,并担任领跑嘉宾。同时,凡在 6 月于指定城市购买三星电子手机的消费者,也有机会赢得亲赴悉尼、感受奥运的机会。这一系列活动,为三星电子掀起一个又一个奥运激情。

日前,针对各个目标地区开展的以普及数码应用为核心的全民数码活动也在十分频繁地进行,如在中国,已经举办了两届的三星电子“Digital Man”选拔赛和“三星电子杯美丽新视界 2003DV/数码知识电视大赛”。三星电子将该活动推广的核心定为“数字创造未来、数码改变生活”,旨在掀起普及数码应用知识,促进数字化工作的深入开展。

在“2003 年度世界 100 大品牌”的评选中,韩国三星电子的品牌价值上升为 108 亿美元,居世界 100 大品牌的第 25 位,连续两年成为品牌价值提升最快的国际企业。显然,这与三星的营销策略是紧密相连的。

5.2 价格策略

知识目标:

掌握定价的基本方法。

能力目标:

能根据市场进行产品定价。

在多数情况下,价格是买者作出选择的主要决定因素,是决定公司市场份额和盈利率的最重要因素之一。

定价决策问题主要是销售的产品如何定价;怎样调整价格和怎样对竞争者的价格调整作出反应。

5.2.1 制定基本价格

在制定产品价格时,企业要考虑以下因素:①定价目标;②确定需求;③估计成本;④选择定价方法;⑤选定最终价格。

1. 定价目标

企业的定价目标是以满足市场需要和实现企业盈利为基础的,它是实现企业经营总目标的保证和手段，同时，又是企业定价策略和定价方法的依据，如表5-1所示。

表5-1　企业定价目标

企业定价目标				
发展目标	利润目标	销售目标	竞争目标	社会目标
维持企业生存 扩大企业规模 多品种经营	最大利润 满意利润 预期利润 销售量增加	扩大市场占有率 争取中间商	稳定价格 应付竞争 质量优先	社会公共事业

2. 确定需求

价格会影响市场需求。在正常情况下，市场需求会按照与价格相反的方向变动。价格上升，需求减少；价格降低，需求增加。

企业定价时必须依据需求的价格弹性，即了解市场需求对价格变动的反应。

针对产品的需求有弹性的情况下，企业应采取适当降价，以刺激需求、促进销售、增加销售收入。

3. 估计成本

需求在很大程度上为企业确定了一个最高价格限度，而成本则决定着价格的底数。价格应包括所有生产、分销和推销该产品的成本，还包括对公司的努力和承担风险的一个公允的报酬。成本类型主要包括固定成本和可变成本。

(1) 固定成本，在短期内不随企业产量和销售收入的变化而变化的生产费用。如厂房设备的折旧费、租金、利息、行政人员薪金等，与企业的生产水平无关。

(2) 可变成本，随生产水平的变化而直接变化的成本，如原材料费、工资等。企业不开工生产，可变成本等于零。

4. 选择定价方法

定价方法是企业在特定的定价目标指导下，依据对成本、需求及竞争等状况的研究，运用价格决策理论，对产品价格进行计算的具体方法。定价方法主要包括成本导向、竞争导向和顾客导向3种类型。

(1) 成本导向定价法

以产品单位成本为基本依据，再加上预期利润来确定价格的成本导向定价法，是中外企业最常用、最基本的定价方法。成本导向定价法又衍生出了总成本加成定价法、目标收益定价法、边际成本定价法、盈亏平衡定价法等几种具体的定价方法。

① 总成本加成定价法。在这种定价方法下，把所有为生产某种产品而发生的耗费均计入成本的范围，计算单位产品的变动成本，合理分摊相应的固定成本，再按一定的目标利润率来决定价格。

② 目标收益定价法。目标收益定价法又称投资收益率定价法，根据企业的投资总额、预期销量和投资回收期等因素来确定价格。

③ 边际成本定价法。边际成本是指每增加或减少单位产品所引起的总成本变化量。由于边际成本与变动成本比较接近，而变动成本的计算更容易一些，所以在定价实务中多用

变动成本替代边际成本，而将边际成本定价法称为变动成本定价法。

④ 盈亏平衡定价法。在销量既定的条件下，企业产品的价格必须达到一定的水平才能做到盈亏平衡、收支相抵。既定的销量就称为盈亏平衡点，这种制定价格的方法就称为盈亏平衡定价法。科学地预测销量和已知固定成本、变动成本是盈亏平衡定价的前提。

(2) 竞争导向定价法

在竞争十分激烈的市场上，企业通过研究竞争对手的生产条件、服务状况、价格水平等因素，依据自身的竞争实力，参考成本和供求状况来确定商品价格。这种定价方法就是通常所说的竞争导向定价法。竞争导向定价主要包括以下几种方法。

① 随行就市定价法。在垄断竞争和完全竞争的市场结构条件下，任何一家企业都无法凭借自己的实力而在市场上取得绝对的优势，为了避免竞争特别是价格竞争带来的损失，大多数企业都采用随行就市定价法，即将本企业某产品价格保持在市场平均价格水平上，利用这样的价格来获得平均报酬。此外，采用随行就市定价法，企业就不必去全面了解消费者对不同价差的反应，也不会引起价格波动。

② 产品差别定价法。产品差别定价法是指企业通过不同营销努力，使同种同质的产品在消费者心目中树立起不同的产品形象，进而根据自身特点，选取低于或高于竞争者的价格作为本企业产品价格。因此，产品差别定价法是一种进攻性的定价方法。

③ 密封投标定价法。在国内外，许多大宗商品、原材料、成套设备和建筑工程项目的买卖和承包以及出售小型企业等，往往采用发包人招标、承包人投标的方式来选择承包者，确定最终承包价格。一般来说，招标方只有一个，处于相对垄断地位，而投标方有多个，处于相互竞争地位。标的物的价格由参与投标的各个企业在相互独立的条件下来确定。在买方招标的所有投标者中，报价最低的投标者通常中标，它的报价就是承包价格。这样一种竞争性的定价方法就称为密封投标定价法。

(3) 顾客导向定价法

现代市场营销观念要求企业的一切生产经营必须以消费者需求为中心，并在产品、价格、分销和促销等方面予以充分体现。根据市场需求状况和消费者对产品的感觉差异来确定价格的方法称为顾客导向定价法，又称市场导向定价法、需求导向定价法。需求导向定价法主要包括理解价值定价法、需求差异定价法和逆向定价法。

① 理解价值定价法。所谓理解价值，是指消费者对某种商品价值的主观评判。理解价值定价法是指企业以消费者对商品价值的理解度为定价依据，运用各种营销策略和手段，影响消费者对商品价值的认知，形成对企业有利的价值观念，再根据商品在消费者心目中的价值来制定价格。

② 需求差异定价法。所谓需求差异定价法，是指产品价格的确定以需求为依据，首先强调适应消费者需求的不同特性，而将成本补偿放在次要的地位。这种定价方法对同一商品在同一市场上制定两个或两个以上的价格，或使不同商品价格之间的差额大于其成本之间的差额。其好处是可以使企业定价最大限度地符合市场需求，促进商品销售，有利于企业获取最佳的经济效益。

③ 逆向定价法。这种定价方法主要不是考虑产品成本，而重点考虑需求状况。依据消费者能够接受的最终销售价格，逆向推算出中间商的批发价和生产企业的出厂价格。逆向定价法的特点是：价格能反映市场需求情况，有利于加强与中间商的良好关系，保证中间商

的正常利润，使产品迅速向市场渗透，并可根据市场供求情况及时调整，定价比较灵活。

(4) 各种定价方法的运用

企业定价方法很多，企业应根据不同经营战略和价格策略、不同市场环境和经济发展状况等，选择不同的定价方法。

① 从本质上说，成本导向定价法是一种卖方定价导向。它忽视了市场需求、竞争和价格水平的变化，有时候与定价目标相脱节。此外，运用这一方法制定的价格均是建立在对销量主观预测的基础上，从而降低了价格制定的科学性。因此，在采用成本导向定价法时，还需要充分考虑需求和竞争状况，来确定最终的市场价格水平。

② 竞争导向定价法是以竞争者的价格为导向的。它的特点是：价格与商品成本和需求不发生直接关系；商品成本或市场需求变化了，但竞争者的价格未变，就应维持原价；反之，虽然成本或需求都没有变动，但竞争者的价格变动了，则相应地调整其商品价格。当然，为实现企业的定价目标和总体经营战略目标、谋求企业的生存或发展，企业可以在其他营销手段的配合下，将价格定得高于或低于竞争者的价格，并不一定要求和竞争对手的产品价格完全保持一致。

③ 顾客导向定价法是以市场需求为导向的定价方法，价格随市场需求的变化而变化，不与成本因素发生直接关系，符合现代市场营销观念要求，企业的一切生产经营以消费者需求为中心。

5.2.2 价格变动

在产品价格确定后，由于客观环境和市场情况的变化，往往会对价格进行修改和调整。

1. 主动调整价格

(1) 降价

企业在以下情况须考虑降价。

① 企业生产能力过剩、产量过多、库存积压严重，市场供过于求，以降价来刺激市场需求。

② 面对竞争者的“削价战”，企业不降价将会失去顾客或减少市场份额。

③ 生产成本下降，科技进步，劳动生产率不断提高，生产成本逐步下降，其市场价格也应下降。

(2) 提价

提价一般会遭到消费者和经销商反对，但在许多情况下不得不提高价格。

① 通货膨胀。物价普遍上涨，企业生产成本必然增加，为保证利润，不得不提价。

② 产品供不应求。一方面买方之间展开激烈竞争，争夺货源，为企业创造有利条件；另一方面也可以抑制需求过快增长，保持供求平衡。

2. 购买者对调价的反应

顾客对降价可能有以下看法：①产品样式老了，将被新产品代替；②产品有缺点，销售不畅；③企业财务困难，难以继续经营；④价格还要进一步下跌；⑤产品质量下降了。

顾客对提价的可能有以下反应：①产品很畅销，不赶快买就买不到了；②产品很有价值；③卖主想赚取更多利润。

3. 竞争者对调价的反应

竞争者对调价的反应有以下几种类型。

（1）相向式反应。你提价，他涨价；你降价，他也降价。这样一致的行为对企业影响不太大，不会导致严重后果。企业坚持合理营销策略，不会失掉市场和减少市场份额。

（2）逆向式反应。你提价，他降价或维持原价不变；你降价，他提价或维持原价不变。这种相互冲突的行为影响很严重，竞争者的目的也十分清楚，就是乘机争夺市场。对此，企业要进行调查分析，首先摸清竞争者的具体目的，其次要估计竞争者的实力，再次要了解市场的竞争格局。

（3）交叉式反应。众多竞争者对企业调价反应不一，有相向的，有逆向的，有不变的，情况错综复杂。企业在不得不进行价格调整时应注意提高产品质量，加强广告宣传，保持分销渠道畅通等。

4. 企业对竞争者调价的反应

在同质产品市场，如果竞争者降价，企业必随之降价，否则企业会失去顾客。某一企业提价，其他企业随之提价（如果提价对整个行业有利），但如有一个企业不提价，最先提价的企业和其他企业将不得不取消提价。

在异质产品市场，购买者不仅考虑产品价格高低，而且考虑质量、服务、可靠性等因素，因此购买者对较小价格差额无反应或不敏感，则企业对竞争者价格调整的反应有较多自由。

企业在作出反应时，先必须分析：竞争者调价的目的是什么？调价是暂时的，还是长期的？能否持久？企业面临竞争者应权衡得失：是否应作出反应？如何反应？另外还必须分析价格的需求弹性，产品成本和销售量之间的关系等复杂问题。

企业要作出迅速反应，最好事先制定反应程序，到时按程序处理，提高反应的灵活性和有效性，如图 5-1 所示。

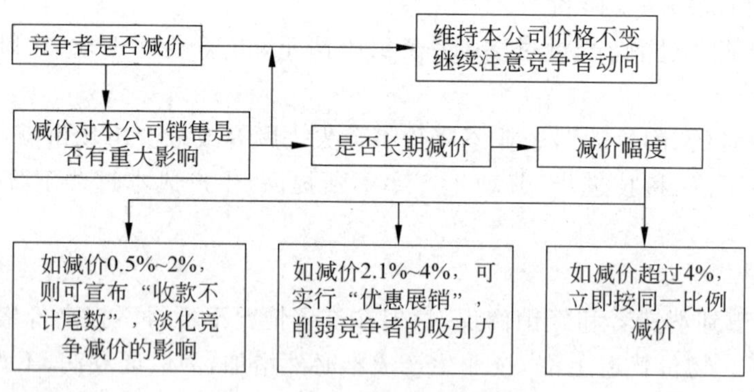

图 5-1　对付竞争者降价的程序

案例：四川长虹电子集团

四川长虹电子集团的前身是 1958 年创建的军工企业“国营四川无线电厂”，位于四川省绵阳市。1965 年，“国营四川无线电厂”更名为“国营长虹机器厂”。1973 年长虹厂率先在军工系统成功研制出第一台电视机，注册商标“长虹”，长虹品牌由此创立。长虹集团自 1973 年成功生产出“长虹牌”电视机开始，至 1992 年跻身中国电视五大品牌行列。1993 年至 1998 年，

“长虹牌”彩电从国内同等竞争对手中杀出重围，成功地登上“中国彩电大王”的宝座。长虹股票于1994年3月在上海证券交易所挂牌上市，并很快成为“龙头股”。1998年，长虹提出“世界品牌，百年长虹”的战略目标，长虹彩电以正式走向全球市场为新起点，长虹产品由彩电向空调器、数字视听、电子产品、电池等相关产业拓展。2004年，长虹品牌价值达330.73亿元，成为中国最有价值的知名品牌。

在发展过程中，长虹通过多次的降价活动，成长为我国的“彩电大王”，同时也成为我国家电行业的一面旗帜，将家电行业带动成为我国最具市场经济特征的行业之一。长虹今天的表现归功于长虹的几次主动降价行动。

第一次，开启自主调价之路。1988年彩电严重紧缺，抢购倒卖之风盛行，普通老百姓以高于国家牌价1倍的价格还很难买到彩电。在国家牌价的制约下，出现“百姓多花钱，厂家挣不到钱”的局面。长虹以略高于国家牌价而低于黑市的价格卖给省工商银行一批彩电开始自己的自行价格调整旅程。1989年，国内彩电生产厂引进了大量彩电生产线，同时国家开征彩电消费税，彩电市场顿时供过于求，厂家彩电积压严重。光上半年长虹就积压近20万台彩电，占用资金3.2亿元，资金严重紧张。在请示省物价局后，1989年8月9日，长虹进行自行降价活动，每台彩电降价350元，长虹积压彩电一销而空，同时也提升了长虹在彩电行业的地位。1991年3月，国家统计局公布：长虹1990年首次荣登彩电行业销售冠军。

第二次，也是一场具有决定意义的降价行动，国产彩电开始“当家做主”。1996年，进口品牌在25英寸以上大屏幕彩电市场占有绝对优势，在北京、上海、广州的市场份额更是高达80%以上，但众多合资厂尚未投入规模生产。1996年3月26日，长虹彩电凭借“同样的技术、同样的质量”，祭起降价大旗，首次向洋彩电宣战。面对铺天盖地的洋彩电，长虹宣布在全国范围内降价18%，带动国产彩电夺取市场份额，由此国产彩电在国内中低端彩电市场占据了绝对主导地位。而长虹的市场占有率由1995年的22%提高到1996年的27%左右，彩电销量比上年同期增长61.96%。长虹在1996年发起的价格战对于国产彩电的翻身功不可没。

第三次（1999—2001年），长虹针对传统彩电的洗牌行动逐步向高端市场挺进。对于长虹来说，1998年是一个转折点。长虹为了遏制对手，从当年8月份起大批量购进彩管，最多时控制了国内彩管70%以上，使应付款项、票据从35.51亿元直线上升到61.9亿元，当年长虹计划生产彩电800万台，但实际销量只有600多万台，到1998年年末，长虹库存达到77亿元，比上年增加一倍。同时1998年郑百文问题爆发，在暴露的时候，这条渠道的销售收入占长虹总营业额的30%。由于“郑百文事件”，1998年上半年长虹的销售费用由1997年同期的1.98亿元上升至3.46亿元，增加了14.75%，而销售收入却下降了14.2%。到1999年，长虹销售业绩同比下滑14.5%，销售成本反而上升25.5%。“囤积彩管”事件不仅使企业不得不承担起70亿元库存的压力，也使TCL、创维、康佳这三剑客对抗长虹的联盟更加坚固。其结果是，长虹从习惯先声夺人沦为在频繁的价格战中疲于应招。在这一年，长虹主业收入锐减4亿元。经过1997年和1998年由别人发起的价格战，长虹的彩电霸主地位岌岌可危。为了挽回颓势，1999年4月，长虹彩电开始降价行动。但康佳对长虹降价早有应对，降价幅度超过长虹80～300元。长虹主营利润由1998年的31.6亿元下降到1999年的15.7亿元，净资产收益率仅4.06%，1999年下半年长虹利润仅1亿多元。

国内彩电市场2000年销量为2000万台，而生产能力却超过了4000万台，重复建设导致的过度竞争，逼使产品同质化的企业为了生存，只有不断举起价格利刃展开肉搏。2000年伊始，国内彩电业便笼罩在全行业亏损147亿元浓重的阴影中。为了避免发生1999年惨烈的价格战，2000年6月9日，9大彩电企业在深圳召开的“中国彩电企业峰会”上，签下了彩电销售最低价协约，旋即被国家计委宣布违法。在不到一个月后，各地彩电掀起了规模空前的降价狂潮，29英寸彩电最低跌至1680元，而此时彩电峰会上的一纸协定墨迹未干。这之后，同盟军内纷纷“背叛”，同盟者厦华、熊猫率先降价，到了8月，盟主康佳和根本没参加同盟的四川长虹分别宣布大幅度调低彩电售价，其中康佳最大降幅为20%，而长虹的降幅更高，达35%。此次彩电降价是1996年四川长虹挑起价格战以来，规模和降价幅度最大的一次。在这次降价中，29英寸纯平彩电售价不到2000元。截至2000年12月中旬，长虹销售收入已突破800亿元，其中主要产品彩电的销售量已达4500万台。2000年，长虹彩电总销量694万台，索尼彩电销量为50万台，但两者的利润却几近相同。长虹彩电2000年度再次成为销量第一名，在行业大滑坡的情况下，市场占有率重新回升到25%。

2000年，在国产品牌全线降价的同时，进口品牌发起大规模反扑，率先在中国市场推出最先进的产品，并靠越来越接近的价格和已有的品牌优势，将29英寸以上大屏幕彩电的市场份额从15%提升到30%，在市场占有率十强中占得三席。虽然经过几次价格战，淘汰了许多彩电企业，但到2001年全国彩电行业还有七八十家生产企业，100多条生产线、5000万台的年生产能力，而国内销售量仅有2000万台，经过努力出口达到1000万台，还有2000万台的闲置生产能力。为了夺取被跨国公司占据的市场和进一步清理国产品牌，2001年4月中旬由长虹发起的自称为“五一战役”将这次意料中的价格战提前了半年。4月13日，长虹将其十多个品种的高档彩电在全国范围内大幅度降价，而这些彩电大都是以前被人们认为高不可攀的大屏幕超屏彩电。在市场畅销的29英寸大屏幕“国礼精品”彩电从4000元左右直接降到了2000元左右，价格仅为进口品牌同档次机器的40%～50%。

1998年，我国背投电视销量为4795台，2000年超过10万台，2001年则达到了35万台，连续4年超过300%的增幅。2001年1月1日，中国首台精密显像电视——长虹精显彩电诞生，从而一举打破了彩电高端核心技术一直由跨国彩电巨头垄断的局面。同年7月，领先世界水平的第三代60Hz数字变频逐行扫描背投彩电在长虹诞生，至此，中国彩电业在高端核心技术上全面受制于人已经成为历史。2002年年初，长虹研制出领先世界水平的第三代75Hz数字变频逐行扫描背投彩电。在长虹产品投放市场以前，彩电高端产品一直是日韩企业的天下。出于技术、利润周期的考虑，日韩企业在背投市场上采用区别对待策略：在发达国家市场投放第三、四代背投，而在中国市场则主要投放第一、二代背投，从而用普通背投延长自己在中国市场的利润赚取时间。2002年4月29日，长虹投影公司宣布即日起将全面停止内销一、二代(即50Hz及100Hz)普通背投彩电的生产，将全部精力转移到第三代及第四代60Hz/75Hz+逐行扫描背投彩电的生产和销售。此时，离2001年1月1日中国首台精密显像电视在长虹成功下线仅16个月。2002年5月，长虹率先强力推出精显背投，打响了国内彩电业全面进军高端市场的第一枪；之后，跨国公司才开始向国内企业传让高端背投技术，于是TCL、创维、海信等国内彩电品牌相继推出了等离子、液晶彩电等高端产品，7月，TCL、创维先后以29 800元的超低价启动了等离子彩电市场。至此，国内彩电企业成功地完成了由低端市场向高端市场的转型。在2002年中报中，低迷长达5年之久的长虹终于拥有了回到从前的感觉。8月10日公布的中报显示，长虹彩电等主营业务收入同比增长65.38%，净利润同比增长435.67%，彩电出口额达27.96亿元，同比增长1789%，在中国彩电行业中排名第一。另外，长虹精显背投彩电仅用了一年时间，就直逼东芝和索尼，无可争议地成为中国背投彩电的代言人。2001年10月，长虹背投市场占有率不足1.5%，而2002年同期市场占有率则高达18.5%。

2003年4月8日，中国彩电大王长虹在捧回2002全国彩电销量冠军后不到半个月时间内，又出重拳，推出"长虹背投普及风暴"活动，在高端市场全面反击跨国背投品牌。长虹精显王背投彩电价格全线下调，平均降价幅度为25%，最高降幅达40%，进一步巩固和增加自己背投的市场份额。2004年10月，长虹开始"虹色十月"行动，"虹色十月打造新一代数字阶级"活动在全国如火如荼地进行。

5.3 分销策略

知识目标：

掌握分销渠道决策。

能力目标：

能够初步建立分销渠道。

分销就是使产品和服务以适当的数量和地域分布来适时地满足目标市场的顾客需要。分销策略的基本任务就是渠道策略的选择、中间商的选择以及物流的组织与管理。

5.3.1 分销渠道

分销渠道是指某种货物从生产者向消费者移动时取得这种货物的所有权或帮助转移其所有权的所有企业和个人。它主要包括商人中间商、代理中间商，以及处于渠道起点和终点的生产者与消费者。在商品经济条件下，产品必须通过交换发生价值形式的运动，使产品从一个所有者转移到另一个所有者，直至消费者手中，这称为商流。同时，伴随着商流，还有产品实体的空间移动，称为物流。商流与物流相结合，使产品从生产者到达消费者手中，便是分销渠道。

分销渠道由5种流程构成，即实体流程、所有权流程、付款流程、信息流程及促销流程。

(1) 实体流程。实体流程是指实体原料及成品从制造商转移到最终顾客的过程。

(2) 所有权流程。所有权流程是指货物所有权从一个市场营销机构到另一个市场营销机构的转移过程。其一般流程为：供应商→制造商→代理商→顾客。

(3) 付款流程。付款流程是指货款在各市场营销中间机构之间的流动过程。

(4) 信息流程。信息流程是指在市场营销渠道中，各市场营销中间机构相互传递信息的过程。

(5) 促销流程。促销流程是指由一单位运用广告、人员推销、公共关系、促销等活动对另一单位施加影响的过程。

影响分销渠道选择的因素很多。生产企业在选择分销渠道时，必须对下列几方面的因素进行系统的分析和判断，才能作出合理的选择。

1. 产品因素

(1) 产品价格

一般来说，产品单价越高，越应注意减少流通环节，否则会造成销售价格的提高，从而影响销路，这对生产企业和消费者都不利。而单价较低、市场较广的产品，则通常采用多环节的间接分销渠道。

(2) 产品的体积和重量

产品的体积大小和轻重直接影响运输和储存等销售费用，过重的或体积大的产品，应尽可能选择最短的分销渠道。对于那些按运输部门的规定超限(超高、超宽、超长、超重)的产品，应组织直达供应。小而轻且数量大的产品，则可考虑采取间接分销渠道。

(3) 产品的易毁性或易腐性

产品有效期短、储存条件要求高或不易多次搬运者，应采取较短的分销途径，尽快送到消费者手中，如鲜活品、危险品。

(4) 产品的技术性

有些产品具有很高的技术性，或需要经常的技术服务与维修，应以生产企业直接销售给用户为好，这样，可以保证向用户提供及时良好的销售技术服务。

(5) 定制品和标准品

定制品一般由产需双方直接商讨规格、质量、式样等技术条件，不宜经由中间商销售。标准品具有明确的质量标准、规格和式样，分销渠道可长可短，有的用户分散，宜由中间商间接销售；有的则可按样本或产品目录直接销售。

(6) 新产品

为尽快地把新产品投入市场，扩大销路，生产企业一般重视组织自己的推销队伍，直接与消费者见面，推介新产品和收集用户意见。如能取得中间商的良好合作，也可考虑采用间接销售形式。

2. 市场因素

(1) 购买批量大小

购买批量大，多采用直接销售；购买批量小，除通过自设门市部出售外，多采用间接销售。

(2) 消费者的分布

某些商品消费地区分布比较集中，适合直接销售；反之，适合间接销售。工业品销售中，本地用户产需联系方便，因而适合直接销售；外地用户较为分散，通过间接销售较为合适。

(3) 潜在顾客的数量

若消费者的潜在需求多、市场范围大，需要中间商提供服务来满足消费者的需求，宜选择间接分销渠道。若潜在需求少、市场范围小，生产企业可直接销售。

(4) 消费者的购买习惯

有的消费者喜欢到企业买商品，有的消费者喜欢到商店买商品。所以，生产企业应既直接销售，也间接销售，满足不同消费者的需求，也增加了产品的销售量。

3. 生产企业本身的因素

(1) 资金能力

企业本身资金雄厚，则可自由选择分销渠道，建立自己的销售网点，采用产销合一的经营方式；也可以选择间接分销渠道。企业资金薄弱则必须依赖中间商进行销售和提供服务，只能选择间接分销渠道。

（2）销售能力

生产企业在销售力量、储存能力和销售经验等方面具备较好的条件，则应选择直接分销渠道；反之，则必须借助中间商，选择间接分销渠道。另外，企业如能和中间商进行良好的合作，或对中间商能进行有效地控制，则可选择间接分销渠道。若中间商不能很好地合作或不可靠，将影响产品的市场开拓和经济效益，则不如进行直接销售。

（3）可能提供的服务水平

中间商通常希望生产企业能尽多地提供广告、展览、修理、培训等服务项目，为销售产品创造条件。若生产企业无意或无力满足这方面的要求，就难以达成协议，迫使生产企业自行销售；反之，提供的服务水平高，中间商则乐于销售该产品，生产企业则选择间接分销渠道。

4. 经济收益

不同分销途径经济收益的大小也是影响选择分销渠道的一个重要因素。对于经济收益的分析，主要考虑的是成本、利润和销售量3个方面的因素。具体分析如下。

（1）销售费用

销售费用是指产品在销售过程中发生的费用。它包括包装费、运输费、广告宣传费、陈列展览费、销售机构经费、代销网点和代销人员手续费、产品销售后的服务支出等。一般情况下，减少流通环节可降低销售费用，但减少流通环节的程度要综合考虑，做到既节约销售费用，又要有利于生产发展和体现经济合理的要求。

（2）价格分析

在价格相同条件下，进行经济效益的比较。目前，许多生产企业都以同一价格将产品销售给中间商或最终消费者，若直接销售量等于或小于间接销售量时，由于生产企业直接销售时要多占用资金，增加销售费用，所以，间接销售的经济收益高，对企业有利；若直接销售量大于间接销售量，而且所增加的销售利润大于所增加的销售费用，则选择直接销售有利。

当价格不同时，进行经济收益的比较，主要考虑销售量的影响。若销售量相等，直接销售多采用零售价格，价格高，但支付的销售费用也多。间接销售采用出厂价，价格低，但支付的销售费用也少。究竟选择什么样的分销渠道，可以通过计算两种分销渠道的盈亏临界点作为选择的依据。当销售量大于盈亏临界点的数量时，选择直接分销渠道；反之，则选择间接分销渠道。在销售量不同时，则要分别计算直接分销渠道和间接分销渠道的利润，并进行比较，一般选择获利的分销渠道。

5. 中间商特性

各类各家中间商实力、特点不同，诸如广告、运输、储存、信用、训练人员、送货频率方面具有不同的特点，从而影响生产企业对分销渠道的选择。

（1）中间商的不同对生产企业分销渠道的影响。

（2）中间商的数目不同的影响。按中间商数目的多少的不同情况，可选择密集分销、选择分销、独家分销。

① 密集分销指生产企业同时选择较多的经销代理商销售产品。一般来说，日用品多采用这种分销形式。工业品中的一般原材料、小工具、标准件等也可用此分销形式。

② 选择分销指在同一目标市场上，选择一个以上的中间商销售企业产品，而不是选择所有愿意经销本企业产品的中间商，这有利于提高企业经营效益。一般来说，消费品中的选

购品和特殊品、工业品中的零配件宜采用此分销形式。

③ 独家分销指企业在某一目标市场，在一定时间内，只选择一个中间商销售本企业的产品，双方签订合同，规定中间商不得经营竞争者的产品，制造商则只对选定的经销商供货。一般来说，此分销形式适用于消费品中的家用电器、工业品中专用机械设备，有利于双方协作，以便更好地控制市场。

(3) 消费者的购买数量。如果消费者购买数量小、次数多，可采用长渠道；反之，购买数量大、次数少，则可采用短渠道。

(4) 竞争者状况。当市场竞争不激烈时，可采用同竞争者类似的分销渠道；反之，则采用与竞争者不同的分销渠道。

5.3.2 分销渠道决策

1. 终端销售点选择

终端销售点是指商品离开流通领域，所进入的消费领域发生地。对于消费品而言，它是零售地点；对于生产资料而言，它是送货站。终端销售点是企业实现自己经营目的的前沿阵地，企业产品最终能否销售出去以及最终能否实现理想的经济效益，都直接与终端销售点的选择和经营有关。因此，作为分销管理的第一步就是选择最符合企业产品或服务特点的终端销售点，然后通过有效管理实现销售目标；否则，从企业到终端销售点的整个分销工作都将会成为低效甚至无效劳动。因此，对于一个企业来说，进入市场组织商品销售的第一步，就是选择终端销售点。

(1) 选择终端销售点的原理

市场营销原理告诉人们，进入市场之前，首先要进行市场细分，选择目标市场。这是市场营销的重要原则之一。目标市场，即目标顾客，这是市场营销者首先必须明确的。只有决定了谁是目标顾客，才能弄清楚他会有什么需要，才能弄清楚他需要什么商品，进而才能弄清楚在何时、何地去向他销售他所需要的商品。

在商品分销活动中，也必须坚持目标市场(目标顾客)原则。坚持这一原则，就是要根据目标顾客的需要提供正确的商品；根据目标顾客需要的时间，在正确的时间销售商品；根据目标顾客需要发生的地点来决定在哪里销售商品。终端销售点的选择就是根据目标市场原则来组织商品分销的一种计划活动。

选择终端销售点就是要打破过去那种“姜太公钓鱼，愿者上钩”式的、漫无目标的销售方式，把商品送到消费者最愿意光顾、最容易购买的地方去销售，让顾客能够及时购买、方便购买。

正确选择终端销售点对于扩大商品销售具有重要的意义。通常消费者的需要具有明显的时效性，只有在需要发生的时候，人们才有强烈的购买欲望。如果有关商品能够就近、方便地购买，他们的需要就能够及时予以满足。

由于消费者需求个性化、多样化，终端销售点的选择也要考虑消费者的购物心理。对终端销售点的选择主要取决于以下几点。

① 顾客对最方便购买的地点的要求。

② 顾客最乐意光顾并购买的场所的要求。

③ 商品最充分展现、让更多人认知的地点要求。

④ 树立商品形象的地点要求等。

这些要求具体反映在终端销售点的选择中，要求根据目标市场的特征及竞争状况、企业自身的经济实力、产品特点、公关环境、市场基础等特点，以及企业外部的市场环境、竞争对手状况、市场购买力水平等因素，经过综合权衡选择出直接面向顾客的分销点。

（2）根据消费者收入和购买力水平等来选择

购买力水平是“市场”的重要构成要素之一。顾客的购买力水平高，则不仅对某种商品购买量大，而且购买的商品档次高，人们愿意出高价购买质量高的名牌商品。如果购买力水平低，不仅商品的档次上不去，而且档次低的商品的销售量也很有限。消费者的购买力来自个人收入，因此也可以说，收入水平的高低是指导企业认识商品购买者、指导企业选择终端销售点的重要依据。

不同收入水平的消费者对商品购买的地点的选择和要求是不一样的，因此，企业销售产品或服务，首先要考虑的就是它所面对的消费者群体的定位。因此，企业在选择终端销售点时，必须考虑到不同地方的个人可支配收入以及个人可任意支配收入的水平。在竞争者数量不变的情况下，如果该地区的收入水平较高，则企业进入该地区设立销售点的必要性和可能性就大；反之，如果收入水平不高，购买力弱，则宜谨慎。

一般来说，收入水平较高、购买力较强的消费者的选购品相对较多，而且愿意到规模较大、装潢漂亮、声誉较高的商店购买，即使那里商品卖得比别的商店贵一些也不在意。而那些收入水平较低、购买力较小的消费者，则表现出不同的购买行为特点。

当然，在考虑收入水平对终端销售点选择的约束时，企业还要注意到自身所经营商品的特点。如果是一般的大众消费品，而市场的进入难度又不是很大的话，则可以考虑在不同的收入水平地区（包括城乡）都可以广泛设点；反之，如果是较高档次的非生活必需消费品，则一般应考虑在那些收入水平较高的地区设立销售点。

此外，企业在设立销售点时还要考虑到的一个问题是：那些收入水平较高的地区，其经营费用也相应较高，从而风险也较大，因此，企业是否设立终端销售点以及选择何种形式，必须考虑自己的整体实力。例如，在某些收入水平较高的地方，作为终端销售点的零售商尤其是一些大型商场往往要向厂家收取“产品进场费”、“上架费”、“条码费”等费用，如果企业因为这些费用影响到整个经济效益，那么还是另辟他途较好。此外，并非所有的商品都一定得在商业中心区建点才有利于销售，因此，这里必须考虑一个费用收益比问题。

（3）根据目标顾客出现的位置来选择

让消费者一旦发生需要就能够方便地购买，意味着“商品必须跟踪消费者”。不论消费者出现在哪里，适合于满足消费者产生的需要或购物欲望的商品就要同时出现在哪里。这就要认真研究消费者可能的活动范围，在每个地方他们可能产生的需要和购买欲望是什么。

一般而言，目标顾客经常出现的地点有：居民区、商业街、学校、医院门口、游乐场、车站、码头、公园、休闲处、工作场所边缘、交通干线等。

（4）根据顾客购买心理来选择

不同顾客的购买兴趣、关注因素、购物期望等心理特征是不同的。顾客的购买心理直接影响到其购买行为。因此，如果不考虑顾客在一定条件、时间和地点下的购买心理，盲目选点，往往会产生不理想的效果。

(5) 根据竞争需要来选择

一个企业在选择终端销售点时,无论从生存的角度还是从发展的眼光来看,都必须考虑竞争对手的情况。为此,要考虑的因素主要有以下几点:竞争对手数量、竞争对手策略、竞争优势策略、企业的战略目标、产品生命周期。

① 竞争对手数量。竞争对手的数量越多,选择终端销售点的难度越大。因为,它一方面意味着市场竞争会更激烈;另一方面说明市场需求离饱和边界越来越近,从而要求企业更加小心谨慎。当然,竞争对手数量多,同时也说明商品的普及程度相当高,这样会造成渠道形式的多样化,从而也有利于终端销售点的选择。如对通信产品来说,目前除了较为正式的小规模现代化通信店面外,也有商家在百货公司,甚至在服装店、五金交电、日杂店内的"专柜"内出售通信产品。

② 竞争对手策略。企业在选择终端销售点时,必须研究和调查清楚竞争对手所采取的策略,然后再根据自己的实力和条件选点。一般而言,不应采取与竞争对手同样的策略,从而扬长避短、相互补充,使市场得以协调发展。

③ 竞争优势策略。渠道建设要注意发挥企业的优势,如在国外品牌纷纷进入我国城市市场的同时,国内企业可发挥"本土"优势,力求在广大的农村市场建立起自己的分销网络和便捷的服务体系。

④ 企业的战略目标。企业的战略目标是企业在一定时期内发展的总体目标。分销是实现上述目标的重要手段之一。例如,一个大型跨国企业的战略目标是为了占领新兴市场,则必须考虑中国、印度等大国的市场,因此,应集中精力在这些国家建立终端销售点。不过,分销并不只是被动地适应企业战略目标,它的制定与执行的好坏程度反过来会影响企业战略目标的实现。

⑤ 产品生命周期。没有一条渠道或分销网络能保证产品在生命周期内永远保持竞争优势。因此,企业在选择终端销售点时,必须考虑产品生命周期的变化、阶段和时间长短。

⑥ 根据销售方式来选择。销售方式主要是指企业销售产品时所采取的形式,它主要包括店铺销售和无店铺销售两种。在现代市场条件下,销售方式正出现多元化趋势。因此,企业在选择终端销售点时,既可采取某一类销售方式,也可同时采用多种销售方式,并使它们相得益彰。

2. 终端销售点密度决策

终端销售点密度的大小直接关系着企业市场的整体布局的均衡状况,如果布点太稀,则不利于充分占领市场;如太密,则可能加大销售成本,而且销售效率可能大大下降,并加剧各销售点的冲突与矛盾。因此,如何维持终端销售点的布点的适度,成了密度决策的关键所在和中心任务。

(1) 终端销售点密度决策的任务

终端销售点密度决策的基本任务就是确定企业在目标市场利用多少渠道成员来销售产品,从而最大限度地提高产品分销的效率。评价一个企业终端销售点密度决策是否正确的主要依据就是企业产品的市场覆盖率与分销效率。

市场覆盖率高的地方终端销售点密度也就越高,因为如果没有足够的市场覆盖率,生产企业就难以实现其销售目标。市场覆盖率应该用细分市场来分析,有时虽然某一产品的全部市场覆盖率是令人满意的,但如果针对某一特定的目标市场来看就不那么令人乐观了。

分销效率主要是指企业产品从厂家到目标顾客手中的传递时间与速度。一个好的分销网络应该迅速将产品送到消费者手中，同时输送和管理的成本应该尽可能低。如果企业建立的终端销售点网络能达到这一目标，就说明其密度是适度的；否则，就需要进一步改进。

具体说来，终端销售点密度决策的任务有以下 3 点。

① 保持企业各终端销售点的均衡发展。

② 促使各终端销售点的协调，减少各销售点的冲突。

③ 推动企业产品市场的有序扩张和可持续发展。实质上，这就要求在进行终端销售点密度决策时，应注意企业市场发展的短期战略与长期战略的结合。

(2) 可选择的密度方案

企业根据终端销售点密度决策的任务，根据自身和市场环境的现状和变化趋势，可采取不同的密度方案。

① 密集分销策略。在密集分销中，凡是符合生产商的最低信用标准的渠道成员都可以参与其产品或服务的分销。密集分销意味着渠道成员之间的激烈竞争和很高的产品市场覆盖率。密集式分销最适用于便利品。它通过最大限度地便利消费者而推动销售的提升。采用这种策略有利于广泛占领市场，便利购买，及时销售产品。而其不足之处在于，在密集分销中能够提供服务的经销商数目总是有限的。生产商有时得对经销商的培训、分销支持系统、交易沟通网络等进行评价以便及时发现其中的障碍。而在某一市场区域内，经销商之间的竞争会造成销售努力的浪费。由于密集分销加剧了经销商之间的竞争，他们对生产商的忠诚度便降低了，价格竞争激烈了，而且经销商也不再愿意合理地接待客户了。

② 选择分销策略。生产企业在特定的市场选择一部分中间商来推销本企业的产品。采用这种策略，生产企业不必花太多的精力联系为数众多的中间商，而且便于与中间商建立良好的合作关系，还可以使生产企业获得适当的市场覆盖面。与密集分销策略相比，采用这种策略具有较强的控制力，成本也较低。选择分销中的常见问题是如何确定经销商区域重叠的程度。在选择分销中，重叠的量决定着在某一给定区域内选择分销和密集分销所接近的程度。虽然市场重叠率会方便顾客的选购，但也会在零售商之间造成一些冲突。低重叠率会增加经销商的忠诚度，但也降低了顾客的方便性。

③ 独家分销策略，即生产企业在一定地区、一定时间只选择一家中间商销售自己的产品。独家分销的特点是竞争程度低。一般情况下，只有当公司想要与中间商建立长久而密切的关系时才会使用独家分销。因为它比其他任何形式的分销更需要企业与经销商之间更多的联合与合作，其成功是相互依存的。它比较适用于服务要求较高的专业产品。

独家分销使经销商们得到庇护，即避免了与其他竞争对手作战的风险，独家分销还可以使经销商无所顾忌地增加销售开支和人员以扩大自己的业务，不必担心生产企业会另谋高就。而且，采用这种策略，生产商能在中间商的销售价格、促销活动、信用和各种服务方面有较强的控制力，从事独家分销的生产商还期望通过这种形式取得经销商们强有力的销售支持。

独家分销的不足之处主要是缺乏竞争会导致经销商力量减弱，而且对顾客来说也不方便。独家分销会使经销商们认为他们可以支配顾客，因为在市场中他们占据了垄断性位置，对于顾客来说，独家分销可能使他们在购买地点的选择上感到不方便。采用独家分销，通常双方要签订协议，在一定的地区、时间内，规定经销商不得再经销其他竞争者的产品；生产商也不得再找其他中间商经销该产品。

(3) 选择密度方案的评价标准与方法

一个企业在进行密度决策时，可参照的主要标准有如下几点。

① 分销成本。分销网络的成本可分为两种：一种是开发分销网络的投资；另一种是维持网络的费用。与生产成本相类似，开发分销网络的投资可看作是固定费用，而维持的费用可视为流动费用。两者构成分销网络总费用。选择密度方案时显然不能不考虑成本而盲目决策，不仅要控制产品销售成本的总体水平，而且要形成一种通过分销效率的提高而不断降低成本的机制。

② 市场覆盖率。除了那些在市场上刚起步的企业外，处于成长、扩张和成熟期的企业，在任何时候都不可能不考虑自己产品的市场覆盖率。可以说，覆盖率始终是企业密度决策时必须考虑的核心因素，因为它关系到企业的生存和发展。这就是说，企业在设计分销网络时，仅仅考虑降低分销网络成本是不够的。追求分销网络成本降低可能会导致销售量下降，而分销网络成本的适当增加也可能促进销售量的更大提高。因此，在一定条件下，企业为了提高销售额和市场覆盖率，甚至可能不惜加大成本，以实现自己的销售目标。这是因为每一条具体的分销网络总是针对具体的目标市场。市场覆盖率提高意味着某条分销网络的销售能力提高，从而意味着企业产品生存和发展空间的增大，进而有利于企业的长期战略目标的实现。

③ 控制能力。企业终端销售点密度决策是否正确的一个重要标准就是企业最终有无能力控制日益膨胀的分销网络。实际上，相当多的企业走向衰落就是起因于自己对终端销售点的失控，这种失控的后果不仅会使企业分销效益下降，而且还可能毁掉整个产品市场。总之，无论选择独家经销还是选择性分销，都要求企业对分销网络有良好的控制能力。

5.4 促销策略

知识目标：

掌握产品促销的基本方法。

能力目标：

能够开展产品促销活动。

促销策略是指企业如何通过人员推销、营业推广、广告和公共关系等各种促销方式，向消费者或用户传递产品信息，引起他们的注意和兴趣，激发他们的购买欲望和购买行为，以达到扩大销售的目的。企业将合适的产品，在适当地点、以适当的价格出售的信息传递到目标市场，一般是通过两种方式：一种是人员推销，即推销员和顾客面对面地进行推销；另一种是非人员推销，即通过大众传播媒介在同一时间向大量顾客传递信息，主要包括广告、公共关系和营业推广等多种方式。这两种推销方式各有利弊，起着相互补充的作用。此外，目录、通告、赠品、店标、陈列、示范、展销等也都属于促销策略范围。一个好的促销策略，往往能起到多方面作用，如提供信息情况，及时引导采购；激发购买欲望，扩大产品需求；突出产品特点，建立产品形象；维持市场份额，巩固市场地位；等等。

5.4.1 人员促销

人员促销主要是通过自己对产品知识的掌握，服务于消费者，促使消费者购买产品。

做好人员促销的关键点在于以下两点。

① 营销人员本身对产品知识和卖点的把握。营销人员只有在对产品了如指掌的情况下，才能更好地为消费者服务，促使消费者产生购买行为。

② 营销人员的销售技能。作为销售人员，永远都是离顾客最近的。在销售实践中可以发现，销售业绩最好的营销人员并非是那些最能“侃”的人，一些淳朴但敏锐的营销人员其销售效果反而更好，因为这些营销人员更能把握消费者内心的真实想法，更能通过同理心促使顾客作出消费决策。

人员促销的步骤主要有以下几点。

(1) 做好促销前的准备

销售人员如果想成功地销售产品，在销售前必须做好充分的准备。首先，销售人员要对自己的产品有深入的了解，这样才能在向顾客介绍产品时充分说明产品的特性和特点；其次，销售人员要熟悉本行业内竞争者的情况；再次销售人员要掌握目标顾客的情况，如潜在购买者的收入水平、年龄段等。

(2) 寻找顾客

销售人员在做好充分的准备后，就要开始寻找可能成为真正顾客的潜在顾客，只有有了特定的对象，推销工作才能真正开始。寻找新顾客的方法很多，销售人员可以利用市场调研、查阅现有的信息资料、广告宣传等手段进行。另外，还可以请现有顾客推荐、介绍新的顾客。

(3) 接近顾客

通过对寻找到的潜在顾客，想方设法接近他们，只有接近到准顾客，销售才有成功的可能，销售人员可以采取的方法有介绍接近、赠送样品(或礼品)接近、攀关系接近、以调查的方式接近或者通过锲而不舍的“软磨”接近等。

(4) 激发顾客的兴趣

接近顾客后，销售人员首先要取得顾客的信任，从感情上与之缩短距离，然后通过交谈时对顾客的观察，把握顾客的心理，投其所好，针对顾客的需求加以适当的引导，激发其对本企业产品的兴趣。

(5) 销售洽谈

这是销售过程的重要一步，洽谈的成败决定着此次人员销售的成败。在此阶段，销售人员要向顾客生动地描述相关产品的特征和优点，并且能够提供具有说服力的证据，证明产品的确能更好地满足顾客的需求。

(6) 异议处理

销售人员要随时准备解决顾客的一些问题，如顾客可能与销售人员洽谈的过程中对其销售的产品质量、作用、价格等提出意见，作为销售人员此时要有耐心，不要争辩，要在给予顾客充分尊重的同时，有针对性地向顾客解释或说明，以消除顾客疑虑，坚定其购买信心。

(7) 销售成交

销售人员的最终目的就是促使产品或服务成交。接近与成交是销售过程中最困难的两个步骤。在与顾客洽谈的过程中，一旦发现顾客流露出要购买的意思时，销售人员要善于把握成交的机会，尽快促成交易。

(8) 建立联系

一个好的销售人员会把一笔生意的结束看做是另一笔生意的开始，这就意味着销售人员要与顾客建立长期的联系，对顾客做好售后服务工作，了解他们的满意度，听取他们的意见并及时解决他们的不满。良好的售后服务一方面有利于培养忠实顾客，另一方面有利于传播企业及产品的声誉。

5.4.2 营业推广

营业推广主要分为终端激励、现场推广等形式。

1. 终端激励

终端激励主要是针对产品零售店而制定的销售激励活动。完善的薪酬体系设计有助于充分调动销售人员的工作积极性，取得比较好的效果。在设置其薪酬体系时，要考虑以下几个要点。

(1) 激励性

销售人员的薪酬体系必须保障能充分调动人员的积极性与工作热情，建议实施底薪＋提成。

(2) 透明性

透明性有如下两方面的要求。

① 必须将销售人员的工资体系清晰地传达至每个人。

② 必须向销售人员下发工资条，使销售员明确自己的收入构成。

(3) 考核性

销售人员的收入和其销售业绩是直接挂钩的，但单纯和销售业绩挂钩的办法是短视的和不负责任的。能否取得良好的销售业绩除了和销售人员本身的能力有直接关系外，还要考虑产品本身的竞争力、货源情况、终端产品等一系列因素，应该对销售员的工作做整体考虑，再和销售业绩挂钩。

2. 现场推广

现场推广主要是通过对顾客的强烈刺激，促使其迅速采取购买行为。常见的策略包括以下几个方面。

(1) 现场展示。销售人员在销售现场展示产品，特别是展示产品的独特功能，并邀请顾客现场体验。目的在于增强产品自身的说服力，使顾客更加了解产品。

(2) 特价商品。利用节假日销售旺季，基于企业营销策略而进行的折价销售的商品，目的在于刺激顾客的购买欲望。

(3) 赠送礼品。通过赠送礼品，吸引顾客购买。

(4) 价格折扣。通过折扣，降低产品的销售价格，刺激顾客购买。

(5) 活动抽奖。通过设置形式不同的奖项，奖品的赠送全凭个人的运气，吸引顾客购买产品。

5.4.3　广告

1. 广告媒体

广告媒体推广大致分为以下5个层面。

(1) 硬广告宣传。硬广告是企业发布的硬性广告，一般是在杂志和报纸上通过彩色或黑白的广告形式对产品或活动进行传播。硬广告由于形象生动、冲击力强，得到企业和消费者一定程度的接受。

(2) 软文宣传。软文宣传是营销中常见的形式，随着消费者对"王婆卖瓜"式的广告越来越反感，运用软性的文章来宣传企业产品的方式逐渐被消费者所接受，并且软文宣传由于价格低廉、传播广泛也得到了企业的青睐。软文常见的形态包括报纸和杂志软文。

(3) 电视电台广告。电视电台广告由于受众面广、传播力度强，被企业广泛采用。其缺点是成本高，要求企业产品的毛利足够支撑。

(4) 户外发布。户外发布包括门灯、灯箱、吊顶等一系列可以发布企业形象和产品的空间。

(5) 网络广告。网络广告就是在网络上做的广告。利用网站上的广告横幅、文本链接、多媒体的方法，在互联网刊登或发布广告，通过网络传递到互联网用户的一种高科技广告运作方式。网络广告形式有图片类广告、文字链、弹出广告、流媒体广告、论坛置顶帖和普通帖等。

2. 广告的过程

在进行广告决策时，在确定目标受众的动机之后，必须进行广告五要素的决策，即广告的目标、广告的预算、广告要传播的信息、广告的传播媒体、广告效果的评价。所以广告的过程应该是在确定目标受众及广告目标的前提下，明确广告的创意，制订有效的广告表现形式与媒体实施方案，并进行广告效果评价，如图5-2所示。

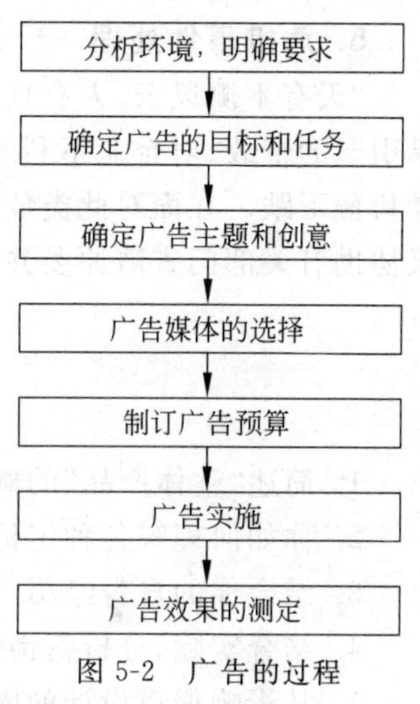

图5-2　广告的过程

5.4.4　公共关系

一般来说，公共关系是企业运用各种传播手段，在企业与社会之间建立相互了解和依赖的关系，并通过双向的信息交流，在社会公众中树立企业良好的形象和声誉，以取得公众的理解、支持和合作，从而有利于促进企业目标的实现，属于间接传播促销手段。

在实际中，公共关系通常采用的策略有以下几种。

1. 利用新闻媒体进行宣传

利用新闻媒体宣传企业和产品是企业比较喜欢采用的一种公关策略。企业可以向新闻媒体投稿宣传企业及其产品信息，或召开记者招待会、新闻发布会、新产品信息发布会，或邀请记者写新闻通讯、人物专访、特稿等。新闻媒体具有客观和真实的特点，使受众在心理上易于接受。利用新闻媒体进行宣传往往比做广告更具说服力。

2. 参加各种社会活动

企业通过对文体、福利事业或市政建设等一些社会活动进行赞助，扩大企业影响力，提高企业认知度与美誉度，赢得社会公众的信任和支持。如联想集团通过赞助北京奥运，在海外名声大噪，在国内也树立起了令人满意的企业形象。

3. 刊登公众关系广告

与纯商业性的广告不同，公众关系广告主要是宣传企业的整体形象，如介绍企业历史的广告、节假日庆贺的广告、对同行的祝贺广告、向公众致意或道歉的广告、鸣谢广告等。这些广告有助于公众对企业的了解，进而推动企业产品的销售。

4. 开展各种专题性活动

企业可以通过开展各种专题性活动扩大企业的影响，加强企业同外界公众的联系，树立良好的企业形象。专题性活动有举办展览会、周年庆典活动、知识竞赛、有奖答题活动等。

5. 危机事件处理

"天有不测风云，人有旦夕祸福"，一切危机事件都有可能发生，如消费者投诉、不合格产品引起的事故、对企业不利的信息传播等，这些事件的发生往往会使企业的信誉下降，产品销售额下跌。在面对此类危机事件时，企业公共关系人员不可回避，应该迅速行动起来，积极协助有关部门查清原委并及时做好处理工作，使企业遭受的损失减少到最低程度。

思 考 题

1. 简述"整体产品"的概念，并举例说明你所熟悉的产品概念的异同。
2. 你如何理解各种定价策略？
3. 结合你的自身经历，探讨一下顾客对企业价格调整的反应。
4. 结合实际，分析营销渠道的发展趋势。
5. 从影响渠道设计的因素，谈谈如何为产品选择适宜的分销渠道。
6. 结合实际，分析广告的促销作用是如何体现的。
7. 什么是公共关系？公共关系有哪些特点？

参考文献

[1] 马良吉. 最佳销售员沟通技巧训练[M]. 广州：广东经济出版社，2009.
[2] 陈守森. IT职业素养[M]. 北京：清华大学出版社，2009.
[3] 张丽威. 销售语言技巧与服务礼仪[M]. 北京：中国财政经济出版社，2011.
[4] 王颂舒. 手机电脑热销有绝招[M]. 北京：中国经济出版社，2009.
[5] 单学红. 计算机组装与维护[M]. 北京：清华大学出版社，2009.
[6] 陈浩等. 计算机组装与维护[M]. 北京：人民邮电出版社，2006.
[7] 王付华. 办公自动化设备[M]. 北京：电子工业出版社，2006.